ミクロ経済学の力

微观经济学的力量

[日] 神取道宏 / 著

陈雅静 刘鑫 李慧玲 林鑫 / 译 焦振华 / 审校

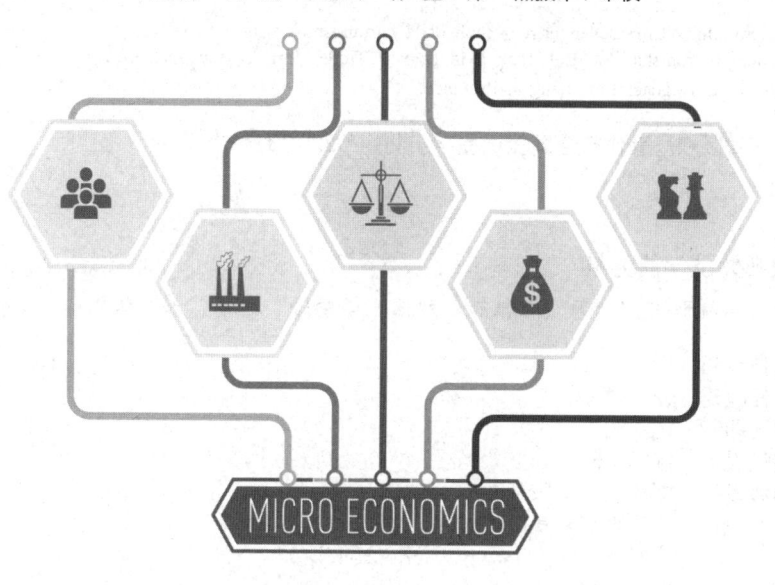

MICRO ECONOMICS

浙江大学出版社
·杭州·

图书在版编目（CIP）数据

微观经济学的力量/（日）神取道宏著；陈雅静等译.—杭州：浙江大学出版社，2024.1（2024.9重印）
ISBN 978-7-308-24461-9

Ⅰ.①微… Ⅱ.①神… ②陈… Ⅲ.①微观经济学—通俗读物 Ⅳ.①F016-49

中国国家版本馆CIP数据核字（2023）第225367号

"MICRO KEIZAIGAKU NO CHIKARA" by Michihiro Kandori
Copyright © 2014 Michihiro Kandori
All rights reserved.
First published in Japan by Nippon-Hyoron-sha Co., Ltd., Tokyo

This Simplified Chinese language is published by arrangement with Nippon-Hyoron-sha Co., Ltd., Tokyo in care of Tuttle-Mori Agency, Inc., Tokyo through Pace Agency Ltd., Jiang Su Province.

浙江省版权局著作权合同登记图字：11-2022-232

微观经济学的力量

[日]神取道宏 著 陈雅静 刘鑫 李慧玲 林鑫 译 焦振华 审校

责任编辑	罗人智
责任校对	汪潇
责任印制	范洪法
装帧设计	红杉林
出版发行	浙江大学出版社
	（杭州市天目山路148号 邮政编码310007）
	（网址：http://www.zjupress.com）
排　　版	西风文化工作室
印　　刷	北京文昌阁彩色印刷有限责任公司
开　　本	880mm×1230mm 1/32
印　　张	17.125
字　　数	540千
版 印 次	2024年1月第1版 2024年9月第3次印刷
书　　号	ISBN 978-7-308-24461-9
定　　价	98.00元

版权所有　侵权必究　印装差错　负责调换
浙江大学出版社市场运营中心联系方式（0571）88925591；http://zjdxcbs.tmall.com.

自序

经济、定价、利润、税负、保险……提到这些，大家是不是感觉"这种既无聊又充满了铜臭味的话题……**一点也不想听**"？但是，对于这些日常生活中的无趣事情，如果有意深入挖掘的话，其实能够发掘出推动社会运行的机制。你真的不想了解吗？

有一项针对1000位已经步入社会的人进行的调查，该调查发现在"现在应该学习的知识"中，大家给出的排序是这样的[1]：

第1位　本国历史

第2位　经济学

第3位　本国文化知识

第4位　世界通史

第5位　现代文学通论

现代人之所以认为"应该学习"经济学，是因为他们深刻感受到那些推动社会变革的知识，**好像无法仅仅**通过日常的实践经验获得，并且热切地想要系统性地掌握这些知识。听到这些，各位读者，你们是不是也想系统地掌握洞察社会的能力？

那就来吧。学习本书完全不需要提前掌握任何经济学的知识，因为我写作的目标就是"用这一本书让你掌握从基础到高深的经济学实质"，因此本书的目标读者并不仅限于：

---

[1] 引自《日经商业周刊》(《日経ビジネスアソシエ》)2013年2月号。

- 学习经济学的本科生、研究生。

也包括下面这些人：

- **掌握制定经济政策所需技能与知识的官员和政治家。**
- 负责经济类报道的**媒体**相关人士，想要真正拥有国际水平的经济知识的人。
- 想要再次系统性地学习经济学的**商务人士**。
- 想要**讨论**时事问题和**国家大事**，为此想要充分了解经济的基本结构的人。
- 在智库或政府部门等机构中负责经济分析的经济学家，认为经济学的基础知识是有必要的人。
- **非经济学专业**（或者过去不是），但是想要了解经济学的人。
- 对知识充满好奇心的**高中二、三年级学生**。

虽然以上这样的普通读者也能阅读本书，但是，本书并不是简易地介绍基本知识的指南书，而是**准确地包罗了经济学课程的标准内容**。具体来说，本书是以我在东京大学经济学部多年讲授微观经济学基础课程的讲义为基础来写作的。虽然该讲义的对象是**已经决定今后主修经济学的本科二年级学生**，但是我一直秉持着"要想深究，必须从头"的讲授传统，所以本书涵盖了从本科中高年级到**研究生初级阶段**的内容。

东京大学面向大二学生讲授比较高级的经济学内容是有原因的。我们认为，为了掌握经济学的思维方式并体验它真正的趣味性和实用性，扎实地理解某种程度的高级内容是大有裨益的。经济学经过100多年的不断摸索，明确揭示了"利用理论模型能够理清混乱的事实"。微观经济学的有趣之处就在于，我们发现了一个令人印象深刻的现实："原来利用这样的东西（理论模型）可以了解那样的东西（现实）。"为了让大家体会到这种真正的乐趣，本书在以下几个方面下了坚实的功夫。

- 书中有作为经济学核心部分的理论模型,这些内容需要认真学习,但是我会进行浅显易懂的讲解,保证你只要**好好阅读就一定能够理解**。你只要对高中文科二年级所学的数学知识还有模糊的记忆,就能够理解,对于必要的数学知识,我也会"**随时从头开始**"讲解。
- 现有的微观经济学教科书会从头到尾解释理论模型,却忽视了与现实的对照,而本书将**详细介绍诸多与微观经济学理论模型相对应的实例**。比如真实企业(日本东北电力)的边际成本和平均成本、作为庇古税实例的伦敦交通拥堵税、作为纳什均衡实例的日本滨松市周边的交通量、作为囚徒困境实例的宽恕制度等(详见目录最后的"实例一览")。
- 本书还会**结合时事和社会思潮**,用经济理论去分析"全球化为什么会兴起""参加TPP的优劣""如何看待新自由主义与反全球化思想的对立"等**议题**。
- 关于写作方式,本书力求让读者"**读到停不下来**"。专业学者为了牢牢地掌握自身专业领域的琐碎知识点,会将自己思考的内容结合故事来理解。正是因为有了这样的故事,那些艰涩的知识才能清晰地刻入脑海。笔者目前为止读过的一些优秀的教科书,其作者都很重视故事性的拓展。本书试图做到像讨论故事一样吸引人,达到"停不下来"的目标。当然,目标完成得怎么样,要由读者说了算。

我一直期望,让更多的读者通过阅读本书,"掌握经济学的思维方式,从而改变对世界的看法"。另外,由于多方面的原因,日本的现状是,负责经济政策的政治家和官僚,以及对其作出评价的媒体,都没有掌握正确的经济学知识。基于对经济学的准确理解来思考社会问题的能力,叫作"**拥有经济学素养**"。如果本书能够有助于培养民众的经济学素养,作为笔者的我将感到无上光荣。

致想要使用本书的老师（或者想要了解本书在经济学教材中的定位的读者）

我觉得，本科生在学习经济学原理或初级微观经济学之后，应该在毕业之前学习中高级的经济学知识（即精确解释在经济学中起着本质作用的数理模型），只是这部分教科书存在很大问题。为了克服这些问题，笔者想创作一本风格新颖的教科书，这就是本书的写作动机。这里，我们以"菜肴"为例对此进行简单解释。

菜肴与菜刀 经济分析类似于用锋利的"菜刀"完美地分解现实并制作"菜肴"。"菜刀"指的是经济理论，"菜肴"是对现实经济现象的解释，以及经济预测和经济政策的制定与评价等。

经济学专业的本科生和想要掌握经济学思想的大众最想知道的，可能就是用经济理论这把菜刀"能做出何等美味的菜肴"。但是，现实中大多数中高级教科书的问题在于，它们都只是：

"整齐排列的菜刀（理论模型）的目录和使用指南。"

而对于关键的"能做出什么样的菜肴"这个问题几乎没有涉及。

造成这种现象的原因是**意想不到的误解**，"中高级教科书的最终目标，是让内容尽可能地接近研究生阶段所教授的微观经济学"。研究生院的目标是培养科研人员，因此那个阶段的要求是掌握在论文中正确运用各种理论模型的技巧，并且进一步发展新的模型。为此，研究生院一年级的微观经济学，才应该彻底学习"菜刀（理论模型）的目录和使用指南"。那样是没问题的。

但是，本科阶段的最终目标完全不同。本科生和对经济学感兴趣的普通民众，并不想成为专业厨师（经济学者），而是作为客人期待着"能吃到什么样的美味菜肴（经济学成果）"。如果一味地向这些人介绍"这样的菜刀也有，这是最新款式的，可以这么切"等"菜刀说明书"，除了一部分"菜刀迷"（少数喜欢理论的学生），其他人都会失望至极。遗憾的是，大部分中高级的教科书，都是在进行这种不合时宜的解释。

经济学教科书中也有连拍照片 目前的中高级教科书所覆盖的接近专业规格的"菜刀"（进阶理论）的说明无论如何都是必要的。因此，我们**所涵盖的内**

容也与目前的教科书一样最大限度地沿用标准的内容。但是，在对各种"菜刀"（理论）进行解释的时候，我们会通过展示与理论高度一致的、**能够让人充分接纳的现实例子**，来阐明"使用这把菜刀能够做出什么样的菜肴"这件事。举例来说：

- 我们不是迅速地画出U形平均成本曲线和向右上方倾斜的边际成本曲线图就匆匆结束，而是为大家展示从日本东北电力的发电设施水平数据中累积计算出来的边际成本曲线的实例(第二章第二节第4小节)。

- 本书不是简单地画出需求曲线和供给曲线，给出"这个三角形的部分就是无谓损失"这样毫无现实意义的经济政策分析，而是让大家明白怎样做才能从各种数据中计算出无谓损失的大小，之后再对TPP和农产品的自由贸易做出评价。也就是说，我们为大家展示的是使用局部均衡进行经济分析的真实例子(第三章第二节)。

- 与几乎所有的教科书都只是罗列博弈论中的假想数字不同，我们为大家展示了真实数据：滨松市周边的交通量和专业体育运动的数据等，都可以用纳什均衡进行解释(第六章第二节、第七节)。

总之，解释自由落体定律的**物理学教科书**，在登载数学公式的同时，会配有球体飞行的漂亮抛物线连拍图片，**经济学教科书也在尝试着做同样的事情**（正因为有这样的连拍照片，读者才会觉得理论是可以信赖的，才会激起学习的欲望）。这件事"说起来容易，做起来难"，收集让人满意的实例会花费很长的时间。但是，正因为凑齐了让人满意的实例，本书才会出版。因此，我可以很骄傲地说，本书首次实现了让大家既看到数学模型，又看到现实案例的学习模式。

关于市场理论与博弈论的平衡　"本科阶段和研究生阶段的微观经济学，两者的最终目标完全不同"，这是不同教材做内容取舍的标准。我们认为，作为传统微观经济学内容的"市场机制理论"，从研究方向的角度来说是比较成熟的，但是，现状是，最新的研究成果多是基于博弈论与信息经济学生发出来的。因此，在以生产最新的研究成果为目标的欧美主流研究生院的微观经济学中，市场机制理论一带而过，而1/2到2/3的内容都是博弈论与信息经济学。目前很多年轻研究生正在接受这样的教育，不久后，可能本科的微观经济学课程也会呈现同样的趋势。我对此深怀恐惧。准确理解人类经过长时间构筑起来的"市场"制度的功能，才是理解经济现象、制定合理的经济政策最需要的。为了迎合最新的研究趋势，而将对市场机制的解释从本科教科书中大幅减少，打个比方，这就像在物理的基础教育中缩减牛顿力学的讲授，而教授很多量子理论一样。

因此，在我的讲义中，**大约七成内容都是在讲解传统的市场机制**，其余部分是关于信息经济学与博弈论的解释。我认为这种程度的平衡，是本科微观经济学课程该有的样子。关于博弈论这个经济学的新成果，由于它是与市场机制理论并列的重要内容（实不相瞒，我就是博弈论的研究者），因此在微观经济学之外，另外开辟一门博弈论课程作为必修课来详细讲授是比较合理的（实际上，从2015年开始，东京大学经济学部的课程设置就是这样做的）。

致谢

本书是在《经济研讨》杂志上2013年4/5月刊至2014年4/5月刊连载的《改变你的经济学》的基础上修订而成的。感谢编辑部的小西富贵子女士和吉田素规先生，他们一直给予适当的建议和反馈。另外，感谢东京大学驹场校区"微观经济学"课程的众多同学、神取研讨班的各位同学、我的本科"博弈论"课程的同学们，他们通读了各个阶段的草稿，指出了众多纰漏，并提出了有益评论。同时，笔者的同事尾山大辅先生对附录的"福利经济学第二基本定理的证明"提出了非常宝贵的修改意见。如果没有这些人，本书不会是现在的样子。最后，本书是笔者的第一本单行本图书，我谨将其献给一直悉心照顾家庭的妻子神取早苗，以及健康活泼的孩子们——幸声和大智。

神取道宏

2014年 盛夏

目录

导言　经济学的目的与方法　/001

第一节　微观经济学的方法　/001
第二节　实证性提问与微观经济学　/003
第三节　规范问题与微观经济学　/006

上篇　价格理论
市场机制的优缺点

第一章　消费者行为理论　/010

第一节　理性行为：偏好与效用函数　/010
第二节　消费者偏好与无差异曲线　/017
第三节　最优消费：图解分析　/024
第四节　关于数学模型和现实的关系，以及微观经济学的思维方式的重要附录　/026
第五节　边际分析入门　/035
　　（1）边际效用　/035
　　（2）消费的微调与效用的变化　/038
　　（3）边际替代率与边际效用的关系　/042
　　（4）最优消费的条件　/044
第六节　最优消费的性质　/048
　　附论　可以认为无差异曲线凸向原点吗？　/052
第七节　测量替代和补偿程度的分析工具：补偿需求函数　/055
第八节　支出函数　/062
第九节　收入效应与替代效应　/065
　　（1）消费的二元性　/066
　　（2）价格上升导致的实际收入的减少　/067
　　（3）价格变化和需求变化（斯勒茨基分解）　/068
第十节　价格弹性　/076
例题研讨1　从效用最大化推出需求量　81

第二章　企业行为理论　/085

第一节　经济学如何认识企业　/085
第二节　一种生产要素（劳动）情况下的企业行为　/087

（1）生产函数　/088
　　（2）利润最大化　/092
　　（3）成本函数与供给曲线　/098
　　（4）成本曲线的实例　/112
第三节　两种生产要素（劳动和资本）情况下的企业行为　/116
　　（1）规模收益　/116
　　（2）生产要素之间的替代与技术的边际替代率　/119
　　（3）利润最大化　/122
　　（4）长期成本函数与供给曲线　/136
第四节　生产要素和产品同时为多种的一般情况下的企业行为　/143
第五节　利润和收入分配：为什么会产生收入差距　/148
例题研讨2　生产函数与劳动者份额　152

第三章　市场均衡　/157

第一节　局部均衡分析　/157
　　（1）市场需求与市场供给　/157
　　（2）行业的长期均衡　/163
　　（3）消费者剩余　/168
　　（4）局部均衡分析的应用事例　/174
第二节　关于TPP，至少要知道这些：TPP与大米的自由进口　/180
　　（1）如何知晓大米的供给曲线　/181
　　（2）日本米农是怎样一群人　/184
　　（3）估计大米的供给曲线　/186
　　（4）自由贸易前的大米市场的均衡　/187
　　（5）由于自由贸易，大米的价格会下降多少　/189
　　（6）由于自由贸易，大米的国内生产会如何变化　/190
　　（7）谁会因自由贸易获益　/191
　　（8）大米应该自由贸易吗？　/194
第三节　全局均衡分析　/197
　　（1）观察经济总体状况：全局均衡模型　/198
　　（2）劳动供给　/201
　　（3）全局均衡模型　/205
　　（4）超额需求函数的性质　/208
　　（5）均衡的存在　/213

（6）交换经济的分析：埃奇沃斯盒状图　/220

（7）市场机制的有效性的证明：福利经济学第一基本定理　/231

（8）全球化为何兴起：市场均衡与核心　/235

（9）福利经济学第二基本定理与实现有效性的条件　/238

（10）福利经济学第二基本定理与经济政策　/248

（11）市场机制的特点是什么？分权决策与信息和激励　/255

第四章　市场失灵　/258

第一节　外部性　/258

（1）外部不经济时的市场均衡　/259

（2）庇古税　/261

（3）庇古补贴　/263

（4）课税还是补贴？　/264

（5）若干评论　/269

（6）通过谈判解决外部性与科斯定理　/270

第二节　公共物品　/274

（1）公共物品的最优供给：局部均衡分析　/276

（2）林达尔均衡　/278

（3）公共物品的最优供给：一般均衡分析　/283

第五章　垄断　/289

第一节　垄断企业的行为　/289

第二节　垄断的弊端　/294

第三节　自然垄断与价格管制　/298

下篇　博弈论与信息经济学
经济理论的新潮流

本篇导言　为什么博弈论是必要的　/306

第六章　同时行动博弈与纳什均衡　/310

第一节　什么是博弈？　/310

第二节　纳什均衡　/311

第三节　达到纳什均衡的理由　/328

第四节　个人的利益追求与社会整体利益的关系　/334
第五节　寡头垄断领域的应用之一：数量竞争与价格竞争　/336
　　　（1）数量竞争（古诺模型）　/336
　　　（2）价格竞争（伯特兰德模型）　/341
第六节　不确定性和期望效用　/343
第七节　混合战略与纳什均衡的存在性　/352

第七章　动态博弈与战略的可信赖性　/358

第一节　案例：银行的破产清算　/358
第二节　子博弈精炼均衡　/364
　　　（1）扩展型和动态博弈的战略　/364
　　　（2）什么是子博弈精炼均衡？　/368
第三节　寡头垄断领域的应用之二：斯塔克尔伯格模型　/374
第四节　承诺　/380
第五节　长期的关系与合作　/390

第八章　保险和道德风险　/398

第一节　有效的风险分担和保险的作用　/398
第二节　道德风险及其对策　/402

第九章　逆向淘汰和信号传递　/416

第一节　什么是逆向淘汰？　/416
第二节　信号传递的原理　/419
第三节　劳动力市场的信号传递均衡　/428

第十章　有关社会思想的讨论　/443

第一节　社会问题存在争议的根本：共同体逻辑与市场逻辑　/443
　　　（1）共同体逻辑是什么　/445
　　　（2）市场逻辑是什么　/446
　　　（3）共同体逻辑的局限　/449
　　　（4）两种逻辑的作用　/452
第二节　谁从市场中获益：补偿原理和社会正义　/454

附录A 最低限度的必要数学知识讲解 /468

- A1 函数 /469
- A2 直线的斜率 /469
- A3 微分 /470
- A4 多变量函数的微分 /473
- A5 巩固练习 /477

附录B 有条件的最大化问题和拉格朗日未定乘数法 /479

- B1 内点解的情况 /479
- B2 非内点解的情况 /486
- B3 凹函数和拟凹函数 /487

附录C 补偿变化与等价变化：基于需求曲线估计价格变化为消费者带来的损失与收益 /490

- C1 补偿变化 /490
- C2 等价变化 /494
- C3 总结 /495

附录D 福利经济学第二基本定理的证明并不难 /497

- D1 先做一些准备工作 /498
- D2 证明的概要 /505
- D3 一目了然的证明过程 /513
- D4 需要注意的细节 /515
- D5 定理的准确表述 /520
- D6 当存在很多消费者和生产者时，福利经济学第二定理基本成立 /521
- 附论 引理的证明 /525

索引 /528

在经济学中经常使用的数理工具箱

- 凸集合 /22
- 凹函数与凸函数 /125

凹函数的公式定义 /128

集合的加法 $A + B$ /499

实例一览

实例1　价格转嫁与常识性讨论的问题 /004
实例2　政策评估：老年人医疗费补助制度的问题 /027
实例3　TPP和对农民的收入补偿 /062
实例4　零件组装工厂 /087
实例5　东北电力的成本曲线 /113
实例6　要素价格的国际比较 /134
实例7　日本的收入分配 /151
实例8　在自己公司大楼经营餐馆 /165
实例9　庇古税的实例——伦敦交通拥堵税 /266
实例10　全球变暖与排污权交易市场 /270
实例11　公共物品的实例：路灯 /280
实例12　原油价格的高涨与价格转嫁的再次考察 /295
实例13　东北电力的价格管制 /302
实例14　宽恕（leniency）制度 /317
实例15　新技术的行业标准 /320
实例16　两大政党的宣言 /324
实例17　道路交通量的预测 /326
实例18　电梯的左立右行 /330
实例19　足球的点球 /354
实例20　金融危机与银行破产清算 /380
实例21　欧元危机 /385
实例22　加油站的合作 /391
实例23　"免赔"在保险中的作用 /412
实例24　MBA /441

导言　经济学的目的与方法

第一节　微观经济学的方法

任何社会都必须解决下列基本问题：

1. 谁来生产
2. 生产什么
3. 生产多少
4. 如何生产
5. 谁来消费
6. 得到什么
7. 得到多少

通常，经济学把上述1到7的所有问题统称为资源配置（resource allocation）问题，其中5到7叫作分配（distribution）问题。为了决定这些问题，不同的社会采取了不同的制度和规则。封建制度、计划经济、市场经济等都是其中的例子。

经济学应该回答的基本问题是，在不同的制度和规则之下，

（ⅰ）会带来何种结果，

以及——

（ⅱ）对结果是好还是坏进行判断。

其中（ⅰ）叫作实证（positive）问题，（ⅱ）叫作规范（normative）问题。

如图0-1所示，微观经济学采用下列特殊方法来解决这些问题。

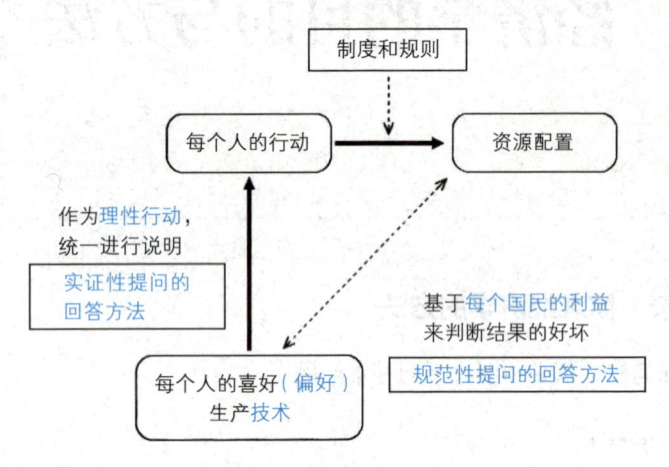

```
                    ┌──────────┐
                    │ 制度和规则 │
                    └────┬─────┘
                         ↓
    ┌──────────┐    ┌──────────┐
    │每个人的行动│───→│ 资源配置 │
    └──────────┘    └──────────┘
      ↑    作为理性行动，
      │    统一进行说明
      │    ┌──────────┐         基于每个国民的利益
      │    │实证性提问的│         来判断结果的好坏
      │    │  回答方法 │
      │    └──────────┘         ┌──────────────────┐
      │                          │规范性提问的回答方法│
    ┌──────────────┐            └──────────────────┘
    │每个人的喜好(偏好)│
    │   生产技术    │
    └──────────────┘
```

图0-1　微观经济学的方法

① 将原本什么样的资源配置是在物理上可能的——社会的生产能力(技术)进行明确的公式化。

② 明确构成社会的每个人所拥有的利益关系。不同的人应该存在不同的需求(嗜好)，将这种个人的喜好[提前透露一下，这在微观经济学中叫作偏好(preference)]进行明确的公式化。

③ 将决定资源配置的制度和规则进行明确的公式化❶。

④ "每个人会从可能的行动中选择最喜欢的那一个"，这是在多数经济问题里最重要的行动原理(即理性行为)。以上述①和②为基础，结合理性行动原理，对在这种制度和规则下的人们是如何行动的，进行统一的解释。

---

❶ 图0-1从"每个人的行动"指向"资源配置"的箭头代表制度和规则，可能有些晦涩难懂，让我们来举例说明。制度和规则原本是用来规定人们"什么样的行动是被允许采取的"和"采取什么样的行动能够实现何种资源配置"的。例如，在市场经济中，消费者被赋予"选择的自由"，在预算范围内可以购买任何商品。然而，在计划经济中，消费者能够采取的行动是"回答政府的问卷调查"或者"向政治家请愿"，由此来确定什么商品是可以消费的。

⑤对于最终所实现的资源配置的好坏的判断，以构成社会的每一个人的偏好为基础展开[1]。

也就是说，微观经济学阐明了规范每一个经济主体（消费者、企业）的经济行为的动机和激励（incentive），并且以个人利益关系为基础来判断其结果的好坏。之所以取名为"微观（微观视角的）经济学"，是因为它按这种方式对构成经济的各个经济主体进行详细的分析。

上述解释有些抽象，不易理解，因此，我们以"本国是否应该对大米的进口实行自由贸易"这种具体的经济问题为例，对以上列举的微观经济学的方法进行粗略的解释。首先，这个问题被分为以下两部分：

- "实行自由贸易之后会如何"这样的实证性提问；
- "结果是好是坏"这样的规范性提问。

前者是关于事实关系的提问，由于真相应该只有一个，因此易于辨别是非对错。与之相对，由于后者是价值判断，因此不同的人可以持有不同的看法。像这样将问题按照不同的性质分为两部分，对于开展建设性讨论是大有裨益的。

第二节　实证性提问与微观经济学

那么，虽然自由贸易必然会改变大米的价格和产量，对其他产业也会产生各种各样的波及效应，但是，对于这个问题的分析，微观经济学并不是要对"自由贸易会降低大米的价格"或"如果大米变得更便宜的话面包就会卖不出去"这种常识性的论题进行个别的探讨，而是就自由贸易的效应——作为农民、消费者和其他生产者在固定的技术水平下采取理性行为的结果——来统一进行解释（具体解释详见正文）。理性行为虽然听起来冷酷无情，但是它能够清晰地捕捉到经济问题中最重要的因素："每个人都是遵从自己的利益而行动的。"换言之，

---

[1] 如何去做，后文会依次进行详细讲解。本章讲的只是简单的概要。

它能够让我们清楚地理解，为了经济运行，"给予每个人**适当的激励**（incentive）"是不可或缺的。

微观经济学（借助理性行动的原理和数学模型）推导出的大多数结论，多是凭借常识便可以完全理解的，例如"价格上升，则供给增加"。而不会像物理学那样推导出令人惊讶的结论，例如"乘坐接近于光速的火箭，时间会变慢"。那么，为什么要特意使用数学模型来舍近求远地进行分析呢？为何不从最开始就使用常识进行分析呢？这是因为：我们的常识中可能存在"巨大的疏忽和逻辑漏洞"，而数学模型是检验它是否行之有效的科学方法。

我们所谓的常识性知识往往是支离破碎且模糊的，有时甚至会得出完全相反的结论。让我们举一个例子。

实例1 **价格转嫁与常识性讨论的问题**　原油价格前些年一直高企（图0-2），尤其在价格急剧上涨的2005—2006年，"在原油价格高涨，原材料成本上升之后，是谁让产品涨价，进而把负担转嫁给消费者呢？"这种问题引发了激烈的讨论（这叫作"价格转嫁"）。

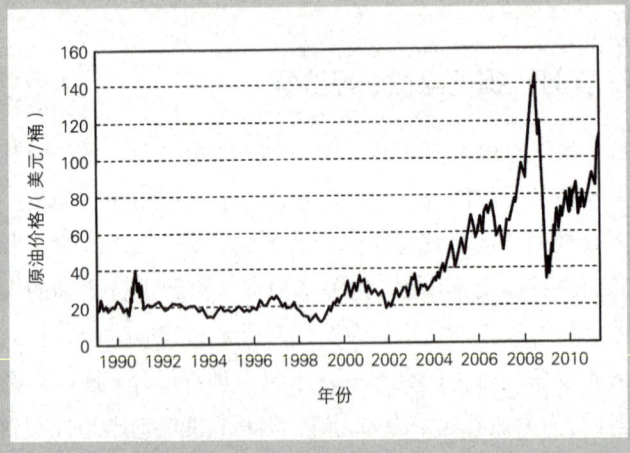

图0-2　原油价格的变化

来源：根据日本独立行政法人石油天然气、金属矿物质资源机构资料制作，http://www.jogmec.go.jp/recommend_library/value_oil/index.html.

媒体和网络上的大多数观点认为：

- 大企业因为势力强大、拥有定价权故而提价，而燃料成本上升的后果则由处于弱势地位的消费者来承担。
- 处于激烈竞争之中的中小企业势力较弱，因无法进行价格转嫁而陷入困境。

但是，也有少数不同的声音。《读卖新闻》就做出了如下评论：

……35个加油站普遍都涨价了。在价格竞争激烈的石油行业，加油站几乎没有能力消化批发价的上涨，只能通过零售价格进行转嫁。

（《读卖新闻》，2005年5月3日）

这个实例告诉我们两件事。

1. 对社会问题进行常识性的讨论，会落入"怎么都对"的陷阱。

听到"处于激烈竞争中的中小企业势力较弱，因无法进行价格转嫁而陷入困境"的说法，会认为"这是理所当然的"，而听到"处在竞争中的中小企业无法消化批发价上涨，所以必须通过零售价格进行转嫁"的说法，还是会认为"这是理所当然的"。但是，仔细想一下的话，这两个说法是在叙述完全相反的两件事，二者不可能都正确。因此我们得到第二个教训——

2. 常识性的讨论往往会推出完全相反的结论。

基于这种常识性判断来讨论经济问题，往往会带着感情色彩，从而容易陷入"有理在于声高"这样的野蛮状态。为了进行富有成效的讨论，从经济问题中最重要且最普遍的原理（每个人都遵从自己的利益而行动）出发，认真检验讨论的逻辑条理，才是有效的。微观经济学借助理性行为和数学模型来进行讨论的理由正是这个。从上述实例可知，在100个常识性的讨论中，有90个可能都值得怀疑。微观经济学的一个重要作用就是提供工具，以便人们能从各种各样的常识性讨论中找到真正的科学。

注解0-1 顺便说一下，在上述两种关于价格转嫁的观点中，哪一个是真正符合逻辑的呢？继续阅读本书，答案就会逐渐明朗起来，请大家持之以恒。

另外，在第一章的实例2中，我们会展示有关这个观点的具体案例，让大家理解"微观经济学的作用之一，就是在常识性的讨论中发现真正符合科学的结果"这个观点。

第三节 规范问题与微观经济学

现在，回到大米的自由贸易问题上来。如果自由贸易的影响通过实证分析得到了明确，接下来就到了判断结果是好是坏的时候了。为了突出微观经济学的特点，我们将其与古老的思想进行比较。例如，相当古老的经济思想"重商主义"认为，尽量做到贸易盈余对一国是更加有利的（20世纪90年代日美贸易摩擦时这个思想曾经复兴过），因而其得出的结论可能是，自由贸易导致外国大米的进口，会增加贸易赤字，因此是不理想的。另外，认为农业为国之根本的"重农主义"，可能以自由贸易会引起国内农业的衰退为由坚决反对。相反，微观经济学**不会做出"贸易盈余对国家有利""农业为国之根本"这种粗略的价值判断，而是认为由于构成社会的始终是每个人，因此应该基于每一个国民的利益来做出事物好坏的判断**。也就是说，要考虑自由贸易导致谁受益、谁受损，或者是否能做到让受益人对受损人给予充分的补偿等问题之后，再来讨论自由贸易的对错（如何去做，在第三章解释"市场均衡"的时候会变得明朗起来）。

以下，我们将重点放在微观经济学的思维方式与使用方法上，来依次详细地学习这种微观经济学的方法具体是什么样的。上篇是本书的主要构成部分，目的是让大家理解市场机制。特别是明确在多个消费者和多个生产者在市场上积极参与竞争的情况（称为<u>完全竞争状态</u>）下会发生什么。这就是"价格理论"，是传统微观经济学的主要部分。同时，本书没有局限于此，而是根据近年理论经济学的发展，对超出完全竞争市场范围的各种各样的经济问题的基础理论，即<u>信息经济学和博弈论</u>，在下篇进行基础的讲解。

不难理解，从现在开始我们要学习的知识，需要借助数学公式和图表等手段，这是为了让在讨论经济和社会问题时所使用语言的含义更加明确，让大多数人都能理解并检验讨论是否科学。在开头我们已经讲过，虽说会使用公式和图表，但是，我们也会从最基础的内容开始讲解，所以请不要担心。并且，我们想要讲解的内容都非常有趣，即使不擅长数学的人也能够对其产生兴趣，进而发现"<u>原来使用数学公式可以了解到这样的经济社会现象</u>"。

上 篇

价格理论
市场机制的优缺点

在现代社会，包括食物、房子和音乐在内的所有东西，都被贴上了标明价格的数字标签进行交易。虽然平时不会太在意，但仔细琢磨一下的话，我们就会发现，这是一个非常不可思议的制度。上篇的目的在于，理解这种市场的基本功能及其局限性。为此，我们先要研究消费者行为和企业行为，然后探讨如果它们在市场上相遇的话会发生什么。

第一章　消费者行为理论

导言告诉我们，微观经济学是通过将"每个人尽可能地选择对自己有利的行动"这种"理性行为"贯穿始终的做法来对经济现象进行解释的，并且，最终是基于每个国民的得失来对结果的好坏进行判断的。这有助于我们理解约束经济行为的激励。此外，关注每一个国民的幸福，而不是沦为一部分人利益的代表，也是经济学人的准则。在本章中，我们将会就作为经济分析基础的"个人得失的判断＝个人的喜好（偏好）"和"理性行为"是什么给出准确的定义。接着将其应用于消费者的行为，并阐明各种各样的商品的需求是如何决定的。

第一节　理性行为：偏好与效用函数

让我们先思考一下如何表示每个人的"喜好"。以乌龙茶（1杯）、啤酒（1杯）、红酒（1杯）为例。如果"与啤酒相比，更喜欢乌龙茶"，我们约定将其记作：

$$乌龙茶 \succ 啤酒$$

虽然这里的符号"≻"与数学的不等号">"看起来很像，但是不等号代表的是数字的大小，而"≻"代表的是<u>更喜欢</u>这种个人的喜好（为了将二者区别开来，我们使用了将不等号稍作弯曲的"≻"）。

另外，如果"对啤酒和红酒的喜欢程度相同"的话，记作：

$$啤酒 \sim 红酒$$

此时我们约定将其表述为"啤酒与红酒无差异"。

更进一步，将上面两个符号组合在一起，很容易构造出一个"至少同样喜欢"的符号。也就是说，当存在两个选项 a 和 b 的时候：

$$a > b\ (a\ 和\ b\ 相比，更喜欢\ a)$$

或者

$$a \sim b\ (a\ 和\ b\ 的喜欢程度相同/无差异)$$

两种情况里有一个成立的时候，就可以记作：

$$a \gtrsim b$$

它表示" a 和 b 相比，至少同样喜欢"。我们可以将其类比为数学中的弱不等号。

虽然直观上用 ">" 和 " ~ " 更易于理解，但是特意引入符号 "$\gtrsim$" 是有理由的。这是因为**表达个人的喜好只考虑 $\gtrsim$ 就足够了**。其原因是，">"（喜欢）和"~"（无差异）可以通过下面的方法从"$\gtrsim$"（至少同样喜欢）中推导出来：

（ⅰ） $a \sim b$ 是指，$a \gtrsim b$ 和 $b \gtrsim a$ 同时成立。

（ⅱ） $a > b$ 是指，$a \gtrsim b$ 成立，但 $b \gtrsim a$ 不成立[1]。

经济学将以上解释用的符号"$\gtrsim$"所表示的个人喜好正式命名为"偏好"。

虽然个人持有多种多样的喜好，但无论它是什么样的，都可以认为它在某种程度上是存在一致性的。为了解释这个问题，我们将"所有

---

[1] 像下面这样想更容易理解它的含义。如果"$a \gtrsim b$ 且 $b \gtrsim a$ 同时成立"的话，根据（ⅰ）得到 $a \sim b$。因此，"$a \gtrsim b$ 成立，且 $b \gtrsim a$ 不成立"实际上的意思是：

$$a \gtrsim b，但不是\ b \sim a$$

因此 $a > b$ 成立。

能够成为比较对象的集合（即偏好≿被定义的区域）记作 X。X 根据所考虑问题的不同而不同。

例题1 在上述例子中，成为比较对象的整体指的是某个饮品店菜单上的饮品，因此我们可以认为：

$$X = \{乌龙茶, 啤酒, 红酒\}。$$

为了使个人喜好具备"一致性"，至少要保证以下两个条件成立。

> **个人的判断（偏好）满足一致性的条件**
>
> **条件1** 对于任意选择对象 x, y（即对于属于 X 的任意 x, y），都有 $x \succsim y$ 或 $y \succsim x$ 成立（这叫作**完备性**）。
>
> 这个条件虽然乍一看好像比较难，但其实它只不过意味着"任何东西都可以进行确切的比较"。在上述例子中，如果被问到"乌龙茶和啤酒想要哪个"时，人们一般会清楚地回答"喜欢这个"，或者"两者都喜欢"，而不会给出"不知道"的答案。
>
> **条件2** 如果 $x \succsim y$ 且 $y \succsim z$ 成立的话，那么 $x \succsim z$ 成立（这叫作**传递性**）。
>
> 这个条件也比较简单，其含义是，如果喜欢乌龙茶超过喜欢啤酒，喜欢啤酒超过喜欢红酒的话，那么自然应该是喜欢乌龙茶超过喜欢红酒。

总而言之，这两个条件的含义无非就是，（当选择对象的数量为有限的时候）我们**可以将选择对象按照从最好到最坏的顺序[同时允许平局（无差异）]排列**。

具备以上两个条件，即个人喜好具备"一致性"的人，在各种不同的情况下都能做出明确的决策。让我们先回想一下，所有可能成为比较对象的东西的集合是用 X 来表示的。通常，可以自由地在 X 中进行选

择的情况比较少,自己实际上能够选择的范围一般要比 X 小。在这里,让我们将此范围记作 S。举例说明:

$X=$ 饮品店菜单上的所有饮品

$S=$ 预算内能够购买的饮品

S 的构成会根据时间和场合的不同而有所不同,但无论怎样,只要给出可以选择的东西的范围 S,这个人都应该会按照偏好 $\gtrsim$ 在 S 中选择最喜欢的东西。

(也就是说,对于 S 中的任意 x,最喜欢的 x^* 都满足 $x^* \gtrsim x$) (1)

这就叫作"理性行为"。

例题 1-2 如果一个人的偏好是"乌龙茶>啤酒"且"啤酒~红酒",当预算内能够购买到的东西只有 $S=\{$乌龙茶,啤酒$\}$ 两种时,理性的行为就是在 S 中选择最喜欢的东西,即选择 $x^*=$ 乌龙茶。

综上所述:

> 我们将"在偏好一致性(满足条件 1 和 2 的偏好)时,总是选择最想要的东西"的行为叫作**理性行为**。

注解 1-1 怎么样?"尽量选择最有利的"是经济问题中最重要的行动原理,"个人的利益关系"是对经济问题做出评价的不可或缺的因素。为了准确表述,我们使用了严格的符号进行论述,**但说实话,你不觉得很难理解吗?** 难道没有更简单易懂的方法吗? 有! 方法就是"效用函数"这个分析工具。

效用函数:效用函数的基本思想,是用数字来简单易懂地表示偏好关系 $\gtrsim$。现在,我们给每一个选择对象 x 按照"**越喜欢的对象,数字**

越大"来分配数字 $u(x)$(请注意,之所以能够这样做是由于我们设定了条件1和2)[1]。即:

> 满足"如果 $x \succsim y$,则 $u(x) \geq u(y)$"的 u
> 我们将其称为**表示偏好关系 $\succsim$ 的效用函数**

给更喜欢的东西对应更大的数字,数字的对应方法怎样都可以,因此**表示某个人的喜好的效用函数有很多**。例如,在前面讨论中出现的"乌龙茶>啤酒且啤酒~红酒"的人,其效用函数可以是:

$$u(乌龙茶) = 10,$$
$$u(啤酒) = u(红酒) = 5$$

也可以是:

$$u(乌龙茶) = 100,$$
$$u(啤酒) = u(红酒) = 0$$

不限于以上两种。总之,只要给啤酒和红酒对应同样的数字,给更喜欢的乌龙茶对应更大的数字,任何数字都是可以的[2]。这样,可能就会出现**用哪个比较好**的问题,微观经济学是在注意到**无论使用哪个都不会改变结论**的情况下来使用效用函数的(后面解释原因)。

---

[1] 如果条件1和2成立,且选择对象的数量有限,那么就可以把选择对象按从最好到最差的顺序进行排列[允许排序相同(无差异)],因此越好的东西确实能对应到更高的数字[为排序相同(无差别)的东西分配相同的数字]。但是,如果选择对象无限多,即使满足一致性的条件1和2,这种无法分配数字的奇怪例子也能被构造出来。关于排除这种病态的例子的条件,我们将在下面的第二节中进行解释(请看P017页脚注)。

[2] 当表示一个人偏好的效用函数 $u(x)$ 存在时,让我们用递增函数 f[如果 $a>b$,那么 $f(a)>f(b)$ 成立的函数]来对其进行转换,得到一个新的函数 $v(x) = f[u(x)]$。这样的话,因为这个 $v(x)$ 也会为更好的东西对应更高的数字,所以它也是表示同一个人偏好的效用函数。也就是说,**把表示某个人的偏好的效用函数用递增函数进行变换后,结果得到的还是表现该人偏好的效用函数**。

有了效用函数，我们可以写出：

理性行为＝效用最大化行为

这样简洁多了。如果将在预算内能够买到的饮品的集合用 S 来表示的话，那么上述饮品的选择行为就变为：

$$\text{在 } S \text{ 中，选择将效用 } u(x) \text{ 最大化的 } x^* \qquad (2)$$

我们看到，表述(2)与(1)相比变得更容易理解了。表示某个人的喜好≿的效用函数 u 虽然有很多，但其中的任何一个都是"为更喜欢的东西赋予了更大的数字"。所以，无论使用哪个效用函数，(2)的效用最大化的结果（根据≿）都是选择了最喜欢的东西〔即满足第13页中 (1) 的 x^*〕。理由是"表示某个消费者喜好的效用函数虽然有很多，但是无论使用其中的哪个，最终选择的（理性）行为都是不变的"。

注解1–2　常见的误解：因为喜欢乌龙茶胜过啤酒，所以我们假设经济学家对正在喝着乌龙茶的消费者说："你的乌龙茶的效用是2，啤酒的效用是1，你进行了效用最大化。"这样的话，别人肯定会说："我从来没听过也没见过这样的数字，说我在最大化那种东西就是胡扯。"有些人因此认为"经济学脱离现实"。但其实正确的理解是："为了清楚地记录你喜欢乌龙茶胜过啤酒的事实，并在今后的讨论中正确地使用，我(经济学家)特意给乌龙茶和啤酒赋予了2和1等数字。这就是效用。而且，你进行了效用最大化并不意味着你实际上意识到了这些数字并进行最大化，而是我(经济学家)为了准确描述'你喝了自己喜欢的乌龙茶'这个事实，而使用这样的数字来记录的。"

这一点，请大家千万不要误解。

注解1–3　学说史：(注解1–2讨论的继续)也就是说，由于只要为更喜好的乌龙茶赋予更大的数字，无论什么数字都是表示这个人喜好的效用，因此重要的是**效用的相对大小，效用的绝对大小是没有意义的**。当经济学家像上面一样说：

$$u(\text{乌龙茶}) = 2$$
$$u(\text{啤酒}) = 1$$

这并不意味着乌龙茶的满意度是啤酒的满意度的2倍，而仅仅是比起啤酒更喜欢乌龙茶的意思。就算：

$$u(乌龙茶) = 100000000000$$
$$u(啤酒) = 1$$

当然也没问题。大家需要注意的是，"满意度的大小"不可能像温度和物价水平那样客观地测量，但是**"喜欢哪个"这样的偏好≿是可以进行调查的**(问喜欢乌龙茶还是啤酒就可以了。或者，观察实际上选择两个中的哪一个就可以了)。像这样，我们把将效用(原则上可以测量)看作表示人们偏好≿的便利方法称为"序数效用论"，现代的经济学就是遵循这个想法的。

与此相对，19世纪的经济学将效用看作"满意度的大小"，而且认为不仅是相对大小关系，本来无法测量的绝对大小也是有意义的。这种现在看来已经过时的想法，叫作"基数效用论"。

注解1-4 **"事实胜于雄辩"的偏好测量**：为了测量偏好≿，**与其询问"喜欢哪一个"，不如观察"实际上选择哪一个"更加可靠**。

现在，我们假设：面对晦涩的文学书籍以及有趣的漫画书，如果我们问A同学"喜欢哪一个"时：

- 他可能会说"怎么说呢，漫画书很有趣，很好，文学书有深度，也很好"，回答得完全不得要领，
- 但是，如果让他实际选择其中一个，他立马就拿了漫画书。

在这种情况下，认为A同学喜欢的终究还是漫画书，这种判断是妥当的。再举一个例子，如果鼓吹"这只股票一定会赚钱"的经济评论家自己没有购买那只股票的话，那么选择不去购买是更加明智的。也就是说，经济学普遍认为实际行动比问卷调查更能准确地表示本人的偏好。

"实际的选择行为会明确揭示无法直接进行观察的偏好"，这个"事实胜于雄辩"的想法是经济学的重要分析工具之一。消费行为能推测出消费者的喜好(偏好)，以此方法进行系统性研究的理论叫作显示偏好理论。

第二节　消费者偏好与无差异曲线

现在，我们马上用上一节学到的理性行为原理来分析消费者行为。首先，从语义上讲，在作为商品被交易的东西当中，无形的在经济学中被叫作"服务"，有形的被叫作"商品"。有时也会把包含两者在内的所有东西都叫作商品。现在，假设在社会上有 N 种商品，再假设第 i 种商品的消费量为 x_i，那么某个消费者的消费类型可以用下式来表示：

$$x = (x_1, x_2, x_3, \cdots, x_n)$$

这叫作该消费者的消费计划。消费者应该对各种各样的消费计划持有固定的偏好≥，以这样的偏好为基础，接下来让我们看一下消费者的需求是如何决定的❶。要理解消费者行为，要考虑

带来同等效用的各种消费计划

如果各种消费计划带来同等效用，用在第一节定义的术语来说就是"无差异"。当商品是两种的时候，由于这个"无差异的各种各样的消费计划"通常呈现出曲线的形状，因此我们将其称为无差异曲线。正如地图的等高线表示同样高度的点的集合一样，无差异曲线表示的是带来同等效用的点的集合。

在微观经济学中，人们(特别是不喜欢数学模型的普通人)最初感到困惑的就是这个概念，像"平常消费的时候并没有在意过这个问题"，"没有现实感"这样(自然)的疑问也会涌现出来。因此，让我们先从能

---

❶ 给那些对数学比较在意的读者的脚注：每种商品的消费量 x_i，有像汽油一样取连续的值的，也有像练习本一样1本、2本这样取跳跃的值的。在价格理论中，为了方便讨论，我们认为每种商品的消费量都是连续的。于是，消费者所面临的各种各样的消费计划就无限多。这时，为了让消费者的偏好能够用效用函数进行表示，除了在上一节提出的一致性的两个条件("完备性"和"传递性")，还需要以下的条件成立。

连续性：对任意的消费计划，"至少同样喜欢的所有消费计划的集合"和"至少同样不喜欢的所有消费计划的集合"，两者都是闭集(包含边界的集合)。

证明案例参见：G.Debreu(1972) *Theory of Value*, Yale University Press.

够让大家充分认同无差异曲线的存在,并且它能够很好地表示商品性质的特殊例子讲起。

例题3 以青岛啤酒和燕京啤酒为例[1],我们来考察一下没有品牌偏好的特例。假设青岛啤酒和燕京啤酒的消费量分别为x_1和x_2,这样的话,如果喝的啤酒的总量(也就是x_1+x_2)相同的话则效用是一样的。假设啤酒的量越多越好的话,则总计的消费量越大效用也越大。也就是说,无差异曲线为"$x_1+x_2=$常数"这样向右下方倾斜的直线,越处于右上方效用越大(图1-1)。像这个例子中的青岛啤酒和燕京啤酒一样,对消费者来说,可以作为完全相同的商品来看待的商品叫作**完全替代品**。

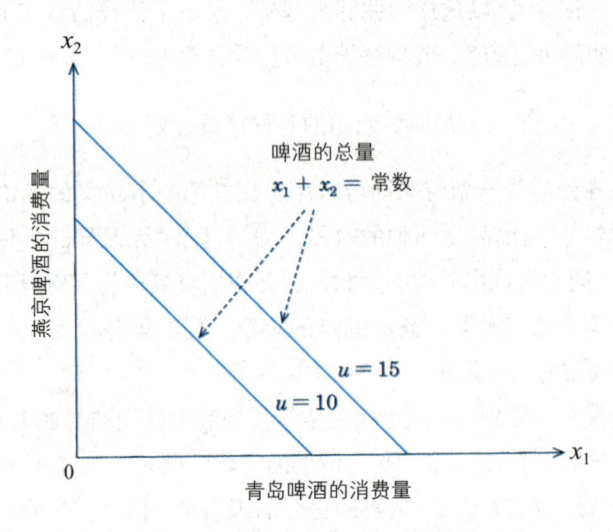

图1-1 完全替代品的无差异曲线

例题4 让我们来考虑一下左右眼视力不同的人佩戴一次性隐形眼镜的情况。因为视力不一样,所以右镜片和左镜片是(度数不一样的)不同的商品,必须以1∶1的比例来使用。此时,无差异曲线如图1-2所示,为L形。图中的虚线是以1∶1的比例使用右眼隐形眼镜和左眼隐形眼镜的状态。

---
[1] 为使读者更直观地理解,此处对作者所举的例子做了相应的改动。——译者注

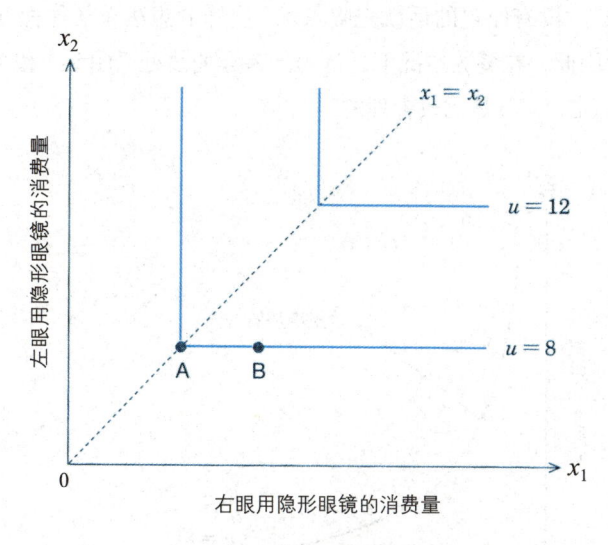

图1–2　完全互补品的无差异曲线

无差异曲线呈现在该虚线上弯曲的L形的理由，像下面这样仔细思考就理解了。在没有以1∶1的比例使用右眼用隐形眼镜和左眼用隐形眼镜的点，例如在(从A点向右偏移的)B点上，右眼用隐形眼镜因为用不到就多出来了。假设多余的隐形眼镜无法使用的话，则消费者在B点得到的效用最终与A点相同。因此，无差异曲线呈L形。

像这个例子的右眼用隐形眼镜和左眼用隐形眼镜一样，经常以一定比例消费的商品叫作**完全互补品**。螺栓和螺母、电脑和操作系统(如Windows等电脑基本软件)、护照和证件照片等都是完全互补品的例子。

一般来说，我们可以认为无差异曲线是处在这两种极端例子之间的。现在，考虑水和面包的消费，认为"无论是水还是面包，只要能填饱肚子都可以"的人的无差异曲线如图1–1那样，"认为水和面包一定要按照1∶1的比例食用"的人的无差异曲线如图1–2那样，但是实际上认为处在这两者中间是更加合乎实情的。也就是说，水和面包的消费量，不像左右眼隐形眼镜那样必须完全一样，但也是在某种比例上进行消费比较好。另外，与"只要是啤酒就行""喝不到青岛就先喝燕京"的想法一样,"没有面包的话就先喝点水"这样的想法在某种程度上也是存在的。因此,在多数情况下,认为无差异曲线处于图1-1和图1-2之间的状态(图1-3)是比较合理的。

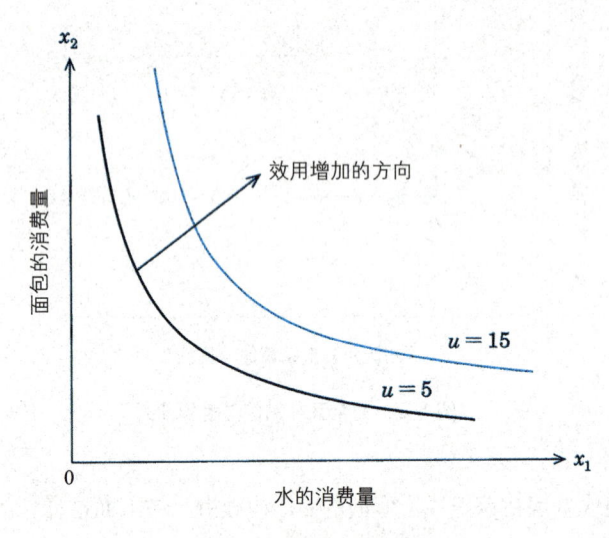

图1-3 一般的无差异曲线

现在,让我们更加深入地思考一下多数商品的无差异曲线呈现出图1-3形状的原因。我们通常认为商品的存在价值随着消费量的增长而递减。比如,第一杯水是好喝的,第二杯刚刚好,第三杯就不觉得好喝了。实际上,像图1-3那样呈现出凸向原点形状的无差异曲线,就表现了在消费上"物以稀为贵"这个一般特征。下面我们详细解释其中缘由。

如果从左上开始观察凸向原点的无差异曲线(图1-4),我们会发现,从不喝水的A点出发,移动到得到1杯水但面包的消费量减少500g的B点,(因为A和B处在同一个无差异曲线上)两个点的满足度是相同的。也就是说,得到1杯水之后,即使将面包的消费量减少500g,满意度也是不变的。

换个说法,我们发现以下结论:

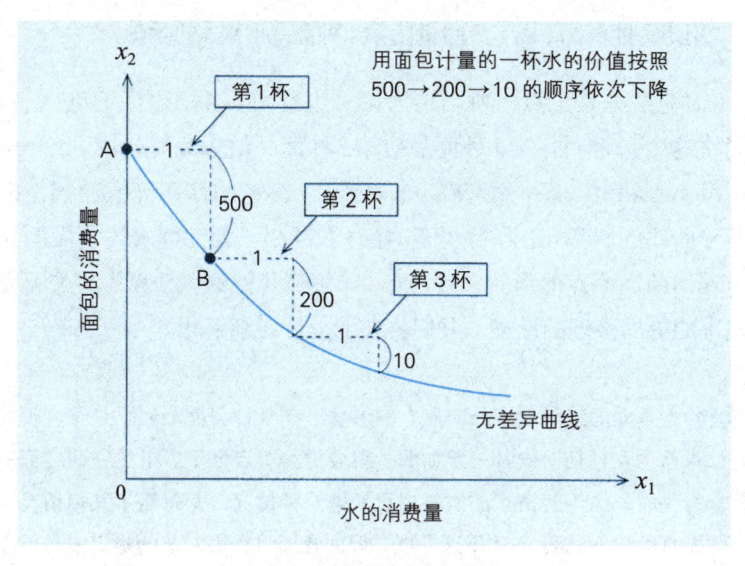

图1-4 边际替代率递减法则

- 为了得到第1杯水，最多愿意放弃500g的面包（因为第1杯水很珍贵，所以放弃大量的面包也愿意）。
- 为了得到第2杯水，最多愿意放弃200g的面包（因为第2杯水刚刚好，所以愿意放弃的面包量减少）。
- 为了得到第3杯水，最多愿意放弃10g的面包（第3杯水几乎没有什么价值）。

如上，与1杯水带来同等满足的面包的量，也就是**用面包测量的水的价值**，是随着水的消费量的增加而递减的。这就是无差异曲线呈现出凸向原点的形状的含义。

让我们将上述结论进行总结，**无差异曲线的斜率**是：

"为增加1单位的第1种商品（水）的消费量所愿意支付的第2种商品（面包）的最大数量。"

粗略来讲，它表示的是：

"用第2种商品（面包）测量的第1种商品（水）的价值。"

（因为这里是重点，所以请大家一边看图1-4一边仔细确认一下）我们将这个斜率叫作第1种商品对第2种商品的边际替代率（marginal rate of substitution），用MRS_{12}来表示。1杯水的存在价值递减是指，无差异曲线的斜率（边际替代率）越往右越小，即能够表述为无差异曲线呈现出凸向原点的形状，这叫作边际替代率递减法则。关于边际替代率的更加准确的论述，我们将在下一节详细解释。

注解1-5 无差异曲线呈现出凸向原点的形状，在某种程度上似乎是很合理的，但是如果认为在任何时候都**一定如此，就会觉得有点怪了**。虽然在研究消费者的需求行为时，微观经济学的教科书只考虑这种情况，并忽略了其他情况，但是这样做真的没问题吗？ 关于这件事，后面我们将在第六节的附论中进行详细讨论（先透露一下结论，出乎意料的是，这样做是可以的）。

下面，我们用更易于理解的形式把以上的内容进行公式化。边际替代率递减法则，简言之就是无差异曲线呈凸向原点的形状。一般来说，"凸形"是按照如下方式进行定义的。

在经济学中经常使用的数理工具箱	凸集合

某个集合A是凸的，就是"没有凹陷的"的意思，在用"最优化"（效用最大化与利润最大化）来理解经济主体的行为时，这是非常有用的概念。某集合A是凸的＝"没有凹陷的"，准确来讲就是：

"取A中的任意2点a和b，它们之间连线上的点都被包含在A中。"用语言表述可能有点不容易理解，因此请看图1-5。

图1-5描绘了凸集合和非凸集合，可以看到凸集合满足了"没有凹陷"的要求。"a和b之间的任意点"，使用满足$0 \leqslant t \leqslant 1$的$t$，一般可以被表示为a和b的加权平均：

$$ta + (1-t)b$$

A 是凸集合　　　　　非凸集合

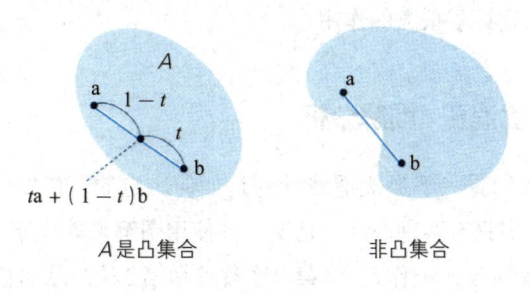

图 1-5

例如，如果 $t = 1/2$，则这表示 a 和 b 的正中间的点，t 越大则表示更接近 a 的点，t 越小则表示更接近 b 的点。使用这个公式，我们可以对 A 是凸集合在数学上明确定义为[1]：

> 对所有的 a, b ∈ A 以及 $0 \leq t \leq 1$，
> $ta + (1-t)b \in A$

引入以上的概念后，边际替代率法则就可以简单表述为：

无差异曲线的上方为凸集合

有时这也叫作偏好的凸性。

突然出现凸集合等概念可能会让人觉得措手不及，但是请大家注意，它成功体现了：

"商品的存在价值随着数量增加而不断递减"

这是多数消费品所拥有的特性。在漫长的历史过程中，我们发现，各种各样的经济现象都能够用数理概念准确地捕捉到，凸性就是其中之一。像接下来所讲的那样，凸性的概念在生产理论与市场有效性的

---

[1] $x \in A$ 是表示 "x 属于集合 A" 的符号。

第三节　最优消费：图解分析

接下来我们看一下最优消费计划是如何决定的。首先，我们把问题简单化，考虑只有两种商品的情况，并使用图解来进行分析。现在，将某个消费者的收入记作 I，将第 1 种商品和第 2 种商品的价格分别记作 p_1，p_2，且把这两个价格组合记作：

$$p = (p_1, \ p_2)$$

在本书中我们将这个价格组合 p 称为**价格体系**。在这个价格体系下购买消费计划 $x = (x_1, \ x_2)$ 时，由于 x_i 表示的是第 i 种商品的消费量，因此需要支付 $p_1 x_1 + p_2 x_2$ 元。所以，收入 I 正好能够购买的消费计划，是所有满足下式的计划：

$$p_1 x_1 + p_2 x_2 = I$$

这个等式被称为**预算约束式**。为了使公式简洁明了，我们做出如下约定。当给定价格体系 $p = (p_1, \ p_2)$ 和消费计划 $x = (x_1, \ x_2)$ 时[1]：

用 px 表示 $p_1 x_1 + p_2 x_2$

这时，理性行为的消费者的消费行为就可以表示为：

> 从满足预算约束 $px = I$ 的消费计划 x 中
> 选择效用 $u(x)$ 最大化的那一个

---

[1] **符号约定**：商品的数量更多时也一样，对于 $p = (p_1, \cdots, p_N)$ 和 $x = (x_1, \cdots, x_N)$，记作：

$$px = p_1 x_1 + \cdots + p_N x_N$$

（给喜欢数学的人的注释：px 在数学中被称为 p 和 x 这两个向量的"内积"）

由于这样逐字逐句写起来很长很辛苦，因此我们用更简洁的方式将其记作：

$$\max_{x} u(x)$$
$$\text{s.t. } px = I$$
最优消费计划问题

这里，$\max\limits_{x} u(x)$ 是"选择合适的 x 将函数 $u(x)$ 最大化"的意思，同时，"s.t. ~"是英文"subject to"的缩写，即"在 ~ 的约束下"的意思。

接下来，我们用图来解这个最优消费计划问题。首先，满足预算约束的各种消费计划是用直线 $p_1x_1 + p_2x_2 = I$ 来表示的（这叫作**预算线**）。将这个公式变形可以得到：

$$x_2 = \underbrace{-\frac{p_1}{p_2}}_{\text{斜率}} x_1 + \frac{I}{p_2}$$

由变形后的公式可知，**预算线的斜率的绝对值为价格比** $\dfrac{p_1}{p_2}$。这个结论之后会发挥很大的作用，请一定要先理解透彻。

现在，最优消费计划问题就是在这个预算线上寻找令效用最大化的点，如图1-6所示。

在此图中描绘有两条无差异曲线，我们要注意的是，处在右上方的是带来较大效用的一条（左下方的无差异曲线的效用是 $u=5$，右上方的无差异曲线的效用是 $u=8$）。先观察图中的点 x^0，我们发现，在该点处，预算线和无差异曲线相交，如果按图中的箭头方向移动的话，效用还有改进的余地。也就是说，从 x^0 移动到 x^* 的话，效用会从5增加到8。然而，在点 x^* 处，预算线与**无差异曲线相切**，往任何方向移动**效用改进的余地**都已经不存在。因此，最优消费是通过下面的方式决定的。

最优消费计划 x^*，是预算线与无差异曲线相切的点。

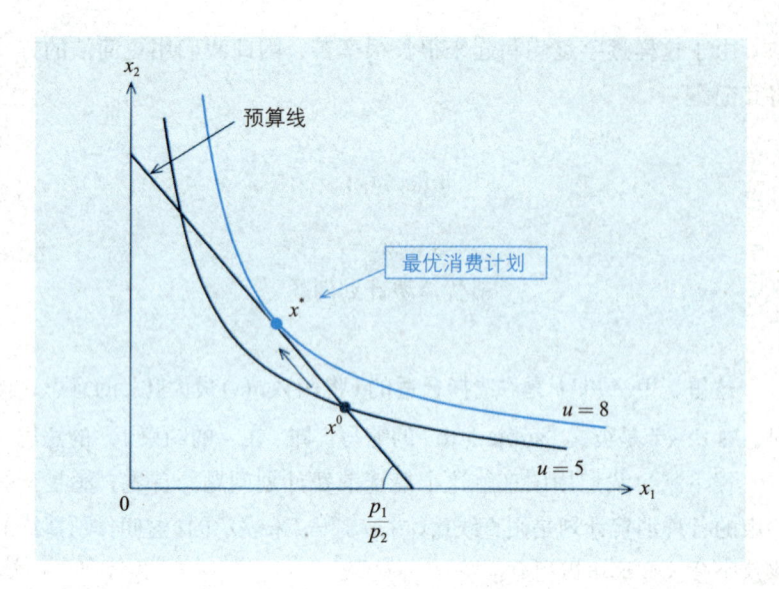

图 1-6 最优消费计划

第四节　关于数学模型和现实的关系，以及微观经济学的思维方式的重要附录

如果现在问你："以上就是最优消费理论，感觉如何？"严肃认真的人肯定会说："**这是什么呀？太无聊了！**"本以为从"消费理论"中可以知晓深奥的消费者心理的秘密，没想到结果只是运用无差异曲线和效用等脱离现实的概念，对"选择自己喜欢的东西"这件事进行阐述而已，内容可不是一般的空洞。

但是，仅根据这一个理论就可以进行经济分析和政策评价。在此，我们举一个例子，帮助大家理解**经济问题中最重要的行为原理——"每个人都采取合乎自身利益的行动"**，并且能让大家意识到清晰明确的模型和行为原理的威力。后文会经常出现使用数学模型的分析，为了避免尚未理解模型分析的意思就急于进入后面的内容，我们通过这一个例子，来详细讲解使用数学模型观察现实的意义以及微观经济学分析的特征。这是重点内容，请大家不要跳过并认真阅读。

实例2 **政策评估：老年人医疗费补助制度的问题**　2011年时，日本70岁以上老年人的医疗费，本人负担额是实际花费的医疗费的1成（图1-7），其余9成由政府（纳税人）承担。

2011年11月起实施

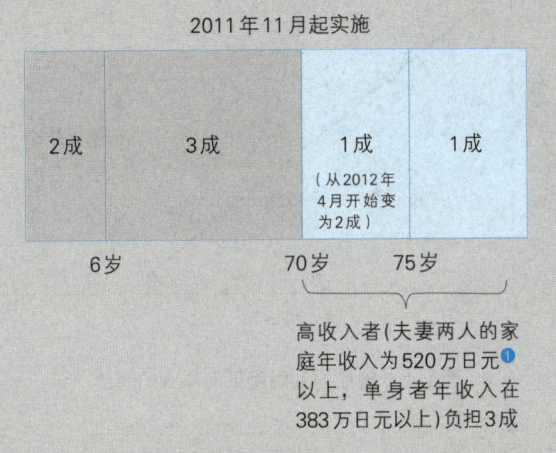

| 2成 | 3成 | 1成（从2012年4月开始变为2成） | 1成 |

6岁　　　　70岁　　75岁

高收入者（夫妻两人的家庭年收入为520万日元❶以上，单身者年收入在383万日元以上）负担3成

图1-7　医疗费的自我负担比例

为了评价这一政策，让我们将医疗消费看作第1种商品 (x_1)，其他消费（例如食物）用第2种商品 (x_2) 来表示。现在，假设对于每单位医疗消费，政府拿出 S 元补助，在医疗费补助制度下，老年人的预算约束如下：

$$(p_1 - S)x_1 + p_2 x_2 = I$$

请注意，因为有补助金额，所以医疗费减去补助金额 S 变为 $(p_1 - S)$。这样一来，在补助制度下老年人的最优消费就是图1-8的 x^*。由于该最优消费点 x^* 满足预算约束，因此下式自然成立：

$$(p_1 - S)x_1^* + p_2 x_2^* = I \tag{3}$$

---

❶ 为了读者方便理解，本书在行文中使用"元"，但在引用日本相关实例时，会保留"日元"。——译者注

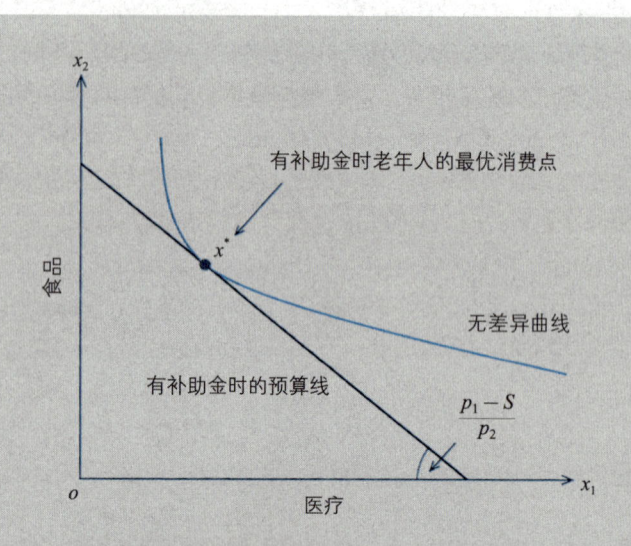

图1-8 医疗补助制度下老年人的消费

现在,让我们考虑一下政府取消补助制度的情况。这样做之后,这位老年人为了维持原有的消费 x^*,需要有更多的钱。如果将需要的金额用 Y 来表示的话,Y 就是由下式来决定的:

$$p_1 x_1^* + p_2 x_2^* = I + Y \qquad (4)$$

将上面的式子(3)中的 Sx_1^* 移到右边,并与(4)相比可知,实际上 $Y = Sx_1^*$。也就是说,<u>取消补助制度,把医疗补助金的金额(Sx_1^*)一并用现金支付(如增加养老金)给老年人的话,老年人可以达到和有补助制度时同样的消费 x^*</u>。这个时候会发生什么呢?

取消补助制度、增加养老金时的预算约束为:

$$p_1 x_1 + p_2 x_2 = I + Sx_1^*$$

如果将其画在图中,就是一条斜率的绝对值为(没有补助的)价格比 p_1/p_2,且通过以前的消费点 x^* 的直线(新的预算线)。该预算线之所以经过以前的消费点 x^*，是因为(正如上面所确认的那样)在新制度下也可以达到与以前一样的消费 x^*。因此，新制度下的最优消费如图1-9所示。

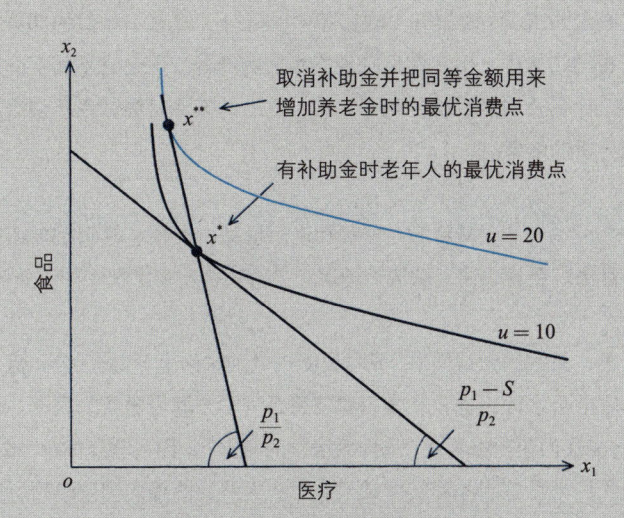

图1-9 取消补助金增加养老金的话……

最优消费点变化到 x^{**}，老年人减少医疗消费，并且效用会增加。也就是说，如果取消补助制度，并将作为补助金的金额全部用来增加养老金的话，虽然政府的支出(纳税人的负担)完全一样，却能提高老年人的满足度。在这个意义上来说，补助制度可能产生了浪费(低效率性)[1]。

---

[1] 那么，最初为什么会存在医疗补助制度呢？该制度的目的，就是帮助受到病痛困扰的人们。为了不浪费，同时达到补助的目标，必须根据医疗的需求来调整养老金的数额，但是就该补助谁、某个人需要何种程度的医疗等问题进行调查是很困难的。另外，为医疗费提供补助，则就医的人就会自动得到补助。因此医疗补助制度在现实中能够得以运用，但是实际上，它也产生了"低效"的负面影响。这是上述分析的结论。那么，如何在利弊之间权衡取舍呢？为了设计更好的制度，思考这个问题时就应该了解这些观点。

顺着这个实例，我们来详细解释一下使用数学模型解释经济事实的意义，说明一下借助微观经济学进行经济分析的特征。请看下面三个注解。

注解1-6　模型与现实：模型有与现实相似的部分，也有不相似的部分。因此，在模型分析的结果中，确实有反映现实本质的部分，但也有不切实际的一面。为了检验结论是否确实反映了现实，比较有效的方法是**尝试用日常语言来重新解释模型分析的结果**。

经济分析的诀窍：不仅要正确理解和使用模型，还要将模型推导出来的结论用日常语言重新表述，以清楚理解它是否确实反映了现实的重要一面。

实际上，是否去做这件事（或者说能否做到这件事），是区分一流经济学者和经济学家的分水岭，也是**在学习和使用经济学方面最重要的因素**。做到这件事的技巧，在我们业内被称为**"培养经济学的直觉"**。因为有点抽象、难以理解，所以，让我们马上就刚才的实例试试看吧。无差异曲线的理论模型所阐明的东西，用通俗易懂的日常语言表述就是：

（1）取消医疗补助，把作为补助金支出的部分用来增加养老金的话，
（2）虽然老年人（如果想这么做的话）可以和以前一样去医院，
（3）但是减少去医院的次数（没有补助）可以节约高额医疗费，
（4）因此选择减少去医院的次数。
（5）因为"明明能够做到跟以前一样的事，却主动选择不这么做"，所以和以前相比满意度应该提高了❶。

由于后面的（3）~（5）部分稍微有点难以理解，因此让我们假设自己是当事人来体验一下。老年人医疗费的个人负担比率为1成，指的是，如果去一次医院个人支付500元的话，那么实际的医疗费就是5000元。如果取消医疗费补助、增加养老金的话，就相当于：少去一回医院，节约5000元实际费用。因为

---

❶ 这是以微观经济学的重要思维方式"观察到行动，就能了解到该人隐藏的偏好、利益关系"（在注解1-4中论述的"**显示偏好**"）为基础的。

5000元不是个小数，所以老年人应该会想：

（4′）少去一次医院，用节约的5000元买好吃的吧。

（5′）5000元可以用来旅游，从而获得巨大的满足。

虽然政府的支出完全没有发生变化，但是如果取消医疗补助、增加养老金额度，老年人会获得一次旅游的机会，而"旅游"的这部分就是补助制度存在的浪费（低效率性）。（你觉得浪费巨大吗？）

如何？**看似脱离现实的无差异曲线（图1-9）所阐明的制度变更的效果（1）~（5），可以说实际上是非常真实且贴近老百姓生活的**。这里希望大家注意的是：

> **微观经济学的数理模型推导出来的结论用日常语言重新表述后的（1）~（5），虽然通过常识也能够让人充分理解和接受，但是不借助模型的力量，想一下子把它们弄明白是很困难的。**

在导言中我们已经解释过，"常识的讨论比较模糊，很多时候会导出完全相反的结论。从这种常识性的讨论中发现真正科学的结论，是微观经济分析的目的之一"。这个实例就很好地体现了上述论述。

基于这个实例，我们来进一步探讨一下**针对微观经济学经常有的批判**。确实，看到图1-9中的无差异曲线图，有的人会产生强烈的违和感，下面的想法可能是大部分人的反应。

（批判1）设置太多不现实的假设不太好。

（批判2）只要这些假设有一点点问题，结论就会发生急剧变化，所以结果不可信。

（批判3）实际测量每一个老年人的无差异曲线，老年人的行为可能如图中所示，但是如果不能被（像物理学那样）高精确度地验证，使用模型的意义就不存在。

另外，模型分析所阐明的都是用日常语言就能理解的结论（1）~（5），也都是贴近老百姓生活、极具现实性的，但如果我们重新阅读一下用普通语言写的这个结论，就会发现它并不依赖模型的假设：

- 只有两种商品；
- 无差异曲线呈现出整齐的形状；
- 老年人进行完美的效用最大化。

也就是说，这里我们想表达的要点是：

数学模型的含义：借助数学模型的经济学分析，虽然不能以物理学同样的精确度来精准地表现人们的行动，但是它可以做出简化的假设从而让讨论更加浅显易懂，**最终看透现实问题的本质中的一面**。

这段文字可能有些抽象，难以理解，但即便不是在抽象的水平上来理解和判断这段文字，而是通过上面医疗费补助的例子来看，也能接受"确实存在这样的现象"了吧。从此处出发，**至少针对这个实例而言**，我认为针对经济学的上述批判1~3并没有说到点子上。当然，从微观经济学中推导出来的各种各样的结果，也确实存在批判中的情况。但是，抛开乍看起来有说服力的批判1~3，如果读者能够通过这个例子来理解模型确实能够反映现实的重要一面、微观经济学确实有用，那么我感到非常荣幸。

注解1-7 市场机制与整个社会的蛋糕的大小：在实例2中，隐藏着微观经济学要弄清楚的重要主题。如果废除补助制度的话，纳税者的负担不会发生变化，而老年人的满足度提高了。也就是说，废除补助制度，会产生类似于"国民能够分食的蛋糕的尺寸变大"的效果。

反过来说，如果像医疗补助那样人为压低市场决定的价格的话，整个社会的蛋糕会变小。之后要学习的微观经济学的重要内容，就是要明确下述内容：

市场机制令整个社会的蛋糕变大。如果扭曲市场机制决定的价格，蛋糕会变小。

这种事并不仅限于这个实例，而是具有普遍性的。

"不改变纳税人的负担，来提高老年人的满足度"意味着"不降低任何人的满足度，来提高某些人的满足度"，这种现象叫作**帕累托改进**（帕累托是发现这个原理的经济学家的名字,关于帕累托改进的详细讨论会在第三章的"市场均衡"部分(第三节第6小节)进行。如果**整个社会的蛋糕变大,通过合理地分配蛋糕,那么一定能实现帕累托改进**。"整个社会的蛋糕是否变大""是否能够实现帕累托改进"等,在经济学中叫作"有效性的问题"。希望整体的蛋糕变大,实现帕累托改进,确实仅仅是一种价值判断。然而,归根结底帕累托改进是"实施所有当事人一致认为更好的状态",因此,无论采取何种立场,多数人还是会认可这是一种理想的状态。

与有效性并列的另一个必须思考的重要问题,就是"如何分配蛋糕"。如图1-10所示,当蛋糕变大时,如何在老年人和纳税人之间分配比较好呢? 这就是"公平性问题"。关于这个问题,不同人的意见差异很大。**微观经济学主要研究的是有效性问题(大多数人容易理解),而对蛋糕如何分配的公平性问题,则采取的是交给每个国民进行价值判断的立场**。

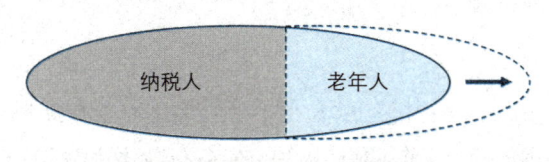

图 1-10 整个社会的蛋糕

那么,有效性问题与公平性问题哪个更重要呢? 取消补助制度,确实能够将蛋糕增大数个百分点,但是与此相比,是不是蛋糕如何分配,尤其是社会的弱者救济问题才是更重要的呢? 确实,这种思考不无道理,因此大众和评论家、媒体等在讨论经济问题的时候,通常会忽视"蛋糕的大小增加多少"这样(看上去)很小的效率性问题,而倾向于集中讨论公平性、社会正义等问题。但是,回顾20世纪的历史,我们知道,被认为是小问题的效率性问题,从长远来看是相当重要的。图1-11表示的是地域相邻、民族相同,但是采用市场经济和计划经济两种不同经济制度的韩国和朝鲜人均的蛋糕大小(人均国民生产总值)的变化。

由图可知,**增加整个社会的蛋糕大小的市场机制的作用,在改善国民生活水平方面的重要性不容忽视**。无论采取何种立场,为了创造理想的社会,都必须或多或少与市场打交道——这恐怕是我们从20世纪历史中所学到的最重要的经验之一。弄明白这种市场机制的作用,是微观经济学的重要任务。

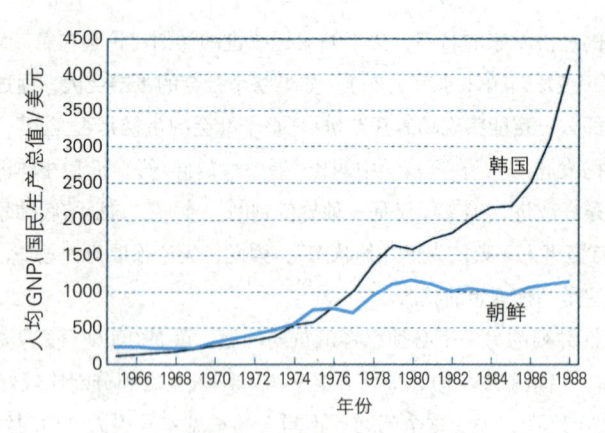

图 1-11　市场和蛋糕的大小

来源：金向东：《关于朝鲜的经济成长的争论的一个考察——从1965年到20世纪80年代末》，《立命馆国际地域研究》第24号，2006年3月，第131—141页。

注解1-8 制度的知识和理论的理解："70—75岁人群的医疗费个人负担比例为1成，这是目前的特别措施，预计从2012年4月开始增加到2成。另外，关于高收入者……"，上述事项叫作"**制度的知识**"。在高中及以前的社会科学课程中，我们所学的主要是制度知识的背诵，并且在社会上也有人认为：经济学、经济学专业（或者微观经济学的教科书）也是"教授在实际工作中起作用的制度知识"。如果抱着能够学到很多这种实用知识的期待来学习经济学的话，那么你可能会感到"什么呀，在实际工作中根本没有任何作用"。毋庸置疑，这些制度知识是很重要的，但是，大学生学习社会科学知识的重要作用，是通过前文所提到的理论模型来理解在现实背后起作用的机制。为了从本质上更好地理解社会的构造，**制度的知识和理论的理解两方面都必须掌握**，请大家重新看一下前面的实例来对此进行检验。其中制度的知识，是自己步入社会之后根据需要就能掌握的，但是理论的理解并不是这样的。微观经济学教科书着重强调的是，**传授对步入社会之后无法一个人掌握的、前人的智慧（理论）的理解**。

第五节　边际分析入门

只有两种商品的情况，可以像第三节那样借助图形来理解，但是在现实的经济活动中存在种类繁多的商品。为了理解更加接近现实的情况（由于商品过多，用图描绘不完），借助数学的力量是有效的。理解这个问题的关键，是思考"对各种各样的商品的消费量进行**微调**能否改善满足度"。经济学把这种微调用不太为人熟知的词表述为"边际"。这是英文marginal的翻译，由于margin是"边界线"，因此从字面上来看是"调整边界线上的某个点"的意思。例如，之前出现过的水对面包的"边际"替代率，指的就是，在喝水的数量和没有喝的水的数量的边界线上，调整（进行微调）划分最后1杯时的问题。

微调用数学语言来表述的话就是"微分"，通过微调（微分）来理解消费者和生产者在经济上的理性行为叫作"边际分析"。在本节，我们将学习边际分析的基础思想和方法。预备知识是高中文科二年级为止的数学，你只要（大概）记得下述两点内容就能理解：

- 微分指的是图像的切线的斜率。
- 将 x^2 微分后的结果是 $2x$。

后文我还会详细解释。想要快速复习一下数学的读者可以阅读附录A（第468页）。

（1）边际效用

某种商品的边际效用表示的是对该商品的消费量进行微调后满足度的变化，它会在后面的边际分析中扮演主要角色。现在，假设共有 N 种商品，并像图1-12那样来定义第 i 种商品（$i = 1, \cdots, N$）的边际效用（marginal utility，取首字母用记号 MU_i 来表示）。

图1-12左边的第 i 种商品的边际效用 MU_i = 增加1单位第 i 种商品的消费时的效用的增量，这是边际效用的直观定义，许多初级教科书采用的都是这个定义。但是，在数学分析上用得比较多的是图1-12右边的定义，（包括本书的）高级教科书遵循的是这个定义。这里请注意，

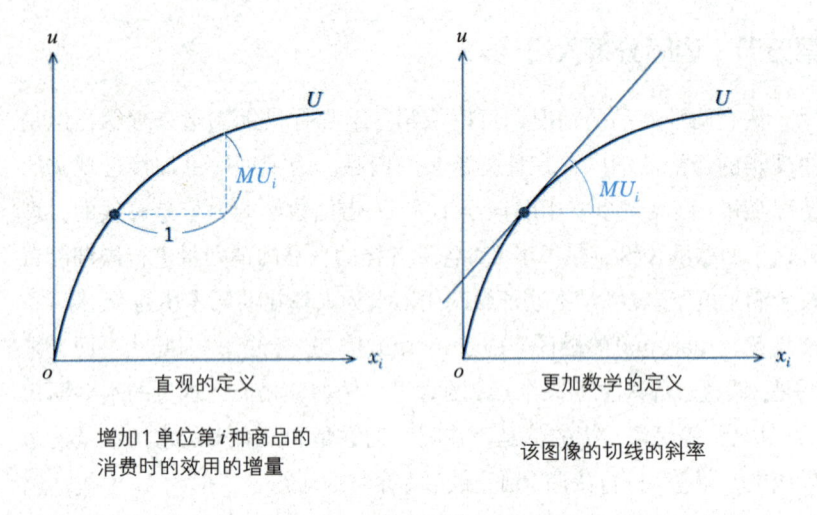

图1-12 边际效用 MU_i 的定义

直观的定义：增加1单位第 i 种商品的消费时的效用的增量

更加数学的定义：该图像的切线的斜率

图1-12是**其他商品的消费量保持不变，只调整第 i 种商品的消费量时的图像**。因为"图像的切线的斜率是微分"，这个图像的切线的斜率（边际效用 MU_i）是指，假设其他商品的消费量保持不变，只对取决于多种商品的消费量的效用函数 $u(x_1, \cdots, x_i, \cdots, x_N)$ 关于**第 i 种商品的消费量 x_i 进行微分**得到的结果。

数学上将其叫作"偏微分"，并记作：

$$\frac{\partial u}{\partial x_i}$$

由于 ∂ 是"变圆的 d"，因此读作"round d"。在高级教科书里，这被定义为第 i 种商品的边际效用。

> 第 i 种商品的边际效用 $MU_i = \dfrac{\partial u}{\partial x_i}$

注解1-9 这些符号和"偏微分"这样的词听起来让人觉得好像是在做超级复杂的事情,但实际上这些都只是高中知识的简单延伸。计算也完全可以只利用高中知识来完成。

计算的例子:现在,考虑效用函数$u = x_1^2 x_2^3$,第1种商品的边际效用 $MU_1 = \partial u / \partial x_1$,是将$x_2^3$看作常数并对$u$关于$x_1$进行微分之后得到的。因为$x_1^2$的微分为$2x_1$,所以第1种商品的边际效用为:

$$MU_1 = \frac{\partial u}{\partial x_1} = 2x_1 \underbrace{x_2^3}_{\text{将这部分看作常数}}$$

如果回忆起这些高中二年级的微分的话,那么就会感觉"偏微分,不足为惧"了。

使用偏微分进行分析的意义:我想,"到这里突然觉得一头雾水"的读者不在少数。其理由可能是,**"我虽然是消费者,但是从来没有对自己的效用进行过偏微分。因此,会觉得使用偏微分的分析等完全就是偏离现实且不可信的,所以提不起学习的积极性(而且还出现了讨厌的数学)"**。但是,每个人在买东西的时候难道不是在想"用便宜的价格买到尽可能好的商品(自己喜欢的东西)"吗? 虽然人们只是遵照感觉来实现上述想法,但是**"想得到对自己真正有益的东西"是主宰人类经济行为的基本原则,使用数学模型能让我们用简单的形式、任何人都能知晓的方式来表达这个原则**。微观经济学并不主张"人们真的(就像后面要介绍的模型一样)通过对自己的效用进行偏微分来设定消费计划",而是将"尽可能做对自己来说更有利的事情"这种经济行为的大原则成功地抽象出来。借助于后面将要介绍的模型,我们能更好地理解市场起着什么样的作用。

再说一点,关于不常见的数学公式,我们的解释力求让读者"只要好好阅读本书就一定能够掌握",所以请不要有"由于出现了奇怪的数学公式就放弃阅读"这样的想法,让我们继续读下去!

为什么要用这么复杂的概念呢? 这是因为灵活运用边际效用的数学表达,就很容易理解对各种各样的商品的消费量进行微调后的效应了。接下来我们对此进行解释。

(2)消费的微调与效用的变化

我们先来准确理解只将一种商品的消费量改变一点点之后效用的变化与边际效用之间的关系。

(i) 只对一种商品的消费量进行微调之后效用的变化

现在，假设只有某种商品的消费量 x_i 变化了一点点。将这个变化量用 Δx_i 来表示。例如 $\Delta x_i = 2$ 的话，那么这意味着第 i 种商品的消费量变化了 2 单位。如果将此时效用的变化量写为 Δu 的话，那么两者的关系如图 1-13 所示。

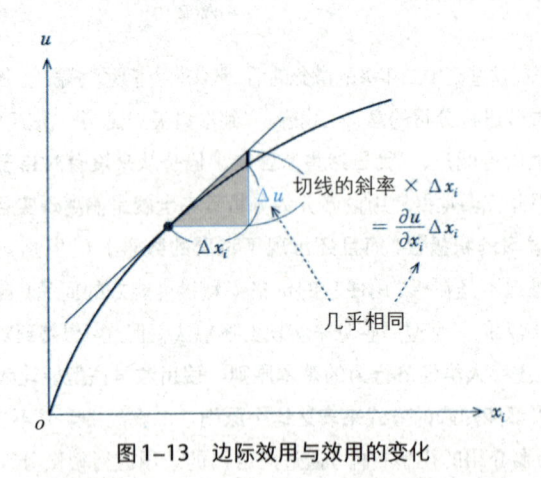

图 1-13　边际效用与效用的变化

首先，注意看图中灰色的三角形，它的高是"斜边（切线）的斜率×底边的长度（Δx_i）"。并且，因为切线的斜率等于边际效用 $\partial u / \partial x_i$，所以该三角形的高是（$\partial u / \partial x_i$）$\Delta x_i$。将这个结果与实际的效用的变化 Δu 进行比较可以发现，两者之间有微小的差距（在该图中 Δu 更小），从图中可以看到，当 Δx_i 比较小的时候这个差距（与 Δx_i 相比）会变得特别小。也就是说，如果消费的变化 Δx_i 比较小的话，效用的增量 Δu 大致为：

$$\Delta u = \frac{\partial u}{\partial x_i} \Delta x_i$$

效用的变化 ＝ 边际效用 × 消费量的变化

(*)

因为每次都这样逐字逐句写出来很烦琐，所以我们引入表示"极微小的变化"的符号 du 和 dx_i，并记作：

$$du = \frac{\partial u}{\partial x_i} dx_i$$

该符号的意思就是(∗)式所表达的意思。由于是重要的关键点，因此我们将(∗)换一种简单的说法。(∗)的等式在第 i 种商品的消费量变化 Δx_i 足够小的时候是基本成立的。如果将测量商品量的单位预先取得足够小的话（例如，汽油的数量不用升，而用毫升），"消费量1单位的变化"就会变得足够小。这样一来，(∗)就可以被重新表述为：

$$\underset{\substack{第 i 种商品 \\ 的边际效用}}{\frac{\partial u}{\partial x_i}} \approx \text{（在商品的单位取得足够小的前提下）增加 1 单位第 } i \text{ 种商品的消费时，效用会增加多少} \quad (*)$$

可是，每次都这样解释的话很麻烦，因此我们约定：

> "第 i 种商品的消费量**边际地增加 1 单位**"指的是"在商品数量的测量单位取得足够小的前提下，增加1单位商品的数量"。

使用这个说法的话，边际效用的意思就可以像下面这样用简洁的方式写得浅显易懂。

$$\underset{\substack{第 i 种商品 \\ 的边际效用}}{\frac{\partial u}{\partial x_i}} = \text{边际地增加 1 单位第 } i \text{ 种商品的消费时，效用会增加多少}$$

这个公式的意思和(∗)是一样的。记住"边际地增加1单位"这个用语，对直观理解之后出现的各种各样的公式是很有帮助的，因此在这里请记牢它的意思。

(ii) 对所有商品的消费量同时进行微调后效用的变化

那么，对所有商品的消费量同时进行调整的话会怎么样？一般情况下这是个相当复杂的问题，但是如果假设效用呈现出简单的一次函数形式（如下所示），效用的增加就可以简单地计算出来。

$$u = a_1 x_1 + \cdots + a_N x_N + c$$

持有这样的效用函数的人虽然不多，但因为它包含着理解更加普遍的情况的重要线索，所以让我们一起仔细看一下。当效用是上面的一次函数的时候，效用的图像呈什么样的形状呢？因为商品的数量是2个的话可以画出图像，所以我们画一下这时的一次函数的效用图像，结果是像图1-14那样的平面。

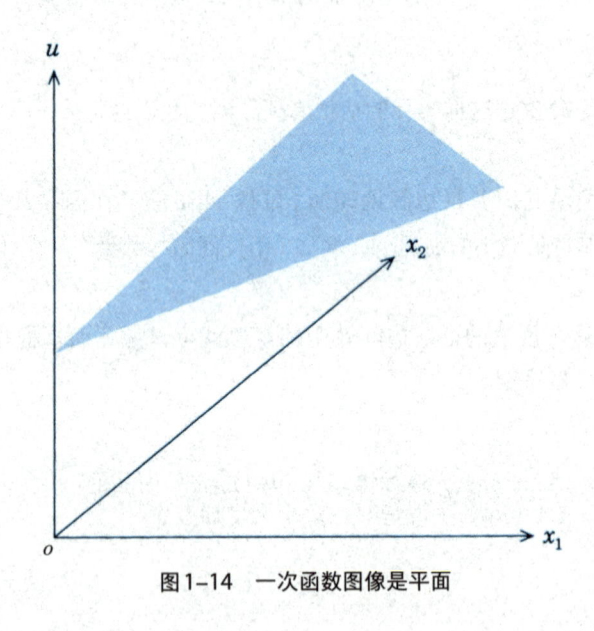

图1-14 一次函数图像是平面

并且，如果效用是**一次函数**的话，所有商品的消费量同时变化了 $\Delta x_1, \cdots, \Delta x_N$ 时的效用变化，就是下述这种**个别效应之和**的形式：

$$\Delta u = a_1 \Delta x_1 + \cdots + a_N \Delta x_N$$
$$= \begin{pmatrix} 只改变 x_1 \\ 之后的效应 \end{pmatrix} + \cdots + \begin{pmatrix} 只改变 x_N \\ 之后的效应 \end{pmatrix}$$

从这个意义上讲，一次函数是非常简单且使用方便的（这里是重点，请深入理解）。

接下来，我们考虑一般的（非一次函数的）效用函数。如果将效用函数图像的一部分放大来看的话，通常情况下，它们都是像图1-15那样几乎接近平面的❶。也就是说，无论什么样的效用函数（只要是平滑的），将其中**一部分放大的话大体上都可以看作是一次函数**。因为一次函数时效用的变化，是像上面讲过的那样的**个别效应之和的形式**，

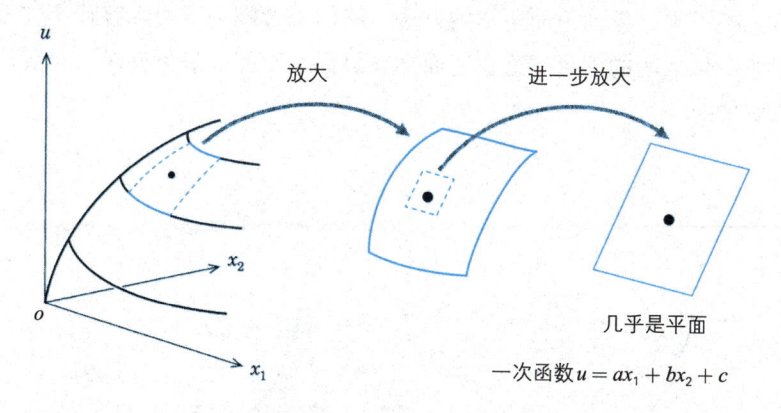

图1-15 将效用的图像放大的话，几乎是平面（一次函数）

所以每种商品的消费量的变化 $\Delta x_1, \cdots, \Delta x_N$ 较小时的效用的变化 Δu，大体上为这样的个别效应之和的形式：

$$\Delta u = \begin{pmatrix} 只改变了 x_1 \\ 时的效应 \end{pmatrix} + \cdots + \begin{pmatrix} 只改变了 x_N \\ 时的效应 \end{pmatrix}$$
$$= \frac{\partial u}{\partial x_1} \Delta x_1 + \cdots + \frac{\partial u}{\partial x_N} \Delta x_N \qquad (**)$$

---

❶ "通常情况"是指图像不是尖锐的锯齿形状，而是平滑的情况。效用函数当然有存在尖角的情况，但是因为我们没有发现这种情况是特别重要的理由，所以才考虑分析起来更容易的平滑的情况。

和前面的(i)一样，把它用下式表示[1]：

$$du = \frac{\partial u}{\partial x_1}dx_1 + \cdots + \frac{\partial u}{\partial x_N}dx_N$$

这个公式的含义就是上面所讲的(**)。像这样，使用微分对消费的微调进行研究时，多种商品的消费量同时进行调整后的效应，就可以用简单的和的形式来表示。也就是说，**微分之所以在模型分析中起作用，是因为将复杂的函数一部分放大后（非常简单易用）会近似于一次函数**，这在考虑大量商品的生产以及消费时是强有力的武器。

（3）边际替代率与边际效用的关系

接下来，借助前面所学的方法，我们来考察一下边际替代率与效用的变化之间的关系。这在后面推导最优消费的一般条件时会对我们有所帮助。

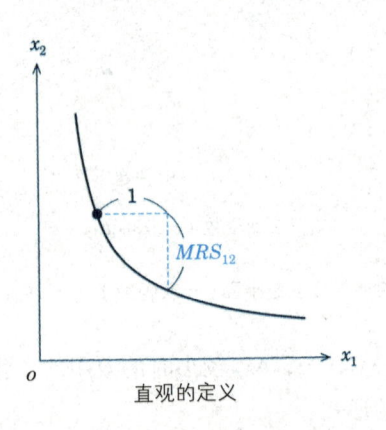

直观的定义

为了增加1单位第1种商品的消费，所愿意支付的第2种商品的量

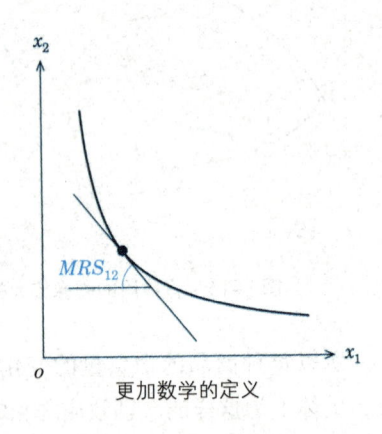

更加数学的定义

无差异曲线的切线斜率

图1-16　边际替代率 MRS_{12} 的定义

---

[1] 这叫**全微分**公式。

在第二节中，我们已经将边际替代率解释为"为了多得到1杯水愿意支付的面包的量"，现在，让我们在图1-16中引入与这种直观的、浅显易懂的定义相比更加适合数学分析的定义。

如图1-16的右图所示，高级教科书定义**边际替代率为无差异曲线的切线的斜率**。不过，由于无差异曲线的斜率是负的，因此符号变为正后［斜率的大小（绝对值）］才叫作边际替代率。为了计算这个值，我们可以直接借助前面学过的效用变化的研究方法。现在，假设将第1种商品（水）的消费增加一点点（$dx_1>0$），同时，将第2种商品（面包）的消费减少一点点（$dx_2<0$）。此时的效用变化，就像在前面一部分看到的那样是下述这种个别效应之和的形式：

$$du = \frac{\partial u}{\partial x_1}dx_1 + \frac{\partial u}{\partial x_2}dx_2$$

当两者的效果恰好相互抵消，效用不变的时候，表示为：

$$0 = \frac{\partial u}{\partial x_1}dx_1 + \frac{\partial u}{\partial x_2}dx_2$$

因此将上式变形可以得到：

$$\frac{dx_2}{dx_1} = -\frac{\partial u/\partial x_1}{\partial u/\partial x_2}$$

因为这样求得的dx_2/dx_1是"效用保持一定的dx_1和dx_2的比率"，所以我们用下述符号来表示：

$$\left.\frac{dx_2}{dx_1}\right|_{u=\text{固定}}$$

将"效用保持一定的dx_1和dx_2的比率"换个说法，就是"无差异曲线的斜率"，它是个负值（因为无差异曲线是向右下方倾斜的）。由于每次都带个负号考虑起来太麻烦，因此我们把负号变为正的（也就是考虑"无差异曲线的斜率的大小"），得到：

$$MRS_{12} = -\frac{dx_2}{dx_1}\bigg|_{u=\text{固定}} = \frac{\partial u/\partial x_1}{\partial u/\partial x_2} \tag{5}$$

第1种商品对第2种商品的边际替代率❶   无差异曲线的切线斜率的大小（＋）   边际效用之比

这就是高级教科书所采用的边际替代率的更加数学的定义。

（4）最优消费的条件

基于以上准备，让我们借助数学的力量来求解最优消费的一般条件。如在第三节所讲，两种商品情况下的最优消费是像图1-6那样由无差异曲线和预算线的切点来决定的。

无差异曲线与预算线相切意味着二者的斜率相等。因为无差异曲线和预算线的斜率分别为"边际替代率MRS_{12}"和"价格比率p_1/p_2"，所以如果借助数学公式的话，最优消费条件可以写为：

$$MRS_{12} = \frac{p_1}{p_2} \tag{6}$$

边际替代率   价格比率

最优消费的条件1

用图形来表示的话如图1-17所示。

可是，正如前面所研究的那样，边际替代率等于边际效用的比率[公式(5)]。也就是说，因为$MRS_{12} = (\partial u/\partial x_1)/(\partial u/\partial x_2)$，所以我们可以使用这个公式把上面的最优条件重写为：

$$\frac{\partial u/\partial x_1}{p_1} = \frac{\partial u/\partial x_2}{p_2} \tag{7}$$

---

❶ 关于将它称为"第1种商品对第2种商品"还是"第2种商品对第1种商品"，经常产生混乱，我是这样记忆的："○○的边际××"是指，"关于○○对××进行微分得到的"，这是一般的命名法则（例如"水的边际效用"是指，效用关于水的消费量进行微分得到的）。由于上式(5)是对第2种商品关于第1种商品的量进行微分，所以叫作"第1种商品的……边际替代率"。

图1-17 最优消费的条件

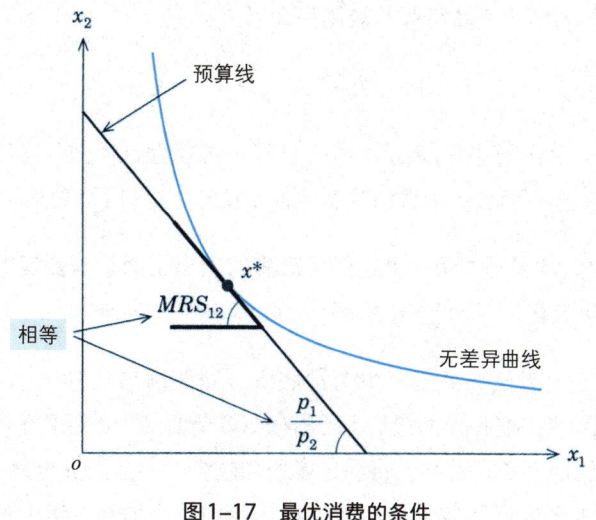

让我们来仔细思考一下这个等式到底表达了什么。

事实上，在这个等式中出现的 $(\partial u/\partial x_i)/p_i$（大体上）等于将第 i 种商品的消费微调1元的数量时效用的变化。为了理解这个问题，我们先留意1元能够购买的第 i 种商品的数量是 $1/p_i$ [因为 $(1/p_i)\times p_i=1$ 元]。所以，如果将第 i 种商品的支出增加或减少1元的话，效用（大体上）会增加或者减少的数量为：

$$\frac{\partial u}{\partial x_i} \times \boxed{\frac{1}{p_i}}$$

1元能够购买的
第 i 种商品的数量

以此为基础，我们接下来思考一下如果前面的条件(7)不成立的话会怎么样。比如，如果令下式成立：

$$\frac{\partial u/\partial x_1}{p_1} > \frac{\partial u/\partial x_2}{p_2}$$

那么将第2种商品的支出减少1元时，效用会减少这个公式右边的数量，同时如果用这1元购买第1种商品的话，效用会增加公式左边的数量。让左右两边相减可知，效用提高了：

$$右边 - 左边 > 0$$

也就是说，条件(7)表示的是，已经不可能像这样微调支出额来改进效用的状态，即最优消费的状态。换个说法，条件(7)表达的是：

"把收入的最后1元，用在任何商品的支出上面，消费者的满足度都不会发生变化"，这叫作（每1元的）边际效用均等法则。

以上结论无论商品是多少个都成立。即使商品是100个，只要进行最优的消费，把收入的最后1元用在100个商品中的任何1个，满足度都应该保持不变。否则，将满足度增加较少的商品的支出减少1元，用来购买满足度增加较多的商品的话，效用就会增加。综上所述，商品的数量为多个（N个）时的最优条件如下所示。

$$\frac{\partial u/\partial x_1}{p_1} = \cdots = \frac{\partial u/\partial x_N}{p_N} \tag{8}$$

最优消费的条件2
（每1元的）边际效用均等法则

根据这个条件，因为**边际效用除以价格得到的结果对于任何商品来说大小都相同**，所以我们将其用下式来表示：

$$\frac{\partial u/\partial x_1}{p_1} = \cdots = \frac{\partial u/\partial x_N}{p_N} = \lambda$$

其中λ是希腊字母的"Lambda"，表示的是**收入增加1元时效用的增量**。我们把这个λ叫作收入的边际效用。将这个条件进行变形之后，最优消费的条件就可以写为：

$$\begin{cases} \dfrac{\partial u}{\partial x_i} = \lambda p_1 \\ \quad\vdots \\ \dfrac{\partial u}{\partial x_N} = \lambda p_N \end{cases} \tag{9}$$

在上面的推导中,我们对最优条件的直观含义进行了认真的思考,接下来我们来解释按固定步骤迅速推导出**最优条件的方法**。因为这是把**完全相同的结果**用不同的(更加数学性的)方法推导出来,所以对数学不感兴趣的读者跳过这一段也不会有什么影响。由于这是求解经济模型时经常用到的方法,因此对数学感兴趣的读者,或者想成为使用模型做经济分析的专业经济学家的人,在此看一下其梗概和使用方法是有益处的。

因为最优消费是指在预算约束下将效用最大化的消费,所以如果使用求解**有条件的最大化问题时的一般数学方法**,就可以直接按照步骤求得结果。有条件的最大化问题指的是,将某个函数 $f(x_1,\cdots,x_N)$ 在约束条件 $g(x_1,\cdots,x_N)=0$ 下进行最大化。现在,为了方便阅读,令 $x(x_1,\cdots,x_N)$,这样有条件的最大化问题就可以写为:

$$\max_x f(x)$$

$$\text{s.t.}\, g(x) = 0$$

为了求解这个问题,我们先基于目标函数 f 和约束条件 g 构建一个新的函数。

$$L(x) = F(x) + \lambda g(x)$$

这里的系数 λ,因为之后要通过计算确定它的值,所以叫作"**未定乘数**"。在一定的条件下[1],有条件的最大化问题的解是由下式决定的:

$$\begin{cases} \dfrac{\partial L}{\partial x_1} = 0 \\ \quad\vdots \\ \dfrac{\partial L}{\partial x_N} = 0 \end{cases} \tag{10}$$

---

[1] 如果正如我们所假设的那样"无差异曲线的上方为凸集合",且不存在消费量为零的商品的话,则可知最优解一定满足下述条件。

将这N个等式和约束式$g(x_1,\cdots,x_N)=0$结合起来就是$N+1$个等式，可以解出$N+1$个未知数$x_1,\cdots,x_N,\lambda$。用这样的方法对有条件的最大化问题进行求解的一般方法叫作拉格朗日未定乘数法。想阅读更详细解释的读者，请参照附录B（第479页）。

下面我们用这种方法来检验一下，我们导出的最优消费的条件确实会出现。为了将效用函数$u(x_1,\cdots,x_N)$在约束条件$I-p_1x_1-\cdots-p_Nx_N=0$下进行最大化，构建新的函数：

$$L = u + \lambda(I - p_1x_1 - \cdots - p_Nx_N)$$

计算(10)，得出：

$$\begin{cases} \dfrac{\partial L}{\partial x_1} = \dfrac{\partial u}{\partial x_1} - \lambda p_1 = 0 \\ \qquad \vdots \\ \dfrac{\partial L}{\partial x_N} = \dfrac{\partial u}{\partial x_N} - \lambda p_N = 0 \end{cases}$$

我们导出的最优消费的条件(9)确实出现了。

关于效用最大化的计算的例子，我们会在第一章的最后进行浅显易懂的解释（例题研讨1，第81页）。

第六节　最优消费的性质

最优消费计划x^*取决于价格体系p和收入I。我们在本书中将$x^* = x(p, I)$叫作需求函数。那么，当价格体系p或者收入I发生变化时，消费是如何变化的呢？

我们先来看一下**收入的变化**。当收入增加时，因为可以买到更多的商品，所以预算线向右上方移动。因为预算线的斜率是价格的比率，所以如果价格不变的话，新预算线和原预算线的斜率相同。也就是说，当预算增加时，预算线会**向右上方平行移动**。此时最优消费（无差异曲线和预算线的切点）的变化如图1-18所示。

在图1-18中，第1种商品的消费量随着收入的增加而增加。像这

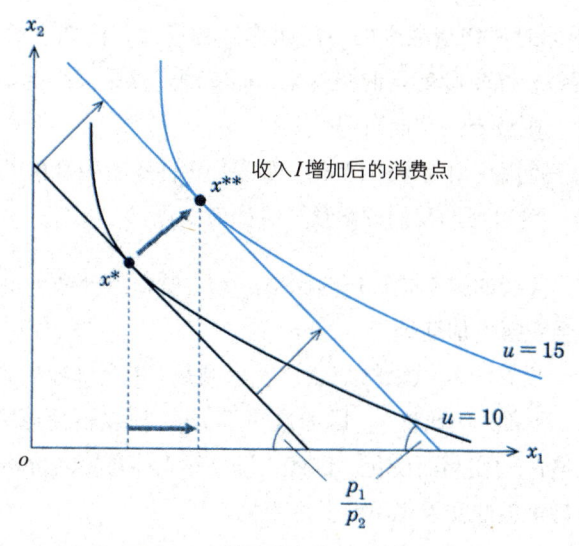

图 1-18　收入的变化与消费的变化

样，收入增加时消费量增加的商品，叫作 正常商品 或者 高档商品。但是，并不是世界上所有的商品都是高档商品。像图 1-19 那样，也有收入增加时消费量减少的商品。

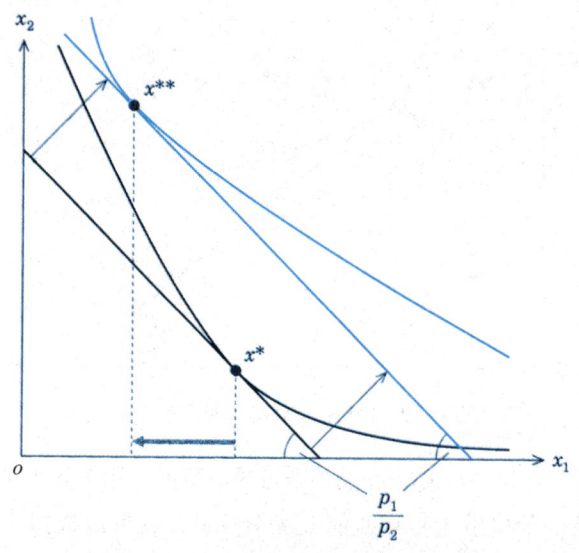

图 1-19　第 1 种商品是低档商品的情况

收入增加时消费量减少的商品叫作**低档商品**。比如，对于有些人来说，啤酒替代品果啤就是低档商品，而啤酒应该是高档商品（如果收入增加的话，则放弃果啤而改喝啤酒）。

接下来我们看一下**价格的变化**。如果第1种商品的价格上升，请注意以下两点，可以帮助我们理解预算线如何变化。

- 因为预算线的斜率是价格的比率p_1/p_2，所以当价格p_1上升时，预算线**会变得更加陡峭**。
- 另外，预算线与纵轴的交点，表示的是"用全部收入I可以购买的第2种商品的数量"。因为这等于I/p_2，所以不会随第1种商品的价格p_1的变动而变化。因此，即使第1种商品的价格上升，预算线**与纵轴的交点也不会发生变化**。

根据以上内容，图1-20描绘了第1种商品的价格p_1上升时预算线的变化，以及最优消费点的变化。

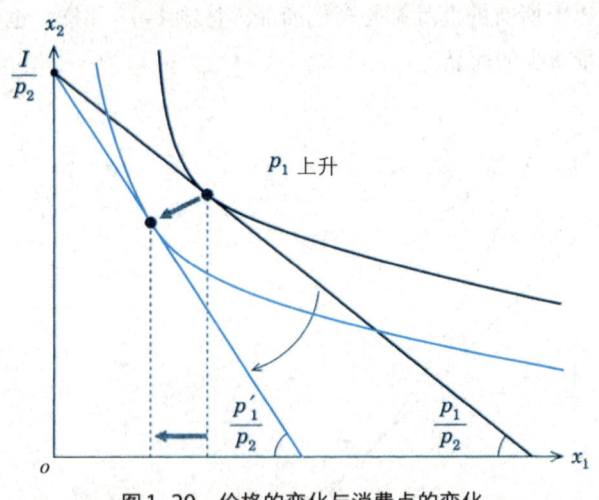

图1-20 价格的变化与消费点的变化

在图1-20中，第1种商品的消费量是下降的。用图解来表示之后，第1种商品的价格发生变化时的最优消费量，就可以根据无差异曲线（即效用最大化）的图求解出来。描述价格和最优消费量之间关系的图像，就是我们所熟知的(第1种商品)**需求曲线**（图1-21）。消费者理论的重要目标，就是"**根据无差异曲线推导出需求曲线**"，"**根据效用最大化推导出需求曲线**"。与只使用需求曲线进行讨论的初级经济学教科书不同，(中高级的)微观经济学是根据消费者的最优化行动，阐明在市场上被观察的需求曲线的背后消费者是如何做决策的，以及市场交易的结果让消费者获得了多少利益等问题。

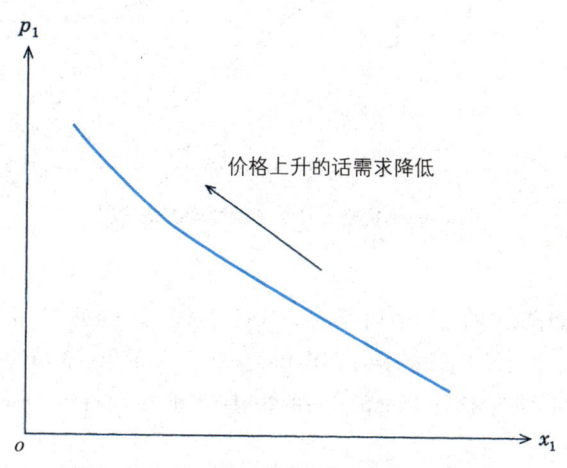

图1-21 从无差异曲线图推导出的需求曲线

在图1-21中，第1种商品的价格上升时其需求降低了。某种商品的价格上升时，它的需求会减少，这被称为需求法则，对几乎所有的商品来说这个法则都成立。但是，事实上根据消费者的最优化行动并不一定会得出这个结论。像图1-22那样，我们能够构造出价格上升需求反而增加的例子。

我们把这种价格上升需求增加的商品叫作吉芬商品。

注解1-10 LV的包是吉芬商品吗？ 定价成千上万的名牌包，正是因为价格高才有价值。正是因为价值数万，人们才能炫耀，如果这些包只卖300元的话反而会卖不掉。这样看来，世界上的奢侈品好像都属于吉芬商品，但是严格来说这是错误的。

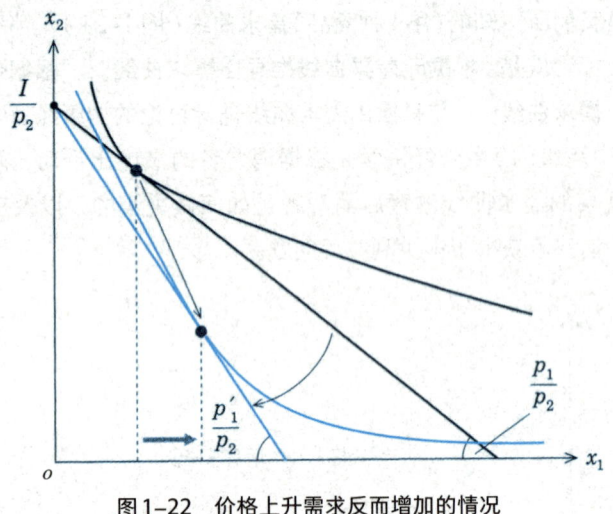

图1-22 价格上升需求反而增加的情况

现在，假设LV的包为第1种商品，让我们来思考一下它"价格高反而卖得好"的原因是否与图1-22表示的情况相同。由于LV的包（第1种商品）是"因为价格高所以才有价值"，因此消费者的效用直接取决于价格：

$$u = u(x_1, x_2, p_1)$$

从相同数量的LV包x_1中得到的满足度，会随着它的价格p_1的变化而改变。也就是说，名牌商品价格高反而大卖的原因，不是无差异曲线像图1-22那样，而是价格被包含在效用函数中。

吉芬商品是指效用不取决于价格，并且需求曲线为向右上倾斜的商品，理论上虽然说得通，但实际上可以说很少被观察到。

附论 可以认为无差异曲线凸向原点吗？

我们在学习微观经济学的时候，可能感到违和的一件事，大概就是无差异曲线凸向原点的假设。我们会不由自主地认为这只是**在设置不合理的假设来强行推进讨论**。像在本章第二节中看到的那样，所谓无差异曲线凸向原点表示的是"数量越多的东西,价值越低",虽然这是比较符合常理的经验法则(边际替代率递减的法则),但是说它"总是"成立就让人感觉难以相信。因此,让我们在这里仔细探讨一下这个假设。

如果无差异曲线不凸向原点的话会发生什么呢?图1-23展示了在这种情况下的最优消费如何随着第1种商品的价格的变化而变化。如果基于该图绘制第1种商品的需求曲线,则需求会像图1-24那样在某一点处发生跳跃。

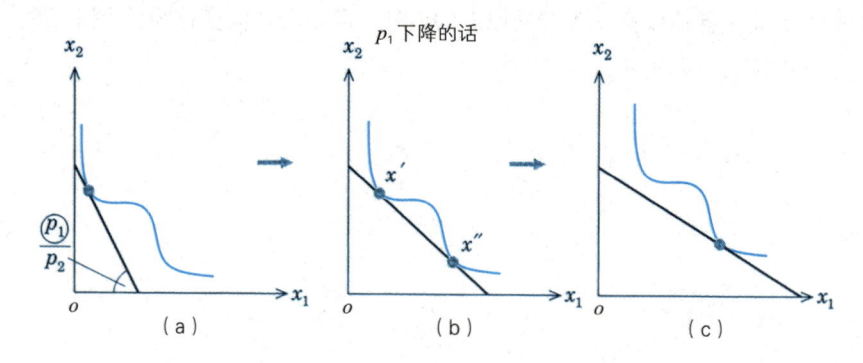

图1-23 不凸向原点的无差异曲线

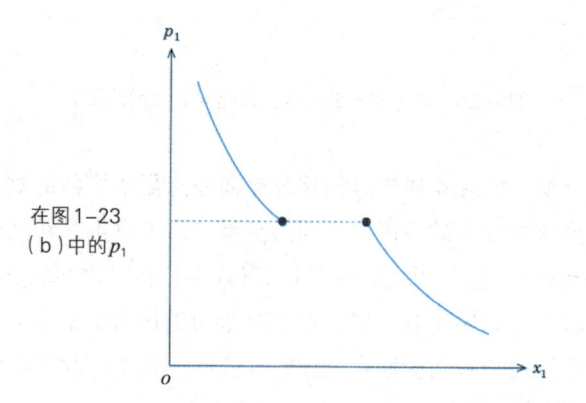

图1-24 如果无差异曲线不凸向原点的话,需求会发生跳跃

需求发生跳跃的价格,是带来图1-23(b)的状态的价格。反过来说,微观经济学的"**无差异曲线凸向原点**"的假设,就是要保证**在价格稍有**

改变的时候需求不会不连续地进行跳跃。如果价格只是稍有变化需求就会大幅跳跃，且在现实生活中经常被观察到的话，那么我们就需要考虑表现这种情况的"非凸向原点的无差异曲线"。反之，如果价格稍有变化，通常需求也不会大幅跳跃的话，那么我们就能够通过凸向原点的无差异曲线的模型来大致描绘现实的情况了。

即使看过上述讨论，半信半疑的感觉可能还是会存在(我还有这种感觉)。因此，让我们更详细地研究一下。如果考虑将图1-23中的消费者的无差异曲线修正为凸向原点的模型，需求会如何变化呢？图1-25展示了这一点。

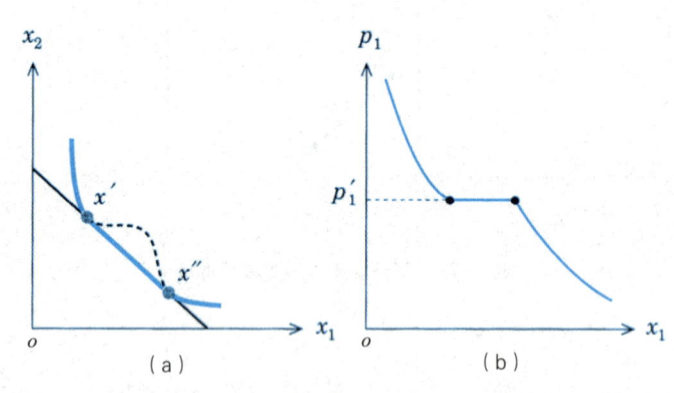

图1-25 将无差异曲线修正为凸向原点后的情况

由此可见，**将无差异曲线修正为凸向原点后的模型的需求曲线，与真正的需求曲线大致相同**。不同的只是，需求发生跳跃的地方是用直线连接起来的。这是根据处在图1-25(a)的x'和x''之间的点都是最优消费而得出的。如果注意到需求发生跳跃的价格水平整体上非常罕见的话，那么借助持有凸向原点的无差异曲线的模型，就可以将现实中几乎所有的情况成功地表现出来。

这样仔细地思考之后，我们可以知道，"虽然不能保证无差异曲线一直凸向原点，但是通过凸向原点的无差异曲线的模型，现实可以得到更充分的表现"。

第七节　测量替代和补偿程度的分析工具：补偿需求函数

让我们回想一下在第二节讲解无差异曲线时援引的完全替代品和完全互补品的概念。完全替代品是指，对于不在意啤酒品牌的人来说，青岛啤酒和燕京啤酒可以看作完全相同的商品，其无差异曲线是直线。而完全互补品是指，像隐形眼镜的左右镜片那样，必须按照一定的比例（隐形眼镜的比例是 1∶1）来消费的商品，因此它的无差异曲线呈 L 形。现实中的大部分商品都处在这两者之间，无差异曲线较弯曲的话，互补性更强；无差异曲线不那么弯曲的话，替代性更强（见图1-26）。

完全互补品　　　　　　　　　　　　　　　　　　完全替代品

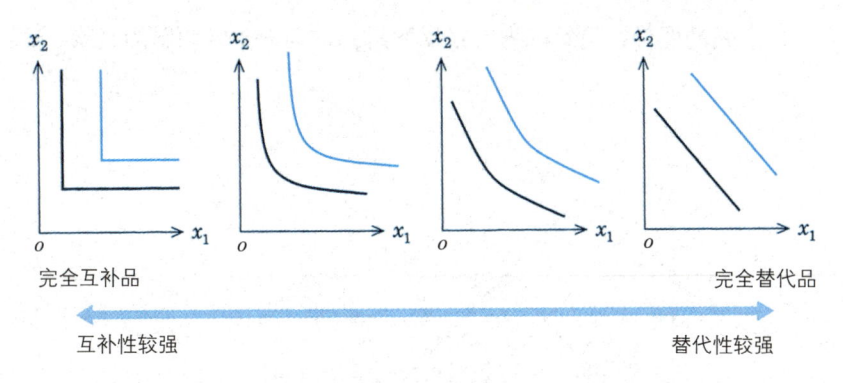

← 互补性较强　　　　　　　　　　　　　　　　　替代性较强 →

图1-26　无差异曲线的弯曲方式与互补、替代的关系

这样一来，我们（潜意识里不由自主地）会这样理解：**商品的替代性和互补性，与无差异曲线的弯曲方式相关**。那么，如何测量无差异曲线的弯曲程度呢？ 虽然可以使用数学书里写的"曲率"，但是用更具经济学意义的概念来表述弯曲程度会更好。在这方面发挥作用的是"达到一定的效用的、最俭省的消费计划"，这被称为补偿需求（函数）。为什么说它对测量无差异曲线的弯曲程度（替代和互补的程度）是有帮助的？ 如果只简单地看定义的话可能完全不明白，因此接下来我们详细解释。

用数学公式来写的话，补偿需求函数 $\bar{x}(p, u)$ 是下面的支出最小化问题的解：

$$\min_{x} px$$
$$\text{s.t. } u(x) = u$$

这个问题的具体含义是，在带来一定的效用水平 u 的各种各样的消费计划 x 中，找到将支出额 $px = p_1x_1 + \cdots + p_Nx_N$ 最小化的那一个。

关于两种商品的情况，让我们使用图解来求解这个问题。支出额为常量（c）的，各种各样的消费计划（x_1, x_2）都满足：

$$p_1x_1 + p_2x_2 = c$$

上式的图像，是斜率为价格比率 p_1/p_2 的向右下方倾斜的直线（图1–27）。

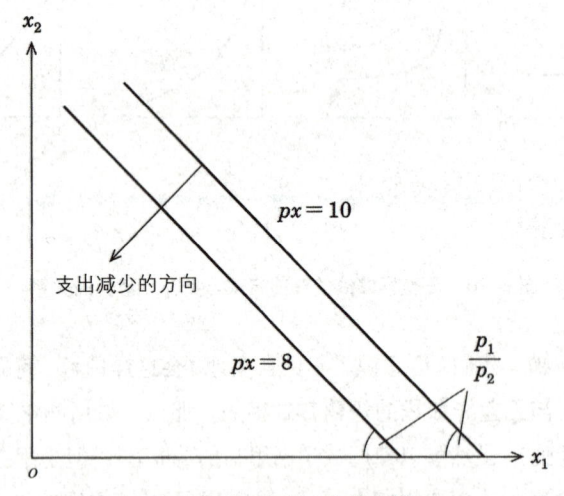

图1–27 支出一定的直线

越靠近图的左下方，也就是两种商品的消费量越小，支出额越低。借助这个结论，成本最小化问题的解就会像图1–28那样得到确定。

这样决定的成本最小点，取决于要达到的效用水平 u 和价格体系 p。二者的关系可以写作 $\bar{x} = \bar{x}(p, u)$，$\bar{x}(p, u)$ 叫作补偿需求函数。

无差异曲线的弯曲程度可以通过补偿需求函数对于价格变化如何

图1-28 补偿需求函数

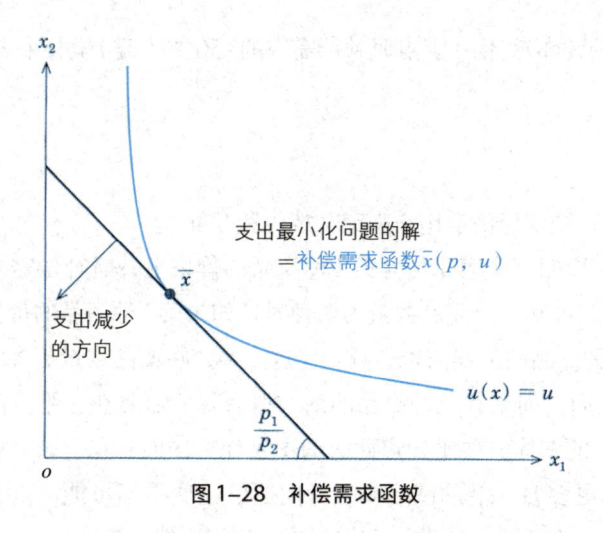

作出反应来测量。图1-29(a)反映的是无差异曲线的弯曲程度不大（替代性强）的情况，价格只变化一点点，补偿需求就会大幅变动。而在图1-29(b)中，无差异曲线的弯曲程度很大（互补性强的情况），在这种情况下，即使价格发生变化，补偿需求也几乎不发生变化。

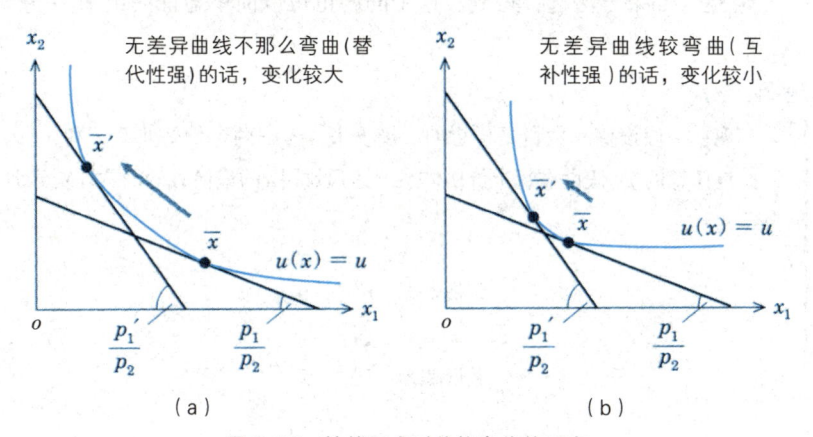

（a） （b）

图1-29 补偿需求对价格变化的反应

根据上述讨论可知，通过观察达到一定效用的最俭省消费（补偿需求）对于价格是如何做出反应的，我们能够了解到，无差异曲线的弯曲程度＝商品间的替代或互补关系。由于"补偿需求对价格如何作出反应"

可以用表示价格变化一点点时补偿需求的变化的（偏）微分来表示：

$$\frac{\partial \bar{x}_i}{\partial p_j}$$

因此，微观经济学用它来定义替代和互补[1]。

图1-29的箭头表示的是第1种商品的价格上升时补偿需求的变化方向。由图可知，当商品数量为两种时，如果第1种商品的价格上升的话，第1种商品的补偿需求会减少。这个结论在商品数量更多时同样成立吗？比如，如果有三种商品的话，那么我们需要在三维空间中来思考图1-29的图像，要想知道此时的图是什么样的有点复杂。而且，当商品数量更多时，借助图形来思考问题已经变得不可能。因此，当存在多种商品的时候，要证明下述问题会相当困难：

"当某种商品的价格上升时，该商品的补偿需求会减少（更准确的说法是不会增加）。" (☆)

但是，如果方法选择得当，这个问题也可以简单地证明出来。

证明（☆）：

现在，假设商品数量是任意的。接下来，考虑两个价格体系 p^0 和 p^1（p^0 和 p^1 是任意的），假设在每个价格体系下达到效用 u 的最俭省的消费计划分别为 $\bar{x}^0$ 和 $\bar{x}^1$。

价格体系　　p^0　　p^1
　　　　　　　↓　　　↓
补偿需求　　$\bar{x}^0$　　$\bar{x}^1$

（达到一定的效用 u 的最俭省的方法）

---

[1] 在两种商品情况下表示替代和互补的关系的是 $\frac{\partial \bar{x}_i}{\partial p_j}$ 的大小，而在存在多种商品情况下 $\frac{\partial \bar{x}_i}{\partial p_j}$ 的符号表示的是替代和互补的关系。详细解释见下文。

请注意，$\bar{x}^0$和$\bar{x}^1$都能达到相同的效用水平u。现在，我们考虑在价格水平p^1下达到一定的效用水平u。如果：

$$p^1\bar{x}^1 > p^1\bar{x}^0$$

那么，为了在p^1下达到效用u，更俭省的就不是选择$\bar{x}^1$，而是选择$\bar{x}^0$。由于这样的结果违背了我们的假设，因此，如果"在p^1下最俭省的达到效用u的消费计划是$\bar{x}^1$"的话，下式必须成立：

$$p^1\bar{x}^1 \leqslant p^1\bar{x}^0 \qquad (11)$$

虽然这是一个理解之后就觉得很简单的观点，但是由于花费大量时间来领会的人也很多，所以请再次阅读上面的解释来加深理解。（合上书，写出公式，自己给自己解释一下即可。如果能做到这一点的话就OK了！）

根据几乎同样的理由，在价格体系p^0下，下式成立：

$$p^0\bar{x}^1 \geqslant p^0\bar{x}^0 \qquad (12)$$

将（11）（12）两个不等式的两边相减：

- 由于是从本来就左边较小的（11）的左边中减去（12）的较大的左边：

因此，结果会得到左边更小的不等式：

$$(p^1 - p^0)\bar{x}^1 \leqslant (p^1 - p^0)\bar{x}^0$$

从上式可以得到：

$$(p^1 - p^0)(\bar{x}^1 - \bar{x}^0) \leqslant 0 \qquad (13)$$

这是个非常重要的关系式。在此我们回忆一下，给定价格体系$p = (p_1,\cdots,p_N)$，消费计划$x = (x_1,\cdots,x_N)$，px不是两个数相乘，而是$px = p_1x_1 + \cdots + p_Nx_N$。借助这个结论将不等式（13）逐项展开，可以写为：

$$(p_1^1 - p_1^0)(\bar{x}_1^1 - \bar{x}_1^0) + \cdots + (p_N^1 - p_N^0)(\bar{x}_N^1 - \bar{x}_N^0) \leqslant 0$$

现在，假设从p^0出发，只有第i种商品的价格上升的状态为p^1。这样的话，上述不等式左边除了第i项，全部为零，因此有：

$$(p_i^1 - p_i^0)(\bar{x}_i^1 - \bar{x}_i^0) \leq 0 \qquad (14)$$

正的　　负的或者零

也就是说，我们已经证明了，如果第 i 种商品的价格上升的话，该商品的补偿需求要么降低 $[(\bar{x}_i^1 - \bar{x}_i^0) < 0]$，要么保持不变 $[(\bar{x}_i^1 - \bar{x}_i^0) = 0]$。

用微分来重新表述（14）式的含义（如果第 i 种商品的价格上升，该商品的补偿需求要么下降，要么保持不变）的话就是：[1]

$$\frac{\partial \bar{x}_i}{\partial p_i} \leq 0 \qquad (15)$$

自我替代效应是非正的

我们把"如果某种商品的价格上升的话，该商品的补偿需求也绝对不会增加"的重要事实，叫作"**自我替代效果是非正的**"[2]。

例题5 让我们考虑一下只有意大利面（第1种商品）、肉酱（第2种商品）、面包（第3种商品）三种商品情况下的补偿需求（达到一定的效用水平的最节约的消费）。现在，假设意大利面的价格上升，因为自我替代效应是非正的，所以意大利面的补偿需求不会增加。注意，如果考虑意大利面的补偿需求减少的情况，**为了保持一定的效用水平而提高肉酱或者面包的消费是必要的**。在这种情况下，认为肉酱的消费会和意大利面的消费一起减少（$\frac{\partial \bar{x}_2}{\partial p_1} < 0$），而面包的消费会上升（$\frac{\partial \bar{x}_3}{\partial p_1} > 0$）是很

---

[1] 从数学角度看，假设 $\Delta p_i = p_i^1 - p_i^0$，$\Delta \bar{x}_i = \bar{x}_i^1 - \bar{x}_i^0$，根据（14），因为：

$$\frac{\Delta \bar{x}_i}{\Delta p_i} \leq 0$$

所以如果令 $\Delta p_i \to 0$ 的话，则得到（15）。

[2] 前面一节我们已经学过，当某种商品的价格上升时，该商品的需求函数反而可能增加（吉芬商品）。但是，在表示达到一定的效用水平所需要的最俭省的消费计划的补偿需求函数中，这种情况不会发生。

自然的。此时，意大利面和肉酱是**互补品**，意大利面和面包是**替代品**。

综上所述，我们将达到一定的效用水平的最俭省的消费计划叫作补偿需求，并将其记作 $\bar{x}=(\bar{x}_1,\cdots,\bar{x}_N)$。我们还知道，如果某种商品（第 i 种商品）的价格上升的话，则该商品的补偿需求可能减少也可能保持不变。通常来说，减少的情况（$\frac{\partial \bar{x}_i}{\partial p_i}<0$ 时）比较多，此时的替代品和互补品可以按照如下方式进行定义。

替代品和互补品的定义

（自我替代效应为负，$\frac{\partial \bar{x}_i}{\partial p_i}<0$ 时）

假设 $\bar{x}_i(p,u)$ 为补偿需求函数，如果：

$\frac{\partial \bar{x}_j}{\partial p_i}<0$ 的话，则第 i 种商品与第 j 种商品为**互补品**。

$\frac{\partial \bar{x}_j}{\partial p_i}>0$ 的话，则第 i 种商品与第 j 种商品为**替代品**。

注解1-11 两种商品时候的互补品：两种商品时候的完全互补品（左眼和右眼的隐形眼镜）的情形并没有被包含在上面的定义之中。原因是，这种情况下的无差异曲线是有尖角的 L 形，所以就算第 1 种商品（右眼隐形眼镜）的价格上升，"达到一定的效用的最俭省的点"（补偿需求）也不会发生变化。详细来讲，由于第 1 种商品的补偿需求不发生变化，因此自我替代效应为零（$\frac{\partial \bar{x}_i}{\partial p_i}=0$），进而第 2 种商品（左眼隐形眼镜）的补偿需求也不变。一般来说，由于"第 i 种商品的价格发生变化之后，与第 i 种商品的补偿需求**向相同方向变化**的商品叫作它的互补品"，因此，当**自我替代效应为零**（$\frac{\partial \bar{x}_i}{\partial p_i}=0$）时，如果将满足 $\frac{\partial \bar{x}_j}{\partial p_i}=0$ 的商品 j 叫作商品 i 的互补品的话，我们就能够得到包含两种商品情况的互补品的定义。

第八节　支出函数

在给定的价格体系 p 下，由于达到一定的效用 u 的最俭省的消费计划（支出最小化问题的解）是补偿需求函数 $\bar{x}(p, u)$，因此 $p\bar{x}(p, u)$ 是"在价格体系 p 下，为达到效用 u 所需要的最低金额"。我们将这个金额记作：

$$I(p, u) = p\bar{x}(p, u)$$

并称之为(最小)支出函数。

在详细研究支出函数的性质之前，我们来看一下它对思考什么样的经济问题有所帮助。

> **实例3**　**TPP和对农民的收入补偿**　之前有段时间，日本考虑加入TPP（跨太平洋伙伴关系协定），很多媒体在探讨对农民的直接补偿。TPP要求加入国撤销农产品的关税（农产品自由贸易），而如果进行自由贸易的话，农产品的价格会大幅下降，这样虽然消费者会获益，但本国的农民会受损。那么，消费者愿意向农民支付的最大额度的补偿金是多少呢？
>
> 现在，将自由贸易之前的价格体系记作 p，某个消费者在自由贸易前的效用水平记作 u，假设由于农产品的价格随着自由贸易而下跌，该消费者的支出函数 $I(p,u)$ 的值下降了5000元。这意味着，由于农产品的价格随着自由贸易而降低，因此该消费者"在自由贸易之后就算多付5000元，也会得到与自由贸易之前同等的效用水平"。也就是说，只要向农民支付的补偿金额不多于5000元，那么该消费者就算支付了补偿金也能享受到自由贸易的好处。

如这个例子所示，**支出函数是用金额来表示价格的下降或上升所引起的利益或损失的函数**，在考察国民的经济福利方面起到了重要的作用。但是，有一个问题，由于效用水平 u 通常无法观察到，因此如果不能把$I(p, u)$与某些可观察的东西相联系的话，那么就没有办法将其进行实际应用。接下来，本节和之后的第九节（1）会使用数学模型展开讨论，这是**把支出函数与可观察的消费量相关联**的重要步骤。为此，让我们来研究一下价格变化时支出函数$I(p, u)$如何发生变化。

价格发生变化时支出函数$I(p, u)$如何变化：

现在，取一个价格体系并将其称为p^0（p^0可以是任意价格体系）。此时，根据定义，达到效用u的支出函数为：

$$I(p^0, u) = p^0 \bar{x}(p^0, u) \tag{16}$$

并且，对任何不同于p^0的价格体系p，都有：

$$I(p, u) \leqslant p\bar{x}(p^0, u) \tag{17}$$

这是根据支出函数的定义而成立的式子,原因如下。回忆一下定义可知，因为$\bar{x}(p^0, u)$是**在价格p^0下达到效用水平u的最俭省的方式**，所以**价格变为p之后**，可能存在达到效用u的其他更俭省的方法。因为实行了这种消费（也就是新价格体系p下最俭省的消费）时的支出额为$I(p,u)$,所以（17）式成立。

由此可知如下结论。达到一定的效用水平u的最俭省的消费计划是随着价格的变化而变化的。据此，成功根据价格对消费类型做出改变时的支出额为$I(p, u)$。另外，即使价格p发生变化也不改变消费类型，持续选择作为达到效用水平u的一种方法的$\bar{x}(p^0, u)$时的支出额为$p\bar{x}(p^0, u)$。前者当然小于后者[（17）式]。但是，当价格为p^0时，由于$\bar{x}(p^0, u)$是达到效用水平u的最节约的方式，因此二者相等[（16）式]。

现在，让我们考虑只有第1种商品的价格从p_1^0变化到p_1之后价格为p的状态，并且将这个情况用图来表示。令横轴代表新发生变化之后的价格p_1，纵轴代表支出额，我们先画出（17）式的右边[即"一直连续取$\bar{x}(p^0, u)$时的支出额"$= p\bar{x}(p^0, u)$]的图像。这里，请大家注意：

$$p\bar{x}(p^0, u)$$
$$= p_1 \underbrace{\boxed{\bar{x}_1(p^0, u)}}_{\text{斜率}}$$
$$+ \underbrace{\boxed{p_2^0 \bar{x}_2(p^0, u) + \cdots + p_N^0 \bar{x}_N(p^0, u)}}_{\text{与} p_1 \text{无关的部分（常数）}}$$

也就是说，如果仔细观察的话，则"固定的支出额"$= p\bar{x}(p^0, u)$就是：

$$\text{"固定的支出额"} = (\text{斜率})p_1 + \text{常数}$$

这样的直线表达式简单很多，其斜率为补偿需求$\bar{x}(p^0, u)$。其图像为图1-30的直线L。

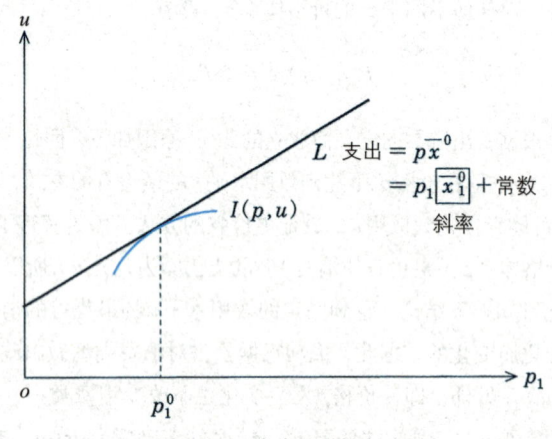

图1-30 支出函数的斜率

另外，观察一下支出函数$I(p, u)$的动向，我们发现，根据（16）式，它在p_1^0点处与直线L[支出$= p\bar{x}(p^0, u)$]通过同一点，而根据（17）式在其他p_1处位于直线L的下方。也就是说，**支出函数I的图像与直线L[支出$= p\bar{x}(p^0, u)$]在p_1^0点处相切**。由此：

$$I(p, u)\text{的图像的切线的斜率} = L\text{的斜率} = \bar{x}(p_1^0, u)$$

因为函数的切线的斜率等于（偏）微分，所以根据上述关系可得：

$$\frac{\partial I(p^0, u)}{\partial p_1} = \bar{x}(p_1^0, u) \tag{†}$$

由于上面的式子(†)对不局限于商品1的所有商品以及所有的点p_0都成立,因此上述讨论可以总结为:

$$\frac{\partial I(p^0, u)}{\partial p_1} = \bar{x}(p_1^0, u) \qquad (18)$$

支出函数关于第i种商品的价格的微分   第i种商品的补偿需求

"将支出函数关于价格进行微分的话,会得到补偿需求量",这个事实叫作谢泼德引理。它是把难以直接观察的支出函数与容易观察的需求行动相关联的第一步。在接下来的第九节中,我们会把上述关系式的右边与现实的需求关联起来。

第九节 收入效应与替代效应

本节将讲解在消费理论中最重要的内容。到目前为止,我们已经学习了补偿需求函数、替代与互补的关系、支出函数等内容,实际上这些都是为了理解马上要讲解的"收入效应"和"替代效应"而做的准备。

理解消费者会购买何种商品的关键,是正确理解某种商品的价格上升之后该商品的消费会受到什么样的影响。当某种商品的价格上升时,对能够替换该商品的替代品的消费转移就会发生。越是相近的替代品,这个效应就越大。例如当啤酒的价格上升时,向相近替代品白酒的转换就会发生。这种效应叫作"替代效应",若要考察它的性质,之前认真学习过的表示替代和互补关系的补偿需求函数会对我们有所帮助。

另外,因为某种商品的价格上升,能够购买的商品数量会减少,所以自己会感觉变穷了。换言之,当价格上升时,就算收入的金额不变,实际收入却减少了(收入能够买到的商品减少)。因此,当某种商品的价格上升时,由收入实际减少而产生的效应会波及这种商品的消费。这叫作"收入效应"。要理解各种各样的商品的需求量如何对价格作出反应，将"收入效应"和"替代效应"分开来思考是大有裨益的。

接下来，我们先做一些准备工作〔(1)(2)〕，并最终在(3)中讲解什么是收入效应和替代效应。

(1)消费的二元性

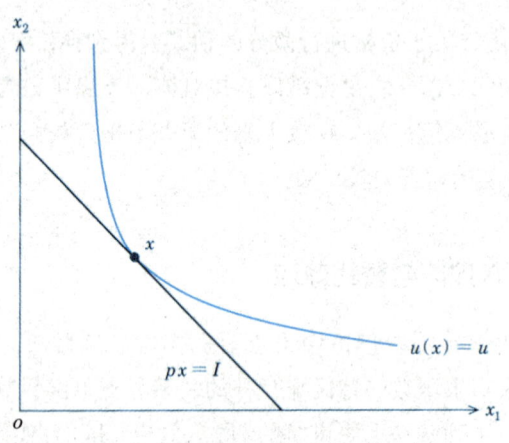

图1-31 消费的二元性（对偶性）

请先看图1-31。大家能看出这是什么图吗？毋庸置疑，这可以看作效用最大化带来的最优消费的图。但是，回想一下第七节可知，它也可以被看作在达到一定的效用水平的消费中寻找最俭省的消费点的图。也就是说，如果消费者进行理性行动的话，那么实际的消费（图中的x）可以有两种解释。现在，将在某个时间点(这里称为"现在")的收入、价格、效用记作I、p、u，则下式成立：

$$x(p, I) = x = \bar{x}(p, u) \qquad (19)$$

在现在的收入I和　　现在的消费　　在现在的价格p下
价格p下，将效　　　　　　　　　达到现在的效用u
用最大化的方法　　　　　　　　　的最俭省的方法

消费的二元性（对偶性）

因此，实际的消费可以看作**效用最大化**问题的解，也可以看作**支出最小化**问题的解，这叫作**对偶性**。

（2）价格上升导致的实际收入的减少

现在，假设第i种商品涨价前的消费量为x_i，涨价前的效用为u。当第i种商品的价格上升一点点时，为了维持与涨价前同等的效用u，到底需要多少金额呢？将第八节提出的谢泼德引理和在(1)部分学到的消费的对偶性结合起来之后，我们知道，需要的金额如下。

$$\underbrace{\frac{\partial I(p,\ u)}{\partial p_i}}_{\substack{\text{第}i\text{种商品的价格仅仅}\\ \text{上升一点点时，为了保}\\ \text{持与之前同等的效用}\\ u\text{，额外需要多少金额}}} = \underbrace{x_i}_{\substack{\text{涨价前第}i\text{种}\\ \text{商品的消费量}}} \qquad (20)$$

这个公式成立的理由有以下两个：

- 根据谢泼德引理(18)，上式左边等于补偿需求$\bar{x}(p,\ u)$；
- 进一步，根据(1)部分所解释的消费的二元性，（在涨价前的价格与效用下）补偿需求$\bar{x}_i(p,\ u)$等于涨价前的实际消费x_i。

(20)式的**左边是金额**，而右边却是**消费量**，这可能会让人觉得**很奇怪**，不过如果将其重写为下面的式子，就比较容易理解了。现在，假设第i种商品的价格上升了Δp_i。(20)式的含义是，如果这个价格上升幅度很小的话，维持涨价前的效用所需要追加的金额为ΔI，大体上满足$\frac{\Delta I}{\Delta p_i} = x_i$，也就是说：

当第i种商品的价格上升较小时，下式基本成立：

$$\underbrace{\Delta I}_{\substack{\text{第}i\text{种商品的价格上升后，}\\ \text{为了保持与以前同等的效}\\ \text{用}u\text{，额外需要多少金额}}} = \underbrace{x_i}_{\substack{\text{（涨价前的}\\ \text{第}i\text{种商品}\\ \text{的消费量）}}} \times \underbrace{\Delta p_i}_{\substack{\text{（第}i\text{种商品}\\ \text{的价格上涨}\\ \text{了多少）}}} \qquad (21)$$

也就是说，**商品的价格上升的话，实际收入会减少，而减少的数量可以认为是** $x_i \Delta p_i$。

例题6 假设某人每个月喝4罐啤酒（$x_i = 4$），现在，每罐啤酒涨了10元，为了维持此人涨价前的效用水平，额外需要的金额约为：

$$x_i \Delta p_i = 4 \times 10 = 40 元$$

这就是（21）式的含义。如果能够额外获得40元的话，那么这个人在涨价后也能进行与涨价前同样的消费（与以前一样可以喝到4罐啤酒）。因此，如果能够获得40元的话，至少能达到与涨价前一样的效用。进一步来说，有可能出现下述情况：

"现在要是减少每罐涨价10元的啤酒的饮用量，并转而饮用其他饮料，效用会进一步提高。" 　　　　　　　　　　　　　　[**额外效应**（*）]

这样，如果获得40元的话可能会达到"比以前高一点点的"效用，因此，达到"与之前正好相同"的效用所需要的金额可能比40元少一点点。但是，（20）式和（21）式表示的是，如果啤酒的涨价幅度（$\Delta p_i < 10$元）比较小的话，那么上述额外效应（*）也会比较小，大体上可以忽略不计。

（3）价格变化和需求变化（斯勒茨基分解）

基于以上内容，让我们详细分析一下需求是如何对价格变化作出反应的。让我们再详细看一下在(1)部分学过的消费的二元性。如果将现在的收入、价格、效用记作 I、p、u 的话，那么：

$$\bar{x}(p, u) \quad = \quad x \quad = \quad x(p, I)$$

在现在的价格 p 下　　　　实际的消费　　　在现在的收入 I 和
达到现在的效用 u 　　　　　　　　　　　价格 p 下，将效用
的最俭省的方法　　　　　　　　　　　　最大化的方法

就是消费的二元性（对偶性）[(19)]。让我们再次回顾一下解释它的那

张图（图1-32）。

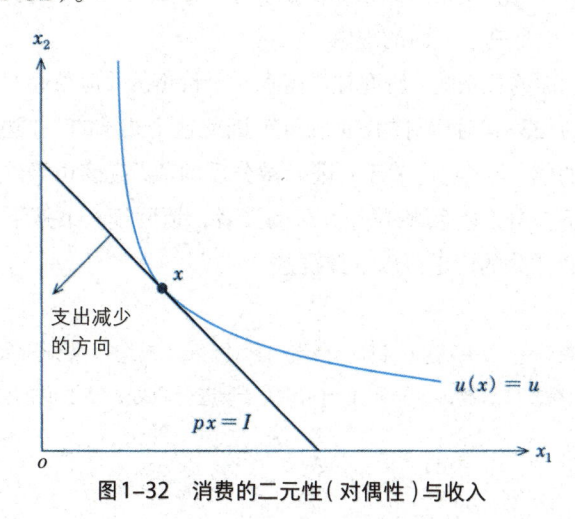

图1-32 消费的二元性（对偶性）与收入

如果将图1-32的消费点 x 看作支出最小化问题的解，我们知道，现在的收入 I 就是在现在的价格 p 下达到现在的效用 u 所需要的最低金额 $[I=I(p,u)]$。将该关系式 $I=I(p,u)$ 代入上面的消费的二元性的关系式里面之后得到：

$$\bar{x}(p,u) = x[p,I(p,u)] \qquad (22)$$

如果具体到第 i 种商品的话，则：

$$\bar{x}_i(p,u) = x_i[p,I(p,u)] \qquad (23)$$

这个式子的含义如下。现在，假设某种商品的价格上升，此时，如果收入 I 保持不变的话，那么要维持和以前同样的效用是不可能的。为了维持和以前同样的效用，价格上升引起的实质上减少了的收入必须随着价格的上升而提高（进行补偿）。提供这个必需的补偿金额一定是支出函数 $I(p,u)$。也就是说，上面的(23)式表示的是：

为了补偿价格上升引起的实际收入的减少而提高收入时的需求量 = 补偿需求 $\bar{x}_i(p,u)$

"获得一定的效用的最俭省的消费量"$\bar{x}_i(p, u)$之所以被称为补偿需求函数，就是基于上面的理由。

借助上面的关系式，研究补偿需求对于价格的反应就相对容易了。由于上面的(23)式对所有的p都成立，因此这个式子的"左边关于p_i进行微分后的值"与"右边关于p_i进行微分后的值"应该相等。现在，我们进行一下微分。不熟悉微分方法的读者，请阅读一下接下来的注解1-12。了解微分的读者可以选择跳过。

注解1-12 **微分的公式**：这里我们介绍一下对(23)式进行微分所要用到的公式。现在，考虑对函数$a(y) = x[y, z(y)]$关于y进行微分，则下面的公式成立：

$$\frac{da}{dy} = \underbrace{\frac{\partial x}{\partial y}}_{\substack{y\text{产生的}\\\text{直接效应}}} + \underbrace{\frac{\partial x}{\partial z}\frac{dz}{dy}}_{\substack{\text{通过}z\text{产生}\\\text{的间接效应}}}$$

即，如果y增加一点点的话，$a = x[y, z(y)]$增加多少（即da/dy），是由y令x发生变化的"直接效应"（$\partial x/\partial y$），以及首先y增加导致z增加（$\partial z/\partial y$），接着z增加导致x增加的效应（$\partial x/\partial z$）的"通过z产生的间接效应"（$\frac{dx}{dz}\frac{dz}{dy}$），二者相加得到的。

这里，如果将y想象成第i种商品的价格p_i，

- z想象成I；
- a想象成$\bar{x}_i$。

根据上述公式就能对(23)式进行微分，其结果为下面(24)式。

现在，对(23)式进行微分后得到：

$$\frac{\partial \bar{x}_i}{\partial p_i} = \frac{\partial x_i}{\partial p_i} + \frac{\partial x_i}{\partial I}\frac{\partial I}{\partial p_i} \tag{24}$$

在这里，回想一下在讨论"价格的上升所引起的实际收入的减少"的本节(2)中导出的关系式(20)（根据谢泼德引理），即$\partial I/\partial p_i = x_i$。将上式

代入(24)式，整理后结果如下所示。这个关系式叫作**斯勒茨基分解**[1]。

$$\underset{\text{需求是如何对价格作出反应的}}{\frac{\partial x_i}{\partial p_i}} = \underset{\text{替代效应}}{\frac{\partial \overline{x}_i}{\partial p_i}} - \underset{\text{收入效应}}{\frac{\partial x_i}{\partial I} x_i} \qquad (25)$$

斯勒茨基分解

也就是说，需求对价格的反应，可以分解为两个效应。第一个效应是，因为价格上升了，最俭省地达到(与涨价前相同的)效用的方法发生变化的效应，表示这个效应的是右边的第1项的补偿需求函数的变动$\frac{\partial \overline{x}_i}{\partial p_i}$。在第七节已经详细讲解过，补偿需求函数如何对价格作出反应表示的是商品之间的替代或者互补关系。回忆一下，由于会产生从涨价商品到其他商品的替代，所以$\frac{\partial \overline{x}_i}{\partial p_i}$为负数或者零〔(15)式＝"自我替代效果非正"〕。$\frac{\partial \overline{x}_i}{\partial p_i}$叫作**替代效应**。**替代效应一定为负或者零**。

第二个效应是"由价格上升所引起的实际收入的减少会让人感觉变穷了"的效应。表示这个效应的是(25)式的右边第2项，这叫作**收入效应**。为了更容易地理解收入效应，我们将斯勒茨基分解换个写法。现在，假设第i种商品的价格上涨了Δp_i，随之而来的第i种商品的需求变化为Δx_i，斯勒茨基分解告诉我们，下面的公式（在Δp_i较小时）是基本成立的。

$$\Delta x_i = \frac{\partial \overline{x}_i}{\partial p_i} \Delta p_i - \frac{\partial x_i}{\partial I}(x_i \Delta p_i)$$

右边的第1项就是之前解释过的替代效应，而第2项对应的是收入效应。构成收入效应的一部分的$(x_i \Delta p_i)$表示了由第i种商品的涨价

---

[1] 这表示的是第i种商品的价格变化对第i种商品本身的需求产生的影响，第i种商品的需求对其他商品（第j种商品）的价格如何做出反应可以用斯勒茨基分解来表示。如果对(23)关于p_j进行偏微分的话，就能得到某种商品(j)的价格变化如何让其他商品(i)的需求发生变化的斯勒茨基分解式：

$$\frac{\partial x_i}{\partial p_j} = \frac{\partial \overline{x}_i}{\partial p_j} - \frac{\partial x_i}{\partial I} x_j$$

所引起的实际收入的减少。即假设第i种商品是啤酒，涨价前喝4瓶啤酒（$x_i = 4$）的人，在面对每瓶啤酒涨价10元（$\Delta p_i = 10$）的时候，**会感觉实际收入减少了$x_i \Delta p_i = 40$元**。这在(2)部分已经详细解释过了，请大家再次回想一下。因为收入减少时消费减少的是正常商品，相反消费增加的是低档商品，所以正常商品的收入效应（$-\frac{\partial x_i}{\partial I} x_i$）是负的，低档商品的收入效应则是正的[1]。

接下来，我们将斯勒茨基分解用图形来表示[2]。为了帮助理解，我们思考一下下面的故事。假设由于大地震导致发电厂遭到破坏，电力突然变得短缺。为了抑制电力需求、避免停电，电力公司决定大幅上调电价。这样的话，消费点就从图1-33的A变化到B。

当然，消费者会因涨价而受损，因此会说："因为发电厂的抗震设计问题而不得不涨价，根本让人无法接受。由于这是政府和电力公司的责任，我们希望他们对涨价带来的损失进行补偿。"这时，政府和电力公司需要支付多少赔偿金呢？

这个问题的答案就是图1-34，如果支付能够将预算线变为该图的虚线的金额的话，消费者就可以在A′点进行消费，进而维持与涨价前同等的效用。

虽然原来的消费点A与获得补偿金时的消费点A′带来的是同样的效用，但是，在电价大幅上涨后的消费点A′处，电力的消费减少而天然气的消费增加（从电力到天然气的替代）。这是带来同等效用水平的最俭省的消费方法即补偿需求的变化。从A到A′的变化叫作**替代效应**。

可是，现实中多数的商品涨价之后，消费者是无法得到这样的补

---

[1] 收入增加时消费增加，即$\frac{\partial x_i}{\partial I} > 0$的是正常商品；收入增加时消费减少，即$\frac{\partial x_i}{\partial I} < 0$的是低档商品。

[2] 由于斯勒茨基分解使用了微分的公式，因此它表示的是价格变化无限小时的情况。因为能够进行图解的**不是**价格变化无限小的情况，所以下面的图解只是粗略地表示了斯勒茨基分解。对斯勒茨基分解进行粗略图示有若干种方法，这里给出的只是其中一个具有代表性的方法。

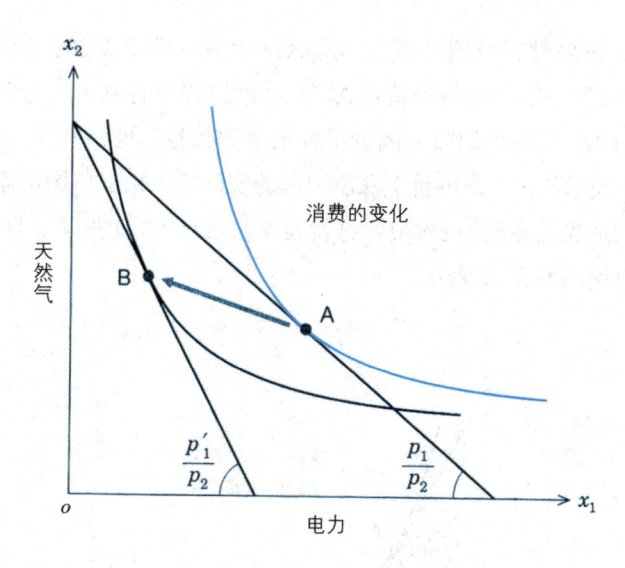

图 1-33 电价上涨与消费的变化

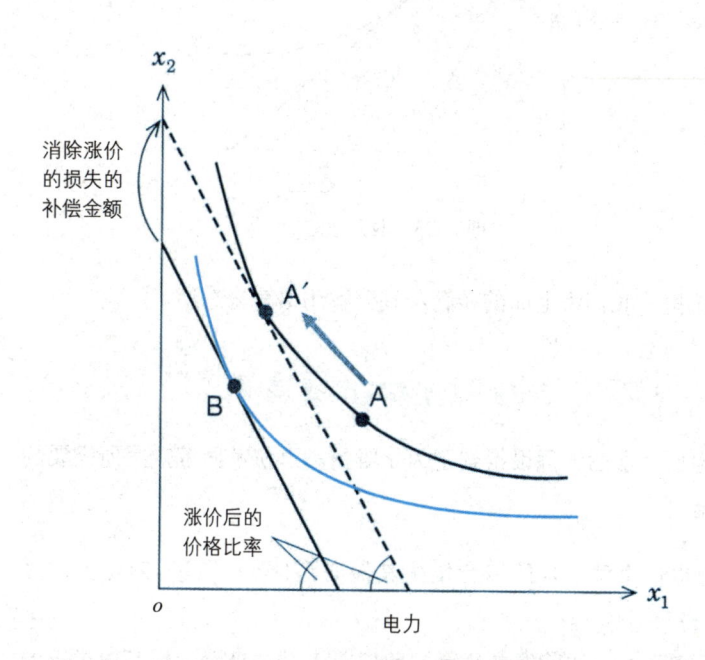

图 1-34 补偿金与替代效应

偿金的。如果没有得到补偿金，那么涨价后的消费点就会变成B(图1-35)。得到补偿金时的消费点A′与实际的(没有得到补偿金时的)消费点B相比，在B处的收入减少了补偿金的数量。也就是说，从A′到B的变化表示的是，由电价上涨所引起的实际收入减少（得不到补偿涨价造成的损失的金额）的效应。这就是收入效应。综上所述，斯勒茨基分解可以用图1-36来表示。

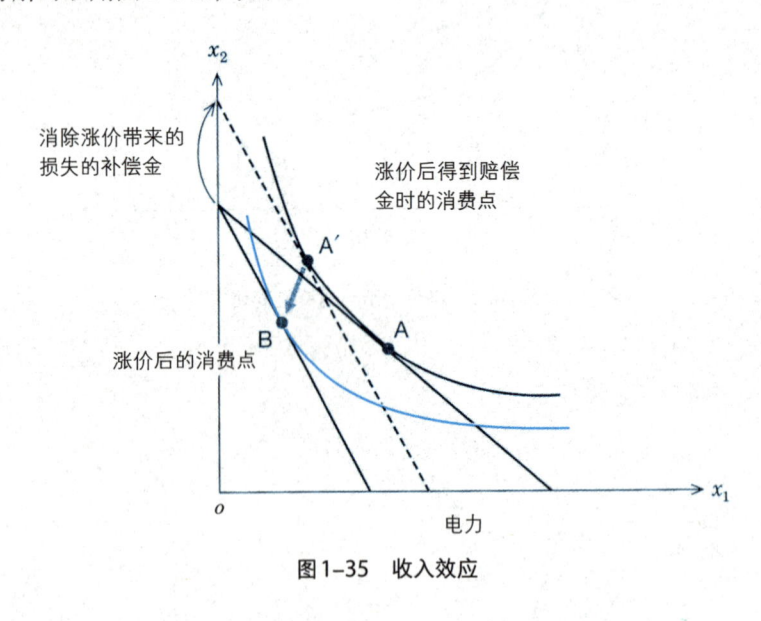

图1-35　收入效应

在这里，我们将上面的斯勒茨基分解用语言来总结。

斯勒茨基分解的语言理解

电价上涨后，**假设得到了**为了维持和涨价前同等效用所需要的**补偿金**。

- 因为电价上涨了，所以会发生其他商品（天然气等）对电力的替代（替代效应）。
- 由于实际上无法获得补偿金，所以收入减去补偿金后可以进行的消费，就是实际消费（收入效应）。

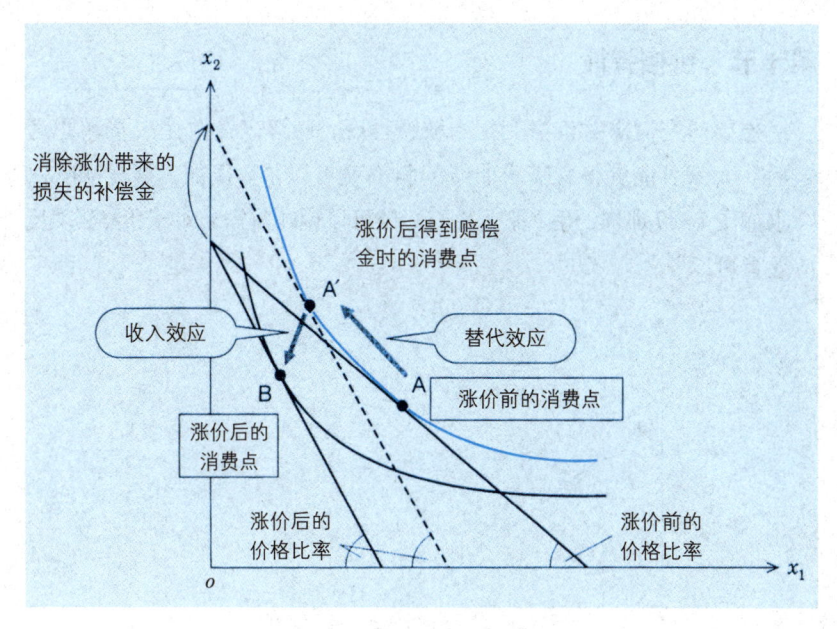

图 1-36　斯勒茨基分解的图解

注解1-13 **为什么要进行斯勒茨基分解呢？** 斯勒茨基分解是初学微观经济学时的困惑之一，初学者的感受通常是：**我完全不知道为什么要进行这种分解**。对这个疑问的回答，从大的方面说有以下三点：

① 加深对"需求如何对价格作出反应"的理解。
② 能够用来测试现实的需求数据是不是根据效用最大化得来的。
③ 对思考如何从能够观察到的需求量中估计出价格变化为消费者带来的收益和损失（支出函数的值的变化）等问题是有所帮助的。

②③是比较细碎的讨论，因此我们只对①在本章第十节中做出解释。③在制定、评价各种经济政策时是很重要的论点。由于它属于稍微高级的内容，因此这一点我们在书末的附录C（第490页）中进行了总结。

第十节　价格弹性

想要研究需求对价格变化的敏感程度，应该怎么做呢？简单思考之后，大家可能觉得看需求曲线的斜率就可以了。例如，假设咖啡的需求如图1-37那样的话，那么我们好像可以说咖啡需求对于价格的"反应还算可以"。

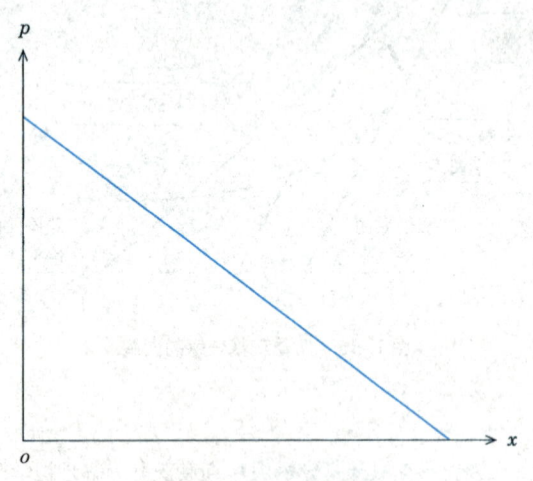

图1-37　咖啡的需求曲线（消费量以毫升为单位）

但是，需求曲线的斜率会随着咖啡测量单位的变化而变化。图1-37的咖啡是用毫升来测量的，现在如果把同样的咖啡需求用升来表示的话，横轴会按照1/1000的比例进行收缩，变为像图1-38那样。这时，看斜率的话，咖啡需求对于价格"基本上不作出反应"。由于看斜率会出现问题，因此我们来思考一下有没有**不受测量单位影响的需求对价格敏感程度的测量方法**。

这样，我们关注到，百分比的变化（变化率）不受测量单位影响。现在，将咖啡的数量用升来表示，假设消费量在现在的消费量 x 的基础上增加了 Δx。这时，咖啡的消费量的**变化率**为：

$$\frac{\Delta x}{x}$$

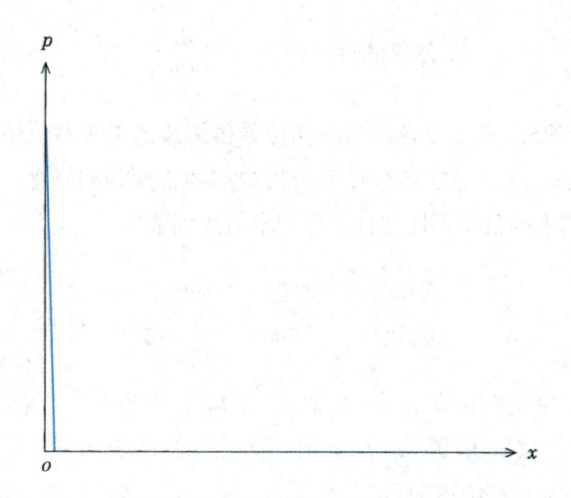

图1-38 改变单位后咖啡的需求曲线(消费量以升为单位)

转换一下就是日常生活中经常使用的百分比**的变化**(比如，$\Delta x/x =$ 0.5的话就是50%的变化)。下面，让我们将咖啡的量改用毫升来表示。这样的话，变化率为：

$$\frac{1000\Delta x}{1000 x} = \frac{\Delta x}{x}$$

与之前是一样的。也就是说，**变化率是不受测量单位的取法影响的**。

现在，假设价格上升$\Delta p/p(\times 100\%)$之后，需求变化了$\Delta x/x(\times 100\%)$。因为价格上升的话，通常需求会减少，所以Δx为负值。现在，将其变为正数，并考虑：

$$\frac{\left(\dfrac{-\Delta x}{x}\right)}{\left(\dfrac{\Delta p}{p}\right)} = -\frac{\Delta x}{\Delta p}\frac{p}{x}$$

它表示的是**价格上升1%时，需求会减少多少个百分点**。因为当价格变化微小时，通常借助数学模型的分析会更加有帮助，所以我们考虑当Δp接近0时上式的值，并把它叫作需求的价格弹性。

$$需求的价格弹性 = -\frac{\mathrm{d}x}{\mathrm{d}p}\frac{p}{x}$$

这是**不受需求量或者价格的测量单位影响的需求对价格敏感程度的测量方法**，并且是在各种经济分析中都经常用到的概念。在此，我们举几个需求的价格弹性在日本的测量值的例子[1]。

天然气	牛肉	外出吃饭
0.205	0.944	1.318

这个数字的解读方法是，看天然气的话，价格上升1%时天然气的需求（大约）减少0.205%。由此可知天然气的需求几乎是没有弹性的（需求对价格几乎不作出反应）。

需求的价格弹性在考察**价格的变化对销售额的影响**时尤其有用。由于销售额为 $px(p)$，我们把它对价格进行微分[2]。

$$\frac{\mathrm{d}px}{\mathrm{d}p} = x + p\frac{\mathrm{d}x}{\mathrm{d}p} = x\left[1 - \underbrace{\left(-\frac{\mathrm{d}x}{\mathrm{d}p}\frac{p}{x}\right)}_{弹性}\right]$$

例如，价格弹性小于1时，$\mathrm{d}px/\mathrm{d}p > 0$，即价格上升时，销售额增加。把这个关系进行整理，我们可以得到如下结论。

---

[1] 出处如下。天然气：「東京都における家庭用都市ガスの価格弾力性値の分析」『エネルギーシステム経済コンファレンス講演論文集』（vol.12,1996年）。[村越千春、中上英俊、高野路子、室田泰弘、村关不三夫《关于东京都的家庭用城市天然气的价格弹性值的分析》《能源系统经济会议演讲论文集》（vol.12,1996年）]

牛肉：「BESに起因する米国産牛肉輸入停止の経済的影響の試算」(UFJ総合研究所記者発表資料、2004年）。[有路昌彦、嘉田良平、千田良仁《由BES引起的停止进口美国产牛肉所造成的经济影响的试算》(UFJ综合研究所记者发表资料，2004年)]

外出吃饭：『消費選好と需要測定――習慣形成と保有量調整を含む線形支出体系による接近』(有斐閣、1983年）。[牧厚志《消费偏好与需求测定――根据包含习惯形成和禀赋调整的线性支出体系的近似》（有斐阁，1983年)]

[2] 对两个函数 f 和 g 的乘积 $f \times g$ 进行微分可以使用"乘积公式" $\frac{\mathrm{d}fg}{\mathrm{d}x} = \frac{\mathrm{d}f}{\mathrm{d}x}g + f\frac{\mathrm{d}g}{\mathrm{d}x}$。

> 需求的价格弹性**小于**1→价格上升时**销售额增加**
> 需求的价格弹性**等于**1→价格上升时**销售额不变**
> 需求的价格弹性**大于**1→价格上升时**销售额减少**
>
> **弹性与销售额的关系**

因此,通过观察前面讲过的弹性的实际测量值,我们可以得到下面的结论。因为天然气的弹性小于1,即使价格上升,需求也几乎不会减少,所以销售额会增加。这种情况下如果想要增加销售额的话,限制销量、提高价格是行之有效的。牛肉的弹性大体上是1,因此即使价格上升销售额也几乎保持不变。外出吃饭的价格弹性大于1,价格上升的话需求会大幅减少,从而导致销售额降低——在这种情况下,像天然气那样提高价格是行不通的,降低价格、大幅增加销量的"薄利多销"战略才能发挥威力。

那么,需求的价格弹性是由什么因素决定的呢? 要理解这个问题,需要用到斯勒茨基分解。斯勒茨基分解为:

$$\underset{\substack{\text{第}i\text{种商品的需求对}\\\text{价格如何作出反应}}}{\frac{\partial x_i}{\partial p_i}} = \underset{\text{替代效应}}{\frac{\partial \bar{x}_i}{\partial p_i}} - \underset{\text{收入效应}}{\frac{\partial x_i}{\partial I} x_i}$$

为了把公式左边变形为弹性形式,两边同时乘以$(-p_i/x_i)$,得到[1]:

$$\underset{\text{价格弹性}}{-\frac{\partial x_i}{\partial p_i}\frac{p_i}{x_i}} = \underset{\substack{\text{补偿需求的}\\\text{价格弹性}}}{-\frac{\partial \bar{x}_i}{\partial p_i}\frac{p_i}{\bar{x}_i}} + \underset{\text{收入弹性×支出份额}}{\left(\frac{\partial x_i}{\partial I}\frac{I}{x_i}\right)\left(\frac{p_i x_i}{I}\right)}$$

右边第2项中出现的$\left(\frac{\partial x_i}{\partial I}\frac{I}{x_i}\right)$,就是所谓第$i$种商品的需求的**收入弹**

---

[1] 在右边第1项上乘以$(-p_i/x_i)$时,根据消费的二元性$x_i = \bar{x}_i$(真实的消费可以看作支出最小化的点),可以乘以$(-p_i/\bar{x}_i)$。

性，表示收入上升1%时，第i种商品的消费量会增加多少个百分点。同项中出现的支出份额$\left(\frac{p_i x_i}{I}\right)$，是第$i$种商品的支出$(p_i x_i)$占总收入$(I)$的比重。

由此可知，在下列情况下，需求的价格弹性会变高：

- 有相近的替代品（补偿需求的价格弹性较大）；
- 需求的收入弹性较大[1]；
- 对该商品的支出额占收入的份额较大。

这些因素会影响价格弹性，直观的理由如下。如果存在和某种商品相接近的替代品的话，不难理解该商品的价格上涨会大幅减少对它的需求（燕京啤酒涨价的话，需求会流向青岛啤酒）。另外，因为价格的上升会引起实际收入的减少，所以收入减少时，收入弹性高的商品，其消费很容易减少。最后，支出份额会影响价格弹性这一点，如果不借助斯勒茨基分解的话很难注意到。之所以会有这样的影响，是因为当支出份额大的商品的价格上升1%时，要保持与之前一样的满足度需要大量的金钱。也就是说，支出份额大的商品的价格上升1%时，实际收入会大大减少。因此，商品的支出份额越大，由收入效应导致的需求的减少也会越明显。

对于之前所举的天然气、牛肉、外出吃饭的例子，我们检验三个因素后得到表1–1，可以看到按照天然气、牛肉、外出吃饭的顺序，弹性确实逐渐变大。

表1–1 影响价格弹性的因素

商品及其需求的价格弹性	存在相近替代品	收入弹性高（奢侈品）	支出份额大
天然气 0.205	×	×	△
牛肉 0.944	○	○	×
外出吃饭 1.318	○	○	○

注：×表示不适合，○表示适合，△表示带条件的适合

---

[1] 收入弹性大于1的商品，叫作**奢侈品**。

例题研讨 1　从效用最大化推出需求量

问题　假设两种商品的消费量为 x, y，各自的价格为 p_x, p_y，收入为 I。此时，求解持有下述效用函数（a, b 为正的常数）的消费者对每种商品的需求量：

$$u(x, y) = x^a y^b$$

学生：等一下，老师。持有这种效用函数的人实际上不可能存在，我根本没动力去求解这个问题。

教授：虽然这个讲法没错，但是请听我说。正如本书所讲，微观经济学模型就是要用粗略的形式表现人们的经济行为的本质。确实，虽然清楚意识到这样的效用函数并进行最大化的人不存在，但是实际上这个效用函数**能够成功再现消费者常见的行为模式**。

学生：真的吗？

教授：那么，让我们来解解看。总之，求出在预算约束 $p_x x + p_y y = I$ 下将效用 $u(x, y) = x^a y^b$ 最大化的最优消费量 x 和 y 就行。为了计算最优解，让我们回忆一下本章所学的"消费的最优条件"。

学生：呃，是无差异曲线和预算线相切的条件吗？

教授：是的，换一种在计算中能够使用的说法就是：

边际替代率　＝　价格的比率

无差异曲线的（切线的）斜率　　　预算线的斜率

因为边际替代率是边际效用的比率（复习一下第五节第 3 小节），上述关系可以写为整齐的数学公式：

$$\frac{\frac{\partial u}{\partial x}}{\frac{\partial u}{\partial y}} = \frac{p_x}{p_y} \qquad (26)$$

虽然我们不得不计算左边的偏微分$\frac{\partial u}{\partial x}$,但这只是$u(x,y) = x^a y^b$(将$y^b$看作常数)对$x$进行微分得到的。会计算吗?

学生:嗯,x^a的微分是ax^{a-1},把它乘以y^b的话……是$\frac{\partial u}{\partial x} = ax^{a-1}y^b$吧?

教授:正确。同理可以算得$\frac{\partial u}{\partial y} = bx^a y^{b-1}$。这样,最优条件公式(26)的等号左边的部分就可以变为:

$$\frac{\frac{\partial u}{\partial x}}{\frac{\partial u}{\partial y}} = \frac{ax^{a-1}y^b}{bx^a y^{b-1}} = \frac{ay}{bx}$$

即最优条件(26)变为:

$$\frac{ay}{bx} = \frac{p_x}{p_y} \qquad (27)$$

学生:接下来,怎么求最优的x和y呢?

教授:还有预算约束$p_x x + p_y y = I$呢!将其与(27)式联立,由于有两个式子,因此可以计算两个未知数x和y。花时间一步步计算当然没问题,不过请大家注意,(27)式可以变形为:

$$\frac{a}{b} = \frac{p_x x}{p_y y} \qquad (28)$$

这个式子的含义是,对"**X商品的支出额$p_x x$**"与对"**Y商品的支出额$p_y y$**"的比率恰好等于$\frac{a}{b}$。因此,将收入按a和b的比率,即可分为$\frac{a}{a+b}I$和$\frac{b}{a+b}I$,前者对应着X商品的支出,后者对应着Y商品的支出,并且同时满足条件(28)和预算约束式。即最优消费应该满足:

$$\frac{a}{a+b}I = p_x x, \quad \frac{b}{a+b}I = p_y y$$

之后根据上述式子对x和y进行求解的话,得到最优消费量如下:

答案
$$x = \left(\frac{a}{a+b}\right)\frac{I}{p_x}, \ y = \left(\frac{b}{a+b}\right)\frac{I}{p_y}$$

学生：最开始的疑问又回来了，这个模型哪里很好地表现现实的消费了？

教授：你自己租房子，所以我想你应该知道。你是不是经常会听到有人建议说"房租占月收入的3成作为大概的标准"？ 我们大多数人都将**收入的一定比例（3成）用来付房租**。如果将 X 商品看作住宅租赁，将 Y 商品看作其他商品的话，结合本例所给出的效用函数：

$$u(x, y) = x^a y^b$$

这些人的消费行为与最大化，与本式中的 a 和 b 的比率为 3 比 7（a/b = 3/7）时的效用函数的模型非常接近［这样做之后，收入的3成用于住宅租赁（X 商品）］。

学生：还是有点被骗的感觉……总而言之，"人们虽然没有去解微观经济学的数学模型，但是人们的真实行动却大致接近这些模型"，对吧？

教授：没错。现在，最后针对比较喜欢数学的人，我们用"拉格朗日未定乘数法"求解同样的问题。

学生：这是求解有条件的最大化问题的标准步骤啊！ 应该是，首先将需要最大化的函数（效用函数）加上约束条件（预算约束）乘以常数 λ，构建出：

$$L = x^a y^b + \lambda (I - p_x x - p_y y)$$

教授：对。对上面的函数关于 x 和 y 求微分，令其等于零就可以了。即：

$$\frac{\partial L}{\partial x} = ax^{a-1}y^b - \lambda p_x = 0$$

$$\frac{\partial L}{\partial y} = bx^a y^{b-1} - \lambda p_y = 0$$

将上面两个式子整理之后得到：

$$ax^{a-1}y^b = \lambda p_x$$
$$bx^a y^{b-1} = \lambda p_y$$

让两个式子左右两边同时相除，得到与(27)相同的式子：

$$\frac{ay}{bx} = \frac{p_x}{p_y}$$

之后的计算过程就与前面一样了。

第二章　企业行为理论

第一节　经济学如何认识企业

这个世界上有各种各样的企业，既有员工寥寥的小型企业，也有员工数以万计的大型企业。这些企业内部有会计、营销等多个部门，制造业的企业还会拥有很多的工厂。为了清楚地捕捉到这些企业在市场中发挥的核心作用，传统的微观经济学（价格理论）对公司内部发生的事情没有进行深究，而是将企业看作一个投入生产要素就会制造出产品的黑匣子（图2-1）。

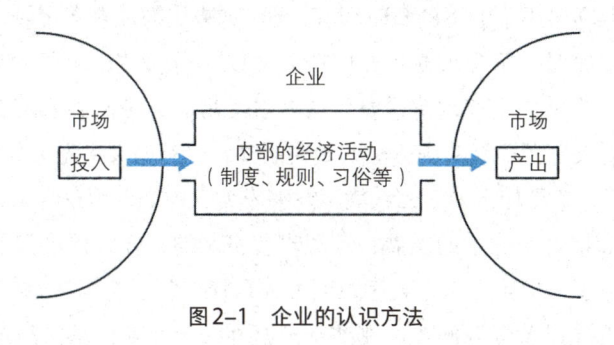

图2-1　企业的认识方法

请注意，虽然企业内部也在进行各种各样的经济活动（资源配置），但这些活动是在不借助价格机制的情况下完成的。例如，丰田在工厂B使用在工厂A制造的零件时，工厂A不是以市场价格把零件卖给工厂B，而是根据会议和上司的命令决定到什么时候要交付多少零件。由此可见，企业内部的经济活动是在制度、规则、习俗等条件下完成的，是与价格机制本质上不同的力量在发挥作用。分析这些组织内部的活动，传统上属于管理学的研究范畴，但近年来随着博弈论和信息经济学的发展，经济分析在某种程度上也开始关注这个领域。关于组织内部经济活动的基础分析工具，即关于博弈论和信息经济学，我们将在本书下篇进行研究。

这样想来，关于市场经济的功能，就会涌现出以下非常有趣的问题。在高度发达的市场经济中，从汽车、食品到音乐，所有东西都被赋予价格来交易，乍一看资源配置好像全部都是由市场来决定的，但实际上并非如此。资源配置的相当一部分是在企业组织的内部，以不同于市场机制的方式来完成的。注意到这一点的经济学家罗纳德·科斯于1937年在著名的《企业的本质》的论文中提出了下面的问题[1]：

为什么资源配置的某些部分在市场上进行，而另一部分却通过企业内部的非市场性活动来进行？

换句话说，"企业和市场的边界在哪里划分，以及一个企业和其他企业的边界又在哪里划分"，是关乎整个经济学根基的问题，非常重要。对此，科斯给出了如下的暂时回答，即：如果资源配置在市场上进行的交易成本较低，那么就在市场上进行；如果在企业内部进行的交易成本较低，那么就在企业内部进行。这个以交易成本为基础的解释，虽然给出了有关资源配置实施方法的敏锐洞察，但是如果不先解释清楚"交易成本"到底是什么的话，它就不能够成为真正令人满意的回答。随着博弈论和信息经济学的发展，资源配置机制的最优设计已经能够进行局部讨论了，但是，以令人满意的方式解释"交易成本"的真实内容究竟是什么，以及资源配置的哪些部分是在一个企业内部进行的，还是经济学未解之大问题。如果你有舍我其谁的激情，请一定要尝试攻克这个重要的难题。

---

[1] R. Coase (1937) "The Nature of the Firm", *Econometrica*, 4(16), pp.386 – 405.

第二节　一种生产要素（劳动）情况下的企业行为

通常，制造一种产品也是需要大量的投入品的。作为分析这种一般情况的准备，我们先考虑只有一种投入品（劳动）就可以进行生产的情形，然后依次将其进行一般化。为了理解接下来即将使用数学模型分析企业行为的意义，我们先考虑下面这个虽然简单但是具有现实意义的例子。

实例4　零件组装工厂　假设你是承包零件组装工厂的厂长。零件是由母公司提供的，将这些零件组装起来之后，母公司会为每一个成品支付1元。也就是说，只使用一种投入品（劳动）就可以完成产品组装。工厂有3台性能各异的组装机器（图2-2）。

每台机器由1名工人使用，工人的时薪为70元。法律规定，每人一天的工作时间要在8小时以内。这个时候，雇用多少名工人分别工作几个小时比较好呢？

让我们首先考虑使用性能最好的机器A的情况。使用它1小时能完成100个产品，可以从母公司拿到的钱为1×100＝100元。另外，由于1小时要付给工人70元的工资，扣除以后每小时净赚30元。因此，机器A最好每天运行满8小时。

每台机器由1人使用

机器A	机器B	机器C
新品	旧款	破旧
1小时可制造100个产品	1小时可制造50个产品	1小时可制造20个产品

图2-2　零件组装工厂

如果使用1小时性能次好的机器B的话，可以完成50个产品，从母公司拿到的钱为1×50＝50元，但是这比付给工人的时薪70元要低，所以使用机器B的话就会出现亏损的情况。性能更差的机器C也一样，用了就亏了。
　　因此,在这种情形下,每天最大限度地(8小时)雇用一名工人,用机器A组装产品是最优的生产方法。让我们以这个实例为引线来学习生产的理论。

(1) 生产函数

　　现在，让我们考虑只使用劳动L制造产品y的企业。对于这个企业来说，肯定存在使用目前的技术能够实现和不能实现的生产。因此，让我们把这个企业能够达到的投入L和产出y的组合全部筛选出来做成图表。虽然它会呈现怎样的形状要具体问题具体分析，但在这里我们首先考虑它呈现出像图2-3的灰色部分那样比较漂亮的形状的情况。图2-3的灰色部分，即该企业能够达到的所有投入和产出的组合的集合，叫作**生产可能性集合**。

　　例如，图中的A点，是工人懒散不愿工作的状态，如果能使用相同的工作时间$L=8$更认真地工作的话，则可以完成更多的产出。与此相对，B点是工人使用相同的工作时间尽最大努力好好工作的状态。像这样，灰色部分的边界线表示了最有效地使用投入品时的产出，表示该边界线的函数$y=f(L)$叫作**生产函数**。生产函数$f(L)$表示从劳动投入L中可以得到的最大产出量，因此表示的是企业所拥有的技术。如第一节所述，传统的微观经济学（价格理论）为了简化分析，"把企业看作将投入转换为产出的黑匣子"，其实这是**将企业作为生产函数而作的粗略认识**。

　　根据生产函数，劳动的生产率可以按照如下方法进行测量。在日常实践中经常使用的是总产出除以总劳动投入的**劳动的平均生产率**$f(L)/L$。这表示平均每单位劳动（每小时劳动时间）能生产多少产品，

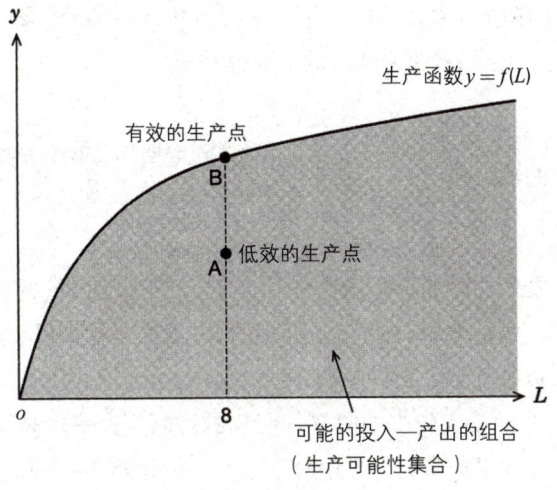

图 2-3　生产函数

如图 2-4 的左下角所示。

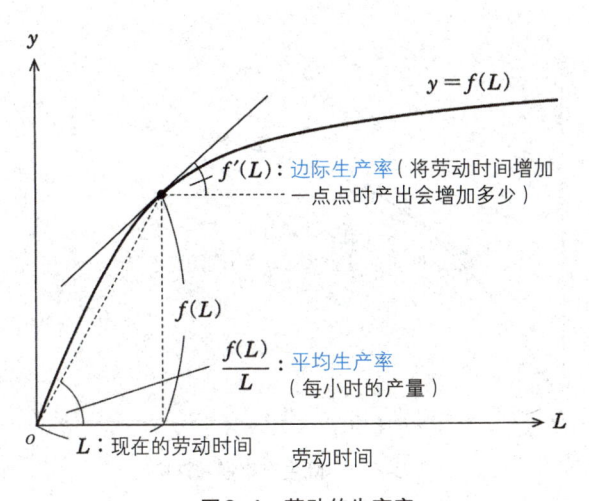

图 2-4　劳动的生产率

相比之下，在微观经济学的分析中更有用的是，"将劳动增加一点点（再增加 1 单位）时，产出会增加多少"，这叫作劳动的边际生产率。注意一下，劳动边际生产率在数学上是由生产函数的（图像的切线）斜

率 $f'(L)$（f 的微分）来表示的。用在边际分析入门部分（第一章第五节第2小节）所学到的术语来阐述的话，就是：

$$\text{劳动的边际生产率} = f'(L) = \text{当边际地增加1单位劳动时，产出会增加多少}$$

所谓"边际地增加1单位劳动"，就是要提前把测量劳动量的单位取得足够小，然后增加1（也就是极小的）单位劳动的意思（可以回过头看一下第一章第五节第2小节）。

通常，劳动投入较少的时候，劳动的边际生产率较高，但随着劳动不断增加，效率会降低，劳动的边际生产率也会不断下降。像这样，我们将增加投入品时其边际生产率降低的规律称为**边际生产率递减法则**（图2-5）。

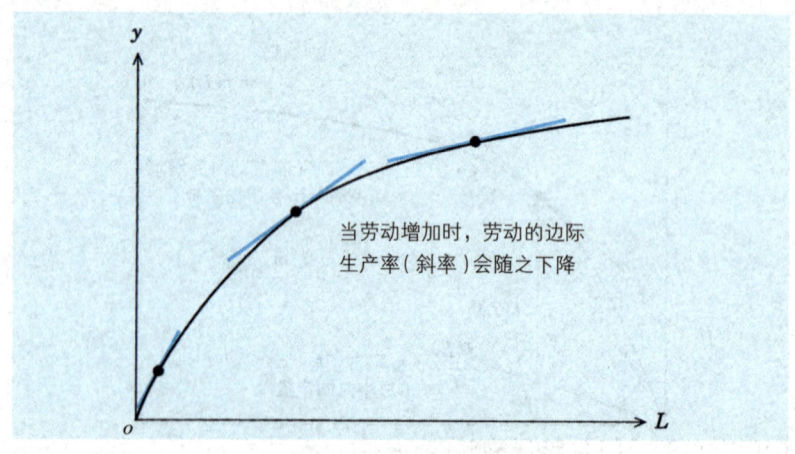

图2-5 边际生产率递减法则

这里的生产函数 $y = f(L)$ 可以有以下两种解释。
（i）真正只通过劳动就能进行生产的情况，以及
（ii）虽然除了劳动还有其他生产要素（例如机器），但其数量短期内无法改变的情况。

在微观经济学中：

> **微观经济学中的短期和长期**
> 所有生产要素的数量都可变的期间叫作<u>长期</u>，部分生产要素的数量被固定的期间叫作<u>短期</u>。

当前我们考虑的生产函数 $y=f(L)$ 的一种解释是，将 $f(L)$ 视作劳动以外的生产要素（例如机器）的数量被固定的<u>短期生产函数</u>。

以上就是微观经济学教科书中出现的生产模型，该模型与现实的关系是怎样的呢？为了想清楚这个问题，让我们来思考一下虽然非常简单但在现实中并不罕见的零件组装工厂的1天的生产函数（实例4）。首先要注意的是，**在1天的短期间内，因为机器的台数是固定的，所以接下来我们要考虑的是"短期生产函数"**。为了用图表示这一点，如果令横轴表示每天的累计劳动投入时间，纵轴表示产品的数量的话，那么短期生产函数如图2-6所示。理由如下。

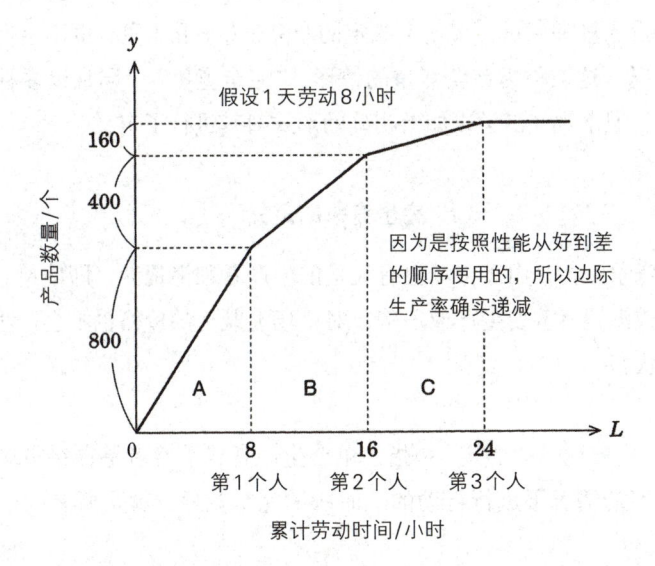

图2-6 组装工厂的生产函数

- 首先，安排最先雇用的工人在性能最好的机器A上工作比较好。因为每天的工作时间为8小时，所以第1个工人工作满L（工作时间）＝8的话生产率最高（每小时可以完成100个）。
- 雇用第2个工人的话，安排在性能次好的机器B上工作比较好，生产率减半为每小时50个。
- 如果再雇用第3个工人的话，就不得不使用最破旧的机器C，生产率微乎其微。
- 即使再雇用4个以上的工人，因为已经没有机器使用了，所以生产率完全不会提高，3人累计工作3×8＝24小时后的生产函数的图像是水平的。

像这样，由于是按照A→B→C，即性能从好到差的顺序来使用机器的，所以在组装工厂的例子中，边际生产率确实会递减。

（2）利润最大化

接下来，我们试着求解利润最大的生产方式。这里，我们首先考虑一下，与整个市场的规模相比，生产者的产量较小，即使生产者改变劳动投入量和产量，市场上既定的产品价格p和工资w也不会发生变化的情况。这被称为完全竞争的情形。"完全竞争"一词常以多种含义被使用，但微观经济学以如下明确的形式对其进行了定义：

> **完全竞争的定义**
>
> 完全竞争是指，由于市场上有大量的生产者和消费者，即使单个生产者或消费者改变生产或消费，对市场上既定的价格也不会产生影响的状态。

"价格接受者的假定"是指，单个生产者或消费者**是在将市场价格看作一定的情况下进行行动的**。而所谓完全竞争，就是所有的生产者和消费者都为价格接受者的状态[1]。注意到这一点之后，我们发现，完全竞争企业的利润最大化问题能够用下面的方法进行表示。

$$\max_{L} pf(L) - wL$$

请注意，这里利润是在价格 p 和工资 w 既定的情况下得到最大化的（价格接受者的假设）。

那么，如何才能找到利润最大化点呢？作为准备，我们用图来表示带来固定利润 π 的各种投入 L 和产出 y 的组合。这是用满足下式的直线来表示的：

$$\pi = py - wL$$

我们将其称为等利润线。把这个公式变形为：

$$y = \underbrace{\frac{w}{p}}_{\text{斜率}} L + \underbrace{\frac{\pi}{p}}_{\text{截距}}$$

然后可知，等利润线的图像如图2-7所示，是有截距和斜率的直线。

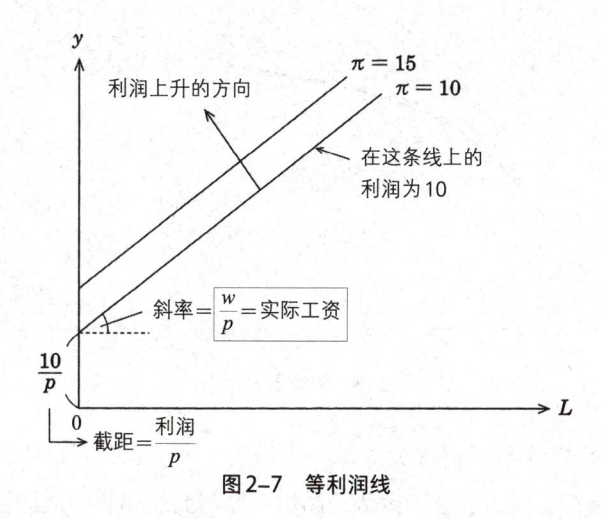

图2-7　等利润线

---

[1] 拥有价格支配力的大企业的情况在之后会作为垄断或寡头垄断的理论来讲解（第五章）。

进一步要注意的是，越往左上方移动（即越是减少投入、增加产出），利润就越高。

等利润线的斜率是 w/p 这一结论在今后的分析中很重要，因此要好好理解。在微观经济学中，w/p 被称为**实际工资**。

例题7 以在麦当劳打工为例。如果产品（汉堡包）的价格为 $p=10$ 元，打工的工资为时薪 $w=20$ 元的话，则实际工资为 $w/p=2$。也就是说，**实际工资是用产出的单位来测量的劳动报酬**，在这个例子中，实际工资为2是指"劳动工资相当于2个汉堡包"。

由于等利润线越向左上移动，对应的利润越高，所以在生产函数的图像上利润最高的点是图2-8中等利润线与生产函数的图像相切的点。这正是利润最大化点。

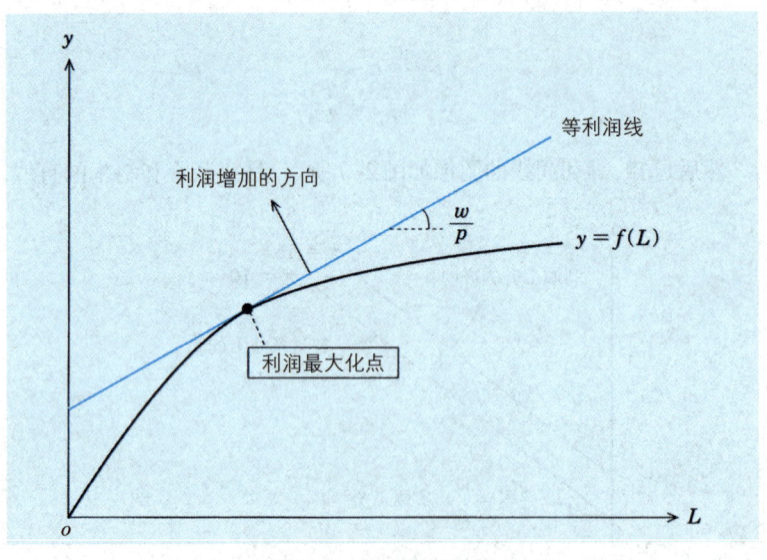

图2-8 利润最大化点

由于生产函数的斜率为劳动的边际生产率，等利润线的斜率为实际工资 w/p，所以，在生产函数的图像与等利润线相切的最优生产点处二者相等。也就是说，利润最大化条件如下所示：

利润最大化条件（1）

$$f'(L) = \frac{w}{p}$$

劳动的边际生产率　　实际工资

那么，在我们之前考虑的（现实的）组装工厂中，让我们借助图形来看一下利润最大化点是怎样的（图2-9）。要画出图形，只要确定以下几点即可。

- 作为等利润线的斜率的实际工资为 $w/p = 70/1 = 70$，
- 生产函数的斜率：
  最开始为100（机器A的生产率），
  接下来为50（机器B的生产率），
  再接下来为20（机器C的生产率）。

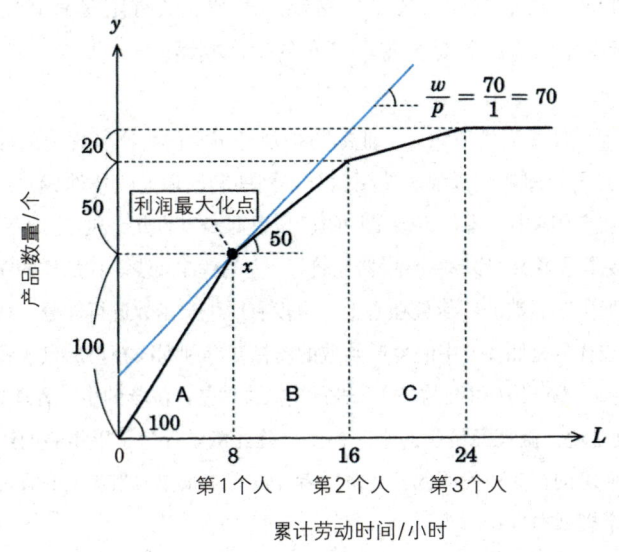

图2-9　组装工厂的利润最大化点

因此，生产函数的图像与等利润线在图中的 x 点处相切，注意一下，**这确实是在实例4中求得的最优生产计划（让工人使用机器A劳动8小时）**。

在实例4中考察的组装工厂中，对其实际生产技术的解释，虽然现实，但可能会让人觉得"乱七八糟，思考起来很麻烦"（虽然我自己举的例子这样说不太好，但我会不由自主地这么想）。相反，使用微观经济学的平滑生产函数的生产者行为理论[图2-8的利润最大化和利润最大化条件（1）]，虽然感觉不太现实，但是干净利落且方便使用。那么，该如何看待二者的关系呢？

在组装工厂的利润最大化点处，生产函数是有棱角的，不可微分，所以使用微分的利润最大化条件是不适用的。但是，如果稍微修正该组装工厂的生产函数的图2-9，将生产函数的棱角稍微修得圆一些，则使用微分的利润最大条件[$f'(L) = w/p$]成立。也就是说，**使用平滑的生产函数的微观经济学的生产模型，可以成功地近似于现实的零部件组装工厂的生产技术**（图2-9）。今后，为了推进对更复杂情况的分析，以容易处理的形式来模拟组装工厂这样的复杂现实肯定是有必要的。对这个要求作出回应的就是微观经济学的生产模型。

注解2-1 模型与当事人的意识：企业家对微观经济学的生产者理论的评价很低。大部分公司管理者应该都对使用微分得到的利润最大化条件（1）有违和感。例如，在实例4中，零件组装工厂的厂长根据多年的直觉和经验，对时薪多少、组装成本是多少、启动哪台机器比较好，立刻就能知晓。在那样的时刻，厂长并没有把生产函数的图像放在心上，也没有对生产函数进行微分。然而，厂长实际上选择的是图2-9中的生产函数的图像与等利润线相切的点。将该图用更容易分析的平滑的（可微的）模型进行模拟，就是经济学的生产者理论（图2-8）。也就是说，微观经济学的生产模型，是经济学者为了以粗略的形式描述现实的企业家的行为而发明的，经济学者并没有主张作为当事人的管理者真的去求解这个模型本身。

打个比方，猿经过训练之后能够用两条腿走路。然而，两条腿走路需要相当奇妙的平衡感，想让机器人用两条腿走路，其控制方程就会非常复杂。图2-10是两条腿走路的机器人的控制方程，而猿是根据常年的直觉与经验，像在解这个控制方程(或者与此类似的方程)[1]一样进行行动的。

$$\tilde{x}_Z = (q+1)\left(x + f(\zeta)\frac{\dot{x}}{\omega}\right) \quad (3)$$

$$x_Z = \begin{cases} x_{Zmax} & (S1: \tilde{x}_Z > x_{Zmax}) \\ \tilde{x}_Z & (S2: x_{Zmin} \leq \tilde{x}_Z \leq x_{Zmax}) \\ x_{Zmin} & (S3: \tilde{x}_Z < x_{Zmin}) \end{cases} \quad (4)$$

$$f(\zeta) \equiv 1 - \rho \exp\left\{1 - \frac{(q+1)^2\zeta^2}{r^2}\right\}, \quad (5)$$

$$\zeta \equiv \sqrt{x^2 + \frac{\dot{x}^2}{\omega^2 q}}, \quad (6)$$

两条腿走路的控制方程

图 2-10 模型与现实

来源:两条腿走路的控制方程: T. Sugihara(2010)*Proceedings of the 2010 IEEE International Conference on Robotics and Automation*, pp, 4224 — 4229.
照片:京都大学灵长类学研究所 平崎锐矢先生 提供。

这个控制方程是研究者为了将猿的行动进行数理的描述而使用的工具,作为当事者的猿当然不是在解出了这个数学方程之后才会走路的。同样,使用微分的微观经济学的生产模型,是经济学者描述组装工厂厂长的行为的工具。根据常年的直觉与经验正确选择机器并让其运转的厂长,**虽然没有实际去解微观经济学的数理模型,却完全像解模型一样在行动**。虽然从抽象和一般的角度来看这个问题的话,总感觉好像不足为信,但是请回想一下最初思考的零件组装工厂(实例4)。对"组装费1元,时薪70元,需要雇用多少人"这样的疑问做出正确回答的人,是在不知不觉中,像"在计算图2-9的生产函数与等利润线的切点"一样进行行动的。人们"没有在求解理论模型,却完全像解模型一样在行动"的论断,至少在这个实例中是正确的,请大家检验一下。

像这样,从当事人的角度看貌似脱离现实的模型,有时却能完美地表现现实行为。当然,脱离了现实的模型完全不能表现现实行为的情况也存在(或者说,这种情况反而更多见)。对于微观经济学中各种各样的模型属于上述哪种类型,我希望大家能够秉持批判精神(不要先入为主地认为脱离现实的模型完全无用)来判断。

---

[1] 准确地讲,人和猿用两条腿走路是基于何种原理来控制的,并没有一个准确的说法。因此请注意,将这里的机器人的控制方程作为表示猿走路的原理,同时具备一定程度的合理性和不完备性。

在这里，让我们进一步改写利润最大化的条件（1）。将该条件两边同时乘以 p 之后，可以得到以下条件：

利润最大化条件（1）'

$$\underset{\text{劳动的边际产品价值}}{pf'(L)} = \underset{\text{工资}}{w}$$

这样写之后，利润最大化条件的含义就更容易理解了。这个公式的左边表示，将劳动增加一点点（边际的 1 单位）之后，销售额会增加多少，它被称为**劳动的边际产品价值**。右边表示的是为了额外增加一点点（边际的 1 单位）劳动而产生的成本。因此，假如左边比右边大的话，那么增加一点点劳动 L，额外增加的销售额就会超过需要额外增加的成本，利润就会上升。反之，如果右边大的话，那么减少一点点劳动，利润就会上升。在利润最大化点处，由于通过这样的微调已经不能再提高利润，所以等式［利润最大化条件（1）'］应该成立。

（3）成本函数与供给曲线

接下来，让我们来看看成本和利润最大化的关系。成本不仅在企业的实务中很重要，而且通过对其的仔细研究，我们可以理解供给曲线是如何决定的。

让我们先用 $C(y)$ 表示制造产出 y 所需的总成本，并将其称为**（总）成本函数**。总成本是由花费在可变（即其规模可以自由改变的）生产要素上的**可变成本**和花费在固定生产要素上的**固定成本**构成的。什么是可变成本以及什么是固定成本，都是根据考察期的长度而变化的。例如，在工厂规模固定的短期内，花费在工厂上的成本是固定成本，能够自由改变雇用量的劳动成本是可变成本。然而，在所有生产要素规模都能够改变的长期内，所有的成本都是可变成本。

进一步来说，固定成本被分为 2 类。现在，让我们考虑工厂的规模被固定的短期，且固定成本为工厂的建设成本 F 元的情况。这样的话，因为工厂已经建设好了，所以建设成本 F 是无论如何都必须支付的。不过，如果放弃生产而出售或处置工厂的话，F 的一部分或许可以收回。当完全不存在这种可以收回的部分时，工厂的建设费（固定成本）F 就叫作沉没成本。

> **沉没成本**："sunk"在英语中是"沉没"的意思，不可收回的（也就是绝对需要支付的）成本叫作沉没成本。

然而，在通过出售或处置工厂可以收取 A 元的情况下，固定成本 F 中可收回的部分是 A，不可收回的部分是 $F-A$。因此，在这种情况下，被沉没的固定成本为 $F-A$，未被沉没的固定成本为 A。

基于以上论述，让我们来研究一下**成本和供给量之间的关系**。首先，我们要讲解的是让人容易理解两者基本关系的"标准情形"，接着再考虑更复杂的情形。

①标准情形

在本书中，我们将下面这种情形称为"标准情形"，即：

生产函数的图像如图2-11（a）那样，是向上凸起的（"生产函数的下方=生产可能性集合"是凸的），且固定成本全部是沉没成本的情况。

在翻转生产函数的图像的横轴和纵轴之后，我们可以求得达到产出量 y 所需的劳动总量 $L(y)$，如图2-11（b）所示。如果将其进一步沿着纵轴方向扩大 w 倍的话，则可以求得达到产出 y 所需的劳动成本 $[wL(y)]$。进一步，令工厂的建设成本（假设是沉没成本）为 F，那么我们就可以得到如图2-12那样的总成本函数的图像。

接下来，让我们来定义在经济分析中发挥重要作用的平均成本和边际成本。

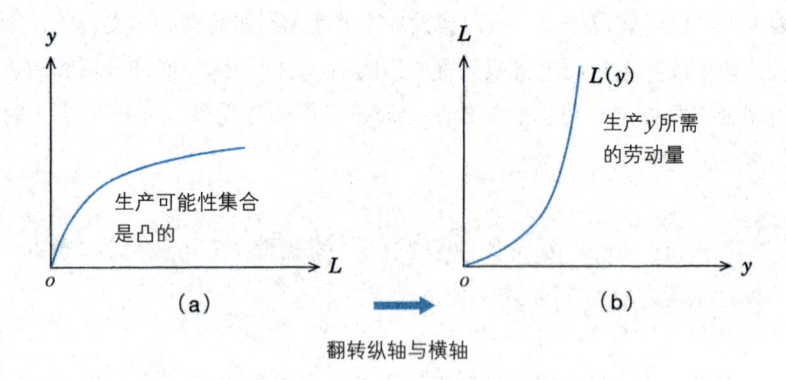

图2-11 标准情形的生产技术

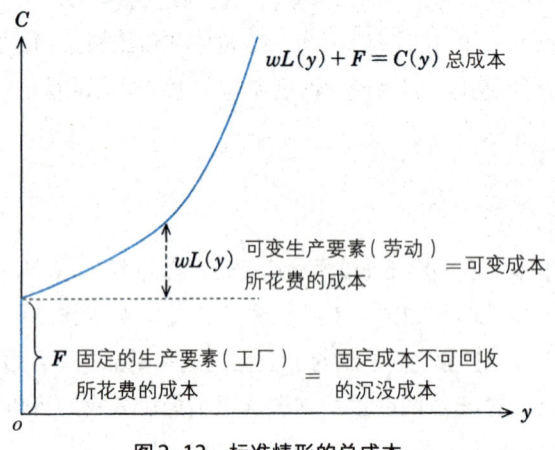

图2-12 标准情形的总成本

- 每单位产出的成本,即 $C(y)/y$,叫作平均成本(average cost)。我们取首字母将其记作 AC。
- 增加一点点(边际的1单位)产出所需的成本叫作边际成本(marginal cost, MC),这等于成本函数的微分 $C'(Y)$。

现在,在标准情形下,我们来看看平均成本和边际成本的关系是怎样的。根据总成本的图像,平均成本和边际成本如图2-13所示。

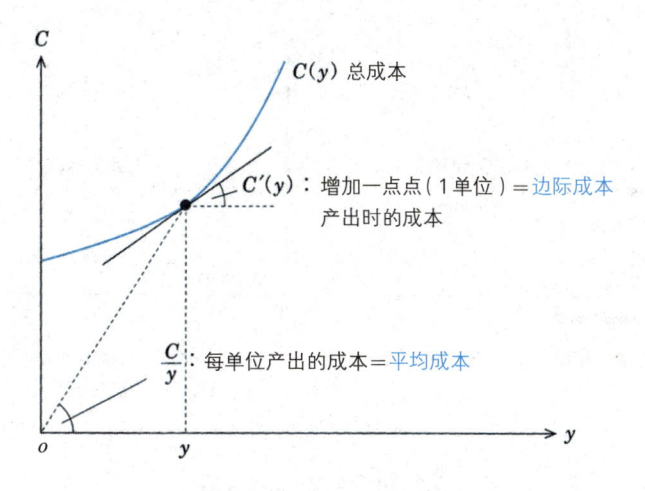

图2–13 平均成本和边际成本

请注意，总成本切线的斜率为边际成本 $C'(y)=MC$。如图2–13所示，当产量 y 比较小的时候，由图可知 AC 大于 MC。那么，当产量 y 进行各种变化时，两者的关系会是怎样的呢？

首先，让我们只看 MC 的变动。根据图2–13可知，由于总成本呈现出向下凸的形状，所以，提高产量的话总成本的斜率 MC 是上升的。也就是说，**边际成本 MC 会随着产量的提高而上升**。这是由劳动的边际生产率递减带来的。劳动的边际生产率递减意味着，随着劳动投入的增加（即随着生产的增加），额外增加的劳动的生产率会降低。换句话说，随着产出逐渐提高，额外增加的必要（劳动）成本（在这个例子中的边际成本）会不断上升。

接下来，让我们来看看 AC 的变动（图2–14）。让我们先观察一下图2–14的（a）。如果将产量 y 从零开始增加的话，我们知道：

（i）AC 会先下降，

（ii）在某个产量 y^0 处 AC 和总成本的斜率 MC 正好相同。

图2–14的（b）表示的是在产量 y^0 的基础上进一步增加生产的情

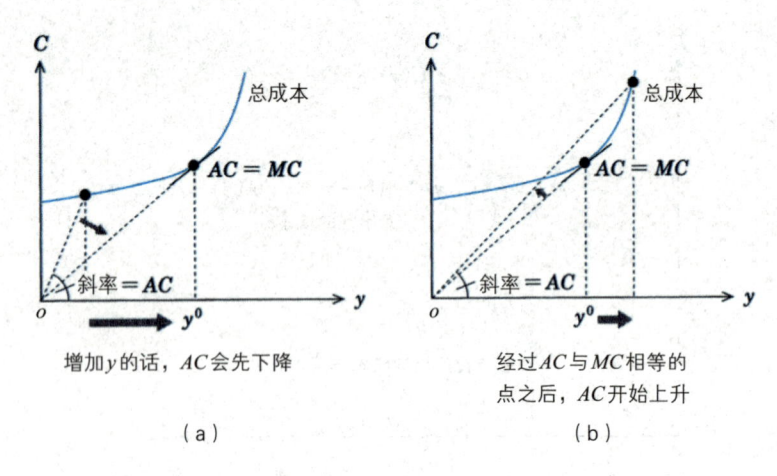

图2-14 平均成本的变动

(a) 增加y的话,AC会先下降

(b) 经过AC与MC相等的点之后,AC开始上升

况,之后就是:

(iii) AC会随着产量的增加而增加。

根据(i)-(iii)可知,AC呈U形,且MC通过其最低点。综上所述,在标准情形下平均成本和边际成本呈如图2-15所示的形状。

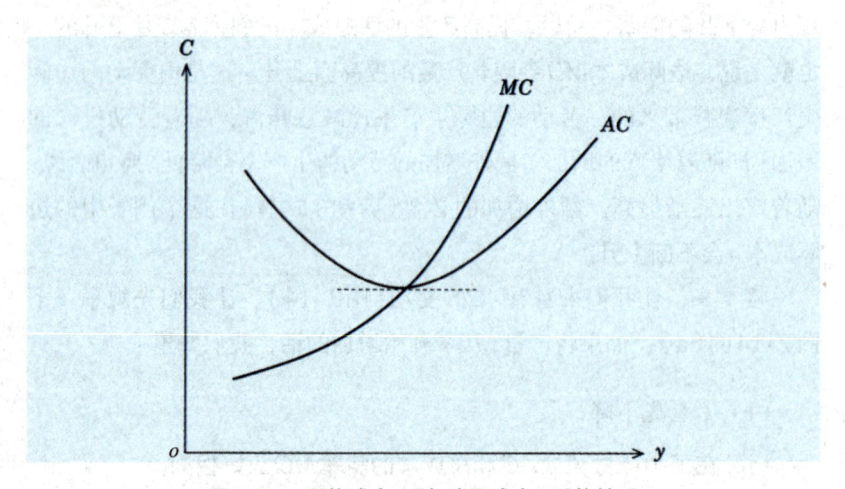

图2-15 平均成本AC与边际成本MC的关系

注意：当生产函数和固定成本发生变化时，AC和MC的形状也会发生变化。图2-15是典型的AC和MC的形状，但这并不意味着任何时候都一定如此。我们不需要记忆图2-15，而是要很好地理解如何从总成本的图像中推导出AC和MC图像。

接下来，让我们来看一下供给曲线呈何种形状。供给函数表示的是"当价格上升时供给会增加"这种在市场上观察到的企业行为，而本部分内容的目标则是理解它是由什么因素所决定的。让我们先用成本函数来表示利润最大化问题。因为利润等于"销售额－（总）成本"，所以可以写为 $py - C(y)$。因此，利润最大化问题可以写为：

$$\max_{y} py - C(y)$$

由于该问题的解 y^*（使利润最大化的产量）取决于产品价格 p，所以我们将二者的关系写作 $y^* = S(p)$。将 $S(p)$ 叫作**供给函数**，其图像是**供给曲线**。

那么，最优供给量 $y^* = S(p)$ 是如何确定的呢？请看描绘了边际成本MC的图2-16。在图中 y' 所示的产量处，由于边际成本低于价格，因此如果增加一点点（1单位）产出的话，销售额就会增加 p，因为为此所需支付的额外成本为 $MC(y')$，所以利润会增加扣除 $MC(y')$ 后的差额部分，即 $p - MC(y') > 0$。另外，在 y'' 处，由于边际成本大于价格，因此反过来减少一点点（1单位）产量的话，利润就会上升。因此，在标准情形下，**价格等于边际成本的生产水平 $y^*[p = MC(y^*)]$ 就是最优供给量**[1]。

记住这个结论，再重新看图2-16的话，我们可以知道：

---

[1] 这一点通过下面的计算也可以得到确认。如果将利润设为 $\pi(y) = py - C(y)$，则在利润最大化点处利润的斜率 [π的微分 $\pi'(y)$] 应该为零。进行微分之后有：$p - C'(y) = 0$。由于 $C'(y) = MC(y)$，所以最优产量满足 $p = MC(y^*)$。

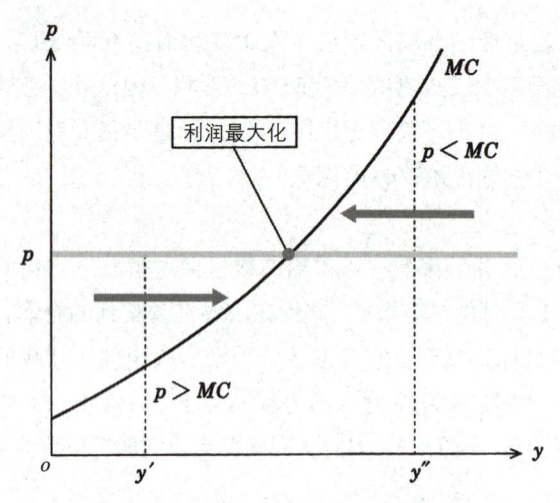

图2-16　标准情形的供给量（最优产量）

> **标准情形下的供给曲线等于边际成本曲线。**

接下来，让我们来看看供给曲线和利润的关系。为了制造最初的1单位产品，在固定成本的基础上需要额外支付的是可变成本（用于制造最初的1单位的劳动工资和原材料成本）。根据定义，它（大致）等于边际成本 $MC(1)$。同理，制造第2单位的产品需要额外增加的成本（可变成本）大致是 $MC(2)$ [图2-17的（a）]。因此，制造产量 y' 所需的可变成本可以用图2-17（b）中边际成本曲线下方的面积来表示❶。

由于边际成本是供给曲线，因此在价格 p 下供给 y' 时的收入为 $p \times y'$，这等于图2-17（b）中矩形的面积。如果从中减去可变成本的话，就会得到供给曲线左侧的深蓝色部分。在这里，让我们回想一下，在标准情形下是存在沉没了的固定成本 F 的。当不存在固定成本时，深蓝

---

❶ 如果使用数学式的话，那么这一点可以像下面这样解释。回忆一下，积分表示的是图像下方的面积，因此，边际成本 $MC = C'$ 下方的面积为 $\int_0^{y'} C'(y)dy = C(y') - C(0)$。$C(0)$ 是就算产量为0也需要支付的成本，也就是固定成本。因为从制造 y 的总成本 $C(y)$ 中减去固定成本 $C(0)$ 得到的是制造 y' 的可变成本，所以 MC 图像下方的面积确实表示的是可变成本。

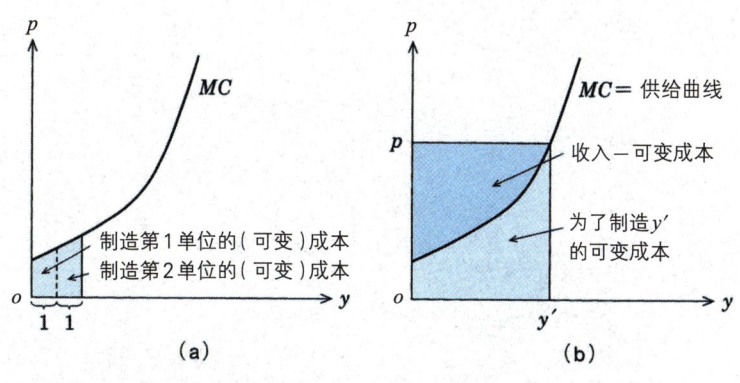

图2-17　边际成本与可变成本

色部分就是利润本身。然而，如果 F 不为零的话，则从该深蓝色部分减去沉没的固定成本 F 后得到的就是利润。左侧深蓝色的部分，即供给曲线左侧的区域（在标准情形下，收入－可变成本）叫作生产者剩余。

一般而言，生产者剩余是指**在扣除沉没的固定成本之前的利润**。观察利润的明细可以看到，利润可以被分为可变的部分和无论如何都不能改变的部分（沉没的固定成本）（图2-18）。在分析生产者从市场交易中获得的利益和损失时，重要的是"无论如何都必须支付的沉没的固定成本"以外的部分是怎样的。因此，我们将这部分单独提取出来，称为"生产者剩余"。

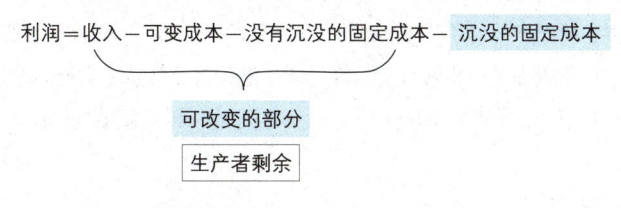

图2-18　利润和生产者剩余

让我们总结一下上述内容所明确的成本和供给的关系。

在生产函数的图像向上凸起（"生产函数的下方＝生产可能性集合"为凸的），且固定成本全部为沉没成本的标准情形下，边际成本曲线等于供给曲线（图2-19）。

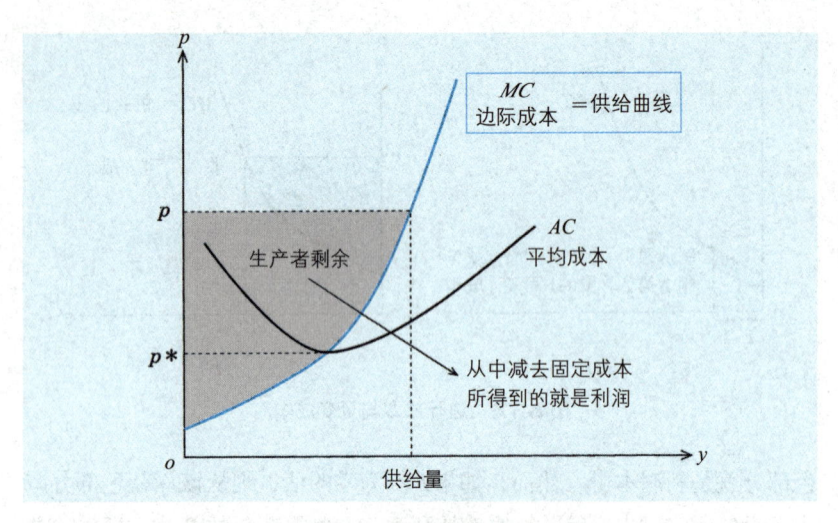

图 2-19　标准情形的供给曲线和生产者剩余·利润

注解 2-2　**就算有亏损也应该选择营业的情况**：在价格低于图 2-19 的 p^* 的情况下，由图可知，无论选择何种产量，平均成本都会高于价格。因此，只要进行生产，就一定会产生（1 单位产品价格 − 平均成本 < 0 数量的）亏损。但是，根据图 2-19，就算在价格低于 p^* 的亏损状态下，供给量也不为零，这看起来好像有点奇怪。这里所发生的事情是，"虽然由于存在（沉没的）固定成本，亏损无法避免，但如果继续营业的话亏损有所减少"。因为图 2-19 的价格 p^*（平均成本的最小值）是亏损和盈利的临界价格，所以被称为 **损益分歧价格**。如前面所讲的那样，并不是只要价格低于损益分歧价格的话就一定要停止生产。即使价格低于损益分歧价格，只要通过生产能够减少亏损的话，继续营业就是更明智的选择。

在充分理解了这种情形的基础上，让我们考虑一下更复杂的情况。

② 更复杂的情形

接下来，我们考虑一下需要使用劳动来进行生产的准备（启动），或者固定成本的一部分没有沉没的情况。在这种情况下，供给曲线与边际成本就不完全一样了。

现在，我们考虑在开始生产之前工厂维修等准备工作需要花费 5 个小时的情况。像这样，当可变成本（这里指劳动）的一部分是启动成本时，则生产函数如图2-20所示，且其图像的下方（生产可能性集合）不是凸集合。

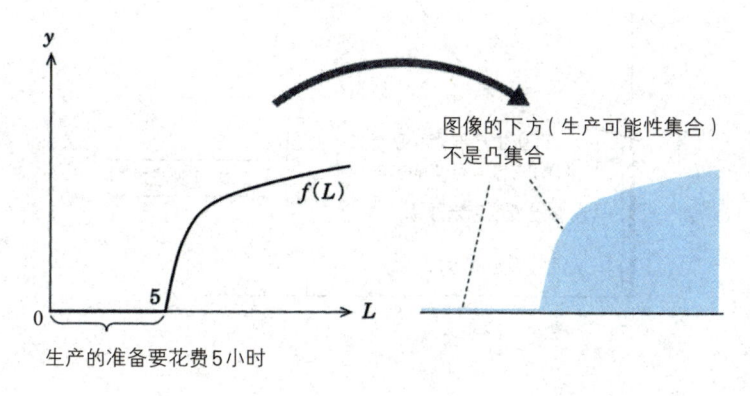

图2-20 需要启动的情况

进一步来说，因为工厂的建设成本（固定成本）的一部分可以通过工厂的出售和处理来收回，所以我们假设固定成本的一部分是没有沉没（可以收回）的。这时的总成本如图2-21（a）所示。

从企业可以改变其规模这一点上来看，没有沉没的固定成本与可变成本是类似的。因此，本书将没有沉没的固定成本和可变成本合起来，称为广义可变成本。

在存在启动成本和没有沉没的固定成本这种更复杂的情况下，广义可变成本除以产量，即广义的平均可变成本，将起到重要的作用。让我们将其表示为 AVC（average variable cost）。它的图像是什么形状呢？ 观察图2-21的（b）可知，AVC和MC的关系基本上与在前面①部分中看到的AC和MC的关系相同。也就是说，AVC就像在标准情形下的平均成本曲线那样呈U形，且MC通过其最低点。因为广义平均可变成本AVC比平均（总）成本AC低的就是不含固定成本的部分，所以综合起来可以得到图2-22。

在这样的成本函数下，让我们来看看供给曲线呈现出什么样的形状。让我们先来探讨一下进行生产究竟是不是更明智的。利润的明细在图2-23中进行了展示。

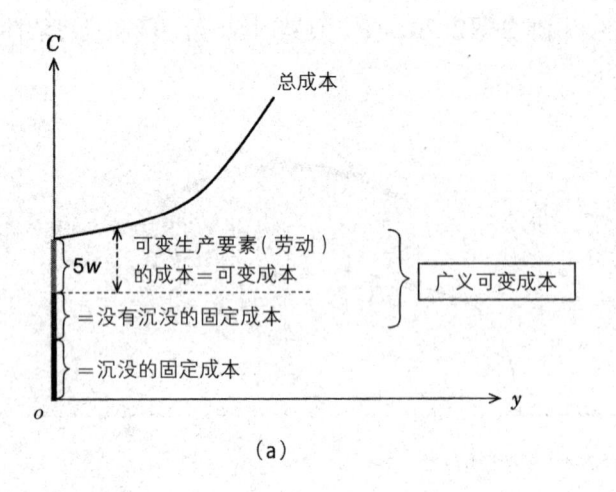

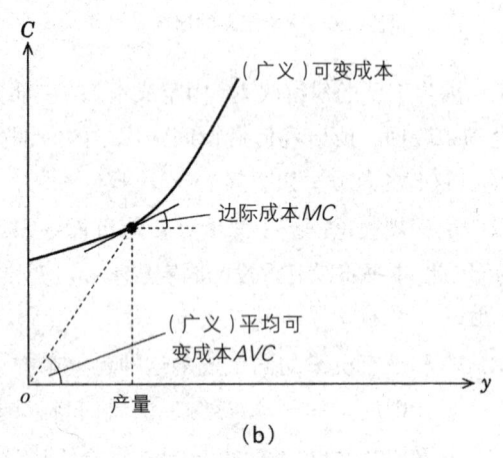

图2-21 更复杂的情形的成本

也就是说,只要收入(销售额)−广义可变成本为正,继续生产就是更明智的。由于收入(销售额)等于py,因此将收入(销售额)−广义可变成本>0的条件进行变形可以得到:

$$p > 广义可变成本/y = AVC[(广义)平均可变成本] \quad (1)$$

也就是说,只要价格超过(广义)平均可变成本,继续营业就是更

图2-22　成本曲线

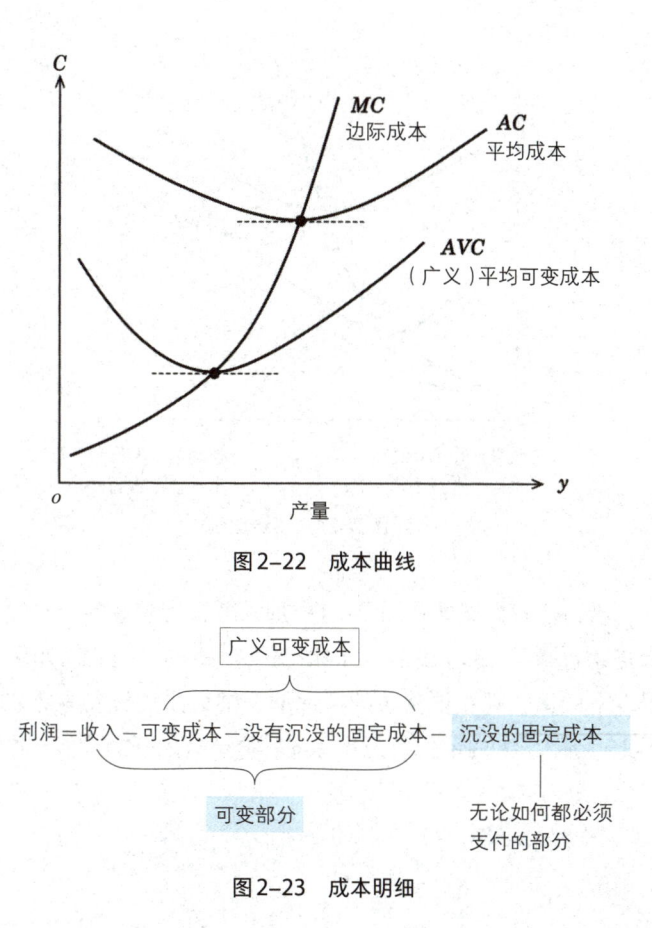

图2-23　成本明细

明智的。相反，如果价格不能超过（广义）平均可变成本，那么不生产就是更明智的。利用上述原则可知，供给曲线正如图2-24所示那样。如果价格处在像图2-24的X那样的低水平的话，则不管进行多少生产，AVC都会高于价格。也就是说，继续营业的条件（1）没有得到满足。因此，当价格处于这种低水平的范围时，供给量为零。另外，在进行生产更有利的情况下（也就是说，当价格高于X的范围时），如前面一部分所讲，将产量固定在价格与边际成本一致的水平上是最优的。也就是说，**在更复杂的情形下供给曲线也大致等于边际成本曲线，但是，在价格极低的情况下，这种关系会崩溃，产量为零变为最优的**。

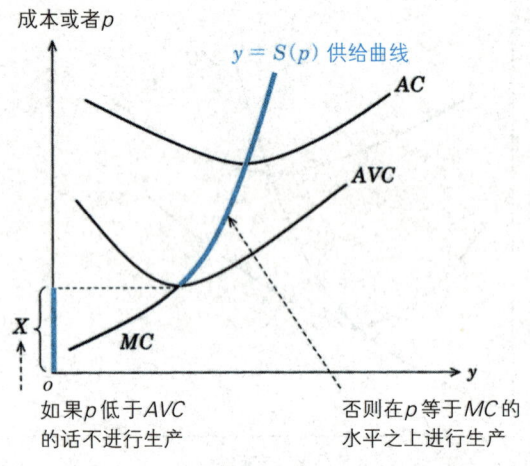

图 2-24 供给曲线

进一步，让我们试着在图 2-24 中加入亏损和盈余的分水岭。盈余是在价格超过平均（总）成本 AC 的情况下产生的。因此，如果全部标注在图表上的话，则在更复杂的情形下，供给曲线与成本函数的关系如图 2-25 所示。AC 的最低值是将亏损和盈余区别开的价格，这就是在

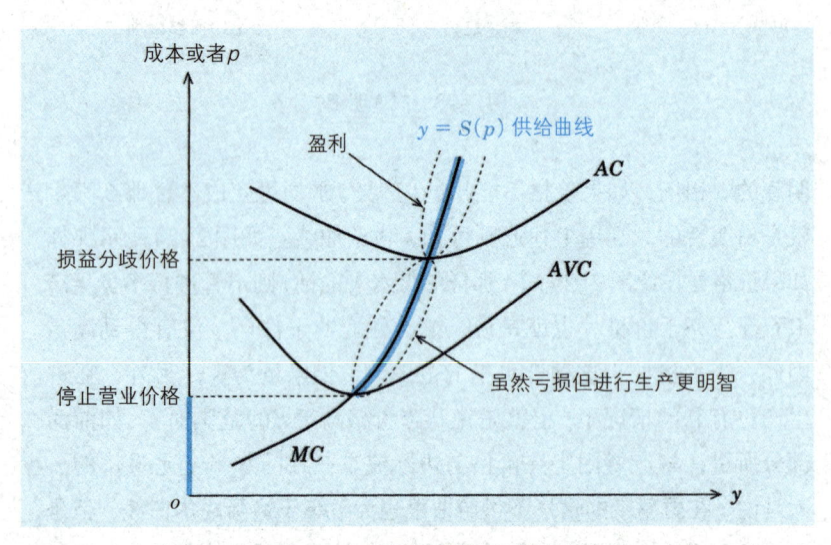

图 2-25 成本曲线与供给函数的关系

①部分中已经讲解过的损益分歧价格。另外，AVC的最低值是决定要不要继续营业的价格，因此被称为停止营业价格。

最后，让我们来看一下在更复杂的情形下供给曲线与利润的关系。我们先来看一下制造产出y所花费的广义可变成本（可变成本＋未沉没的固定成本）与供给曲线的关系（图2-26）。

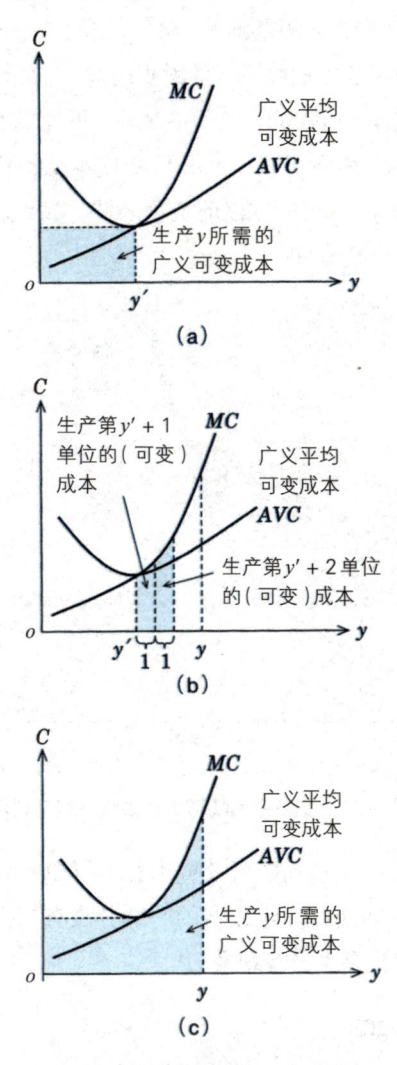

图2-26 广义可变成本与供给函数

首先，制造y'产量所需的广义可变成本可以用下式表示：

$$AVC \times y' = 图2-26（a）的矩形的面积$$

想要求出在此基础上进一步增加生产，且产量小于y时所需要额外增加的可变成本的话，只要利用供给曲线等于边际成本的结论即可。也就是说，如果将生产在y'的基础上1单位、2单位……地不断增加的话，则花费的成本为边际成本曲线下方的面积的大小，如图2-26（b）所示。综上所述，制造产量y所需的广义可变成本（可变成本＋未沉没的固定成本）如图2-26（c）所示。将该广义可变成本从销售额中扣除之后，就会得到生产者剩余，即图2-27的灰色区域。如果从中再扣除沉没的固定成本的话，则求得利润。

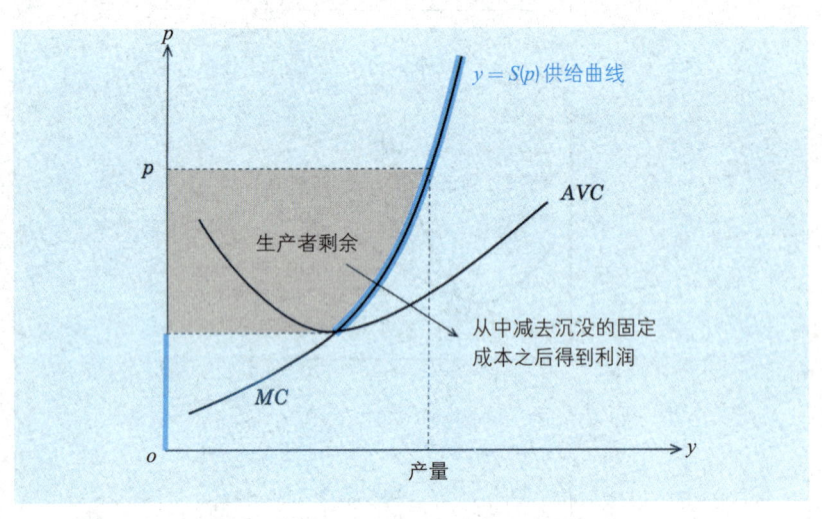

图2-27　更复杂的情形下的供给曲线与利润

也就是说，在用于启动的可变成本必不可少且生产可能性集合非凸的情况下，或者即使在固定成本的一部分没有沉没的情况下，**供给曲线的左侧的面积就是生产者剩余**。

（4）成本曲线的实例

虽然作图表示边际成本曲线与平均成本曲线的微观经济学教科书

不胜枚举，但笔者从未见过哪一本载有现实中企业的成本曲线。一般来说，如果是普通的物理学教科书的话，在解释牛顿的运动定律之后，会登载抛出的球所呈现出的漂亮抛物线照片。这样的实例在经济学教科书上几乎没有记载，这可能就是"经济学是使用不切实际的模型来纸上谈兵的理论"这样的误解产生的原因。因此，在这里我们详细研究一下日本东北电力公司的成本结构，并展示出它的成本曲线。

实例5　东北电力的成本曲线[1]　电力公司的短期（几小时~几个月）可变成本，基本上可以看作燃料成本。其他的成本（劳务成本、修缮成本、设备成本）等在几小时~几个月的时间内基本上可以看作固定成本。东北电力拥有多个发电厂（发电设施），其燃料成本根据发电设施的不同而不同。首先，对于水力发电厂来说，只要放水就能发电，所以燃料费（可变成本）几乎为零。核电站也是，一旦临界反应发生，就算之后不去干预，发电也会继续进行，所以短期的可变成本也大体为零。但是，由于火力发电厂每发1千瓦·时（kW·h）电量所需的燃料成本大致是固定的，因此，如图2–28所示，对单个火力发电厂来说，边际成本在达到发电能力的上限（容量）之前都是固定的，达到上限之后就不能发更多的电了。

单个火力发电厂每千瓦时的燃料成本以及容量，能够根据公开发布的数据计算出来。而东北电力应该是优先利用效率较高的发电设施（发电成本低）的。因此，如果将**每个发电厂的边际成本按从低到高的顺序进行排列，就能求得东北电力整体的边际成本**。表2–1总结了这些数据。观察每个发电设施的利用率，我们会发现，确实边际成本越低，利用率越高。

敏锐的读者可能已经注意到，东北电力所发生的事与实例4中零件组装工厂所发生的事一样。在我们的组装工厂中，有3台生产率从高到低的机器A（新设备）、B（旧设备）、C（破旧品）。生产率

---

[1] 这个实例能够呈现，得益于野村综合研究所的莲池胜人先生的全面配合。

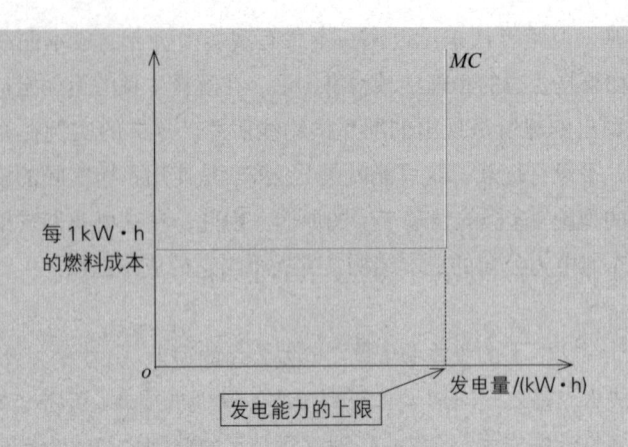

图2-28 单个火电厂的边际成本

表2-1 东北电力的成本构成

发电方式	发电厂	发电能力/千(kW·h)	累计发电能力/千(kW·h)	边际成本[日元/(kW·h)]	时间利用率/(%)
核能		2077	2077	0	
水力		2896	4973	0	
煤火力	原町	1896	6898	1.6	81.4
煤火力	能代	1134	8003	1.7	77.9
煤火力	仙台	476	8479	1.8	69.5
LNG火力	东新潟	3717	12195	5.1	63.3
LNG火力	新仙台	578	12773	6.3	45.6
LNG火力	新潟	477	13250	6.9	34.5
石油等火力	新仙台	328	13578	7.1	19.3
石油等火力	八户	457	14034	7.9	19.5
石油等火力	秋田	1495	15529	8.3	10.9

数据来源:资源能源厅《电力供求概要》2002年,有价证券报告书。
LNG:液化天然气

较高意味着边际成本较低。在我们的组装工厂中,价格较低时使用边际成本较低的机器A,随着价格的上升也会相应启动边际成本较高的B和C。像我们所研究的组装工厂按照顺序启动机器一样,东北电力也是按照边际成本从低到高的顺序来启动每个发电厂（发电设施）的。回头看一下表2-1中的启动率和边际成本的关系可以发现确实如此。

表2-1中的东北电力的边际成本如果用图来表示的话，就如图2-29所示：

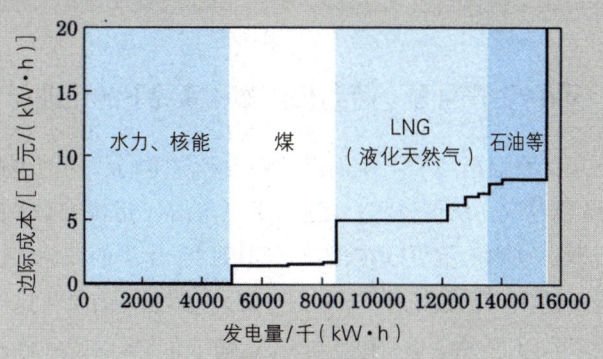

图2-29 东北电力的边际成本曲线

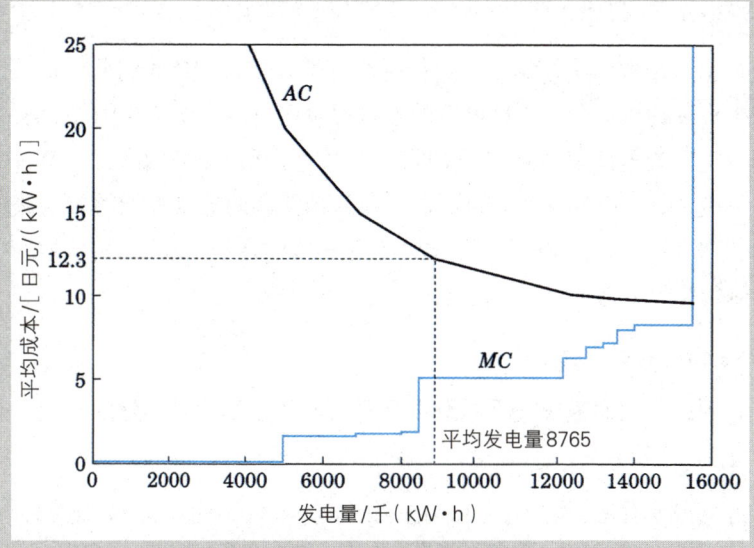

图2-30 东北电力的成本曲线

那么，平均成本曲线是什么样子的呢？在2001年，发电厂平均发电量为876.5万kW·h，发电厂每发1kW·h电量的平均成本为12.3日元。将由此估计出来的平均成本曲线添加到图2-29中之后，就得到图2-30[1]。

这就是平均成本与边际成本的实例。请注意，由于发电厂会花费巨大的固定成本，因此平均成本AC处在相当高的水平。

第三节　两种生产要素（劳动和资本）情况下的企业行为

接下来，我们思考一下使用劳动（L）和资本（K）两种生产要素来制造产品y的情况。所谓资本，是指工厂、机器、运输卡车等固定的生产设备，即一旦购入就可以在很长时间内用于生产的商品。让我们将这种情况下的生产函数记作$y = F(L, K)$。例如，如果将这个企业看作一个搬家公司，使用劳动L和资本K（运输卡车）提供搬家服务y的话，那么具体理解起来应该就比较容易了。图2-31表示的是典型的生产函数的形状。

生产函数的图像的下方叫作生产可能性集合。让我们回想一下，在生产理论中，所有生产要素的数量都可以自由改变的叫作"长期"，部分生产要素固定的叫作"短期"。如果生产所需的要素只有L和K的话，则$f(L) = F(L,K)$表示的是资本和劳动两者的数量都能够自由调整的长期生产函数。与此相对，资本数量被固定在某一水平$\bar{K}$的短期的生产函数被表示为$f(L) = F(L,\bar{K})$。

（1）规模收益

现在，我们考虑一下所有生产要素的数量都可以调整的长期，并

---

[1] 细心的读者可能会发现，与价格12.3日元和边际成本相等处的产量相比，实际的平均产量是小得多的，东北电力不是像完全竞争企业一样行动的。其理由是，电力行业是由政府管制的。关于这点，将在第五章详细解释。

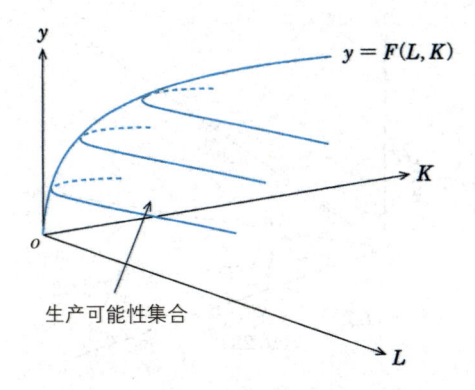

图2-31　生产要素为两种时的生产函数

想一想如果将所有的生产要素的数量翻一番会怎么样。产量是否也会翻一番呢？答案是由该企业所拥有的生产技术的特性所决定的。为了研究这个问题，我们来看一下一般情况下当所有的生产要素都增加到原来的 t（$t>1$）倍时产量的变化（因为我们考虑的是生产要素增加时会如何，所以要看 $t>1$ 的情况）。

当所有生产要素的数量都变为原来的 t 倍时：
- 如果产出也正好增加到原来的 t 倍，
  则叫作规模收益不变（constant returns to scale）；
- 如果产出增加多于原来的 t 倍，
  则叫作规模收益递增（increasing returns to scale）；
- 如果产出增加少于原来的 t 倍，
  则叫作规模收益递减（decreasing returns to scale）。

想要考察对应哪一种情况，如图2-32所示的那样，只需要考虑在 (L, K) 平面上通过原点的直线，并观察这条线上的生产函数的变动即可。

如果将所有的**生产要素都真正毫无保留地包含在生产函数里的话，收益递减就是不可能的**。例如，如果建立两个完全一样的工厂，准备完全一样的工人和设备、原料的话，产出应该会翻一番。如果没有，

(a) 收益不变

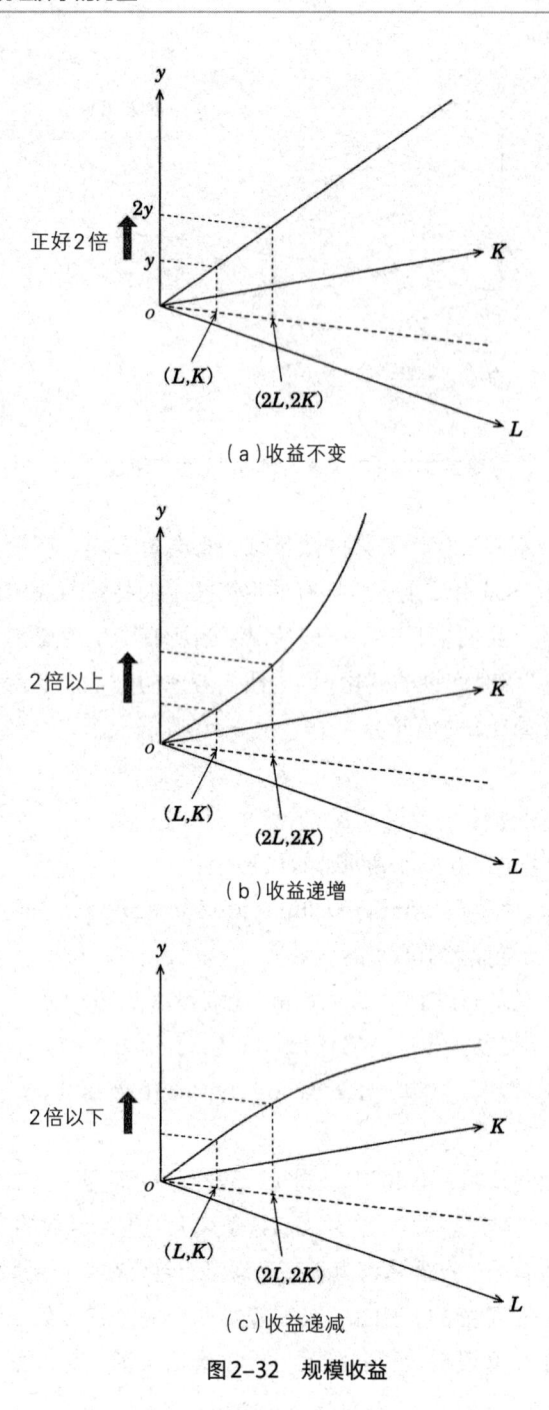

(b) 收益递增

(c) 收益递减

图2-32 规模收益

那就应该存在没有翻一番的隐藏生产要素（如经营者的能力）。另外，根据不同情况，即使生产要素没有翻一番，产出有时也会翻一番。例如，如果把前面考虑的两个工厂进行合建的话，那么，因为不需要建造分隔两个工厂的墙，所以可以节省工厂的建设费。这种只要扩大规模就可以削减成本的情形，就属于收益递增的情况。在收益递增作用较强的情况下，因为规模越大成本条件越有利，所以大企业就会战胜竞争对手，变得越来越大，市场会走向垄断化。因此，收益递增与完全竞争是不相容的。

（2）生产要素之间的替代与技术的边际替代率

观察类似于生产函数的等高线的东西，可以帮助我们很好地了解企业的技术特征。图2-33左下方的图像表示的是实现相同产量$y=10$的各种生产要素的组合，因此被称为等产量线（isoquant）。

以搬家行业为例，为了进行$y=10$件的搬家，有像图2-33的A点那样多使用K（卡车）的方法（资本密集型的生产方法），也有像B点那

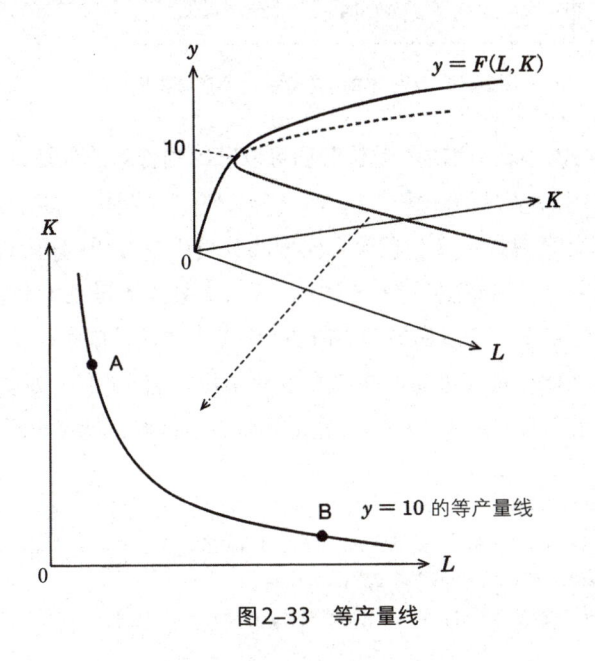

图 2-33　等产量线

样不怎么使用卡车，而多使用 L（劳动）的人海战术（劳动密集型的生产方法）。将生产方式从 A 改变到 B，就是增加劳动并节省资本（卡车）的过程，用经济学的语言来说，这叫作**"用劳动替代资本"**。图 2-34 详细研究了这种生产要素之间的替代关系。如果在图中的 A 点增加 1 单位的劳动的话，那么为了达到和之前相同的产量 $y=10$，可以节省卡车 K[1]。图 2-34 中的 a 表示的就是具体的节约数量。

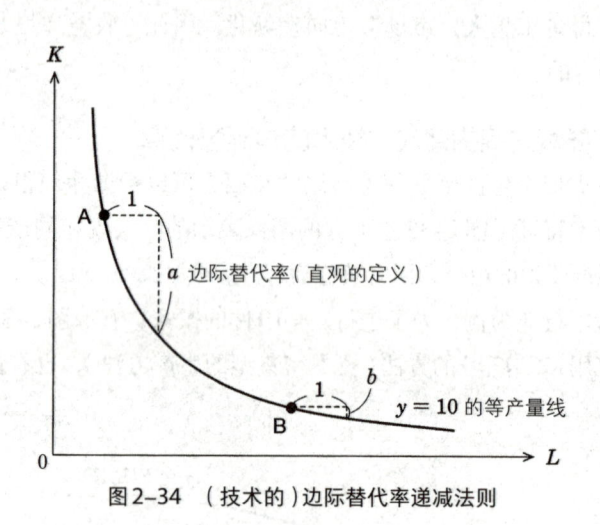

图 2-34 （技术的）边际替代率递减法则

这个 a 的大小表示**增加 1 单位劳动可以节约的资本的数量**，叫作劳动对资本的**(技术的)边际替代率**，标记为 MRS_{LK}[2]。将图 2-34 的 a 叫作边际替代率是直观的定义，在数学模型的分析中更好用的边际替代率的数学定义将在后文叙述。一方面，由于 A 点处于卡车相对较多而人手相对不足的状态，所以如果能够增加 1 个工人的话，搬家就会进展得更加顺利。因此，可以大量减少卡车的使用量（边际替代率 a 较大）。另一方面，由于 B 点处于人手十分充足的状态，因此，就算再增加 1 个

---

[1] 由于卡车的数量为 1 辆、2 辆这样大幅跳跃地变化的，所以看起来好像不适合考虑折中微调，但是如果把 K 看作卡车的使用时间（可以想象成卡车是从租车公司租的），则正如在这里的讨论中所假设的那样，K 是可以连续地变化的。

[2] 加上"技术的"一词是为了与表示无差异曲线斜率的边际替代率相区别。

工人，也不怎么能节约卡车。也就是说，边际替代率b降低了。这种随着劳动的投入量增加，劳动对资本的边际替代率减少（即等量曲线呈凸向原点的形状）的规律，叫作（技术的）边际替代率递减的法则。

在借助数学模型进行分析时，我们可以用更好用的形式来重新定义边际替代率。从数学的角度讲，边际替代率（图2-35）可以定义为：

等产量线的(切线的)斜率的大小＝(技术的)边际替代率

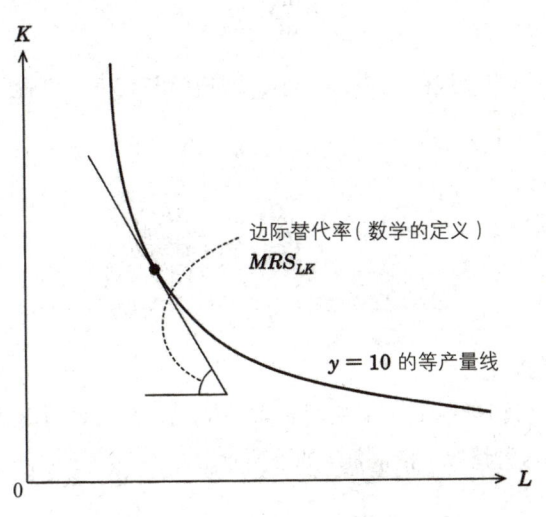

图2-35　(技术的)边际替代率的数学定义

［虽然切线的斜率为负，但这里我们将负号去掉，只考虑其大小（绝对值）。］它与消费的边际替代率一样，都可以用如下方式进行计算。现在，将劳动增加一点点（dL>0），资本减少一点点（dK<0），生产变化为：

$$\mathrm{d}y = \frac{\partial F}{\partial L}\mathrm{d}L + \frac{\partial F}{\partial K}\mathrm{d}K$$

如果假设劳动增加的效应和资本节约的效应正好相互抵消，产量不变的话，则有：

$$0 = \frac{\partial F}{\partial L}\mathrm{d}L + \frac{\partial F}{\partial K}\mathrm{d}K$$

将其变形之后可以得到：

$$-\frac{\mathrm{d}K}{\mathrm{d}L} = \frac{\partial F/\partial L}{\partial F/\partial K}$$

因为左边是 y 保持一定时 K 的变化与 L 的变化的比值，所以我们将其记作：

$$-\frac{\mathrm{d}K}{\mathrm{d}L}\bigg|_{y-\text{定}}$$

这就是等产量线的斜率的大小，即边际替代率。由此可知，下列关系成立。

$$MRS_{LK} = -\frac{\mathrm{d}K}{\mathrm{d}L}\bigg|_{y-\text{定}} = \frac{\partial F/\partial L}{\partial F/\partial K}$$

（技术的）边际替代率　　　边际生产率的比

（3）利润最大化

关于劳动和资本都属于生产要素的情况，我们试着求出利润最大化的条件。这种情况下的利润 π 如下所示。

$$\text{利润}\,\pi = py - wL - rK$$

在这里，p 是产品价格，w 是工资。其中，稍微需要注意的是相当于"资本 K 的价格"的 r。例如，假设上式的利润表示的是搬家公司 1 天的利润，K 是卡车的话，那么 r 很可能会被认为是卡车的购买金额，但这种想法是不正确的，原因是购买的卡车不是只在今天一天使用，而是在将来的很长一段时间都可以使用的，因此，r 应是把卡车的购买成本以适当的方式分摊到每天所得到的数值。更清晰的解释是从租车公司租用卡车的情况，这样更易理解。这种情况下的 r 是租用 1 天卡车的租金❶。无论哪种情况，在1个时间段的利润计算中使用的r，都不是资本的购买金额，而是**在1个时间段内使用资本的成本**，这叫作资本的**租赁价格**。

这样一来，完全竞争企业的利润最大化问题就变为下面的形式。

$$\max_{L,K} pF(L,K) - wL - rK$$

将该利润最大化问题的解记作L^*，K^*，$y^* = F(L^*,K^*)$。此时，让我们详细研究一下利润最大化的条件是怎样的。

首先，如果达到了利润最大化，那么(L^*,K^*)应该是制造产量y^*的成本最低的生产方式。那么，让我们考虑生产y^*的成本最小化问题。图2-36描绘了达到一定的产量水平y^*的各种各样的L和K的组合的等产量线。在这条曲线上成本最低的点在哪里呢？

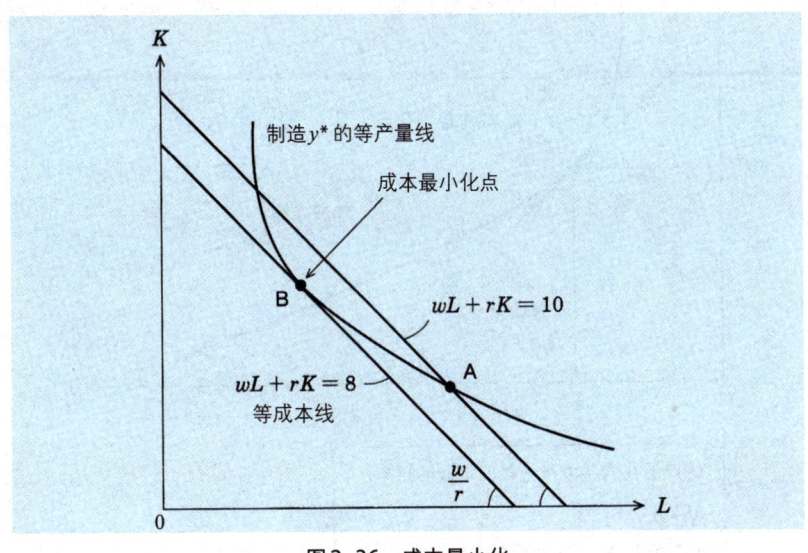

图2-36 成本最小化

---

❶ 或者说，可以想象成将自己的卡车出租时得到的租金。这是机会成本的思想，详细解释会在第三章第一节第2小节进行。

在图2-36的A点处,生产成本为10。带来相等的生产成本10的各种L和K的组合可以由$wL + rK = 10$的等成本线来表示。将其变形为:

$$K = -\underbrace{\boxed{\frac{w}{r}}}_{\text{斜率}} L + \frac{10}{r}$$

然后可以看出,**等成本线的斜率的大小等于要素价格比w/r**。

现在,如果从图中的A点移动到B点的话,生产成本会从10下降到8。在B点处,由于等产量线与等成本线相切,因此,无论移动到等产量线的哪里,都已经不能进一步降低成本。也就是说,B是成本最小化点。综上所述,作为利润最大化条件的一部分的成本最小化条件可以如图2-37所示。

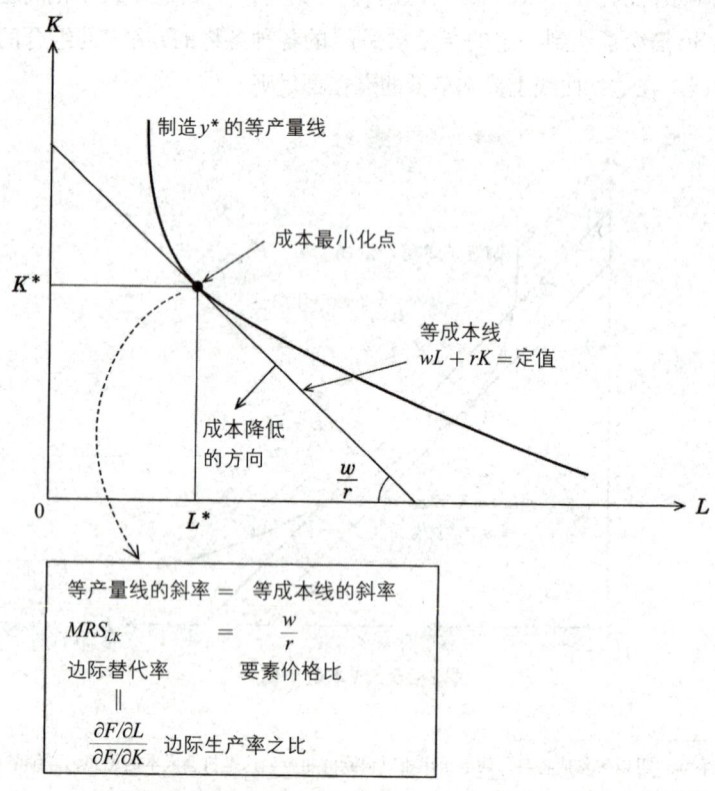

图2-37 利润最大化条件(2)(成本最小化)

进一步，为了详细研究生产技术与利润最大化条件的关系，我们来做一下相关数学方法的准备。

在经济学中经常使用的数理工具箱	凹函数与凸函数

在经济模型中，拥有如图2-38所示的形状的函数经常会出现。这是一个当x增加时，其函数值$f(x)$加速上升的函数，在第二节中考察的（总）成本函数C就呈现出这种形状。此类函数的特征为，图像的上方是"没有凹陷的集合"，回忆一下，这样的集合被称为"凸集合"❶。像图2-38那样的，**图像的上方为凸集合的函数叫作凸函数**。与此相反，像图2-39那样的，**图像的下方为凸集合的函数叫作凹函数**。这样的函数也会在经济分析中频繁出现。例如，请回想一下，在第二节中看到的短期生产函数$y=f(L)$就呈这样的形状。一个需要注意的细节是，根据定义，一次函数既是凸函数，也是凹函数（图2-40，之后会稍微用到一点）。

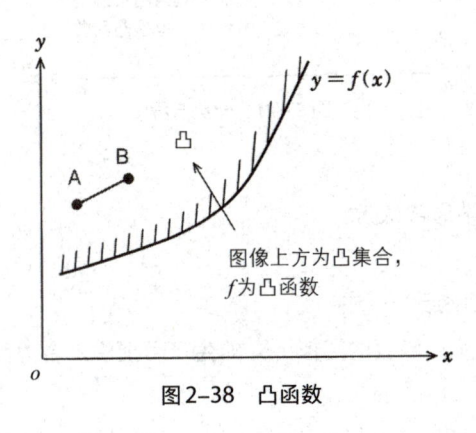

图2-38　凸函数

---

❶ 凸集合是在第一章学到的，让我们复习一下它的定义。取集合中的任意2点A和B时，它的加权平均(A和B中间的点)$tA+(1-t)B(0 \leqslant t \leqslant 1)$也一定包含于这个集合，这个集合叫作凸集合。我们发现，图2-38的上方是满足此条件的(请看图中的A和B)。

图 2-39 凹函数

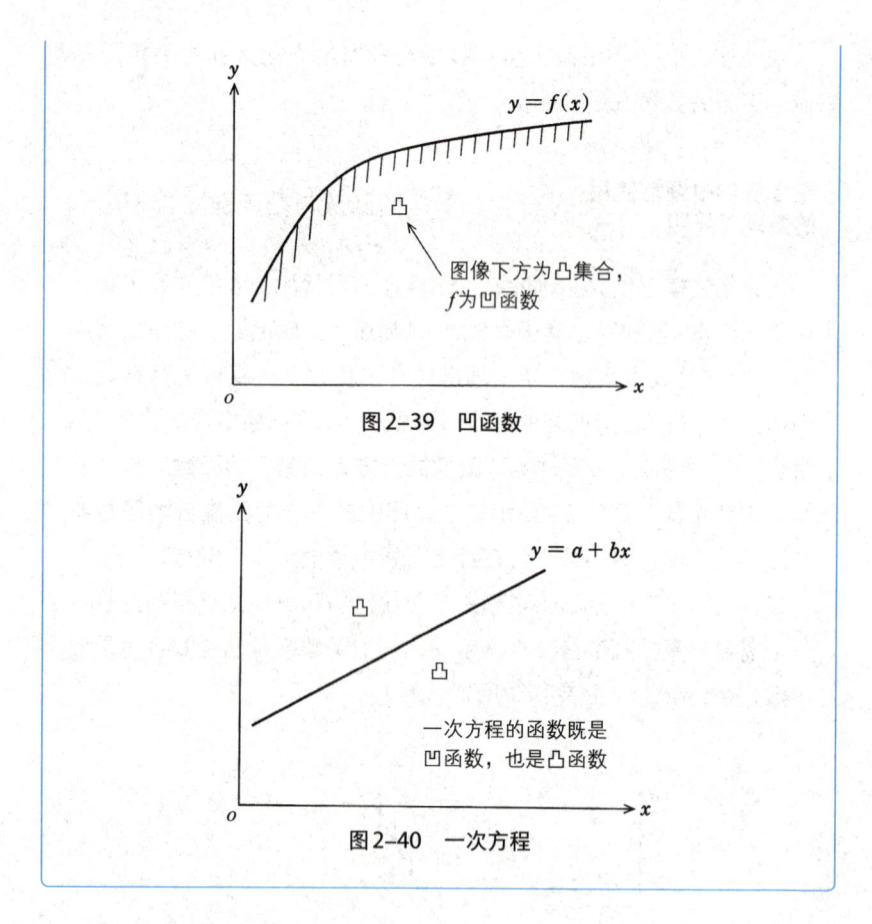

图 2-40 一次方程（一次方程的函数既是凹函数，也是凸函数）

图像下方为凸集合，f 为凹函数

微观经济学通常认为：

生产函数是凹函数。
（也就是说，生产函数的图像下方的**生产可能性集合为凸集合**。）

如图 2-41 所示，这样认为的理由是，到目前为止我们介绍的生产技术通常应该满足的各种性质，都是根据生产函数为凹函数的假设推导出来的。

①首先，如果用与 L 轴平行的平面来切割生产函数的图像的话，则

图 2-41　生产函数为凹函数

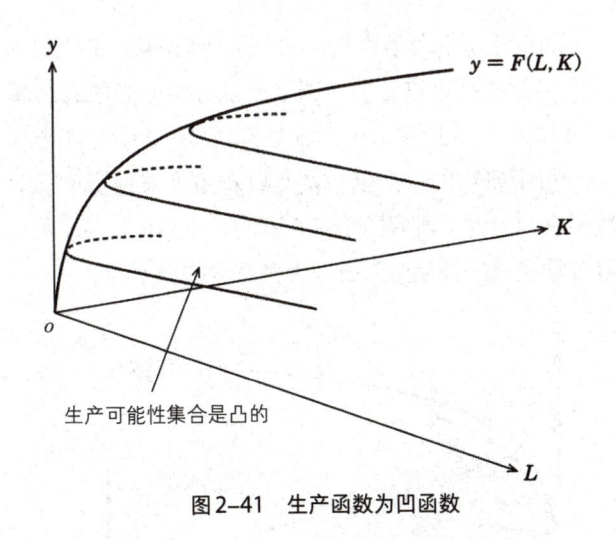

可以得到资本数量 K 保持不变时的 L 和 y 的关系，即**短期生产函数**的图像（图 2-42）。

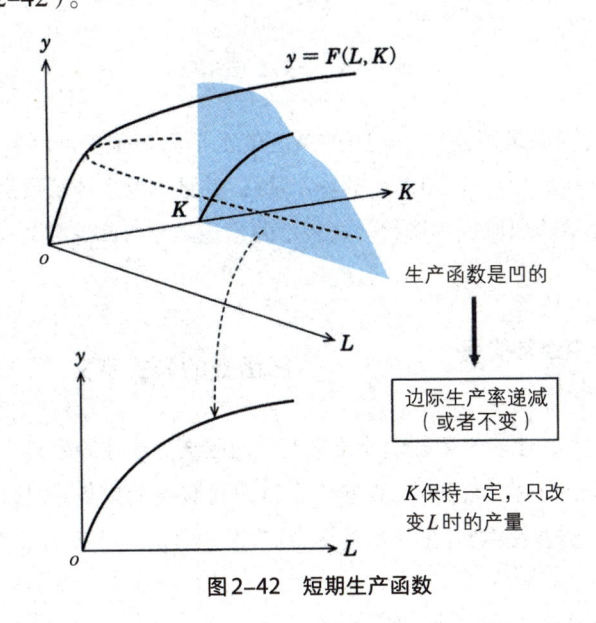

图 2-42　短期生产函数

如果生产函数是凹函数，那么这个短期生产函数的图像也会呈现出向上凸起的形状。这表示的就是劳动的**边际生产率递减**（或不变）。

②其次，如果考虑生产函数 F 是长期的生产函数，并沿着通过原点的直线切割该函数的话可以看出，凹生产函数意味着**收益递减或不变**（图2-43）。如本节（1）所示，由于收益递增与完全竞争不兼容，所以在完全竞争分析中研究的生产函数都是收益不变或递减的。而且，如果生产函数中真的包含了所有的生产要素的话，那么收益不可能递减，所以**微观经济学使用的长期生产函数大多假设收益不变**。

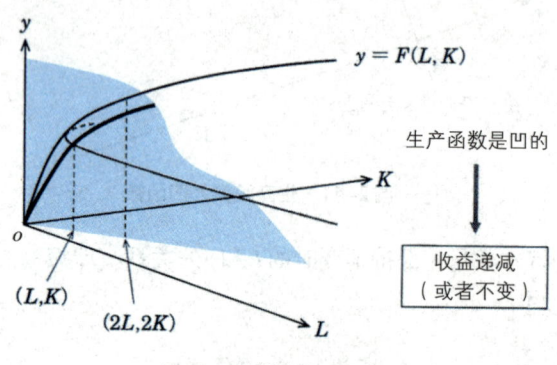

图2-43 长期生产函数

③最后，如果用处在 $y=10$ 的高度的水平面切割生产函数的图像的话，可以得到生产 $y=10$ 产量的等产量线，并且如果生产函数是凹的，则等产量线呈凸向原点的形状。这表示的是边际替代率递减的法则（图2-44）。

在经济学中经常使用的数理工具箱	凹函数的公式定义

接下来，让我们用数学公式来定义凹函数。这在判断某个函数是否为凹函数时会有帮助（在接下来讨论利润最大化条件时很快会用到它）。如果函数 f 是凹函数的话，则其图像呈向上凸起的形状（图2-45）。

在该图中，因为写着㊀的是在 $x=ta+(1-t)b$ 处 f 的取值，所以：

$$㊀ = f[ta+(1-t)b]$$

图 2-44 边际替代率递减法则

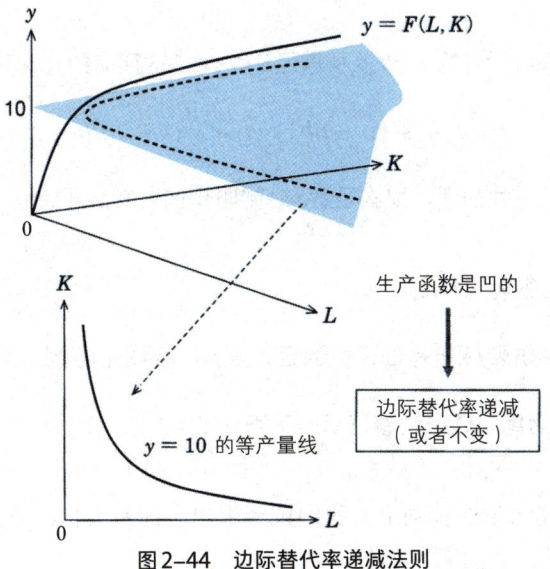

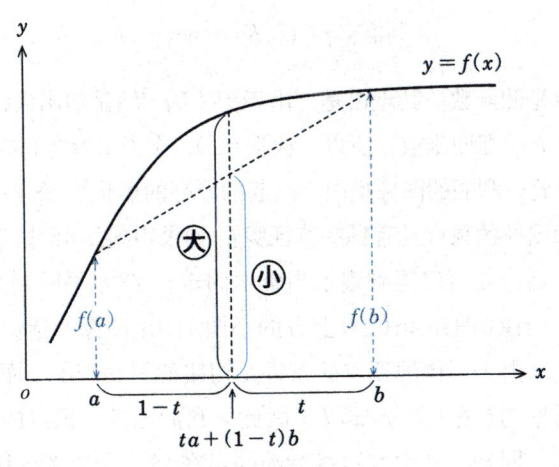

图 2-45 凹函数的公式定义

另外，由于 ㊙小 是图中的 $f(a)$ 和 $f(b)$ 的加权平均，所以：

$$㊙小 = tf(a) + (1-t)f(b)$$

由于 ㊙大 ≥ ㊙小，综上所述：

> 如果对所有的 a, b 以及满足 $0 \leq t \leq 1$ 的所有的 t，都有：
>
> $$f[ta + (1 - t)b] \geq tf(a) + (1 - t)f(b)$$
>
> 该式成立的话，那么函数 $f(x)$ 就叫作凹函数。

由此很容易得到：

  如果 f 和 g 是凹函数的话，则 $f + g$ 也是凹函数。 （2）

（作为练习题，试着证明一下吧！）

在上述结论的基础上，我们试着求出利润最大化的条件。如果生产函数是凹函数的话，那么：

$$利润 = pF(L, K) - wL - rK$$

它也是凹函数。其理由是，由于 $pF(L, K)$ 是凹函数，$-wL - rK$ 也是一次方程即凹函数，所以，根据（2），作为两者之和的利润也为凹函数。因此，利润的图像呈向上凸起的漂亮的形状[1]（图2-46）。

利润图像的顶点具有哪些特征呢？ 如果用图2-46中的平面切割利润图像的话，就可以得到表示当资本固定在 K^* 水平时利润 π 与 L 之间的关系的图像（图2-46的右上方的小图）。该图像的顶点对应着利润最大化点。由于图像的顶点的条件是切线的斜率为零，而这个图像的切线的斜率为（偏）微分 $\partial \pi / \partial L$，因此，利润图像的顶点的条件之一是 $\partial \pi / \partial L = 0$。同理，考虑表示将劳动固定在 L^* 水平时 K 与利润 π 的关系

---

[1] **非常细微的注意事项**：如果产品的价格 p 太高的话，生产越多，**利润越会无限增加**，利润最大化的点就可能不存在。但是这种情况下，由于产品市场会出现产品过多超额供给的状态，p 早晚会下降，"生产越多，利润越会无限增加" 这样的异常状态应该也会消失（利润最大化的点一定存在）。如此，在均衡状态下，价格是像利润最大化的点一定存在那样被调整的（这种均衡价格是否存在，将在第三章解释）。

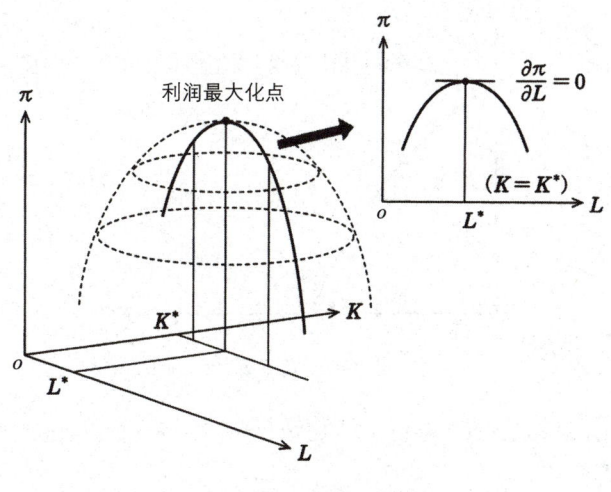

图2-46 利润最大化点

的图像，可以得到利润最大化的另一个条件$\partial\pi/\partial K=0$。也就是说，利润最大化的条件为：

$$\begin{cases} \dfrac{\partial\pi}{\partial L}=0 \\ \dfrac{\partial\pi}{\partial K}=0 \end{cases} \tag{3}$$

在这里，为了追求严谨性，我们插入一个细小的注意事项。

注解2-3 **关于最大化条件的注意事项**：为了更准确地理解以上所述的利润最大化条件（3）式，让我们列举两个数学上需要注意的细节。

①**角点解**　现在，假设租车费太高，不使用卡车（K）是最优的。这样的话，在最优点（$K^*=0$）处利润的顶点的条件（利润图像的切线是水平的条件$\partial\pi/\partial K=0$）一般不成立。我们将这种情况称为<u>角点解</u>（图2-47）。

我们将这种不是角点解，而是同时使用K和L的情况叫作<u>内点解</u>。因此，利润最大化条件（3）式准确地说是内点解的条件。

②**必要条件和充分条件**　观察图2-46可知，因为如果**生产函数F是凹函数**的话，利润也是凹函数，所以其图像呈向上凸起的形状。这样，由于**顶点只**

图 2-47 角点解

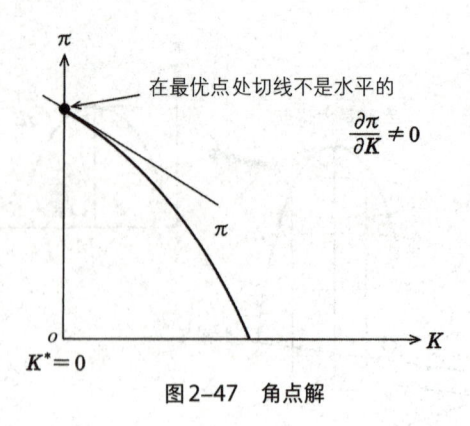

有一个，因此图像的顶点［条件（3）式成立］与利润最大化的内点解是相同的。

$$\text{利润最大化的内点解} \Leftrightarrow \text{顶点的条件（3）}$$

当上述关系成立时，我们说"条件（3）式是利润最大化的内点解的<u>充分必要条件</u>"。

但是，在生产函数不是凹的，利润图像不向上凸起的情况下，像图2-48那样的顶点就可能有多个。此时，虽然内点解的最优点是顶点（其中之一）［条件（3）式成立］，但顶点并不一定是利润最大化点。

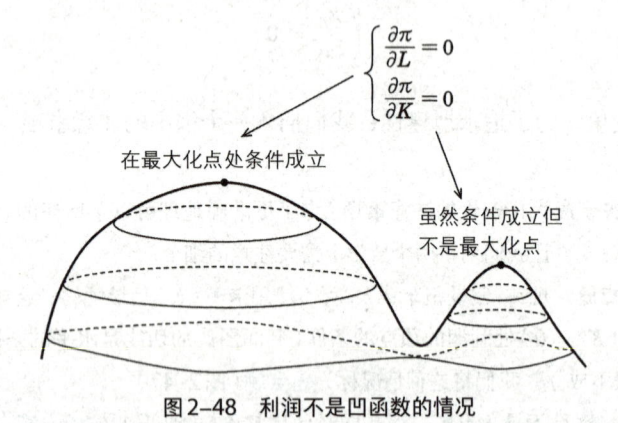

图 2-48 利润不是凹函数的情况

也就是说，在生产函数不是凹的，利润不是凹函数的情况下，虽然下式成立：

$$\text{利润最大化的内点解} \Rightarrow \text{顶点的条件（3）} \quad (A)$$

但是下式不一定成立：

$$\text{利润最大化的内点解} \Leftarrow \text{顶点的条件（3）（B）}$$

当关系（A）成立时，我们称"条件（3）式是利润最大化的内点解的**必要条件**"。与此相对，（B）的情况被称为**充分条件**。

综上所述：

- 在生产函数为凹函数的情况下：

$$\begin{cases} \dfrac{\partial \pi}{\partial L} = 0 \\ \dfrac{\partial \pi}{\partial K} = 0 \end{cases}$$

是利润最大化的内点解的**充分必要条件**。

- 当生产函数不是凹函数时，上述条件是利润最大化的内点解的**必要条件，但不是充分条件**。

现在，如果回到原点计算表示利润顶点的条件（3）式的微分的话，由于 $\pi = pF(L,K) - wL - rK$，所以得出：

$$\begin{cases} 0 = \dfrac{\partial \pi}{\partial L} = p \dfrac{\partial F}{\partial L} - w \\ 0 = \dfrac{\partial \pi}{\partial K} = p \dfrac{\partial F}{\partial K} - r \end{cases}$$

整理上式可以得到如下所示的利润最大化的条件：

利润最大化条件（3）

$$\begin{cases} p \dfrac{\partial F}{\partial L} = w \\ p \dfrac{\partial F}{\partial K} = r \end{cases} \tag{4}$$

边际产品价值　　要素价格

让我们直观地理解一下这个公式的含义。如果将某种生产要素（例如L）的数量增加一点点（1单位）的话，则销售额的增量为边际产品价值［$=p\times$产品的增加$=p(\partial F/\partial L)$］。而为此成本的增量为生产要素的价格（$w$）。因此，如果前者超过后者的话，那么增加这种生产要素，则利润会增加。反之，如果减少这种生产要素的话，利润则会增加。因为在利润最大化点处应该已经不存在这种调整的余地，所以二者（边际产品价值和要素价格）必须相等。

将利润最大化条件（3）上面的式子的两边除以下面的式子的两边之后，我们得到：

$$\frac{\partial F/\partial L}{\partial F/\partial K}=\frac{w}{r} \tag{5}$$

这正是在第124页看过的利润最大化条件（2）（成本最小化条件）。也就是说，（3）是全部的利润最大化条件，成本最小化的条件是由此推导出来的。理由很简单，"如果利润实现了最大化，当然成本也实现了最小化"。

那么，这样导出的利润最大化的条件，在现实的经济生活中使用有用吗？作为应用实例，让我们考虑一下要素价格的国际比较。

实例6 **要素价格的国际比较** 根据利润最大化的条件（3）以及由此导出的（5）式，生产要素价格与这种生产要素的边际生产率成比例。而且，相比之下，生产要素越丰富，边际生产率越低。例如，在资本设备一定的情况下，如果不断增加劳动量的话，劳动的边际生产率就会变低（这是在第二节所学到的边际生产率递减法则）。

以此为基础进行思考的话，我们可以预测，相比于资本设备来说劳动力更丰富的国家（发展中国家），工资w会低于资本的租赁价格r。图2-49告诉我们，这个预测大体是正确的。[1]

---

[1] 但是众所周知，如果自由贸易进行得比较理想，且若干条件得到满足的话，则要素价格会均等化。有兴趣的读者请阅读国际贸易理论的教科书。

发展中国家

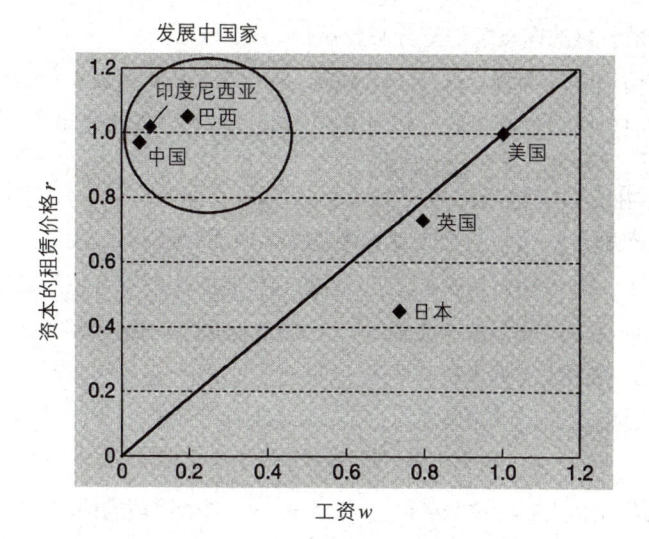

图2-49　要素价格的国际比较

注：将美国标准化为1。基于2000年前后的数据。
来源：根据 Marshall, Kathryn（2012）"International Productivity and Factor Price Comparison," *Journal of International Economics*, 87（2）pp. 386–390, Table 3 制成。

最后，我们将利润最大化条件扩展到生产要素为多种的情况。一般来说，除了劳动和资本，生产要素还包括土地和原材料等很多种。我们将它们用 $x_1, \cdots, x_M$ 来表示，并将每种生产要素的价格用 $w_1, \cdots, w_M$ 来表示。假设生产函数为：

$$y = F(x_1, \cdots, x_M)$$

则利润最大化条件与生产要素的数量为2种时相同，如下所示：

利润最大化条件（3）'

$$\underbrace{p \frac{\partial F}{\partial x_m}}_{\text{边际产品价值}} = \underbrace{w_m}_{\text{要素价格}}, \quad m = 1, \cdots, M$$

如在注解2-3中解释的那样，当生产函数 F 为凹函数时，这个条件是利润最大化的内点解的充分必要条件。

在使用劳动和资本的生产函数 $F(L, K)$ 下的利润最大化的计算例子，我们会在第二章的最后详细讲解（例题研讨2，第152页）。

（4）长期成本函数与供给曲线

长期来看，所有生产要素的数量都是可以调整的。因此，让我们思考一下，虽然在短期资本（工厂）的规模 K 无法改变，但从长期来看假设有企业可以改变这一点时，工厂的最优规模是由什么决定的？为了简化分析，我们先考虑工厂规模只有大小两个选项的情况，并稍后将其一般化。

① **只有小工厂（$K=10$）或大工厂（$K=20$）两个选项的情况**

在建立了小工厂的情况下，假设工厂的建筑单价为 r，虽然相当于固定成本的 rK 需要的较少，但随着产量的提高，在工厂空间狭小成为制约之后，生产效率会急剧下降。因此，如果要大量生产，需要花费较大的额外成本［图2–50（a）］。相反，虽然大工厂的固定成本较大，但具有通过较少的额外成本即可大量生产的优点［图2–50（b）］。

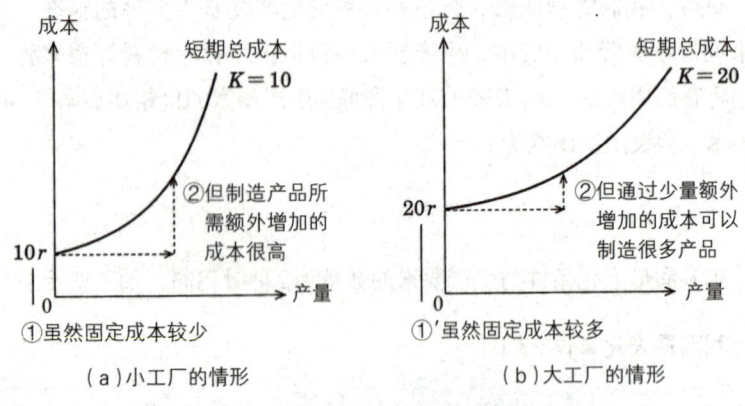

图2–50　资本（工厂）规模与短期总成本

应该选择哪种工厂规模，将两种情况下的图像叠加起来看就知道了。图2–51告诉我们，如果长期的产量低于图中的 $\bar{y}$ 的话，则建立小工厂更划算（小工厂花费的总成本更低）；相反，如果长期的产量高于 $\bar{y}$ 的话，则建立大工厂是更好的选择。

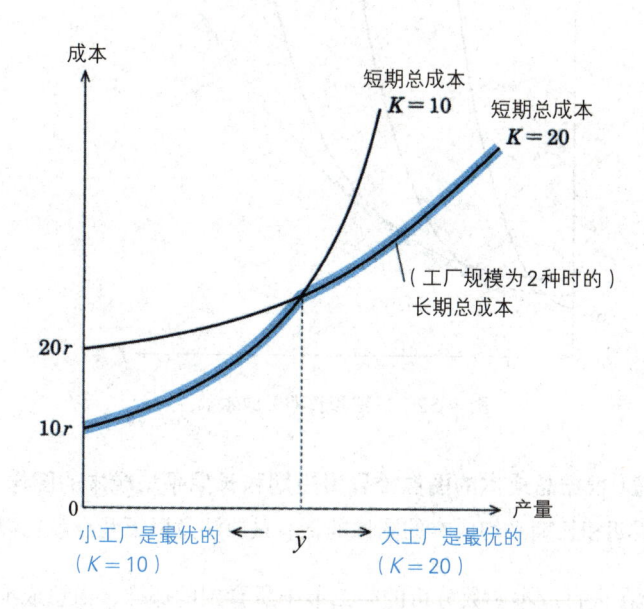

图 2-51 工厂规模只有两种选择情况下的长期总成本

长期来看，工厂规模是会得到最优选择的，因此长期总成本是两个短期总成本中较低的部分，即用蓝色粗线描出的两个短期总成本图像中下方的部分。

② 工厂规模 K 连续变化时

在充分理解以上情况的基础上，让我们来考虑一下可以自由选择工厂规模 K 的情况。与图 2-51 一样，这种情况下也是描出短期总成本曲线下方的曲线得到长期总成本曲线（图 2-52）。由于工厂规模太小的话无法进行生产，所以在该图中我们假设工厂的最小规模为 $K=5$。长期总成本曲线如图 2-52 所示，是各个短期总成本处在最下方的部分形成的曲线。此时，长期总成本曲线是短期总成本曲线的<u>包络线</u>。下面，基于图 2-52，我们来描绘一下短期和长期平均成本的图像。

[图 2-52：短期和长期总成本曲线，纵轴为成本，横轴为产量，显示 $K=5$、$K=6$、$K=7$ 三条短期总成本曲线以及长期总成本曲线，纵轴标有 $5r$]

图 2-52　短期和长期总成本

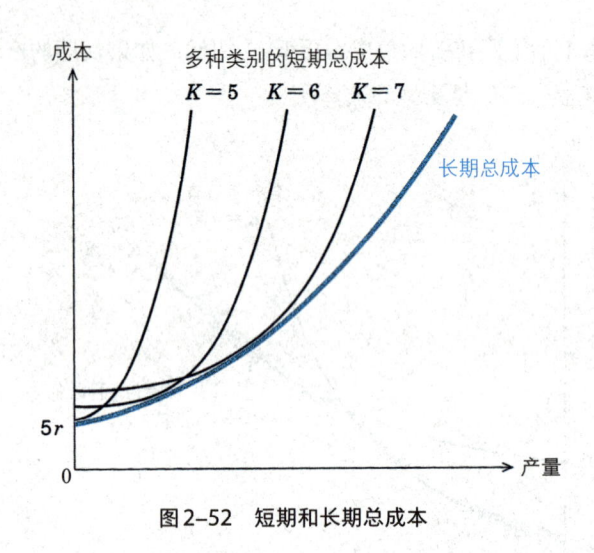

注意（根据总成本的图像推导出短期和长期平均成本的图像）：想要绘制短期和长期平均成本的图像的话，只要注意以下几点就可以了。

- 如在进行成本函数分析的第二节中所看到的那样，当总成本呈图 2-53（a）所示的形状时，平均成本曲线呈 U 形。

回头看一下图 2-52 可知，由于无论短期还是长期总成本都呈现出如该图的（a）所示的形状，所以我们得到如下结果。

（i）短期和长期的平均成本曲线都呈 U 形。

[图 2-53：(a) 总成本曲线，(b) 平均成本曲线呈 U 形]

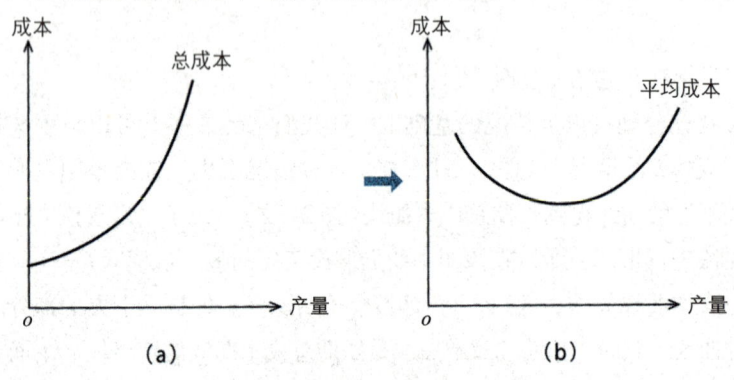

图 2-53　总成本曲线和平均成本曲线

- 另外，由于短期总成本≥长期总成本（工厂规模可以进行最优调增的长期成本可以变得更低），通过将两边同时除以产量，我们得到短期平均成本≥长期平均成本。也就是说：

(ⅱ)短期平均成本曲线位于长期平均成本曲线的上方。

特别是：

(ⅲ)在短期和长期总成本相等的产量处，短期与长期平均成本曲线相切。

基于以上的(ⅰ)~(ⅲ)来画图的话，则**短期平均成本(SAC)**和**长期平均成本(LAC)**[1]的关系如图2-54所示：

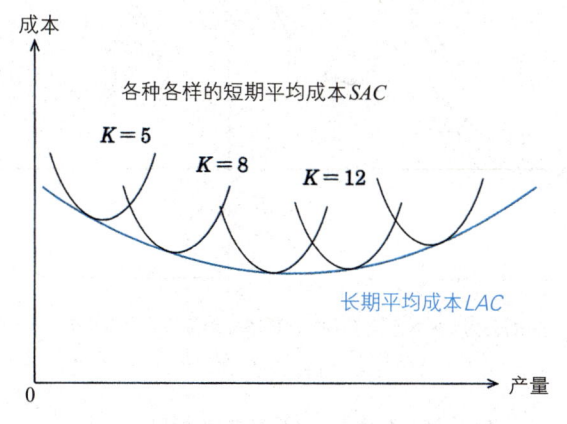

图2-54　短期与长期平均成本

也就是说，与总成本的情况一样，**长期平均成本曲线是短期平均成本曲线的包络线**。

接下来，让我们来看一下短期和长期边际成本之间的关系。为此，先要好好理解边际成本的形状是由什么因素决定的。一方面，如图2-55(a)所示，当总成本曲线的弯曲程度较大时，其斜率即边际成本，会随

---

[1] 分别为short-run average cost、long-run average cost的缩写。

着产量的增加而急剧上升。另一方面，如图2-55（b）所示，当总成本曲线的弯曲程度不那么大时，边际成本的上升方式就会变得比较缓和。

当总成本的弯曲程度大时，斜率即边际成本急剧上升

（a）

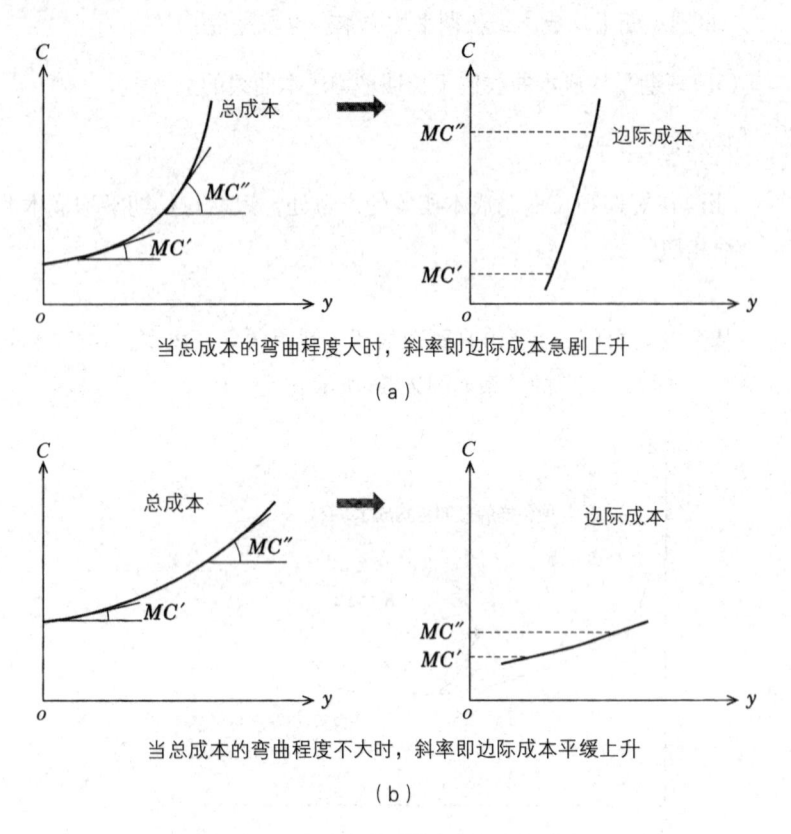

当总成本的弯曲程度不大时，斜率即边际成本平缓上升

（b）

图2-55　总成本的弯曲方式与边际成本

基于上述结论，让我们来看看长期和短期边际成本的关系。图2-56描绘了将工厂规模固定在某一水平（$K=20$）时短期总成本与长期总成本的关系。在该图中，当产量为y'时，工厂规模固定在$K=20$的水平时的短期总成本曲线与长期总成本曲线相切。让我们来思考一下这个结论的含义（这是重点）。

假设现在工厂的规模$K=20$的话，这意味着"即使是在工厂的规模可以自由调整的长期，也无法减少制造y'时的成本"。也就是说：

成本

短期总成本（$K=20$）
长期总成本

在产量处，短期边际成本 ＝ 长期边际成本

短期总成本（$K=20$）的斜率
长期总成本的斜率

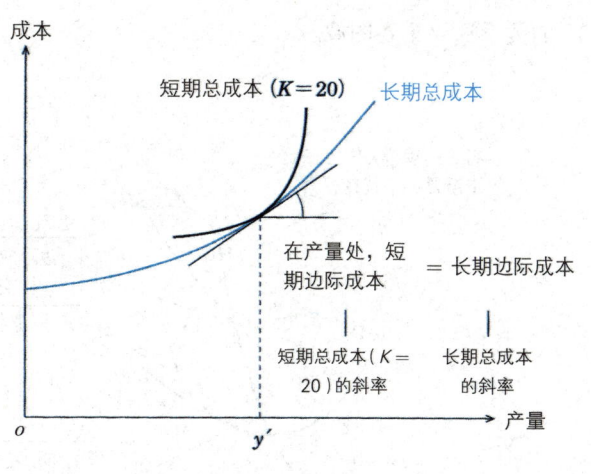

O　　y'　　产量

图2-56　短期与长期边际成本

在产量y'处，$K=20$情况下的短期总成本与长期总成本相等

⬇

生产y'的最优工厂规模为$K=20$

接着，让我们观察图2-56来确认，在**短期和长期成本曲线相切的点处，二者的斜率，即短期和长期边际成本相等**（另一个重点）。此外，如果关注长期和短期的总成本曲线的形状，我们发现，短期总成本的弯曲程度更高。于是，如通过图2-55所确认的那样，**短期边际成本比长期边际成本上升得更快（斜率更大）**（最后一个重点）。

以上，我们连续进行了耐心的讨论，现将重点总结如下。

①在短期总成本和长期总成本相等的产量处（即短期平均成本和长期平均成本相等的产量处），短期内被固定的工厂规模K从长期来看是生产该产量的最优水平。

②在这样的产量处，短期边际成本与长期边际成本相等。

③此外，短期边际成本曲线比长期边际成本曲线斜率更大。

以此为基础，图2-57描绘了短期边际成本（SMC）与长期边际成

本(LMC)[1]的关系这一重要图像。

成本

将工厂规模K固定在制造所需的最优规模处

LMC
SMC
SAC
LAC

边际成本相交

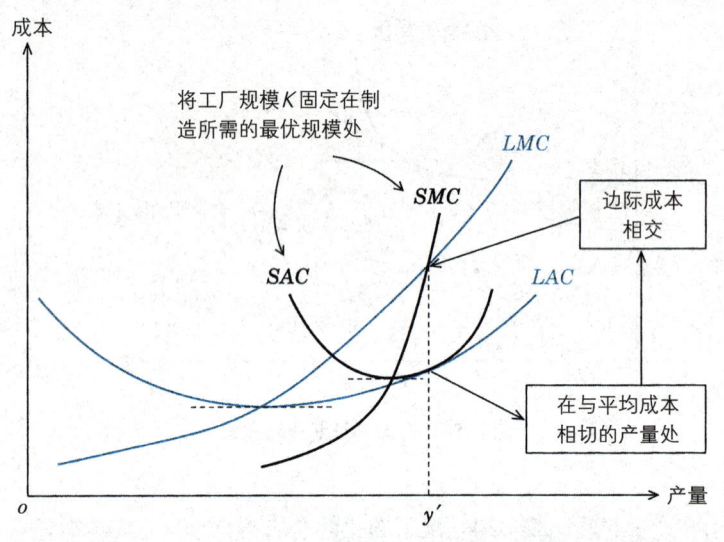

在与平均成本相切的产量处

o　　　　　y'　　产量

图2-57　短期与长期成本曲线

此外,让我们关注一下图2-57的边际成本。如在第二节(c)部分详细讲解的那样,**基本上边际成本曲线等于供给曲线**。因此,图2-57的两个边际成本(LMC和SMC)可以被看作长期供给曲线和短期供给曲线。图2-58

p

长期供给曲线

短期供给曲线
(K=20)

将工厂规模K固定在制造所需的最优规模处

工厂规模K可以自由选择

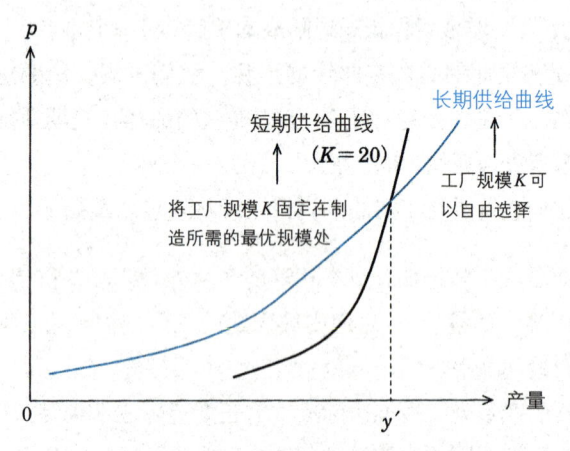

0　　　　　y'　　产量

图2-58　短期供给曲线和长期供给曲线

---

[1] 分别为short-run marginal cost和long-run marginal cost的缩写。

将其单独提取出来进行了描绘。

由此可见，**长期供给曲线比短期供给曲线对价格的反应更灵敏（斜率比较平缓）**。这叫作 勒夏特列原理。直观地讲，这是由于在长期工厂（资本K）的规模可以自由地改变，所以可以进行比短期更灵活的供给。

第四节　生产要素和产品同时为多种的一般情况下的企业行为

最后，让我们来分析一下生产要素可以是多种，并且可以同时生产多种产品的普遍情况。如果用下面的"生产计划"来表示产出和投入的话，我们就可以将这种情况分析得很清楚。

$$\text{生产计划} \quad y = (y_1, \cdots, \boxed{y_k}, \cdots, y_N)$$

$$\downarrow$$

为正时第k种商品为产出

为负时第k种商品为投入

例题8　假设第1种产品、第2种产品、第3种产品为汽油、重油、原油。如果能从20升原油中生产出10升汽油和5升重油的话，那么它就可以用下述生产计划来表示：

$$y = (10, 5, -20)$$

如该例所示，我们将同时进行多种产品生产的行为叫作 结合生产。如果将价格体系设为 $p = (p_1, \cdots, p_N)$ 的话，则从生产计划 $y = (y_1, \cdots, y_N)$ 中得到的利润就可以非常方便地写为：

$$py = (p_1 y_1 + \cdots + p_N y_N)$$

请注意，"py"并不是p和y两个数相乘，而是上式所示的意思[1]。

---

[1] py表示的是两个向量p和y的"内积"。

例题9 上面的炼油业的利润为:

$$py = \underbrace{p_1 \times 10 + p_2 \times 5}_{销售额} - \underbrace{p_3 \times 20}_{成本}$$

在产品有可能有多种的通常情形下,不用生产函数,而是用下面的生产可能性集合来表示企业的技术更方便。

> **生产可能性集合 Y** = 企业可以实行的所有生产计划的集合

此时,完全竞争企业的利润最大化问题如下。

$$\max_{y} py$$
$$\text{s.t. } y \in Y$$

由于带来利润最大化的解取决于 p,因此我们将其记作 $y^*(p)$,并称为**最优生产计划**。

接下来,我们研究一下最优生产计划的性质。到目前为止,我们做出了如下假设:

(ⅰ)生产可能性集合是凸的(边际替代率递减法则和边际生产率递减法则成立)。

(ⅱ)产品的量可以连续改变。

(ⅲ)生产函数可微分。

此外,我们还考虑了"剥离现实因素而易于处理的数学模型",但这些假设总有人觉得哪里不对劲。不过,生产理论的相当一部分,即使不作出这样的假设也是成立的。因此,以下将要进行的是**一概不使用(ⅰ)~(ⅲ)等数学假设(因此现实性得到了充分保证)的分析**。现在,考虑两个价格体系 p^0 和 p^1(p^0 和 p^1 是任意的)。请注意,这些不是数值,而是列出了每种产品价格的向量。而且,假设在这些条件下带来最大

利润的最优生产计划分别为y^0, y^1。❶

$$\text{价格体系} \qquad p^0, p^1$$
$$\downarrow \quad \downarrow$$
$$\text{最优生产计划} \qquad y^0, y^1$$

因为在p^1下实现利润最大化的生产计划为y^1，所以：

$$p^1 y^1 \geq p^1 y^0 \qquad (6)$$

同样地，因为在p^0下实现利润最大化的生产计划是y^0，所以：

$$p^0 y^1 \leq p^0 y^0 \qquad (7)$$

从上面的不等式（6）的两边减去下面的不等式（7）的两边，由于是从原本左边比较大的（6）中减去左边比较小的（7），所以最终结果是左边会变得更大。也就是说：

$$(p^1 - p^0) y^1 \geq (p^1 - p^0) y^0$$

进而，将右边移项到左边之后，我们得到下面这个**非常重要的关系式**：

$$(p^1 - p^0)(y^1 - y^0) \geq 0$$

回想一下，当价格体系为$p = (p_1, \cdots, p_N)$，生产计划为$y = (y_1, \cdots, y_N)$时，py是$p_1 y_1 + \cdots + p_N y_N$的意思。利用这个结果将上面的不等式逐项展开之后可以得到：

$$(p_1^1 - p_1^0)(y_1^1 - y_1^0) + \cdots + (p_N^1 - p_N^0)(y_N^1 - y_N^0) \geq 0 \qquad (8)$$

现在，假设从p^0移动到p^1时，只有第k种产品的价格上升，其他产品的价格没有变化。于是，上式（8）的第k项以外的所有项全部为零，

---

❶ 以下讨论的推进方式与研究补偿需要函数的性质时（第一章第七节）相同。

我们得到：

$$(p_k^1 - p_k^0)(y_k^1 - y_k^0) \geq 0$$

正的

由此，有 $y_k^1 - y_k^0 \geq 0$，这表示的是：

当 p_k 上升时，y_k 也会上升（或者不变）。

这可以根据第 k 种商品是产品还是生产要素来进行两种解释。

① **第 k 种商品是产品的情况（$y_k > 0$）**

在这种情况下，如果用图来表示上述关系的话（图2-59），则供给曲线一定是向右上方倾斜的（可能存在即使价格上升供给也保持不变的垂直的部分）。这被称为<u>供给定律</u>。

> **供给定律**
> **供给曲线一定是向右上方倾斜的**（当产品的价格上升时，生产要么增加，要么保持不变）。

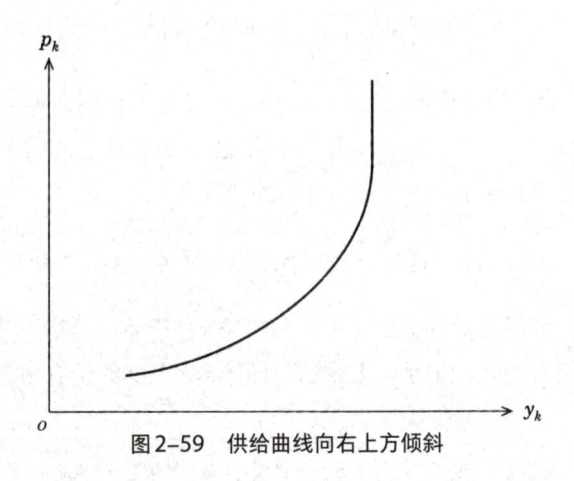

图2-59 供给曲线向右上方倾斜

② 第 k 种商品为生产要素的情况（$y_k < 0$）

在这种情况下，如果用图表示刚才的关系，则如图 2-60（a）所示。如果将横轴的正方取为生产要素需求量并重新描绘该图的话，则可以得到向右下方倾斜的要素需求曲线，如图 2-60（b）所示。这就是要素需求定律。

> **要素需求定律**
>
> **要素需求曲线一定是向右下方倾斜的**（当生产要素的价格上升时，要素需求减少或保持不变）。

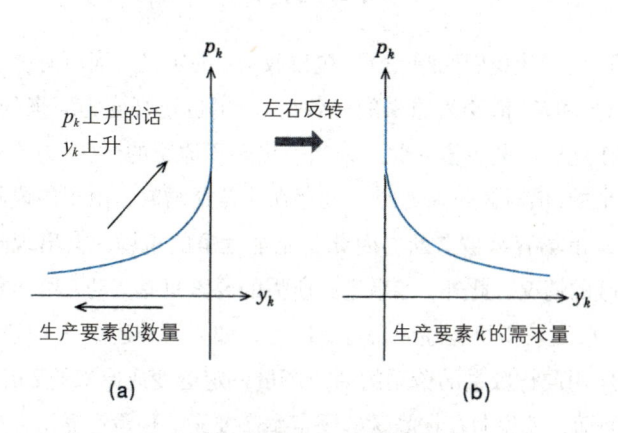

图 2-60　要素需求向右下方倾斜

回想一下消费者需求理论，消费者的需求曲线有可能会是向右上方倾斜的（吉芬商品）。但是，生产者的要素需求不会发生这种情况，要素需求一定是向右下方倾斜（或不变）的。

最后请注意，即使完全不作出生产函数的可微性以及生产可能性集合的凸性（边际替代率递减法则和边际生产率递减法则）等假设，供给定律和要素需求定律也是能够推导的，它们是一般性（现实性）非常高的定律。

第五节 利润和收入分配：为什么会产生收入差距

在市场机制下，以上所学到的生产理论对如下这两个问题，可以给出非常有趣的洞察。

- 利润为什么会产生？
- 获得高收入的是什么样的人？

为了考察利润大小的决定因素，我们先考虑一下只使用劳动和资本就可以生产的情况。这种情况下的生产函数为：

$$y = F(L, K)$$

在这里，让我们回想一下"规模收益"的定义。当所有的生产要素的数量（L和K）都变为原来的t倍时，产出也正好变为原来的t倍的情况，叫作规模收益不变。此外，当产出多于原来的t倍时为收益递增，小于原来的t倍时为收益递减。当存在收益递增时，由于规模越大，成本越低，市场容易被垄断。因此，完全竞争的市场，会出现收益不变或者递减的情况。此外，如果生产所需的要素只有劳动L和资本（工厂）K的话，收益就不可能递减。这是因为，如果另外建立一个完全一样的工厂，雇用同样数量的劳动的话，产量一定会变成原来的2倍（如果不是2倍的话，就说明存在隐藏的固定生产要素，但没有显示在生产函数里，比如经营者的能力等）。在这里，让我们假设生产要素只有L和K，来分析一下收益不变的情况。

由于收益不变的条件可以写为：当任意的投入量（L^0, K^0）变为t倍时，产量也会变成t倍，所以：

$$F(tL^0, tK^0) = tF(L^0, K^0) \qquad (9)$$

满足关系（9）的函数F叫作一次齐次函数。收益不变的生产函数是一次齐次的。将该式两边用t进行微分，可以得到关于收入分配和利润的非常有趣的洞察。回想一下微分的公式：

$$\frac{d}{dt}F[L(t),K(t)] = \frac{\partial F}{\partial L}L'(t) + \frac{\partial F}{\partial K}K'(t)$$

将 $L(t) = tL^0$ 和 $K(t) = tK^0$ 代入上式并在 $t = 1$ 处进行取值之后，(9)的左边的微分就变为：

$$\frac{\partial F(L^0, K^0)}{\partial L}L^0 + \frac{\partial F(L^0, K^0)}{\partial K}K^0$$

这等于(9)的右边的关于 t 的微分 $F(L^0, K^0)$。由于上述结论对任意 (L^0, K^0) 都成立，所以将 L 和 K 的右上角的0拿掉也可以。因此，总结以上情况可得如下结论。

规模收益不变 ⇔ $F(L, K)$ 为一次齐次函数

此时，$\frac{\partial F}{\partial L}L + \frac{\partial F}{\partial K}K = F(L, K)$ 成立。

这个关系式就是所谓的关于一次齐次函数的欧拉定理。在这个公式的两边乘以产品价格 p 之后，就可以得到关于收入分配的基本定理（完全分配定理）。

完全分配定理

在收益不变的情况下，下式成立：

$$\left(p\frac{\partial F}{\partial L}\right)L + \left(p\frac{\partial F}{\partial K}\right)K = py$$

劳动的边际产品价值　　资本的边际产品价值

因此：

$$\frac{\text{对1单位每种}}{\text{生产要素的支付}} = \frac{\text{该生产要素的}}{\text{边际产品价值}}$$

这样的话，销售额都会被完全分配掉。

让我们应用完全分配定理来考察一下利润为什么会产生。现在，考虑资本设备 K 被固定的短期。假设资本设备不是从谁那里借来的，而是由企业所有者所拥有的，那么从销售额中减去劳动工资后的部分就完全是利润，所以：

$$工资\ wL + 利润 = 销售额\ py \qquad (10)$$

这个利润的大小，到底是由什么决定的呢？ 回想一下，完全竞争状态的利润最大化条件为：

$$w = p\frac{\partial F}{\partial L}$$

也就是说，在完全竞争环境下，要素价格等于这种要素的边际产品价值[第133页利润最大化条件(3)]。将其代入上面的关系式(10)，并结合完全分配定理的话，就会了解利润的本质。由于：

$$wL + \left(p\frac{\partial F}{\partial K}\right)K = py$$

因此，利润 $py - wL$ 等于 $\left(p\frac{\partial F}{\partial K}\right)K$。也就是说：

> 短期利润 =（短期内被固定的生产要素的边际产品价值）×
> （固定的生产要素的数量）

企业所有者拥有的固定生产要素的边际生产率越高，利润就越高，否则利润就越低。

因此，市场机制下的收入分配可以大致总结如下。

> **市场机制下的收入分配**
> 在完全竞争市场上，每个人按照自己拥有的生产要素的边际产品价值得到收入分配。

劳动者的收入是由劳动者的边际产品价值决定的,企业所有者得到的利润是由所有者拥有的固定生产要素的边际产品价值决定的。边际产品价值是产品的价格×边际生产率。因此,**在市场经济中获得较高收入的是**:

①拥有有助于生产市场价格较高的产品的生产要素。
②拥有该生产要素的人很少。

如果你想在市场经济中成为有钱人,只要努力满足这些条件就可以了。相反,满足不了这些条件的人,会因为市场经济而变得贫穷。贫富差距的重要原因可能是"从父母那里得到的资产(遗产和教育投资)不同",但是除去这种"站在起跑线时的差距",市场经济**产生差距的根本原因**是上面的条件①②。

附加条件②是因为"边际生产率递减法则"通常会对生产要素起作用,当某种要素的存量增加时,其边际生产率会变小。那些被称为市场经济"**赢家**"的人,如医生、律师、明星等所谓的专业人士,以及黄金地段的"**房东**"等,都是拥有这种**稀缺(边际产品价值较高)资源**的人。

实例7　日本的收入分配　2011年日本的收入分配(图2-61)。

根据微观经济学的分析,由于财富集中在拥有相对稀缺的生产资源的人身上,因此对收入分配,我们有如下预测。首先,很多人都拥有稀缺性较低的生产资源(例如简单劳动),得到的收入也较低,这个群体人数众多,所以收入分布图的左边(收入低的一边)存在高高的山峰,与此相对,因为只有很少人拥有稀缺资源(特殊技能或黄金地段),可以想象右边(收入高的一边)的形状会像一条伸长的尾巴。图2-61表明,这种趋势在日本是实际存在的。如果放任不管,市场经济就会倾向于把财富集中在一小部分人身上。关于如何纠正这一点,以及如何才能实现更公平的收入分配,我们将在第三章学习。

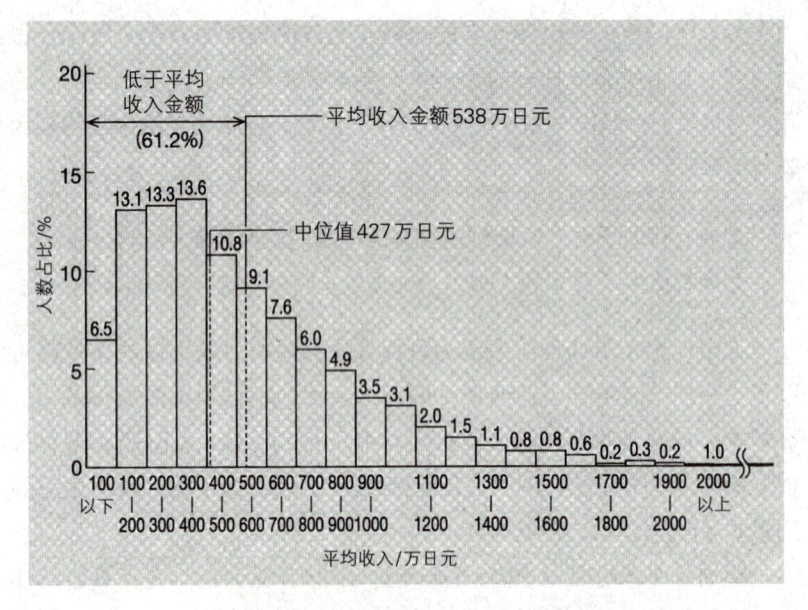

图 2-61　日本的收入配置（2011年）

来源：日本厚生劳动省《平成二十三年年度国民生活基础调查的概况》。

例题研讨2　生产函数与劳动者份额

教授：这次，在提出问题之前我们先看一组数据。图 2-62 表示的是各个行业的销售额中有多大比例被用来支付劳动者的工资。这就是所谓的"人事费用率"，假设 y 为产量，p 为产品价格，w 为工资，L 是劳动投入量，那么，它可以用数学公式表示为：

$$人事费用率 = \frac{wL}{py}$$

看图可知，2005年之前，食品制造业和汽车制造业的人事费用率相当稳定（约0.14）。我们要讨论的问题就是，是否存在对此成功解释的模型。为了简化分析，我们考虑只用劳动和资本就能进行生产的情形。

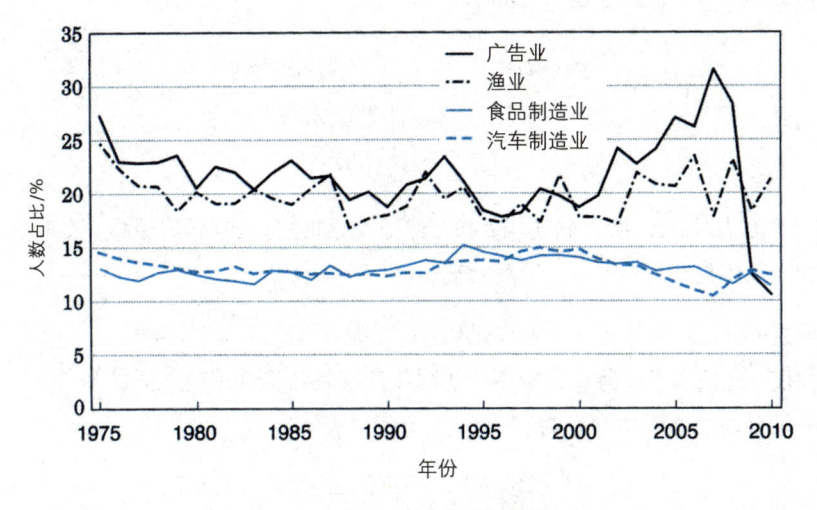

图 2-62 人事费用率

注：作为工资的一部分的奖金（bonus）只有最近的数据，有些不准确，所以我们并没有将奖金计算在内。
来源：日本财务省《法人企业统计》。

> **问题** 使用劳动 L 和资本 K 生产产品 y 的企业的生产函数是：
>
> $$F(L, K) = AL^a K^{1-a}$$
>
> （a 为满足 $0 < a < 1$ 的常数）
>
> 假设生产价格为 p，工资为 w，计算资本 K 的规模被固定的短期的利润最大化条件。另外，求解利润最大化点处的人事费用率 $\dfrac{wL}{py}$。

学生：L 的上角标 a，K 的上角标 $1-a$ 是有什么含义吗？
教授：这是 <u>收益不变</u> 的意思。
学生：所有的生产要素变为原来的 t 倍时，产量也正好变为原来的 t 倍，是这样吧？

教授：没错。实际计算一下就是：

$$A(tL)^a(tK)^{1-a} = (t^a t^{1-a})AL^a K^{1-a}$$
$$= t^{a+(1-a)}AL^a K^{1-a}$$
$$= t^1 AL^a K^{1-a}$$

因为 $t^1 = t$，所以确实当 L 和 K 都变为原来的 t 倍时，产量也正好变为原来产量（$y = AL^a K^{1-a}$）的 t 倍。

学生：那么，为什么一定要满足 $0 < a < 1$ 呢？

教授：这是为了让劳动和资本的边际生产率具备更合理的性质的条件。由于劳动的边际生产率为：

$$\frac{\partial F(L, K)}{\partial L} = aAL^{a-1} K^{1-a}$$

因此我们知道，如果 $0 < a$ 的话劳动的**边际生产率是正的**。

另外，如果资本数量不变，只增加劳动的话，可以认为劳动的效率会下降，劳动的边际生产率也会下降。**边际生产率递减法则**说的就是这个意思。也就是说，"劳动的边际生产率 $\frac{\partial F(L, K)}{\partial L}$ 应该随着 L 的增加而递减"。这等价于" $\frac{\partial F(L, K)}{\partial L}$ 关于 L 进行微分为负的"。如果对 $\frac{\partial F(L, K)}{\partial L}$ 再次关于 L 进行微分的话：

$$\frac{\partial^2 F(L, K)}{\partial L^2} = a(a-1)AL^{a-2} K^{1-a}$$

如果 $0 < a < 1$，它确实是负的（劳动的边际生产率递减）。资本的边际生产率同理。

学生：原来如此。现在我有点明白为什么生产函数是这个形式了。那么求解短期的利润最大化问题的话……因为短期内 K 是固定的，所以，选择最优的 L 来最大化利润就可以了：

$$\pi = py - wL = pF(L, K) - wL$$

教授：没错。横轴为L，纵轴为π的利润图像的顶点是利润最大化点，顶点处图像的斜率为零。利用这个结论来计算利润最大化点的话……

学生：图像的斜率是由π对L进行微分得到的，是：

$$\frac{\partial \pi}{\partial L} = p\frac{\partial F}{\partial L} - w = 0$$

对吧？实际进行计算之后，因为$\frac{\partial F}{\partial L} = aAL^{a-1}K^{1-a}$，所以利润最大化的条件就得出来了：

$$paAL^{a-1}K^{1-a} = w \tag{11}$$

要根据这个公式来计算人事费用率$\frac{wL}{py}$的话，应该怎么做呢……

教授：(11)式的左边与人事费用率的分母$py = pAL^a K^{1-a}$有没有很像？

学生：是的，仔细看会发现(11)式的左边是由$py = pAL^a K^{1-a}$除以L后得到的……仔细看了一下，原来是再乘以a得到的呀！所以将(11)式重写之后得到：

$$a\frac{py}{L} = w$$

而人事费用率就是$a = \frac{wL}{py}$！

答案

利润最大化的条件为：

$$p\frac{\partial F}{\partial L} = paAL^{a-1}K^{1-a} = w$$

人事费用率为：

$$\frac{wL}{py} = a$$

学生：在这个模型中，就算产品价格p和工资w发生变化，人事费用率也不会发生变化（总是等于常数a）。也就是说，回到最开始看到的数据，

人事费用率处于稳定的食品制造业和汽车制造业企业的行为，可以利用该问题中给出的生产函数的模型成功得到模拟。

教授：是的！同时，看看能否从数据中知道生产函数的参数 a 的值。

学生：重新看图 2-62 的话，因为食品制造业和汽车制造业的人事费用率大致是 0.14，所以 $a = 0.14$ 吧。

教授：粗略地讲确实如此[1]。该问题中有个式子：

$$F(L, K) = AL^a K^{1-a}$$

它叫作柯布–道格拉斯生产函数，$L^a K^{1-a}$ 前面的系数 A 叫作全要素生产率（TFP，total factor productivity）。L 的上角标 a 等于完全竞争市场（利润最大化点）上劳动报酬的份额（$\frac{wL}{py}$），K 的上角标 $1-a$ 等于完全竞争市场上资本报酬的份额[2]。在宏观经济学和国际贸易理论中，由于柯布–道格拉斯生产函数符合真实情况，并且方便分析，因此该模型在所有的经济分析中都经常用到，大家最好记住它的用法。这个模型是经济学者 P. 道格拉斯和数学家 C. 柯布在讨论中发现的，他们发现美国经济整体的人事费用率，即劳动收入/国内生产总值（这叫劳动分配率）是非常稳定的，在讨论是否能用模型解释此现象的过程中得到了这个函数。

---

[1] 为了更好地对应数据，必须考虑劳动和资本以外的原材料等生产要素。希望读者通过这个问题，能够了解到："乍一看很奇怪的数学模型，也可以通过与数据的对应来发现其预想外的现实合理性，还可以更好地贴合数据来对其进行改进。"如果能够引起各位读者对使用模型进行实证分析的兴趣的话，那我感到非常荣幸。

[2] 在求解问题的过程中可以确认，由于销售额中的 a 比例被支付给了劳动者，因此剩余的 $1-a$ 比例就成为企业（资本）所有者的利润（与资本相对应的报酬）。

第三章 市场均衡

第一节 局部均衡分析

根据目前为止我们所学过的知识，消费者和生产者如果在市场上相遇会发生什么呢？为了理解这个问题，我们先只关注一个市场，并假设**其他条件**（其他市场的价格、收入等）**是一定的**，然后再进行分析。这种只关注一个市场的经济分析叫作局部均衡分析。充分理解这些之后，我们会在第三节学习同时处理所有市场的"全局均衡分析"。

(1)市场需求与市场供给

在消费者行为理论部分，我们学习了单个消费者的需求是如何决定的。现在，假设消费者一共有 I 人，并将消费者 i 对某种商品的需求记作 $D^i(P)$ $(i=1,\cdots,I)$。其中，P 表示该商品的价格。则整个市场的需求（市场需求）为：

$$D(P) = D^1(P) + \cdots + D^I(P)$$

其图像，也就是**市场需求曲线，可以由个人需求曲线水平加总得到**（图3-1）。

同样，假设企业一共有 J 个，并将企业 j 的供给记作 $S^j(P)$ $(j=1,\cdots,J)$，则整个市场的供给（市场供给）为：

$$S(P) = S^1(P) + \cdots + S^J(P)$$

其图像，也就是**市场供给曲线，可以由每个企业的供给曲线水平**

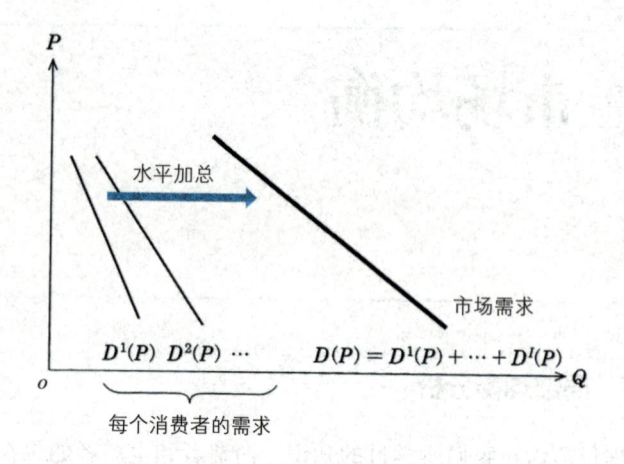

图3-1 市场需求曲线

加总得到(图3-2)。

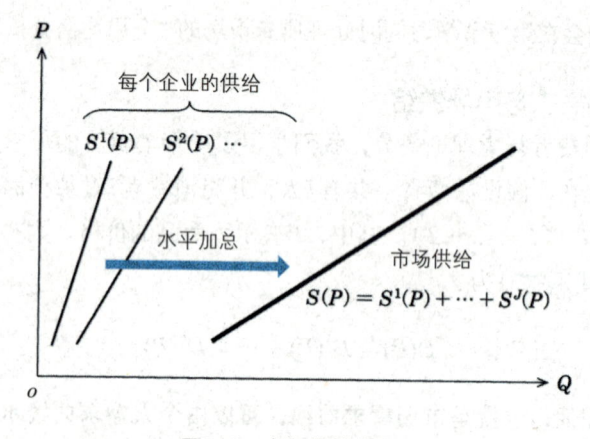

图3-2 市场供给曲线

这样求得的市场需求曲线与市场供给曲线的交点,就是需求等于供给的**市场均衡**(图3-3)。

也就是说,在完全竞争市场中,均衡价格P^*和均衡产量Q^*是在需求与供给达到平衡时确定的。需求与供给之所以达到平衡,是由于发生了下述的价格调整。如果市场价格如图3-3中那样高于均衡水平的

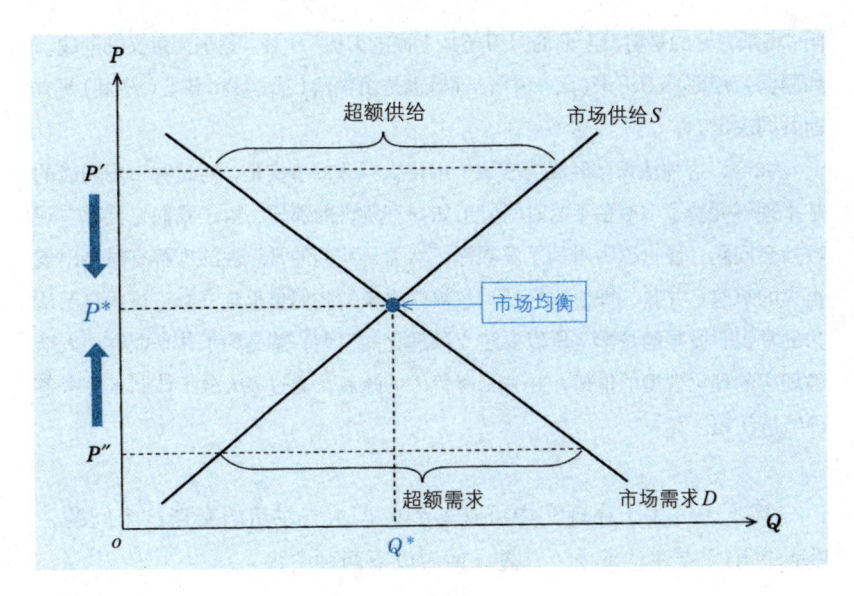

图3-3　市场均衡

话，那么就会产生供给超过需求的 超额供给 情况。于是，由于市场上充斥着无人购买的商品，价格会不断下跌。相反，如果市场价格如图3-3中那样低于均衡水平的话，那么就会产生需求超过供给的 超额需求 情况，也就是价格由于买家间的竞争而不断上涨。这样进行价格调整的结果，就是市场成功达到需求等于供给的均衡点。

注解3-1 成本价值论和效用价值论：在经济学形成的19世纪，针对价格由什么决定，存在两种对立的观点，产生了很大的争论。一种是主张"成本高的东西价格高"的成本价值论，这是从李嘉图的古典经济学派至马克思经济学的理论推移。另一种是从戈森、杰文斯推移至瓦尔拉斯的"消费者想要的东西价格高"的效用价值论。

现代经济学则是将两种观点综合起来的理论。也就是说，成本价值论关注的由成本所决定的供给，与效用价值论关注的需求共同作用，这两者的平衡决定了价格。活跃于19世纪末的英国经济学家马歇尔普及了这种决定市场价格的方式。借用马歇尔的话来说就是，问"价格是由成本决定还是由效用决定"，与问"将纸剪开的是剪刀上面的刀刃还是下面的刀刃"一样，是毫无意义的问题。如同剪刀用两片刀刃来剪纸一样，价格也是由供给（成本）和需求（效用）两方面共同决定的。

如今，这种认识已经成为常识，但耐人寻味的事实是，对这种市场功能的基本理解耗费了100多年的时间。正如导言所讲的那样，由于我们每天都在观察社会问题，便自以为对其了解颇深。然而，我们的常识性的理解有时会出现很大的疏忽。并且，即使这样的疏忽被指出来，我们也很难去修正这些自己认为的常识。微观经济学之所以要建立数理化的模型，就是为了共享能够让人准确理解的理论模型的框架，并为了避免大的疏忽，通过多人分工体制来思考各种经济问题。

接下来，关于在现实中可观察到的需求与供给的交点这个问题，我们提出几点注意事项。首先，请看以下两种主张：

（A）价格上升时，供给增加。
（B）供给增加时，价格下降。

无论是哪种主张看起来都像是合理、正确的，但是仔细想想的话，它们难道不是在说完全相反的事情吗？那么，究竟哪个是对，哪个是错呢？正确答案其实是，这两种主张是在讨论"完全不同的两件事"，"两者都正确"。请看图3-4。

如图3-4（a）所示，（A）主张表示的是**沿着供给曲线的移动**，价格上涨时确实供给会增加。而如图3-4（b）所示，（B）主张表示的是**供给曲线本身的移位**（shift）。因此，我们可以将（B）准确地重新表述为"当供给增加，供给曲线向右移动时，价格下降"，这与表示沿着供给曲线移动的主张（A）并不矛盾。

也就是说，明确区分"沿着供给曲线的移动"和"供给曲线的移位"在经济分析中是尤为重要的。我们将使供给曲线和需求曲线移动的企业数量、要素价格、自然气候、收入、其他商品价格等称为移位参数（shift parameter）。并且，将移位参数变化前后的均衡状态的比较称为比较

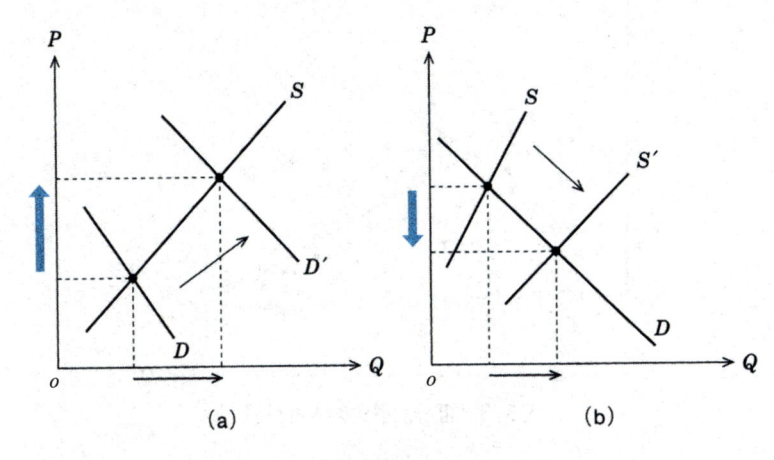

图 3-4 供给的增加与价格的变化

静态分析。图 3-4 就是最简单的比较静态分析的例子。

这样,"沿着需求或供给曲线的移动"和"需求或供给曲线的移位"的区别,在使用数据的实证分析中就变得极为重要。现在,假设图 3-5 描绘了对某种商品(例如圆白菜)的价格和市场交易量在多个时点进行调查后得到的散点图。因为作为整体来看大体上是向右下方倾斜的,所以在此我们是否可以认为,以适当的方法(例如统计学中的最小二乘法等)将其用直线进行拟合后,得到的直线就是圆白菜的"估计的需求曲线"?答案出乎意料,是否定的。如果像图 3-5 那样粗心地拟合成一条直线的话,估算出的需求会与真实的需求有很大不同。这是因为,**散点图上描绘的点本质上是需求和供给的交点**。例如,真实的需求可能像图 3-6 那样,与估计的需求曲线有很大的不同。

那么,为了估计出真实的需求,应该怎么做呢?为此,我们可以关注一下貌似属于"沿着需求曲线的移动"的数据。例如,假设在某年的 9 月、10 月、11 月,由于天气恶劣,圆白菜价格急剧上涨。在这种情况下,我们可以认为价格的急剧上涨是由不正常天气导致圆白菜的供给减少造成的。而在从 9 月到 11 月的短时间内,我们可以认为需求曲线影响因素(人们的喜好和收入等)基本上是不变的。因此,9 月到

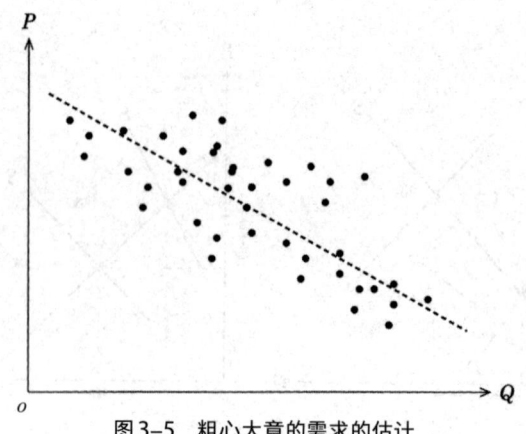

图 3–5 粗心大意的需求的估计

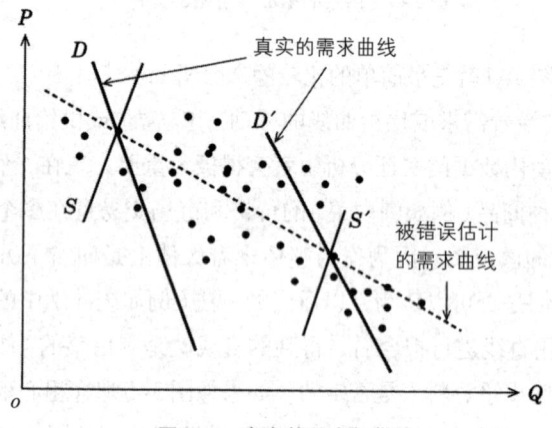

图 3–6 真实的需求与供给

11月的数据可以被认为处于同一条需求曲线上。也就是说，如图3-7所示，将9月至11月的数据拟合成直线，就可以估计出一条真实的需求曲线。

这些事如果通过人工逐一处理的话会没完没了，但我们知道，现实中存在多种变量，如：

- 气候、原材料成本等只让供给曲线发生移动的变量。
- 收入、人口等只让需求曲线发生移动的变量。

图3-7 真实的需求的估计

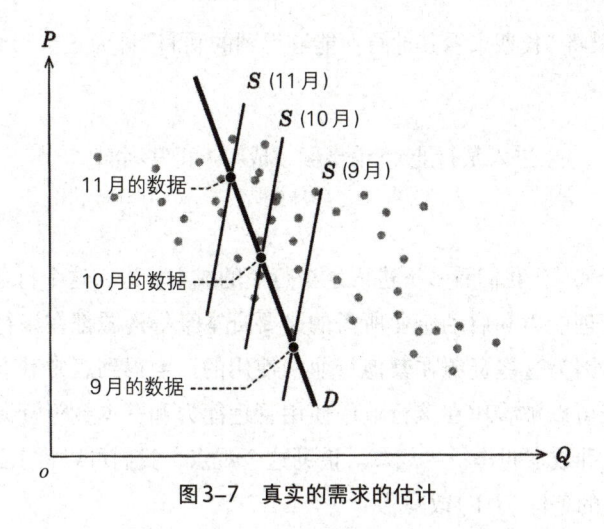

那么，（基本上是以更加巧妙的形式利用了上述想法）我们就能够从数据中分别成功估计出需求曲线与供给曲线。像这种利用经济数据的实证分析做研究的学科，叫作**计量经济学**（econometrics），这里所讨论的问题叫作需求与供给的**识别**（identification）问题。

（2）行业的长期均衡

接下来，我们研究一下长期市场均衡的特征。如第二章第二节（1）所讲，在微观经济学中所说的"长期"，指的是所有生产要素都可变的相当长的时期。也就是说，在短期内可以被看作固定的要素，如工厂、设备的规模等，在长期内也是能够进行调整的。除此之外，在**行业的长期均衡**分析中，需要考虑以下情况：

- 进入和退出是自由的。
- 任何一个企业都能使用同一种技术。

我们之所以认为企业能够使用同一种技术，是因为长期来看最有效率的技术最终会扩散到所有的企业。

让我们先考虑一下进入、退出的决定因素。如果长期来看某个行业的利润超过其他行业的话，进入就会发生；相反，企业应该会退出。

因此，如果将"长期来看其他行业能够得到的利润"称为正常利润的话，那么就有：

$$\text{进入某行业} \Leftrightarrow \underset{\text{原行业的利润}}{\text{销售额}-\text{成本}} > \underset{\substack{\text{进入其他行业}\\\text{之后的利润}}}{\text{正常利润}} \quad (1)$$

接下来，让我们看一下进入这个行业的成本。进入这个行业是指，自身的管理能力和启动企业所需的必要资本金等资源都在该行业中进行使用。因为这些资源在其他行业中使用的话会得到正常利润，所以正常利润可以被看作在该行业中使用管理能力和资本金等资源的一种成本。这种成本叫作**机会成本**。借助这个观点，我们可以将上述"进入能够发生的条件"（1）改写为：

$$\text{进入某行业} \Leftrightarrow \text{销售额} - (\text{成本} + \underset{\substack{\uparrow\\\text{在此行业中使用管理能力}\\\text{和资本金的机会成本}}}{\text{正常利润}}) > 0$$

也就是说：

> 进入某行业 ⇔ 销售额 − **包括机会成本在内的成本** > 0
> （包含机会成本算得的利润 > 0）

在**行业的长期均衡分析**中，按照这个观点，我们将会计成本（管理能力和资本金等机会成本）**加上正常利润看作成本**。于是，如上所述，**进入能够发生的条件**就变为"（包含机会成本算得的）利润 > 0"。

机会成本及其作用的更加一般化的表述如下所示：

> ①将某种资源用于某种用途的机会成本是指，将该资源用于其他用途时所能获得的最大收益。
> ②可以将某种资源用于某种用途是指，从该用途中获得的**收益超过机会成本**，即包含机会成本算得的利润为正。

下述具体实例能够帮我们更好地理解这一点。

实例8 **在自己公司大楼经营餐馆**：假设有人在自己的公司大楼内经营餐馆，并假设如果将相同空间出租的话可以获得60万元的租金收入。这样一来，租用自己公司大楼的空间的会计成本为零，但机会成本是60万元。因此，如果经营餐馆所得收益没有达到机会成本60万元的话，还是关掉餐馆把空间租出去比较好。"反正因为是自家公司大楼，成本又为零，餐馆即使赚不了那么多钱也没什么关系"，这样的想法是大错特错的，因为如果我们考虑到出租自己的公司大楼能获得多少收益（将自己公司大楼当作餐馆经营时的机会成本）再行动的话，收益是能够得到提高的。如果在计算包含机会成本的利润时发现结果是：

$$餐馆收益-机会成本60万元<0$$

那么即使从餐馆得到的相应收益（如50万元）相当可观，经营餐馆也是亏损的。放眼望去，世界上没有意识到机会成本的概念，最终错失难得的商业机会的大有人在。

让我们基于以上的成本概念分析一下行业的长期均衡。将进入能够发生的条件（1）的两边同时除以产量得到：

$$价格\, p > \frac{长期成本（成本+正常利润）}{产量} = 长期平均成本\, LAC$$

如果这个条件成立，那么企业就会获得超过正常利润的利润，进入就会发生。

现在，假设该行业处在如图3-8（a）中的A点的状态。图3-8（b）描述的是此时每个企业的状况。

每个企业都会在不大于"价格等于长期边际成本 LMC"的产量水平[在图3-8（b）中为 $Q=100$]上进行供给。在该产量100处价格与长期

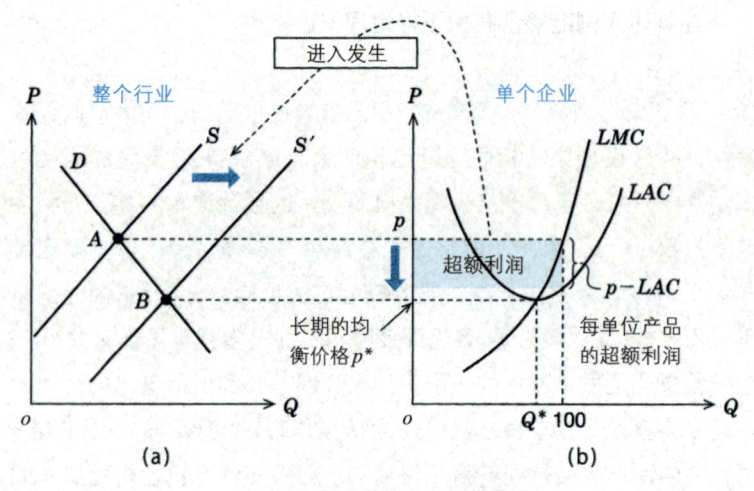

图3-8 进入与行业的长期均衡

平均成本的差 $p-LAC$，就对应着1单位产品的超额利润。这是因为长期平均成本 LAC 中包含了正常利润。因此，图3-8（b）中淡蓝色区域所表示的就是超额利润的大小。如果这样的超额利润存在的话，进入该行业就会发生，供给曲线也会像图3-8（a）所示的那样向右移动，随之而来的是价格下降。如果新进入的一个个企业与整个市场规模相比十分渺小的话，随着每一个企业进入，价格就会一点一点地下降，当超额利润恰好为零的时候进入就会停止。图3-9表示的就是这个状态。另外，图3-9最下方表示的是进入停止的行业的长期均衡状态。从上文我们可推导出一个重要的关系：

> 行业的长期均衡价格＝长期平均成本 LAC 的最小值

最后，让我们思考一下需求发生各种变化之后行业的长期均衡。从长期来看，在与变化的需求水平相对应的进入和退出发生、调整结束的时候，价格总是等于长期平均成本的最小值。把调整后的各个点连接起来看的话，在与 LAC 的最小值相等的价格 p^* 处可以画出一条水平的直线（图3-10）。这叫作行业的长期供给曲线。

第三章 市场均衡

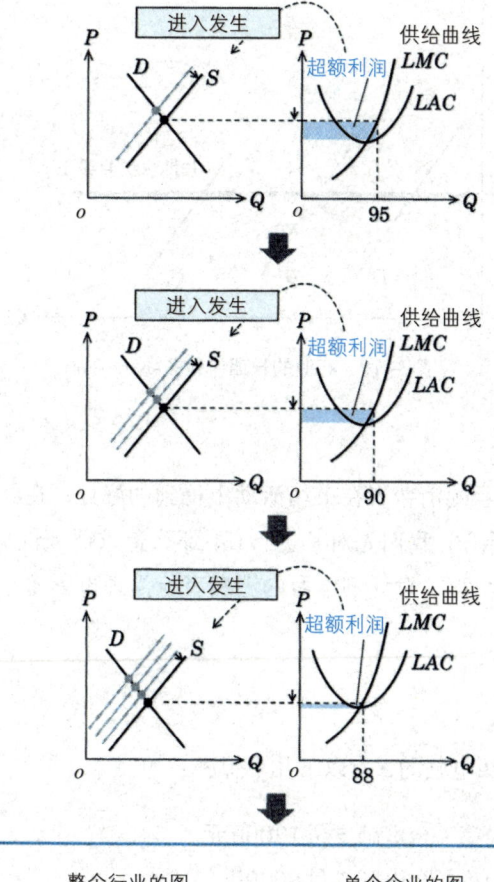

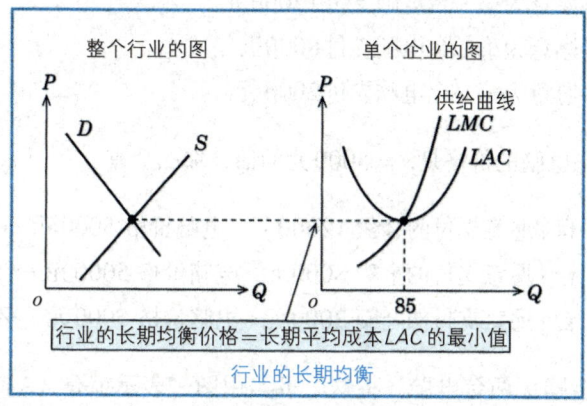

图3-9

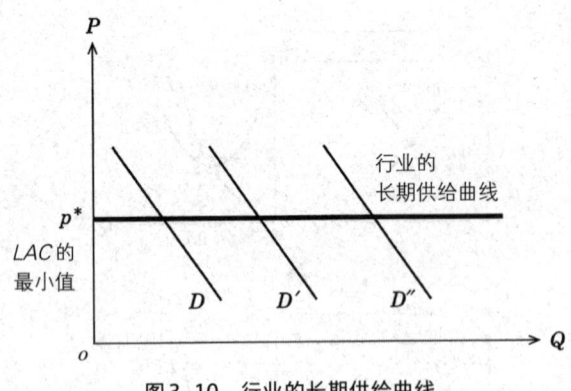

图3-10 行业的长期供给曲线

（3）消费者剩余

用金额来表示的消费者在市场活动中得到的好处，在经济学中被称为"消费者剩余"。我们先对其进行（不那么追求严谨性）直观的解释，然后再将其与第一章详细学习的消费者行为理论紧密地结合起来进行解释。

①直观的解释

假设打算购买电脑的A有以下几个想法：

- 最多愿意为第一台电脑支付12000元。
- 最多愿意为第二台电脑支付8000元。
- 最多愿意为第三台电脑支付2000元。

此时，如果电脑的价格是 $p=5000$ 元的话，那么会有：

- 第一台：愿意支付的金额12000元＞电脑价格5000元 →买。
- 第二台：愿意支付的金额8000元＞电脑价格5000元 →买。
- 第三台：愿意支付的金额2000元＜电脑价格5000元 →不买。

则A会购买两台电脑。将这个事实用图来表示就是，A持有如图3-11那样的阶梯状需求曲线（需求之所以呈阶梯状，是因为电脑的消费量是1台、2台这样跳跃变化的。像汽油那样消费量连续变化的情况后面再讲)。

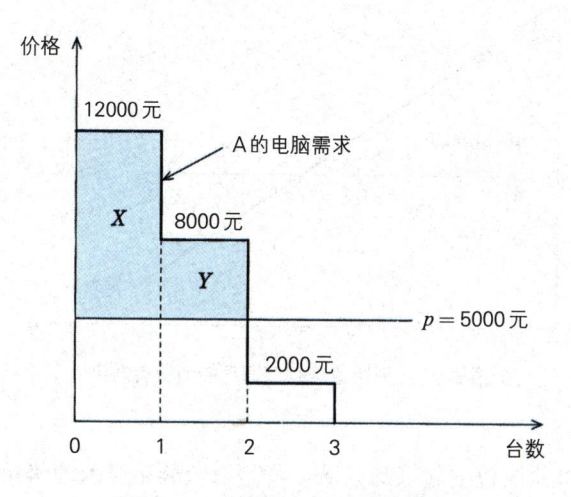

图3-11 电脑的需求与消费者剩余

那么,通过购买2台电脑,A会获益多少呢? 本来买第1台电脑时准备支付12000元,可实际上只支付了$p=5000$元,因此其中的差额"7000元"就是购买第1台电脑得到的好处。这在图3-11中是用区域X来表示的。即:

图3-11中的X(12000 − 5000 = 7000元) = 第1台电脑所带来的收益。

同样地,图3-11中的Y(8000 − 5000 = 3000元) = 第2台电脑所带来的收益。

也就是说,通过购买电脑,A获得了与$X+Y$的区域相等金额(7000 + 3000 = 10000元)的收益。我们将这个淡蓝色的区域$X+Y$称为<u>消费者剩余</u>。

像汽油那样消费量连续变化的情况也一样。如图3-12所示,市场

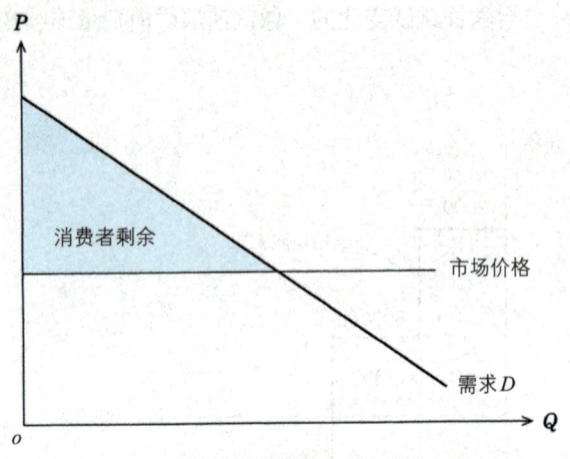

图 3-12　消费量连续情况下的消费者剩余

价格与需求曲线包围起来的区域，就是**以金额来表示的消费者从市场交易中所获得的满意度的增加**。这个区域就是消费者剩余。

② **更严谨的解释**

以上的解释是比较直观的，准确来讲，为了让消费者在市场活动中所获得的收益能够用像图 3-12 那样的区域（消费者剩余）来表示，效用函数需要具备特殊的形状。接下来我们解释一下这个问题。

现在，让我们假设购买某种商品（例如啤酒 Q 升）之后剩余的钱为 m，并且把将 m 元最优地消费在啤酒之外的商品时的效用记作：

$$V(Q, m)$$

让我们考虑该效用为下式时的情形：

$$V(Q, m) = U(Q) + m$$

由于这个式子是只关于 m 的一次方程（线性），因此被称为**拟线性效用函数**。持有拟线性效用函数的含义之一就是效用 $U(Q)$ 和金额 m 能够相加，这也就是说效用 $U(Q)$ = 以金额所表示的消费量 Q 所带来的好处。例如，$U(Q) = 1000$ 的话，此时喝 Q 升啤酒所得到的好处（效用）就相当于1000元。进一步，我们考虑从啤酒中得到的效用 $U(Q)$ 是如图3-13那样向上凸起的情况[1]。这表示啤酒的边际效应（该图像的斜率）随着啤酒的消费 Q 的上升而递减。

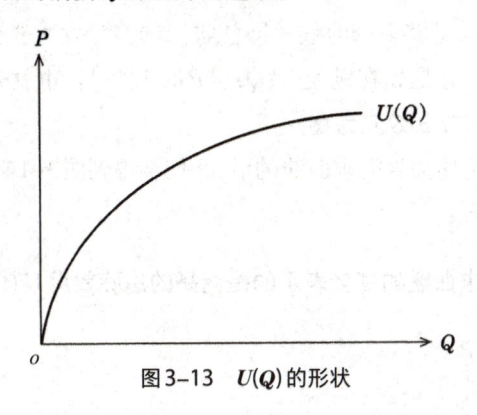

图3-13　$U(Q)$ 的形状

当效用函数像这样为拟线性的时候，消费者从市场中所得到的好处就可以用消费者剩余来表示。接下来我们对此进行讨论。

在以上的假设下，令价格为 P，那么通过下文的论述可知，需求曲线由下式给出：

$$P = U'(Q)$$

首先请大家注意，因为效用是用金额来表示的，所以如果边际效用 $U'(Q) = 80$ 的话，则"如果再多喝1单位这种商品（啤酒），就感觉像赚了80元一样"。如果啤酒的价格是1单位50元的话，那么啤酒的消费每增加1单位，消费者就会获得差额 $U'(Q) - P = 80 - 50 = 30$ 元的好处。因此，如果 $U'(Q) > P$ 的话，增加消费更明智。同样地，如果 $U'(Q) < P$ 的话，减少消费更明智，因此在最优状态下，这种消费量调整的空间应该已经不存在，$P = U'(Q)$ 成立。也就是说，在价格 P 给定时，将需求设定在满足 $U'(Q) = P$ 的 Q 的水平上是最优的。

---

[1] 根据第二章第三节（3）所学，拥有向上凸起的形状的函数，被称为凹函数。

此处，我们提出一个重要的注意事项。为了进行满足 $U'(Q) = P$ 水平的 Q 的消费，需要 PQ 的金额，这里我们假设这是可以负担的，可得：

收入足够多，有能力购买满足 $U'(Q) = P$ 的消费量 Q

在这种收入足够多的时候，即使收入的多少发生变化，消费量也不会发生变化[总是处在满足 $U'(Q) = P$ 的水平]。也就是说，在这里所考虑的模型中**收入效应为零**。

依据上述论述描绘需求曲线的话，我们会得到图3-14。也就是说，在**拟线性效用下**：

需求曲线的高度表示的是商品的边际效用 $U'(Q)$

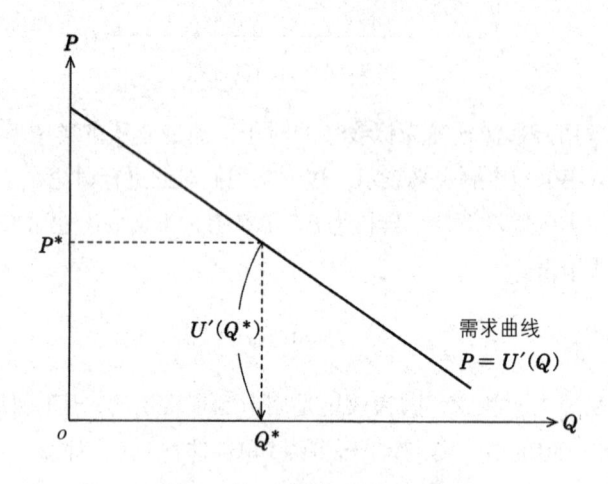

图3-14 拟线性效用下的需求曲线

需求曲线 $P = U'(Q)$ 之所以像图3-14那样向右下方倾斜，是因为边际效用 $U'(Q)$ 递减（随着 Q 的增加而减少）。而且，在拥有如上所示的拟线性效用的情况下：

效用就是用金额表示的好处 [$U(Q) = 100$ 就意味着"如果消费 Q 的量，就感觉自己赚了100元一样"]。

因此，将小于 Q 的每个需求量所对应的边际效用进行加总（积分）的话，就会得到图 3-15 中淡蓝色的区域，这等于 Q **升啤酒的总效用**（**用金额表示的好处**）$U(Q)$[1]。

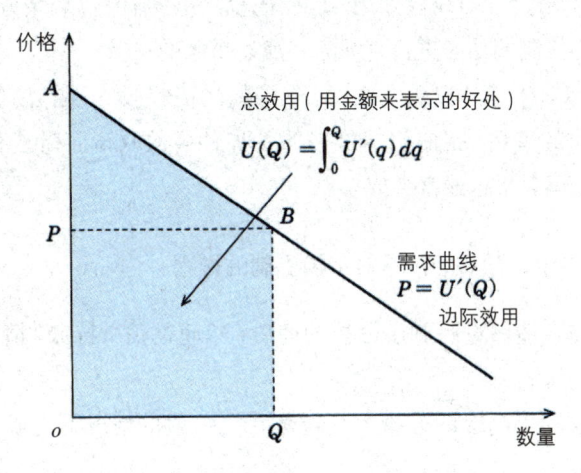

图 3-15　拟线性效用下的消费者效用

从该部分扣除购买所需支付的金额 $P \times Q$（图中的四边形 $PBQO$）之后，从市场交易中得到的净好处就可以用图 3-15 中的三角形 APB 的面积来表示。这正是消费者剩余。

综上所述：

> 在"拟线性效用函数"的假设且收入充足的情况下：
> - 消费者从市场交易中得到的好处可以用消费者剩余来表示。
> - 收入效应为零。

在此，我们还要提一个重要的注意事项。我们详细介绍上述内容的理由，并**不是**因为"拟线性效用符合现实，认为这个假设得到满足是没有问题的"。相反，我们想要传达的信息是，在进行剩余分析时，实

---

[1] 将不购买该商品时候的收益标准化为 $U(0) = 0$。

际上必须作出效用函数具有特殊形状的假设。那么，为什么要作出这样特殊的假设来进行剩余分析呢？这是因为[1]：

- （由于作出了"拟线性效用"这样比较严格的假设）剩余分析能够对市场机制的功能进行直观的、浅显易懂的解释。
- 但是，（不作出"拟线性效用"这样的严格的假设）通过剩余分析所阐明的事情（扭曲市场价格的各种各样的政策会损害有效性）在一般情况下也通常会成立。

也就是说，微观经济学对市场机制的作用：

- 首先在能够进行剩余分析的简单（然而是稍微特殊）情形下进行了确认；
- 接着用更高级的分析方法对其在更一般的情况下也成立进行了确认。

比剩余分析更具一般性的"更高级的分析方法"是指，在第三节中将要学到的全局均衡分析，特别是被称为**福利经济学基本定理**[2]的内容。接下来我们通过几个具体事例，来对这种微观经济学的分析方法进行确认。

（4）局部均衡分析的应用事例

接下来，为了好好学习局部均衡分析与消费者剩余概念的"使用方法"，我们来试着弄清楚税收给市场带来低效率这一问题。

---

[1] 这种特殊的假设究竟什么时候能够得到满足呢？针对这一点，我们可以像下面这样想。从上述解释中可知，在效用为拟线性且没有收入效应（也就是说，即使收入发生变化，这种商品的需求量也不会发生变化）的时候，剩余分析能够被合理化。虽然上述分析没有言明，但事实上众所周知，当没有收入效应时，且只有这个时候消费者剩余才能准确表示消费者得到的好处。也就是说，我们只要将这个特殊的假设看作为了使剩余分析的结果值得信赖而设置的特殊的前提（收入效应为零，或者是较小）就可以了。

[2] 在效用为拟线性这一严格假设不成立（因此更加现实的）的情况下，关于用需求函数估计出消费者得到的好处的更严谨的方法，被总结在书后的附录C（第490页）中。

①间接税的低效率性

图3-16表示的是不征税时啤酒市场的均衡。

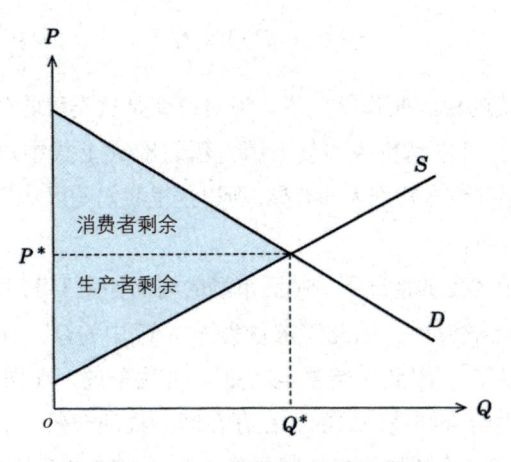

图3-16 不征税时啤酒市场的均衡

如同在之前的第3小节中所讲的那样，啤酒的消费者会得到与消费者剩余相等的好处。而生产者剩余粗略地讲就是利润（准确来说是从生产者剩余中扣除沉没的固定成本——即使停止生产也无法收回的成本——之后得到的利润❶）。生产者剩余和消费者剩余的和便是<u>总剩余</u>。通过啤酒市场的交易，全体国民会获得相当于总剩余的收益。

如果此时征收<u>间接税</u>（酒类税）的话，**消费者支付的价格会比生产者得到的价格多出税收的部分**。征收间接税的方法有2种，如果将消费者支付的价格用 P^D 来表示，生产者得到的金额用 P^S 来表示，税率用 t 来表示的话就是：

$$P^D = P^S + t$$

这种形式的税收就叫作<u>从量税</u>。这指的是"每单位商品对应多少金额"的征税方式，酒类税就是从量税。举个例子，2014年起，日本的

---

❶ 沉没的固定成本、生产者剩余、利润之间的关系，已经在本书第二章第二节第3小节进行了解释，感兴趣的读者可以回顾前面的内容。

每罐啤酒（350ml装）需要征收77日元的税收（在上式中 $t=77$）。还有一种是"按销售金额的一定比例征税"，用公式来表示就是：

$$P^D = P^S(1+t)$$

这种形式的税收叫作<u>从价税</u>。消费税就是这类税收的一个例子。从2014年起，日本消费税调整为销售额的8%（上式中 $t=0.08$）。因为两者的作用并没有特别大的差异，所以这里我们就以从量税（酒类税）为例来进行分析。

在征收酒类税的情况下，啤酒市场的均衡如图3-17所示。由于消费者支付的价格为 P^D，因此需求量为图3-17中的 Q^0。又由于生产者得到的价格为 P^S，因此供给量也为 Q^0。也就是说，在图3-17的状态下，需求与供给恰好是一致的。在存在间接税的时候，消费者支付的价格 P^D 和生产者得到的价格 P^S 就是像这样被决定在需求与供给一致的水平上的。还有，间接税下的总剩余就等于消费者剩余、政府税收与生产者剩余的总和。请大家检验一下在图3-17中这些部分各自对应哪个区域。将此图与没有间接税时候的图3-16相比较，我们发现，总剩余恰好减少了三角形X的部分。X所表示的总剩余的损失叫作<u>无谓损失</u>（deadweight loss）。也就是说，**征收间接税会引起低效率（剩余减少了）**。

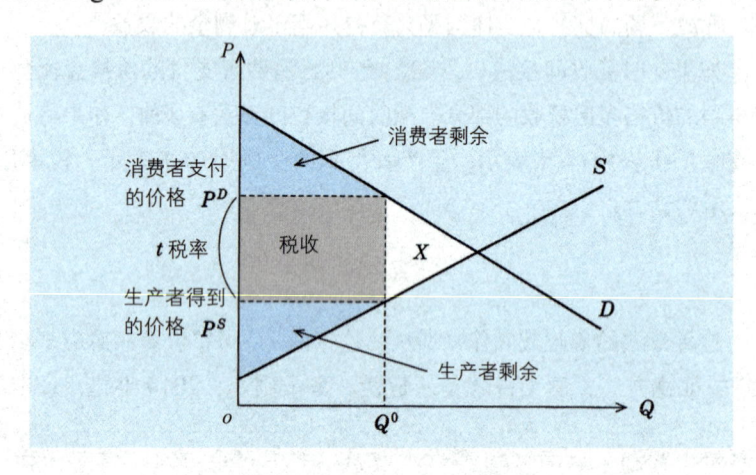

图3-17　间接税下的均衡与剩余

下面，让我们深入理解一下间接税引起低效率的原因。观察一下出现无谓损失的部分（由间接税导致交易没有进行的部分），我们发现，虽然有如图3-18那样"小于这个金额（例如100元）的话就会购买"的人和能够提供更便宜价格（例如80元）的商人存在，但是间接税阻碍了这些人的交易。

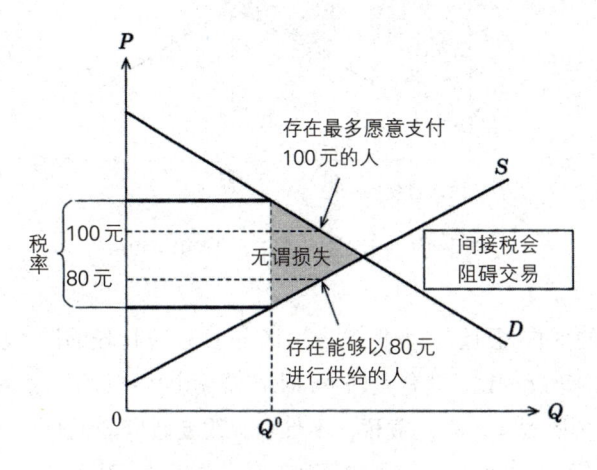

图3-18　无谓损失产生的原因

②帕累托改进与一次性定额税

如果废止间接税的话，虽然社会的总剩余会增加，但这样做的缺陷就是税收为零。由于税收对于政府提供必需的服务是不可或缺的，所以必须想办法解决这个问题。怎样才能既不妨碍效率，又能确保税收呢？

答案是，不理会啤酒的市场价格，将与啤酒的消费量和供给量无关的固定金额作为税收一次性地来征收就可以了。这样的税收叫作一次性定额税。请看图3-19。

如果废止酒类税的话，均衡价格和数量就会被决定在图3-19中的P^*, Q^*。在这种情况下，如果一次性向消费者征收如图3-19中的T_1，向生产者征收T_2的话，政府就不用遭受剩余的损失，还能得到与间接

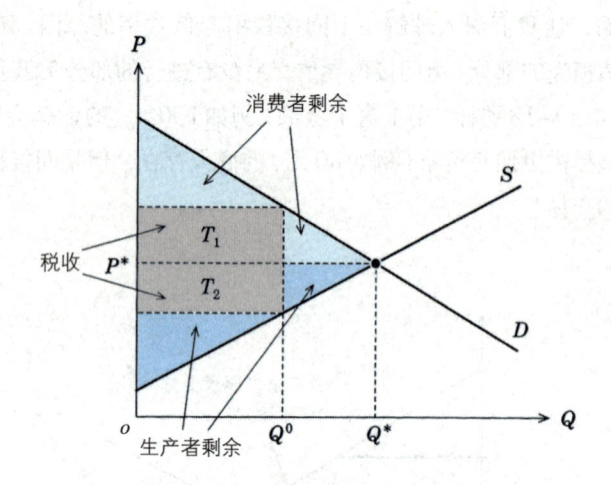

图 3-19 一次性定额税下的均衡与剩余

税下同样的税收。而且,进一步将图 3-19 与图 3-17 比较的话,我们发现,与间接税的情况相比,消费者剩余和生产者剩余也增加了。也就是说,从间接税转换到一次性定额税,不仅没有改变政府的税收,而且消费者和生产者的满意度还能够同时得到提升。这种"不降低任何人的满意度,而提升某些人的满意度"的情况,叫作**帕累托改进**[1]。

注解3-2　征收定额税,需求会不会减少呢? 像图 3-19 那样,如果从消费者身上一次性征收税收 T_1,难道不会导致消费者的收入减少并且需求减少吗? 这确实是一个合理的疑问。正如在消费者行为部分所学的那样,啤酒如果是"正常商品",那么收入减少的话对啤酒的需求也会减少,也就是说,需求曲线应该会向左下方移动。但是,回想一下前面(3)部分的内容就会发现,在进行剩余分析的时候,我们假设消费者的效用呈现出拟线性的特殊形状,因此,如那部分所学的一样,收入效应是为零的。也就是说,**在进行剩余分析的时候(因为假设了拟线性效用),我们不考虑需求曲线由于收入变动而移动的情况**。不过,即使将收入变动带来的需求的增减考虑进去,"如果废止间接税,转换到一次

---

[1] 有关帕累托改进,我们会在第三章第三节第6小节详细讲解。

性定额税的话，也能实现帕累托改进"这一结论也不会发生变化。在全局均衡分析的部分（第三章第三节第10小节）我们会对此做出解释。

下面，我们总结一下从以上的剩余分析中得出的重要结论。

- **市场均衡会最大化总剩余**（图3-20）；
- 间接税会带来低效率（剩余的损失）；
- 征收与消费量和产量等经济活动的水平无关的、固定金额的<u>一次性定额税</u>不会带来低效率（剩余的损失）。

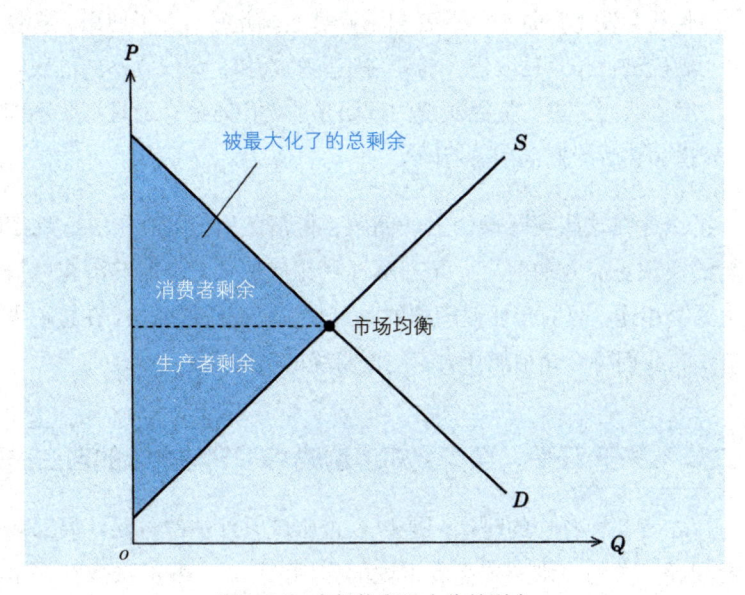

图3-20 市场均衡最大化总剩余

那么，一次性定额税是什么样的税收呢？个人所得税和法人税是否属于一次性定额税呢？答案是否定的。个人所得税的金额是根据对应的劳动收入来决定的，所以如果劳动需求、供给等一系列的经济活动的水平发生变化的话，税额也会发生变化。因此，个人所得税不属于一次性定额税。同样地，法人税的金额是由利润大小来决定的，因此也不属于一次性定额税。现实生活中能够观察到的税收中，最接近一次性定额税的是人头税。它是以"每个人交多少"这样的形式来征收的，自古以来在各个地区都曾施行过。虽然理论上，一次性定额税从有效性的角度来看是具有优越性的，但是它在现实中很少被用到。理由如下：

- 每个人和每个企业所能够支付的税收的金额，依赖于经济活动的水平（收入和利润等），因此如果征收与经济活动水平无关的税收，恐怕会出现无法支付的人和企业。
- 经济上的变化（例如政策的变更）发生之后，各种规模的损失和收益会发生在每个消费者和企业身上。此时，为了使用一次性定额税进行帕累托改进，需要对不同的人和企业征收不同的税收额度。然而，进行征税额度的调研是非常困难的，而且征收不同的税额在政治上也存在着困难。

虽然存在这些实际操作上的问题，但清楚地理解利用一次性定额税能够实现更有效的配置，与理解现状在何种意义上能够潜在地得到改进紧密相连，且对于研究理想的政策来说是有所帮助的（在接下来的小节中，我们将会介绍能让大家感同身受的实际事例）。

第二节　关于TPP，至少要知道这些：TPP与大米的自由进口

在思考各种各样的时事问题以及进行政策评估的时候，局部均衡分析和经济学的思维方式起着很大的作用。因此，我们选取存在争议的TPP问题，给大家看一个**使用局部均衡分析的专业经济分析的实例**。特别说明，我们想展示给大家的是，借助微观经济学的思维方式，相关的数据会变得更明确，而通过研究这些数据，每个国民受到的自由贸易的影响也会逐渐变得明朗起来。

TPP，是跨太平洋伙伴关系协定（Trans-Pacific Partnership Agreement）的简称，是为了创建在环太平洋国家之间免除关税的**自由贸易**

圈的协定。TPP起源于新加坡、新西兰、文莱、智利所签署的自由贸易圈协议(2006年),2014年后,美国、澳大利亚、秘鲁、越南、马来西亚、日本、加拿大、墨西哥曾宣布加入TPP,但美国又在2017年退出。TPP的理念是基本上在所有的商品种类上废除参与国之间的关税,我们在此仅以废除大米关税为例,利用微观经济学的思维方式(局部均衡分析),详细讨论一下进行**自由贸易的优点及其潜在问题**。

(1) 如何知晓大米的供给曲线

了解"由于自由贸易,农民会受到什么程度的冲击"对理解TPP的利弊是很重要的。这个问题和"如果自由贸易导致大米价格下降的话国内的大米供给会减多少"有着密切关联,因此,研究大米的供给曲线就变得非常关键。

但是,大米的价格在自由贸易后会降低到多少,我们并不知道,因此想知道"假设价格下降这么多,供给会减少多少"好像是不可能的。此时别灰心,让我们回忆一下以前在生产者理论中所学的"供给曲线等于边际成本曲线",想一想我们是否能利用这部分知识估计出供给曲线。然而,由于边际成本是"对成本关于产量进行微分后得到的",大家可能认为**了解这个东西是愈发不可能了**。

到这里还是不要放弃,想一想如果按照图3-21的方式来思考的话会怎么样呢?

假设每个农民以大概每千克固定的成本来生产大米应该是没什么问题的。每千克的成本是由下述因素构成的:

①种苗、肥料的花费,帮忙插秧的工资等,需要**支付给他人的成本**。
②自己所拥有的生产要素(自己付出的劳动、自己的农地等)**的报酬**。

(这个区别在后文是很重要的,因此请牢记在心。)如果将由上述成本所决定的各个农民的供给曲线由低到高进行排列的话,就会得到图3-21(b)中的整个国家的供给曲线。它能够成为整个国家的供给曲线的原因如下。

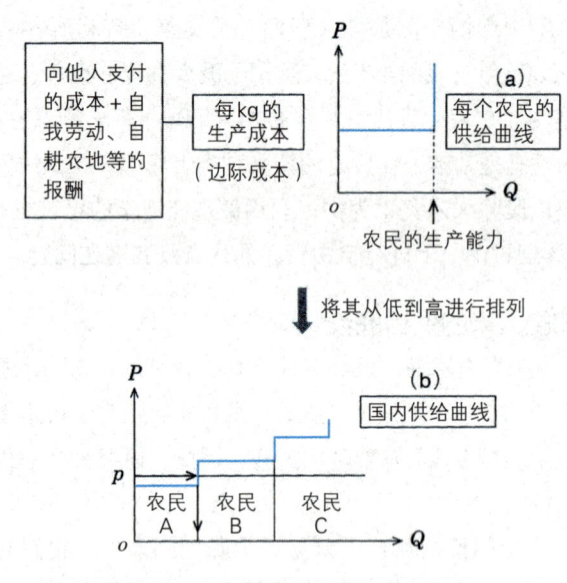

图 3-21 大米的供给曲线的研究方法

现在，假设在图中 3-21（b）中的价格 p 是给定的，由于其大于"农民 A 的原材料成本和自我劳动等的报酬（前面的①+②）"，因此农民 A 会选择种植大米。但是对于农民 B 和农民 C 而言，由于价格低于"原材料成本和自己的劳动等的报酬"，不会得到报酬，因此 B 和 C 不会种植大米。由此可知，大米的供给量跟（b）一样，是由供给曲线所决定的[1]。

本质上，只要能够掌握每个农民的成本就可以了，但这样的数据当然是不可能有的。然而，我们还知道，大米的生产成本取决于农地的规模。这是因为大规模的稻田能够进行高效的生产，成本会变得更低。事实上，反映这种现象的统计数据是存在的，日本农林水产省根据"15 公顷以上""10~15 公顷"等若干规模等级来划分农地，并公开了每个等级的平均生产成本。图 3-22（a）描绘的便是 2010 年公开的这组数据。

本来，与图 3-22（a）中的 8 个种植规模（"15 公顷以上""10~15

---

[1] 此处的思路恰巧与从各发电厂的发电成本求得东北电力的边际成本曲线的思路是一样的（第二章，实例 5）。

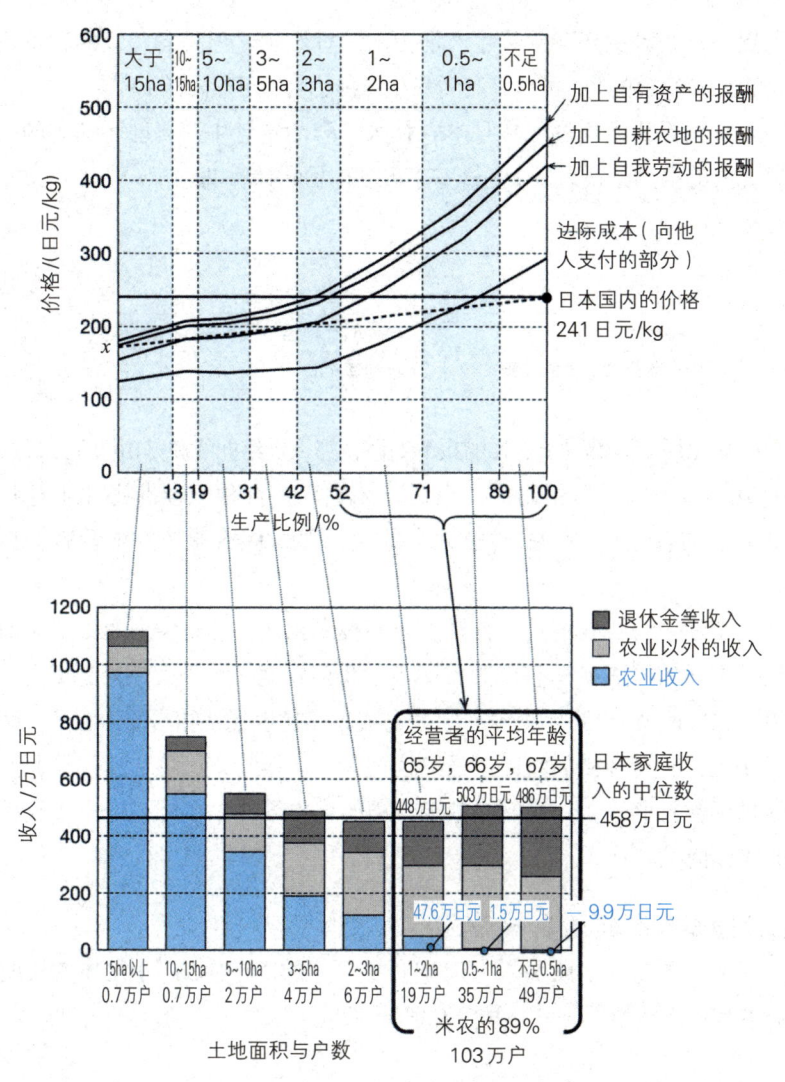

图3-22 2010年米农的成本结构（上：图a）与2006年米农的收入（下：图b）

公顷"等）相对应，成本函数应该会形成8段的阶梯状的图像，但是，在每个等级内部（例如"15公顷以上"）的农民也有规模大小之分，实际上我们可以认为成本并不是呈阶梯状，而是接近连续变化的，因此将阶梯状的图形做适当调整之后就能够得到右上方倾斜的曲线。另外，虽然没有找到关于各等级生产能力的统计数据，但是各等级的种植面积我们是知道的[1]，可以将其看作生产能力并画出图像（a）[2]。

下面是重点内容，在日本农林水产省的统计中，自己所拥有的生产要素的报酬是跟表3–1一样基于市场价格来计算的。

表3–1

自我劳动的报酬	中小企业（制造业）的工资
自耕农地的报酬	同样的土地租给佃农时的土地租金
自己所拥有资本的报酬	年利率4%

如果所有人都寻求这样的报酬的话，那么供给曲线就是由图3–22（a）中最上面的曲线所给出的。反之，如果存在即便只能获得比上述报酬更少的收益也决定去种植大米的人，那么供给曲线的位置就会更靠下。

实际上与自我劳动和自耕农地的报酬相比，种植大米的人追求的是什么样的报酬呢？仔细观察图表，我们发现一个令人惊讶的事实。图3–22（a）中有大米的价格[3]，这与成本相比已经是相当低的水平。即便如此，所有规模的农民还是继续种大米。接下来，将估计供给曲线的目标暂且搁置，让我们先基于这样的成本结构来研究一下米农收入的实际情况。

（2）日本米农是怎样一群人

通过观察处于图3–22（a）中右半部分的2公顷以下小规模农民的成本与大米价格的关系，我们发现：

---

[1] 耕地面积的统计数据请参照：《2010年世界农业普查》第4卷第1集。为了使这些数据与《农业经营统计调查平成二十二年（即2010年——译者注）产大米以及麦类作物的生产成本》中的成本数据相符，我们对各规模等级的数据进行了重新加总。

[2] 实际上，我们普遍认为，面积相同的话，大规模农场比农民的收获量更大，因此图3–22（a）可能低估了大规模农民的生产能力。

[3] 大米的价格，也就是批发商购入的糙米价格，每年的波动都较大，因此我们取2006年到2011年的平均值（数据源于日本农林水产省《关于米谷交易的报告》）。

- 对拥有1~2公顷稻田的人来说，由于价格大体上就是"统计所给出的自我劳动的报酬＋向他人支付的成本"，因此虽然能获得与**中小企业相当的劳动收入**，却无法获得自耕农地和自有资本的报酬。
- 对**0.5~1公顷**的人来说，只能获得与自我劳动相对应的微薄报酬。
- 对**不足0.5公顷**的人来说，（由于价格＜向他人支付的成本，）只要种植大米，就会处在入不敷出的**完全亏本状态**。

对于2公顷以下面积的米农来说，所得报酬都低于市场价格估计的价值，但他们仍在持续种大米。而且，日本国内供给的约一半的**大米，都是由处在这种不盈利的严峻状况下的农民们种植出来的**。由此可知，认为"**种植大米的农民受到优厚的政策保护，过着轻松的生活**"**是大错特错的**。但是，仔细研究数据之后，我们发现了一个有些出乎意料的事实。

如果基于前面的结论进行思考的话，那么占比最大的种植面积在2公顷以下的小农，可能被认为是全日本收入最低的人群，但是实际情况真是这样吗？此处的数据稍微有些老旧，但是这里面包括已经公布的2006年米农的收入明细，因此我们还是一起来看一下。请看第183页的图3-22（b）[1]。令人意外的是，**这样的小农，竟然获得的是相当于日本中产阶层水平的收入**[2]。其原因通过观察图3-22（b）中的收益明细就会一目了然，因为这些农民并非专职农民，**他们收入的大部分来自农业以外的收入和退休金**。这些人之所以能够从事副业，是因为借助机械化，当前1公顷左右的土地**每年只需要耗费一点点劳动时间就能够种植出大米**。而且，希望大家注意的是，在图3-22（b）中这些农民经

---

[1] 笔者根据《平成十九年（即2007年——译者注）食品·农业·农村白皮书》第一章第一节中的数据作图，是2006年的数据。但是，为了使农民的户数与图3-22（a）吻合，我们使用的是2010年农户的数据（来源：《2010年世界农业普查》第4卷第1集）。

[2] 图3-22（b）中的是同一年（2006年）的家庭收入的中位值。这是将日本的家庭收入从最贫困到最富裕排成一列时，恰好处在中间位置的中等家庭的收入（来源：日本厚生劳动省《平成十八年（即2006年——译者注）年度国民生活基础调查》）。

营者的平均年龄，正逐步呈现严重的高龄化趋势。也就是说，我们可以认为，这些小农的大米种植相当程度上是由退休一代的劳动者完成的。最后，另一个值得震惊的事实是，产量上约占整体一半的这些**小农的数量占据了米农的大部分（89%）**。

如果对从以上统计中观测到的米农的平均情况进行总结的话，我们可以得到如下结论。请大家一边看图3-22（b）中用四边形圈起来的部分，一边进行确认。

> 约占米农整体的9成（103万户）的米农，进行平均之后的情况是：
>
> - 拥有大约1公顷（100m×100m，大约15亩）的小规模稻田。
> - 农业并非主业，借助休息日的劳动和退休一代的劳动种植大米（由于机械化，每年投入一点点劳动时间就能种植大米）。
> - 平均来看，年收入大概相当于日本中产阶层水平，**农业收入[每年从-10万日元（亏本）到50万日元左右]只占其收入的小部分。**
> - 种植大米虽然盈利性差，但由于某些原因（例如为了守护从祖先那继承的稻田），他们继续种植着大米。
> - **经营者为高龄**，退休一代在拿着退休金的同时还在种植大米的情况为数不少。

（3）估计大米的供给曲线

现在，让我们回到估计大米的供给曲线的话题。由于图3-22（a）中所有的生产者都是在241日元/kg的价格水平上进行供给的，因此供给曲线应该为经过图3-22（a）右端的黑色圆点且向右上方倾斜的曲线。而且，除去农业收入只占年收入极小部分的小农的话，我们可以认为，农民会要求这两点：①覆盖掉向他人支付的成本，②获得相当于自我劳动和自有农地的报酬的收入，因此，供给曲线就会处在图3-22（a）中最下方的曲线和最上方的曲线之间。因为其形状还不太清楚，这里我们索性就将其设想成图3-22（a）中的虚线所表示的直线型的供给曲线吧！

discussion自由贸易问题时最重要的就是**供给曲线的最低点**［图3-22（a）中虚线左侧的"x"］。比如当$x=190$日元时，如果由于自由贸易，大米的价格变为190日元以下的话，那么日本的米农就会全军覆没。由于这是非常关键的数值，因此有必要找到在某种程度上有据可依的数字。根据制作此图时所使用的统计数据，生产率最高的"15公顷以上"等级的农民的平均总成本（包含全部自己所拥有的生产要素的报酬）为192日元/kg。但是，15公顷以上的农民中也应该会有生产率高的和生产率低的，因此我们需要了解，生产率最高的农民的成本大概是多少，并且这些农民拥有何种程度的生产能力。

幸运的是，这种详细的成本分布统计是存在的❶。根据这个统计，最有竞争力的农民的总成本（包含全部自己所拥有的生产要素的报酬）是132日元/kg，且**总成本在168日元/kg以下的农民承担着大米生产的5%**。因此，这里我们估计供给曲线的最低点的值［图3-22（a）中的"x"］为170日元/kg。

（4）自由贸易前的大米市场的均衡

基于上面估计出来的供给函数，我们试着将自由贸易前的日本大米市场的状况进行图表化。为此，我们需要**估计出大米的需求函数**。根据之前的研究，大米的需求的价格弹性非常低，估计值大约为0.13左右❷。也就是说，即使大米价格下降1%，需求也只会增加0.13%左右。因此，大米的需求就是价格弹性固定（估计值0.13），且经过现实的消费点的曲线。

基于以上结论，图3-23用尽可能反映现实数据的方式描绘了自

---

❶ 日本农林水产省《农业经营统计》：平成二十二年生产的大米及麦类农作物的生产成本/大米生产成本（1）频数分布/每60kg完全生产成本各等级分布。

❷ T.Kato, M.Gemma, and S.ITO（1997）"Implications of Minimum Access Rice Import on Supply and Demand of Rice in Japan." *Agricultural Economics*, 16, pp.193 − 204.

由贸易前大米市场的均衡。2010年日本的大米产量约为850万吨[1]。图3-23的"生产调整下的供给曲线"就是，借助目前为止所解释的方法，从供给850万吨大米的农民的实际成本数据中估计出来的。

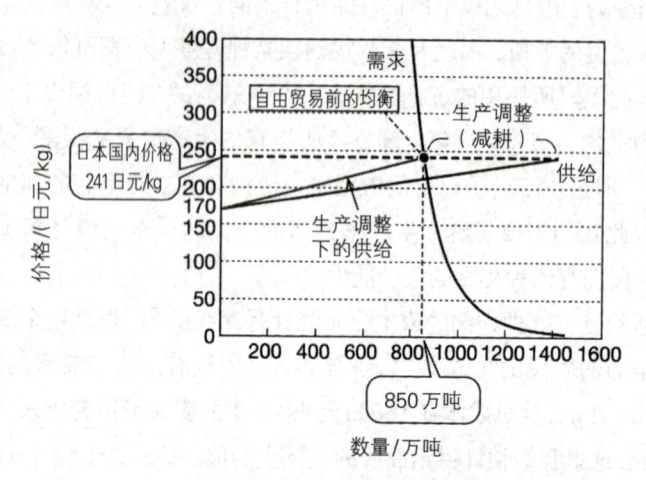

图3-23　自由贸易前的大米市场

在这里，有一个需要重点关注的地方。日本大米的国内价格虽然是由自由市场决定的，但为了维持大米的高价格，日本农林水产省进行了名为"减耕"的生产调整，目的是通过抑制产量抬高价格。虽然对于生产调整的比例我们不是很清楚，但一般认为在40%左右。粗略地讲，日本全国的大米生产者都收到了一律将稻田的4成转向种植其他作物的要求[2]。虽然这个要求不是强制性的，但如果按要求进行减耕的话可以领取补贴。因此，我们可以认为，在（2）（3）部分中估计出来的"生产调整后的供给"，是把没有实行减耕时的真实供给减掉4成之后得到

---

[1] 日本农林水产省《庄稼统计》中的"水稻"的"全国，收获期"一栏中的收成。
[2] 农林水产省公布了截至2003年的减耕面积的比例。但这之后，生产调整的方式由削减耕地面积变为削减产量，于是就不再公布减耕面积的比例了。最后公布的一年（2003年）的减耕面积比例是40%（减耕于2018年被废除了）。

的[1]。图3-23的"供给"就是这样被描绘出来的。

（5）由于自由贸易，大米的价格会下降多少

接下来，为了观察自由贸易的影响，我们来研究一下大米的价格。现在，日本政府对**进口的每千克大米征收341日元的关税**[2]。虽然经常被说成是大米的"关税率为778%"，但实际上大米的关税并不是按照"出口价格的百分之几"（从价税）的方式来征收的，而是1千克多少日元的"从量税"。由于对1千克大米所征收的关税（341日元）远高于日本国内价格（241日元左右），因此即使别国**大米的出口价格为零，日本也完全不会进口**（禁止性高关税）。

那么，如果关税因TPP被撤销的话，大米的价格会下降到多少呢？由于大米种类繁多，品质参差不齐，因此这并不是个简单的问题。作为一个基准，我们来看一下在几乎不对大米征收关税的美国，那里的日本人会选择何种大米。根据我的留美经验，在当地的日本人购买的大米中，比较有名的是"锦米"和"田牧米"。它们和日本米一样都是短粒米。虽然锦米价格更便宜，但味道上更接近日本米的是田牧米。感觉上，日本留学生吃的是锦米，外交官的太太们买的是田牧米。而且，我身边的朋友们吃的最便宜的短粒米就是锦米了。因此，我们将现在这些米的价格与在日本超市中卖得比较好的米相比较，大概结果如下。此处的价格是1千克的零售价。[3]

---

[1] 也就是说，假设各个农民是按照原本供给能力的6成来生产的。实际上由于不顺应减耕政策能够获利，因此也有生产者不进行减耕。如果产能高的大规模农民违反减耕政策的话，那么图3-23中"供给"这一栏就有可能高估了大规模农民的供给能力。

[2] 该金额出自日本《财务省贸易统计》（『財務省貿易統計』，暂无中文版）进口统计目录表（实行关税率表）。有点难以理解的是，在"糙米"中存在政府出于特殊原因不进口的"其他种类商品"，它们适用的是WTO成员间所通用的《WTO协议》的关税比例。

[3] 在加利福尼亚一家日本超市的网站主页上，锦米售价为16.88美元/磅，黄金田牧米售价为24.99美元/磅。将这些价格按照1美元/95日元进行折算。此处的零售价格（400～500日元）高于之前讨论中出现的大米的国内价格（241日元），是因为后者是精米化处理前的糙米的批发价格。精米化处理之后，大米是会被削减一部分的，因此每千克的价格也会发生很大的变化。

- 锦米价格/日本的便宜大米的价格＝237日元/400日元＝59%
- 田牧米价格/日本的便宜大米的价格＝349日元/400日元＝87%
- 田牧米价格/日本的普通大米的价格＝349日元/500日元＝70%

在日本农林水产省估算TPP影响的资料[1]中，以中国短粒米的价格为依据，认为"自由贸易之后大米价格会下降为原来的1/4"，但是这个价格下降的幅度被普遍认为过度估计了。在本书中，基于前面的价格比较，我们假设：**自由贸易之后，价格会下降25%**（241日元→181日元）。

（6）由于自由贸易，大米的国内生产会如何变化

在上述假设下，自由贸易后的大米市场均衡如图3-24所示。自由贸易后，由于国外生产的大米可以自由进入市场，通过生产调整来维持高价格就不再有效。因此，如果实行**自由贸易的话，减耕制度就不得不被废除**，大米会根据图3-23所描绘的（没有生产调整时的）供给曲线进行生产。为了理解自由贸易后的状态，请抓住下面的重点。

- 自由贸易后的消费量是由自由贸易后的价格181日元与需求曲线来决定的（图3-24中标记为"自由贸易后的均衡"的黑色圆点）。
- 在自由贸易后的价格下，日本国内产量是由供给曲线所决定的（图3-24中标记为"国内生产"的部分）。
- 消费量与国内产量的差，就是进口量（图3-24中标记为"进口"的部分）。

自由贸易后的日本国内供给量为210万吨，如果这个假设是正确的，那么由于自由贸易，大米的国内生产就会骤降到原来的1/4。自由贸易后的产量与15公顷以上的大规模农民生产的部分大体相当。请大家注意，观察图3-24可知，由于只要接近水平的供给曲线稍有变化，

---

[1] 日本国家战略室《关于经济合作的综合资料·资料3：农林水产省试算》（平成二十二年10月27日）http://www.cas.go.jp/jp/tpp/pdf/2012/1/siryou3.pdf。

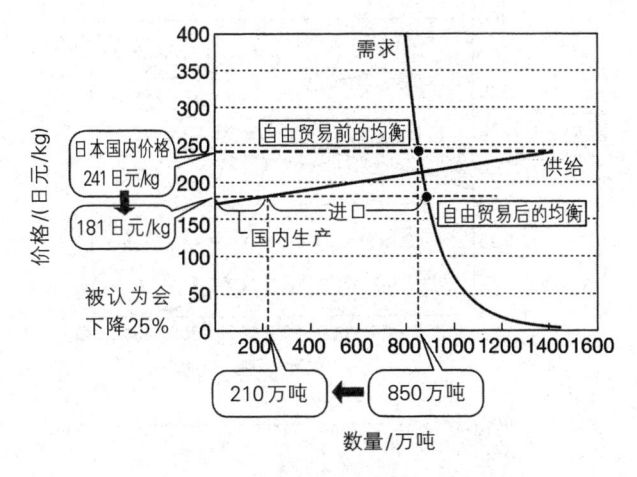

图 3-24 自由贸易后的大米市场

自由贸易后的国内产量就会变化很大，因此"降到 1/4"的可信度也并不是那么高。但是，在第（iii）部分我们曾看过详细数据，考虑到**"一边做着自己的工作，一边种植大米的小农＝日本米农的 9 成"**，即使他们在自由贸易之前的价格下都曾面临盈利性极差的状况，我们也可以认为**这样的小农的确会因自由贸易受到巨大的影响。**

（7）谁会因自由贸易获益

接下来，让我们思考一下自由贸易所带来的国家收益。图 3-25 表示的是在自由贸易前后的图（图 3-23 与图 3-24）中的消费者的收益（消费者剩余）与米农的收益（生产者剩余）。

虽然由于自由贸易生产者剩余大幅减少，但我们知道，消费者得到的好处并不止这么多。图 3-26 表示的是，在从上面的图移至下面的图的过程中，灰色部分（总剩余）增加了多少，这就是自由贸易为整个日本带来的收益（总剩余的净增加部分）。

仔细分析自由贸易所带来的收益，我们发现，**国民不再需要负担高于国际水平的大米生产成本，所带来的收益**（图中浅灰色部分）是很大的，其余还包括"由于便宜的国际价格，消费增长的收益"（右侧深

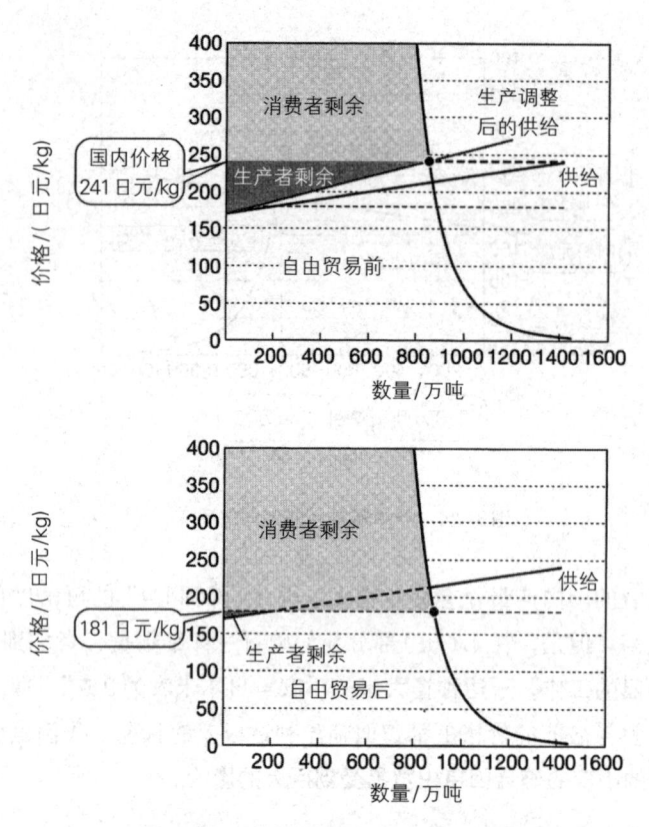

图 3-25　大米自由贸易带来的剩余的变化

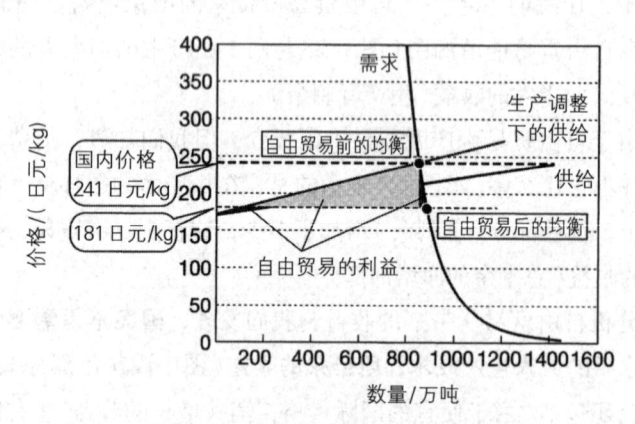

图 3-26　自由贸易带给整个日本的收益

灰色部分）和"由于废除生产调整（减耕），农地得以有效利用所带来的收益"（左侧深灰色部分）。

换言之，我们可以得到如下结论：

自由贸易的收益

- 虽然因自由贸易，日本国内生产者（农民）会遭受损失，但是消费者会获益（图3-25）。
- 消费者获得的收益超过了生产者（农民）所遭受的损失（图3-26表示的是超过的部分）。

观察图3-25和图3-26可知，无论向右下方倾斜的需求和向右上方倾斜的供给呈何种形状，上述结论都成立。也就是说，基于微观经济学的分析所明确的重要的一点是，由于自由贸易所带来的收益一定超过损失，因此扣除得失平衡的部分，整个日本一定会获益[那么，对受损的人可以置之不理吗？关于这一点将在接下来的第（8）部分讨论]。

接下来，让我们看一下因自由贸易而获益的究竟是哪些人。由于几乎所有人都会消费大米，因此由自由贸易所带来的米价下跌的福利可以惠及全体国民。其中受影响尤其大的是不得不将大部分支出分配到食品支出上的贫困人群。请看图3-27。

食品支出占总支出的比重叫作恩格尔系数。图3-27按收入最低到最高的顺序，将人分为7个等级，形成7个不同的收入阶层，并显示每个阶层的恩格尔系数。从图中可以看出，恩格尔系数呈现随收入水平上升而下降的趋势（恩格尔法则）。图3-27中排名后30%的人（第1、第2等级），其**食品支出约占总支出的4成，相对来说日本最能享受到自由贸易福利的就是这些贫困人群**，因此，"从自由贸易中获益的只是有钱人"这一想法是大错特错的。这些大多是年收入在300万日元以下的家庭，其数量在2012年为1400万户[1]。将其与在自由贸易中受损

---

[1] 日本厚生劳动省《平成二十三年度国民生活基础调查》（即2011年——译者注）。

失最厉害的103万户小农（占米民的9成）进行对比[请再一次确认图3-22（b）中用四边形圈住的部分]的话，我们便可以掌握从自由贸易中受损的和获益的具体都是什么样的人。

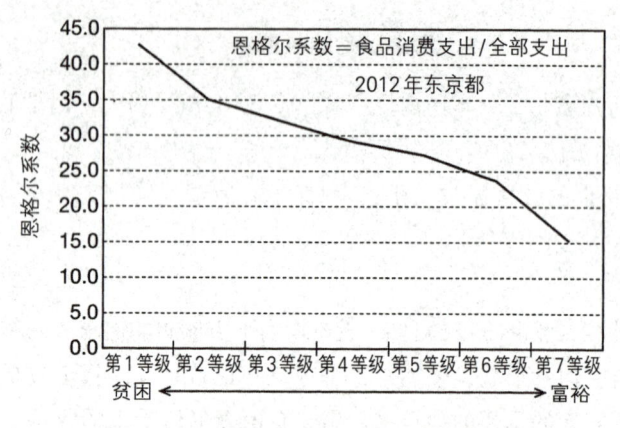

图3-27　收入水平与食品支出

（8）大米应该自由贸易吗？

以上讨论的是关于"如果进行自由贸易会如何"，这对应着在导言中定义的"实证（positive）分析"。在此基础上，让我们来研究一下"是否应该进行自由贸易"这一价值判断问题，即进行"规范（normative）分析"。

从第（7）部分我们了解到，消费者获得的收益的总和大于农民所遭受的损失的总和。因此，如果通过适当的方式让消费者向农民支付**补偿金**的话，则包括**农民在内的每一个国民就都能够享受到自由贸易**的好处了。

虽然初见时大家会认为"理论上虽然如此，但要找到这么完美的补偿方式根本没有可能"，但是实际上，只要按照下面的方式进行操作就可以了。

> **让每个国民都能获得自由贸易的好处的补偿方式**
>
> - 从每个消费者处征收这么多：
>
>   自由贸易前的消费量×自由贸易引起的价格的下跌
>
> - 向每个农民支付这么多：
>
>   自由贸易前的产量×自由贸易引起的价格的下跌

让我们解释一下为什么这样做能"让全体国民都变得更幸福"❶。首先请注意，由于自由贸易前的消费总量＝自由贸易前的生产总量，因此消费者的支出总额确实等于农民收到的总额（补偿金的收支是平衡的）。

接下来让我们将视线转向各个消费者。由于自由贸易，大米会变得更加便宜，因此就算进行与自由贸易前同等的消费，也会剩余上面的金额。因此，即使支付这些金额，**也可以做到与自由贸易前同等的消费**。由于大米因自由贸易会变得相当便宜，因此实际上消费者的消费模式会有所改变。于是，消费者"虽然只要愿意就能够保持自由贸易之前的消费模式，但是实际上会向其他更好的消费模式转移"。也就是说，消费者确实得到了自由贸易的好处。

每个农民也一样。如果他们进行着和自由贸易前同样的生产，并**得到上述补偿金的话，是可以确保他们的收入与自由贸易前相等的**，因此至少能获得与自由贸易前同等的满意度。即便不进行自由贸易前的生产，如果在自由贸易后的价格下选择最优产量的话，其满意度相比于自由贸易之前也能得到提升。这样一来，自由贸易的好处就可以

---

❶ 其重要之处在于，这些是由"自由贸易前的"消费和生产所决定的。也就是说，从消费者处征收的金额，是和自由贸易后的消费行为无关的"一次性定额税"，农民得到的是与自由贸易后的生产行为无关的"一次性补助"。如第一节第4小节所讲，一次性定额税不会产生低效率，一次性补助也一样。

惠及每一个国民了。

当然，实际中彻底实施这样精细的补偿是非常困难的，无论如何都会出现从自由贸易中受损或获益的人。因此，"是否应该进行自由贸易"这一问题，是由每个人的价值判断来决定的，而且现实世界不是只有经济学这一个维度，**微观经济学这个学科也不要求"一定要进行这种价值判断"**。但是，无论进行怎样的价值判断，微观经济学都传递了以下信息：**我们应该考虑清楚，在自由贸易中什么样的人获得何种损失或者收益，获益的人能够在何种程度上以及如何去对受损的人提供补偿，之后再进行价值判断。**❶

注解3-3 社会上常见的观点忽略了什么？ 上述基于微观经济学对TPP的评价，与下列在社会上常见的观点有何不同呢？

- TPP是将美国规则强加于他国的产物。TPP与日本国家利益背道而驰。
- 错过自由贸易的浪潮，会在国际竞争中败下阵来。因此现在应该加入TPP。

这些观点初听起来很有道理，但是其问题在于，它们都是**把每个国民的利益关系置之度外的价值判断**。本来，"美国规则"与"自由贸易的浪潮"这种事情本身是没有价值的，我们应该考虑的是，如果这么做，每个国民能不能变得幸福。如果不考虑"谁获益、谁受损"来讨论的话，就会出现下面的情况。

---

①不考虑每一个国民的利益而进行**粗略的判断**。

⇩

②给与自己观点相左的一方贴上"市场原教旨主义者"的标签，宣称只有自己才是正义的。

⇩

---

❶ 如果由于大米自由贸易，大米的种植规模缩小了，除了上面讨论的问题，还会发生**治水和景观等被称作外部性**（在第四章中解释）的损失，以及**食品自给率**下降等的问题。尤其是后者，可能会在发生天灾、战争等意外时出现国内食品供给不足的风险。同样的问题在能源问题上也有所体现。

③不会去改变自己最初的观点，或者是强制推行那些只让自己的利益相关者受益的观点。

只是在这个水平上进行对话，那么讨论就是鸡同鸭讲，甚至会发展为情绪上的冲突。为了开展更有建设性的讨论，我们就必须进一步深挖，实打实地搞清楚"是否参与自由贸易，什么样的损益会在谁身上发生"。微观经济学就是分析这类问题的学科。

注解3-4 **日本经济政策的问题**：从上述实例中我们可以看到，在日本的经济政策决定上浮现出了一些共通的问题。经济政策的制定一定会涉及"相关部门"。大米的话是农林水产省。农林水产省会估算TPP带来的影响，同时主张"如果加入TPP的话，会给日本带来这样的坏影响"，这样消费者因TPP而获得的好处就完全被无视了。反过来也是一样。不仅仅是TPP，发生别的什么经济政策上的事件时，相关省厅虽然会成立专项委员会，但是出席其中的几乎都是代表生产者的人物。因此，这样的委员会也好，监管省厅也好，自然而然就会站在生产者的角度看问题。但是，无视在经济政策下最受影响的消费者群体，对国家是有害无益的。像这样**在决定经济政策的场合，没有代表消费者利益的人**是日本的一个大问题。为了纠正这一问题，国民和媒体应在学习正确的经济学知识（称为"经济素养"）之后，再去主张消费者的权利。对这个问题进行抽象的、一般性的思考，很可能感觉自己好像被诓了，但是请再看一看之前的实例，是不是能切实感受到这并不仅仅是经济学者的话术了呢？

第三节　全局均衡分析

只着眼于单个市场的"局部均衡分析"，虽然有着直觉上容易理解的优点，却无法体现出某个市场的变动对其他市场产生的各种波及效果。因此，为了进行更全面的分析，我们需要一种可以同时观察所有市场的方法。而能满足这个要求的就是我们接下来要解释的"全局均衡分析"。虽然我们借助社会经验和常识便能够理解在单个市场上发生的事情，但对于理解多个市场之间相互依存的关系，社会经验和常识就难以发挥作用了。此时能够发挥作用的，是数理经济模型。让我们在注意不遗漏与现实的关系的同时，对这种展望经济总体状况的方法展开浅显易懂的解释吧！

(1) 观察经济总体状况：全局均衡模型

为了展望所有的市场，首先，我们把经济中存在的所有商品用 $n = 1, \cdots, N$ 来表示，把由各种各样的商品的价格 p_n 构成的序列 $p = (p_1, \cdots, p_N)$ 称为**价格体系**。接下来，让我们把构成经济的企业和消费者分别纳入模型中。

企业：用 $j = 1, \cdots, J$ 来表示在经济中存在的所有企业。说到 J 的数量是多少的话，在日本大约有420万家企业[1]。接下来，我们就是要建立一个可以同时观察所有这些企业的模型。正如我们在第二章的第四节所学的那样，企业 j 的生产活动能够用下式来表示：

$$\text{生产计划} \quad y^j = (y_1^j, \cdots, y_N^j)$$

生产计划的第 n 个元素 y_n^j 如果是正的，这就表示企业 j 所生产的商品 n 的产量；如果是负的，则 y_n^j 表示企业 j 对商品 n 的投入量。例如，$y^j = (-5, 0, 0, 1)$ 这个生产计划表示的就是企业 j 投入 5 单位的第 1 种商品制作出 1 单位的第 4 种商品。进一步，请看这里：

$$\text{企业 } j \text{ 所有可以实行的生产计划的集合} = Y^j$$

我们把它称作企业 j 的**生产可能性集合**。对任何企业来说都存在能够实行和不能实行的生产计划，如果仔细分析的话，我们应该能够将它们用生产可能性集合 Y^j 的形式画出来。这样一来，我们就可以将经济中存在的各种各样的企业的生产技术全部纳入模型之中。

---

[1] 根据日本中小企业厅统计《中小企业的企业数量·办公室数量》(2012年版)，2009年非第一产业的大企业、中小企业的总和。

例题 10 为了理解生产可能性集合是什么,让我们来看一个简化的例子。假如经济中有两种商品,第1种商品($n=1$)是劳动,第2种商品是产品(例如小麦),则企业 j 投入劳动生产小麦的生产计划就可以用下式表示:

$$y^j = (\underset{\underset{\text{劳动投入量}}{(-)}}{y_1^j}, \underset{\underset{\text{小麦产量}}{(+)}}{y_2^j})$$

例如 $y^j = (-8, 2)$ 的话,就表示企业 j 投入了 8 单位的劳动,并生产了 2 单位的小麦。图 3-28 描绘的就是该企业典型的生产可能性集合,其边界线如图所示对应着生产函数。

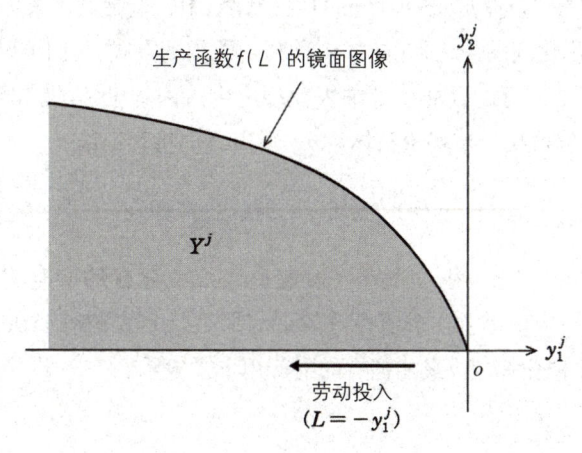

图 3-28 企业 j 的生产可能性集合

现在,如果我们用生产计划 y^j 来表示生产活动的话,利润就可以写为:

$$\text{利润} = py^j$$

再次对符号的含义进行解释,我们对符号的约定如下: py^j 不是 "p" 和 "y^j" 两个数字相乘的意思,而是 $p = (p_1, \cdots, p_N)$ 表示价格体系,$y^j = (y_1^j, \cdots, y_N^j)$ 表示生产计划,$py^j = (p_1 y_1^j + \cdots + p_N y_N^j)$。例如,在上述

例子中的生产计划 $y^j = (-8, 2)$ 下利润就可以用下式表示：

$$py^j = -8p_1 + 2p_2$$
$$\underset{\text{劳动工资}}{}\ \underset{\text{销售额}}{}$$

因此，完全竞争的企业的利润最大化问题就可以表述为：

$$\max_{y^j} py^j$$
$$\text{s.t.} y^j \in Y^j \tag{2}$$

单个企业 j 的行动是这样决定的（利润最大化）

这就是"企业 j 在各种可行的生产计划中，选择利润最大化的那一个"的最优化问题[1]。通过这样一种紧凑的表现方式，我们可以将经济中存在的千千万万的企业全部纳入模型之中。因为上述的利润最大化问题（2）的解取决于市场价格体系 p，所以我们将其记作：

$$y^j(p) \quad \text{企业 } j \text{ 的}\underline{\text{最优生产计划}}$$

消费者：我们用 $i = 1, \cdots, I$ 来表示经济中存在的所有消费者。如果把每 1 户家庭看作 1 个消费者的话，那么日本大约有 4800 万名消费者[2]。我们把消费者 i 最初拥有的财产用下式表示：

$$w^i = (w^i_1, \cdots, w^i_N)$$

并将其称为<u>初始禀赋</u>。此外，由于企业的利润最终会被分配到国民（消费者）手中，为了表示这一点，我们引入下面的符号：

$$\theta_{ij} = \text{企业 } j \text{ 的利润中，分配给家庭 } i \text{ 的比重}$$

---

[1] 若再次对符号的含义进行解释的话，"s.t. $y^j \in Y^j$" 是"在 y^j 属于 Y^j 的约束下"的意思。
[2] 日本厚生劳动省"国民生活基础调查"的家庭总户数（2012年）。

例题11 如果消费者i拥有企业j的10%的股份,且作为股份分红,该消费者可以获得10%的利润的话,那么$\theta_{ij}=0.1$。

因为企业的利润被毫无剩余地分配到国民$i=1,\cdots,I$手中,所以$\theta_{1j}+\cdots+\theta_{Ij}=1$对任何企业$j$都成立。

此时,如果把消费者i的消费计划用$x^i=x_1^i,\cdots,x_N^i$来表示,那么预算约束式❶就变为[回忆一下,企业j的利润用$py^j(p)$来表示]:

$$px^i = \underset{\text{来自初始}}{pw^i} + \underset{\text{来自企业的利润分配}}{\sum_{j=1}^{J}\theta_{ij}py^j(p)} \quad (3)$$

支出　来自初始　　来自企业的利润分配
　　　禀赋的收入

每个消费者的行动就是在预算约束下选择最喜欢的(即效用最大化)消费计划,即消费者行为是由如下所示的最优化问题所决定的。

$$\max_{x^i} u^i(x^i)$$
$$\text{s.t. } px^i = pw^i + \sum_{j=1}^{J}\theta_{ij}py^j(p) \quad (4)$$

第i个消费者的行动是这样决定的(效用最大化)

因为作为该问题的解的消费计划解取决于市场价格体系,所以我们将其记作:

$$x^i(p) \quad \text{消费者}i\text{的最优消费计划}$$

(2)劳动供给

不过,观察预算约束式(3)的右边部分,我们发现它只包含了来自初始禀赋的收入和被分配的利润,完全没有看到相当于劳动收入的部分。但是,劳动收入和劳动供给其实已经包含在上面的消费者模型

---

❶ 因为$\sum_{j=1}^{J}$的意思是"关于j,从1到J进行加总",所以$\sum_{j=1}^{J}\theta_{ij}py^j(p)=\theta_{i1}py^1(p)+\theta_{i2}py^2(p)+\cdots+\theta_{iJ}py^J(p)$[也就是来自每个企业$j$所分配的利润$\theta_{ij}py^j(p)$的总和]。

中了，这里我们对此做一下说明。为此，只要将某种商品，例如第1种商品解释为"闲暇"（leisure），也就是不工作的时间，就可以了。这个有点难懂，如果详细解释的话，就是我们要对每个消费者i进行如下考量。

- w_1^i＝闲暇的初始禀赋＝24小时（假设所有的人都拥有能够作为闲暇使用的24小时）。
- x_1^i＝闲暇的"消费量"，即24小时中当作闲暇所用掉的时间。
- $w_1^i - x_1^i$＝劳动供给量，即24小时中没有当作闲暇使用的部分就是劳动时间。

进一步，我们把表示闲暇和劳动供给的第1种商品的价格p_1解释为工资。

有了以上的基础，我们再来重新观察预算约束式。首先，我们如果把预算约束式（3）逐项展开，可以得到：

$$\boxed{p_1 x_1^i} + (p_2 x_2^i + \cdots + p_N x_N^i) = p_1 w_1^i + (p_2 w_2^i + \cdots + p_N w_N^i) + \sum_{j=1}^{J} \theta_{ij} p y^j(p)$$

如上所示，如果把左边的第一项移到右边的话，就会变成下面这样：

$$\underset{\text{Ⓐ}}{(p_2 x_2^i + \cdots + p_N x_N^i)} = \underset{\text{Ⓑ}}{p_1 (w_1^i - x_1^i)} + \underset{\text{Ⓒ}}{(p_2 w_2^i + \cdots + p_N w_N^i)} + \underset{\text{Ⓓ}}{\sum_{j=1}^{J} \theta_{ij} p y^j(p)}$$

24小时－不工作的时间
劳动工资 × 劳动时间
劳动收入

因此我们可以确认，全局均衡理论模型的预算约束式（3），确实如下式一样，将劳动收入完整地考虑在内。

Ⓐ	＝	Ⓑ	＋	Ⓒ	＋	Ⓓ
支出		劳动收入		从原来持有的商品中获得的收入		利润的份额

接下来，我们来看一下劳动供给是如何决定的。为了简化分析，

我们考虑只有"第1种商品＝闲暇、第2种商品＝消费品"两种商品，而收入只有劳动收入的情况，并结合图形来理解决定劳动供给的基本因素。在这种简化了的情形下的消费者行动，是由 x_1＝闲暇的消费量，p_1＝工资的问题所决定的。

$$\max_{x_1, x_2} u(x_1, x_2)$$
$$\text{s.t.} \underbrace{p_2 x_2}_{\text{支出}} = \underbrace{p_1 (24 - x_1)}_{\text{劳动收入}} \tag{5}$$

需要注意的是，从闲暇的初始禀赋 $w_1 = 24$ 小时中减去闲暇的消费量 x_1 得到的 $24 - x_1$ 就是劳动时间，再将其乘以工资 p_1 就会得到劳动收入。一般来说，闲暇的消费量越多越能让人感到满意，因此我们要充分理解，闲暇 x_1 像其他消费品一样，是可以带来正效用的。另外，将劳动供给的决定问题（5）中的预算约束式变形后可以得到：

$$x_2 = 24 \frac{p_1}{p_2} - \underbrace{\frac{p_1}{p_2}}_{\text{斜率}} x_1$$

表示预算约束的直线（**预算线**）的斜率的是价格比率 p_1/p_2。并且，如果把 $x_1 = 24$ 代入式子中的话，则 $x_2 = 0$。也就是说，**预算线通过图3-29中横轴上的点"24"**。这表示的是，如果把24小时全都当作闲暇来使用的话（$x_1 = 24$），收入就会变为零，最终无法购买任何消费品（$x_2 = 0$）。而最优的劳动供给，如图3-29（劳动供给的决定）所示，是由预算线和无差异曲线的切点所决定的。

因为在最优点处无差异曲线和预算线相切，所以，此时无差异曲线的斜率和预算线的斜率（p_1/p_2）相等。由于在消费者行为部分我们已经学过，无差异曲线的斜率（边际替代率）等于边际效用的比率（参见第一章第五节第3小节），因此，最终劳动供给是由下式决定的：

$$\underbrace{\frac{\partial u / \partial x_1}{\partial u / \partial x_2}}_{\substack{\text{边际替代率} \\ \text{（无差异曲线的斜率）}}} = \underbrace{\frac{p_1}{p_2}}_{\substack{\text{价格比率} \\ \text{（预算线的斜率）}}} \tag{6}$$

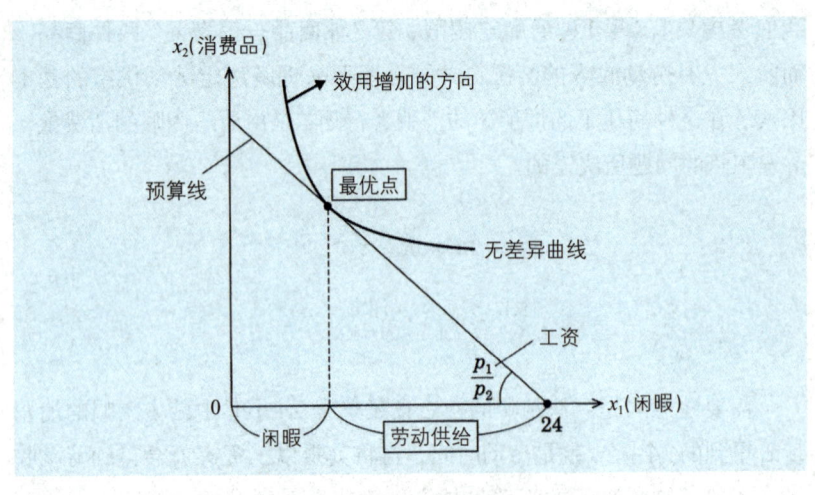

图 3-29 劳动供给的决定

只要简单加上对 $\partial u/\partial x_1$ 的解释，这个式子的意义就会变得更加容易理解了。上式左边的分子 $\partial u/\partial x_1$ 可直接解释为"闲暇的边际效用"。另外，因为式子右边的分子 p_1 为劳动工资，所以我们可以把上式直接解读为"劳动工资和闲暇的边际效用成比例"。但是这样的解释有些突兀，不够直观，让我们来尝试一下其他解释吧！因为 $\partial u/\partial x_1$ 是"闲暇的边际效用"，所以如果每减少一单位的闲暇，那么对应的满足度（效用）就会减少 $\partial u/\partial x_1$。此外，因为减少闲暇意味着增加劳动时间，所以 $\partial u/\partial x_1$ 就可以被看作表示**劳动时间增加一点点时的满意度的减少，即劳动的边际负效用**。借助上述内容，我们可以将最优条件公式（6）用语言重新表述为：

最优劳动供给的条件

$$\frac{劳动的边际负效用}{消费品的边际效用} = \frac{工资}{消费品的价格}$$

也就是说，从劳动供给侧的行为来看，**工资和劳动的边际负效用**（闲暇的边际效用）是成比例的。这句话的直观含义很容易理解。比如说，当被要求"请再增加一点劳动时间"的时候，要雇用认为"这样太辛苦了（劳动的边际负效用较高）"的人，企业就必须支付高额工资。相反，当被要求"请再增加一点劳动时间"时，要雇用认为"完全OK（劳动的边际负效用较低）"的人，企业支付较低的工资就足够了。

接下来，让我们来看一下当工资出现各种变化时劳动供给量的变化。在图3–29中，如果让工资p_1变化的话，那么可以认为最优点会如图3–30所示的那样发生典型的变化。也就是说，随着工资由低到高地增长，虽然一开始由于劳动比较有意义，劳动供给也会随之增加，但是在工资很高的时候，通常劳动供给反而会减少。例如，对于时薪100元的条件下愿意每天干满8小时的人来说，若是把时薪改为50000元，这些人会不会觉得"工作2小时就足够了"呢？也就是说，若时薪从100元大幅提高到50000元的话，劳动供给反而会减少。如果我们根据图中的最优点，画出工资和劳动供给的关系图的话，会得到如图3–31那样的"向后弯曲"的劳动供给曲线。我们可以认为很多人的劳动供给曲线都呈这种向后弯曲的形状。

（3）全局均衡模型

如果按照上述方法描述企业和消费者的话，那么经济的总体状况就可以表示为：

$$\left(u^i, \quad w^i, \quad Y^j, \quad \theta_{ij} \right)_{\substack{i=1,\cdots,I \\ j=1,\cdots,J}}$$

每个人 　　每个人的 　　每个企业的生 　　利润的
的效用 　　初始禀赋 　　产可能性集合 　　份额

这个描述是完整的[1]。

基于从每个企业的利润最大化中得到的最优生产计划$y^j(p)$和从每个消费者的效用最大化中得到的最优消费计划$x^i(p)$，为了研究整个

---

[1] 每个人的效用u^i都是表示个人的喜好（偏好关系）$\succeq^i$的东西，而且表示相同喜好$\succeq^i$的效用函数不止一个，会有很多个（第一章第一节）。因此，用$(\succeq^i, w^i, Y^j, \theta_{ij})_{\substack{i=1,\cdots,I \\ j=1,\cdots,J}}$来更严谨地表示经济整体会更好。并且，为了简化分析，这里我们不考虑政府部门在经济行为中的影响。

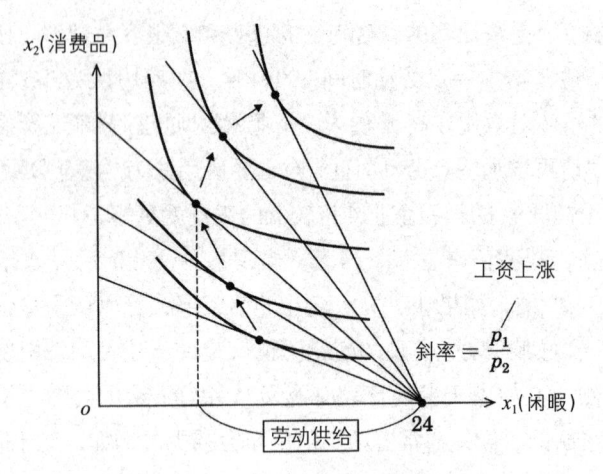

图 3-30　工资的变化与劳动供给

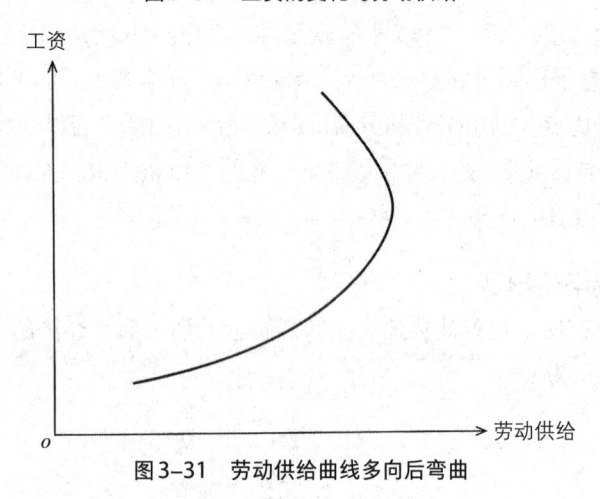

图 3-31　劳动供给曲线多向后弯曲

经济的需求和供给,我们作出如下定义:

$$y(p) = \sum_{j=1}^{J} y^j(p) \quad (总生产计划)$$

$$x(p) = \sum_{i=1}^{I} x^i(p) \quad (总消费计划)$$

$$w = \sum_{i=1}^{I} w^i \quad (总初始禀赋)$$

其中要注意的是，$y(p)$，$x(p)$，w 都不是一个数字，而是包含很多元素的向量 $\{$例如：$y(p) = [y_1(p), \cdots, y_N(p)]\}$。第 n 种商品的市场的供需均衡被表示为：

$$\underset{\text{需求}}{x_n(p)} = \underset{\text{产出}-\text{投入}}{y_n(p)} + \underset{\text{初始禀赋}}{w_n}$$

并且，我们把上式两边的差值称为对第 n 种商品的<u>超额需求函数</u>。

$$z_n(p) = x_n(p) - y_n(p) - w_n$$

如果此函数值为正值 [即 $z_n(p) > 0$] 的话，就表示存在对第 n 种商品的超额需求（需求超过供给的短缺状态）。相反，如果此函数值为负值的话，就表示第 n 种商品的市场处于超额供给状态。如果此函数值为 0，就表示第 n 种商品的供需处于均衡状态。最后，为了简化符号，我们把每种商品的超额需求序列记作 $z(p) = [z_1(p), \cdots, z_n(p)]$。

这样，各种商品的价格应该能令所有的市场同时达到均衡，即每个市场的超额需求均为零：

$$z_n(p^*) = 0, \quad n = 1, \cdots, N$$

式中的价格 $p^* = (p_1^*, \cdots, p_N^*)$。以此为基础，在导言最先解释的"<u>资源配置</u>"就能确定了。

$x^1(p^*), \cdots, x^I(p^*)$（"谁"得到"多少"，得到"什么"）

$y^1(p^*), \cdots, y^J(p^*)$（"谁""通过何种方式"生产"多少"，生产"什么"）

自亚当·斯密以来，很多人都对所谓的"市场机制""市场原理""价格机制"等问题，以各种各样的形式进行了研究，而上述模型就是对这些东西的明确表述。这叫作<u>全局均衡模型</u>。接下来，我们将通过全局均衡模型来对市场的作用开展详细的研究。

（4）超额需求函数的性质

接下来我们将解释超额需求函数所满足的几个重要性质及其含义。

① 瓦尔拉斯法则

各种各样的商品的超额需求并不能互相分散、各自运作，它们之间有着一定的关联。如果我们不建立一个可以展望经济总体状况的清晰的经济模型，是很难发现这一点的。这种各个市场之间的相互依存关系可以通过所谓的"瓦尔拉斯法则"来表现。接下来我们对此进行说明。

瓦尔拉斯法则是根据各消费者的预算约束式推导出来的，见下式：

$$px^i(p) = pw^i + \sum_{j=1}^{J} \theta_{ij} py^j(p)$$

如果将预算约束式关于所有的消费者 $i = 1, \cdots, I$ 进行加总的话，就可以得到：

$$p\sum_{i=1}^{I} x^i(p) = p\sum_{i=1}^{I} w^i + \sum_{i=1}^{I}\sum_{j=1}^{J} \theta_{ij} py^j(p)$$

上式右边的最后一项是消费者得到的利润总和。因为利润被毫无剩余地分配到了消费者的手中，所以这一项应该等于利润的总和。让我们通过实际计算来确认这一点。首先，因为即使改变加法的顺序结果也不会改变，所以：

$$\sum_{i=1}^{I}\left[\sum_{j=1}^{J} \theta_{ij} py^j(p)\right] = \sum_{j=1}^{J}\left[\sum_{i=1}^{I} \theta_{ij} py^j(p)\right]$$

↑　　　↑　　　　　　↑　　　↑
　　①首先，对企业　　　　①首先，对消费
　　 j 进行加总　　　　　 者 i 进行加总

　　②其次，对消费　　　　②其次，对企业
　　 者 i 进行加总　　　　 j 进行加总

在利润被毫无剩余地完全分配给消费者（即 $\sum_{j=1}^{I}\theta_{ij}=1$）的前提下，将上式的右半部分进一步变形，我们可以得到：

$$= \sum_{j=1}^{J} \left(\sum_{i=1}^{I} \theta_{ij} \right) py^j(p) = \sum_{j=1}^{J} py^j(p)$$

我们能够确认，它确实等于每个企业的利润$[py^j(p)]$的总和。由此可知，将家庭消费的预算约束全部相加就可以得到：

$$p \sum_{i=1}^{I} x^i(p) = p \sum_{i=1}^{I} w^i + p \sum_{j=1}^{J} y^j(p)$$

如果用前面（3）部分所定义的总消费计划x，总初始禀赋w，总生产计划y对此来表示的话，我们就可以将上式记作：

$$px(p) = pw + py(p)$$

这个式子紧凑多了。将其进一步变形可以得到：

$$p[x(p) - w - py(p)] = 0$$

结合前面所学的超额需求函数$z(p) = x(p) - w - y(p)$，就可以得到下面这个重要的关系式：

瓦尔拉斯法则

对任意价格体系p和超额需求函数$z(p)$，都有$pz(p) = 0$，即

$$p_1 z_1(p) + \cdots + p_N z_N(p) = 0 \tag{7}$$

这表示的是，"超额需求的金额之和恒为零"，被称为<u>瓦尔拉斯法则</u>。在所有的商品价格都为正（也就是说没有价格为零的商品）的情况下，根据瓦尔拉斯法则可以得到下面的结论：

- 如果在某个市场上存在超额需求，那么在其他市场上必然存在超额供给。
- 如果N个市场中的$N-1$个都达到了均衡，那么剩下的1个市场也一定达到了均衡。

瓦尔拉斯法则是表示各种各样的市场之间相互依存关系的基本表达式，在宏观经济学和国际贸易理论中都起着重要的作用。

例题12 宏观经济学用消费品、劳动、货币三个要素所构成的简化模型来表示整个经济。为了研究所有市场的均衡，只要选择其中任意两个市场并研究它们的均衡即可。例如，如果能够求得消费品市场和货币市场的均衡的话，那么根据瓦尔拉斯法则，劳动市场也会自动达到均衡。

② **零次齐次性**

当所有的价格都变为原来的 t 倍时，企业和消费者会如何作出反应呢？让我们假设原来的价格体系为 $p = (p_1, \cdots, p_N)$，新的价格体系为 $tp = (tp_1, \cdots, tp_N)$。

让我们先来看一下企业的行动。一方面，当价格都变为原来的 t 倍之后，企业 j 会从自己可行的生产计划 $y^j \in Y^j$ 中，选择最大化利润 tpy^j 的那一个。这就是在新的价格体系 tp 下的最优生产计划 $y^j(tp)$。另一方面，原价格体系下的最优生产计划 $y^j(p)$，是在原价格体系 p 下最大化利润 py^j 的生产计划。让我们思考一下二者之间的关系。

实际上，因为 tpy^j 是 py^j 的 t 倍，所以"最大化 tpy^j"与"最大化 py^j"是等价的（因为如果 py^j 实现了最大化，那么 $t \times py^j$ 也实现了最大化）。因此，对前者进行利润最大化的生产计划 = 新的最优生产计划 $y^j(tp)$，与对后者进行利润最大化的生产计划 = 原最优生产计划 $y^j(p)$ 是一样的。也就是说，就算所有的价格都变为原来的 t 倍，企业 j 的最优生产计划也不会发生改变。

为了不借助数学公式进行直观的理解，让我们来看下面的例子。现在，让我们假设为了让美元和日元的价值变为大体相同，我们决定把现实中的 100 日元（大概就是 1 美元）称为新的"1 日元"。这种变更通货单位名称的行为叫作面值变换。也就是说，通过面值变换，原价格体系 p 变成了 $t = 1/100$ 情况下的新的价格体系 tp（过去的 100 日元现在改称为 1 日元）。不过，即使是发生了这样的变化，终究也只是"1

日元"的称呼发生了变化，最优的生产方式应该不会发生改变。这就是最优生产计划的特征 $y^j(tp) = y^j(p)$ 的含义。对上述内容进行总结，我们可以得到以下结论。

即使所有价格都变为原来的 t 倍，企业的最优生产计划也不会发生改变：对所有的 p 和 $t > 0$ 来说，下式对每个企业 j 都成立：

$$y^j(tp) = y^j(p) \tag{8}$$

当关系式（8）成立的时候，函数 $y^j(p)$ 就是<u>零次齐次函数</u>。

接下来，我们再来研究消费者的行为。当所有的价格都变为原来的 t 倍之后，消费预算约束就变为：

$$tpx^i = tpw^i + \sum_{j=1}^{J} \theta_{ij} tp y^j(tp)$$

使用上面已经确定的式子 $y^j(tp) = y^j(p)$，再在公式两边同时除以 t，我们就可以得到下面的预算约束式：

$$px^i = pw^i + \sum_{j=1}^{J} \theta_{ij} p y^j(p)$$

也就是说，即使所有的价格都变为原来的 t 倍，预算约束式也不会发生改变。因为预算约束式没有改变，所以最优的消费计划也不会改变。据此，接下来的结论成立。

即使所有的价格都变为原来的 t 倍，消费者的最优消费计划也不会发生改变：对于所有的 p 和 $t > 0$ 来说，下式对每个消费者 i 都成立。

$$x^j(tp) = x^j(p)$$

综合上述内容可知，超额需求函数 $z(p) = x(p) - w - y(p)$ 也是零次齐次的。

> **超额需求函数的零次齐次性**
>
> 对于所有的 p 和 $t>0$，超额需求函数都满足：
>
> $$z(tp) = z(p)$$

根据上述结论我们可以知道，如果 p^* 为均衡价格体系 [$z(p^*)=0$]，那么所有的价格变为原来的 t 倍之后的 tp^* 也是均衡价格体系 [$z(tp^*)=0$]。也就是说，**在均衡状态下决定的是价格的比率（相对价格），而不是价格的绝对水平**。

这个表述看起来和现实有些不符，但如果按以下的方式来思考的话，这种误解就能够消除。在现实的经济中，我们是将**货币（也是一种商品）的价格设定为 1 来决定物价水平的**。这种价格为 1 的商品，叫作**价值尺度商品**（numeraire）。

例题13 在由苹果（第 1 种商品）和黄金（第 2 种商品）所构成的经济的均衡中，只有苹果和黄金的价格比率（即相对价格）p_1/p_2 是确定的。比如，在均衡的价格比率为 $p_1/p_2 = 2/5$ 时，如果将用 1 克黄金制成的金币称作 1 美元的话，那么价格体系就固定在 $p=(2/5, 1)$（即苹果的价格为 $2/5 = 0.4$ 美元）。也就是说，在这个经济中是将黄金作为价值尺度商品来决定物价水平的。

上例是金本位制时代的例子，而现在我们通常以面值为 1 元的货币（这也是一种商品）作为价值尺度商品来决定物价水平。这样的话，在本部分所讨论的"所有价格都变为原来的 t 倍"的情况，表示的并不是 1 元硬币的价格仍然是 1 元，而货币以外的商品的价格都变为原来的 t 倍的"通货膨胀"。通货膨胀是指"货币"这一特殊商品的价值相对变低。这里我们讨论的"所有的价格都变为原来的 t 倍"的情况表示的并非这种通货膨胀，而是把原来的1元改称为t元的"面值变换"，即货币单位名称的变更。在缩小货币面值单位时，（包括货币在内的）所有商品的相对价值并没有改变。超额需求函数为零次齐次指的就是"即使变换货币面值单位，也不会对经济实体造成影响"，只要人们不陷入自己的错觉中，它就是必然成立的。

（5）均衡的存在

> **注解3-5** 此部分属于高级话题。不过，理解这部分内容并不需要特别深厚的知识储备。因为这里涉及的是在思考经济问题时的重要论点，因此，对于"对高级话题有点发怵"的读者来说，看看其意义和讨论的推进方式也是有帮助的。

让所有的市场同时实现均衡的价格体系$p^* = (p_1^*, \cdots, p_N^*)$真的存在吗？ 这个问题初见时可能被看作细致的技术问题，但并非如此。之所以这么说，是因为虽然微观经济学已经明确了"如果市场实现了均衡"，就会出现令人期待的结果。但是，如果假设能够让所有的市场同时达到均衡的价格体系原本就不存在的话，那么市场机制是否能够正常运行就值得怀疑了。

从这个意义上讲，能够让所有的市场同时达到均衡的价格体系是否存在，就是一个值得我们仔细思考的重要问题。这是一个由"所有的市场都达到均衡"的均衡条件构成的联立方程组$z_1(p) = 0, \cdots, z_N(p) = 0$，是否有解$p^* = (p_1^*, \cdots, p_N^*)$的问题，它的解是否存在并不是一眼就能看出来的。回想一下，即使是我们在高中时学的二次方程也并不是任何时候都有解的，那么更不必说，对于未必由像二次方程式那样简单的式子构成的多数联立方程来说，其解的存在更会让人觉得是可望而不可即的。

这曾是理论经济学方面的一个重要问题，在20世纪50年代被解决了。令人极其意外的是，在非常一般的条件下，能够让所有的市场同时达到均衡的价格体系，总是存在的。接下来我们看一下其证明的梗概。

让我们先把市场的均衡条件一般化。到目前为止，我们都将第n个市场达到均衡,看作需求和供给完全一致、超额需求z_n恰好为零的状态，在这里，我们把"因为商品剩余，所以免费"的情况也称为均衡状态。这种情况可表述为：

$$z_n(p^*) < 0（存在超额供给，也就是存在剩余），且 p_n^* = 0$$

这种商品叫作<u>自由物品</u>。有时候在农场的前面会放置剩余的农作物供人们"任意拿取"，这就属于自由物品的例子。如果空气在竞争市场上被买卖的话，那么空气也应该属于自由物品。在此基础上，我们就能够对市场均衡进行以下定义了。

定义：均衡价格是指p^*对所有的商品n来说，下式都成立的价格体系。

$$z_n(p^*) = 0（供求一致）或$$
$$z_n(p^*) < 0,\ p_n^* = 0（自由物品）$$

下面我们来看一下，这样的均衡价格体系，在极其宽松的条件下是一定存在的。这个结论成立的条件是，"超额需求不会因为价格变化一点点而大幅跳跃"，即超额需求是价格的连续函数（参考图3-32）。

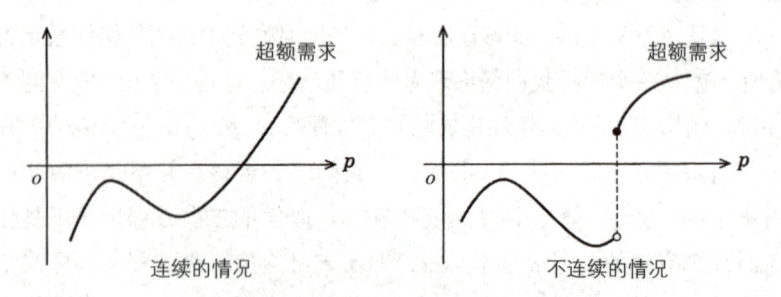

图3-32 连续的超额需求与不连续的超额需求

市场均衡的存在定理：如果超额需求$z(p) = [z_1(p), \cdots, z_N(p)]$是价格$p$的连续函数，那么让所有市场同时达到均衡的价格体系$p^* = (p_1^*, \cdots, p_N^*)$一定存在。

在证明该定理之前，我们先做一些准备工作。首先，如前面一部分所讲的那样，均衡决定的只是价格的比率，而不是价格的绝对水平。虽然我们在现实的经济中，是将货币这种商品的价格设定为1来对价格体系进行标准化的，但是在证明均衡的存在时，将价格标准化为 $p_1 + \cdots + p_N = 1$ 更加方便。因此：

- $p_1 + \cdots + p_N = 1$，以及
- 对所有 n 都有 $p_n \geqslant 0$

我们将满足上述条件的所有价格体系 p 的集合记作 S，并在 S 中寻找均衡价格。在商品数量为两种的时候（$N=2$），集合 S 如图3-33所示。

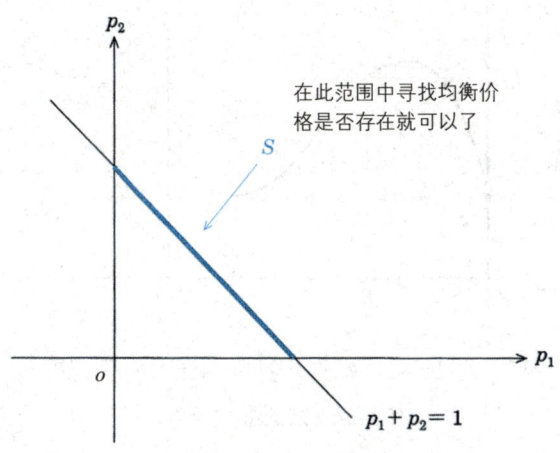

图3-33 均衡价格的寻找范围（两种商品的情况）

为了研究集合 S 中是否存在均衡价格，我们要用到下面这个从拓扑学（topology）的数学分支中发展出来的定理。

不动点定理：从 S 到 S 的连续函数 $f(p)$ 一定有不动点。

$$p^* = f(p^*)$$

这个定理描述的内容是什么，又为什么是正确的呢？让我们在简单的例子中来进行直观的理解（详细的证明请参阅专业书籍[1]）。让我们先来复习一下"从S到S的函数f"是什么，它就是一个对于集合S中每个点p，都有集合S中的点$f(p)$与之相对应的法则[即对于所有的$p \in S$，都有$f(p) \in S$]。当商品数量为两种时，如图3-33所示，因为S的形状是一条（长度有限的）直线，所以"从S到S的函数f的图像"就可以被描绘为图3-34所示的样子。

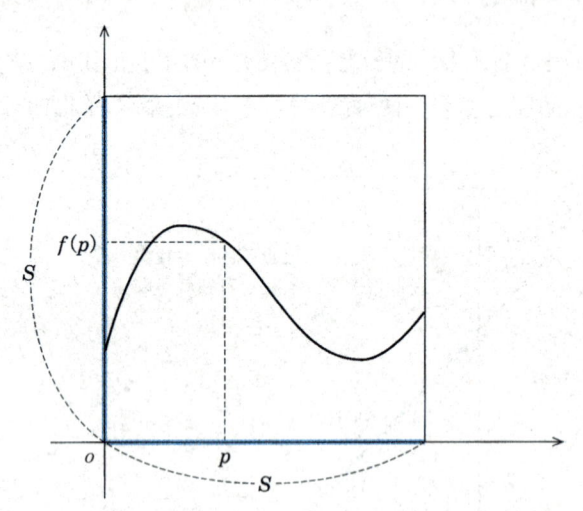

对于集合S中每个点p，都有集合S中的点$f(p)$与之对应

图3-34　从S到S的函数

这样的函数的图像如果是连续的话，那么如图3-35所示，其图像**一定会与45°线相交**。在45°线上，因为初始点p^*和其所对应的$f(p^*)$相等，所以这个点正是不动点$p^* = f(p^*)$。读者可以自行尝试画出各种各样的连续的函数图像，无论何时，它们都必定与45°线相交（即不动点一定存在）。这就是不动点定理的本质所在。

---

[1] 这就是所谓的"布劳威尔不动点定理"，例如在奥野正宽、铃村兴太郎所著《现代·经济学2 微观经济学Ⅱ》（モダン·エコノミックス2　ミクロ経済学Ⅱ）（岩波书店，1988年）的数学附录中就记述了该定理的证明。

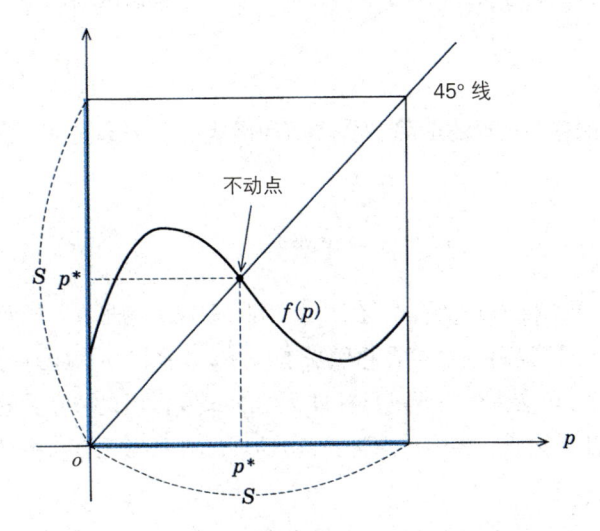

图 3-35　如果函数图像是连续的,那么不动点存在

在以上准备工作的基础上,我们终于要证明均衡的存在了。为此,我们只需要构造一个均衡价格为其不动点、性质良好的函数 $f(p)$ 即可。证明的直观想法就是,根据供求缺口对价格 p 加以调整,将调整后的价格体系看作 $f(p)=[f_1(p),\cdots,f_N(p)]$。因为这个不动点 $p^*=f(p^*)$ 处于已经无法通过供求缺口来作出价格调整的状态,所以它就是均衡价格体系。

现在让我们考虑下面的调整,即如果第 n 种商品的超额需求 $z_n(p)>0$(即存在想买这种商品却买不到的人)的话,就提高价格;如果该商品的超额供给 $z_n(p)<0$(即商品没有完全售卖,还有剩余)的话,就降低价格。将这种调整实施到价格体系 p 之后,价格体系就能够用下式表示:

$$f_n(p)=p_n+z_n(p)$$

但是在这样的表达式下,当出现巨大的超额供给 $[z_n(p)<0]$ 时,调整后的价格 $f_n(p)$ 可能会变为负值。因此,为了避免价格变为负值,我们集中关注"提高存在超额需求的商品的价格"这种调整方式(可能

你会对这样的调整是否有用感到怀疑，接下来我们就来证明它是没有问题的）。

均衡的存在定理的证明：从 S 到 S 的函数 $f(p)$ 是通过如下方式决定的。首先，明确：

$$p'_n = p_n + \max\{z_n(p), 0\}$$

其中 $\max\{z_n(p), 0\}$ 是"在 $z_n(p)$ 和 0 中较大的那个"的意思，这表示"如果对第 n 种商品存在超额需求 [$z_n(p) > 0$] 的话就提高价格"的调整。然而，虽然价格需要满足标准化的加和为 1，但是调整后的价格 p'_n 却未必如此。因此，我们考虑将其按照加和为 1 的形式重新标准化为：

$$f_n(p) = \frac{p'_n}{p'_1 + \cdots + p'_N} \tag{9}$$

先确认一下函数 $f(p) = [f_1(p), \cdots, f_N(p)]$ 是否为连续函数。虽然 $\max\{z_n(p), 0\}$ 这一部分看起来有些奇怪，但是若超额需求函数 $z_n(p)$ 是连续函数的话，那么它也一定是连续的（参考图 3-36）。由此，因为（9）的分子和分母都是连续变化的，所以 $f_n(p)$ 也是连续的。综上所述，函数 $f(p) = [f_1(p), \cdots, f_N(p)]$ 确实为连续函数。

因此，根据不动点定理，满足 $p^* = f(p^*)$ 的价格体系 p^* 存在。接下来，我们只需要确认 p^* 就是均衡价格即可。因为 $f_n(p)$ 的定义式（9）的分母 $p'_1 + \cdots + p'_N$ 取决于 p，所以如果我们把这个式子记作 $c(p)$ 的话，那么在不动点 p^* 处有：

$$p_n^* = \frac{1}{c(p^*)}[p_n^* + \max\{z_n(p^*), 0\}]$$

在等式两边同时乘以 $c(p^*)z_n(p^*)$，且对 $n = 1, \cdots, N$ 进行加总，根据瓦尔拉斯法则 $\sum_{n=1}^{N} p_n^* z_n(p^*) = 0$，我们得到下面的式子：

②那么 max{$z_n(p)$, 0} 也是连续的

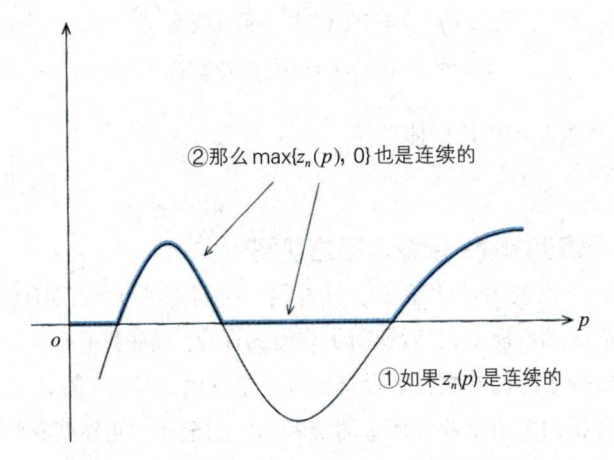

①如果 $z_n(p)$ 是连续的

图 3-36　max{$z_n(p)$, 0} 的连续性

$$0 = \sum_{n=1}^{N} z_n(p^*) \max\{z_n(p^*), 0\}$$

在等式右边被加总的每一项 $z_n(p^*)\max\{z_n(p^*), 0\}$，如果 $z_n > 0$ 的话是正值，如果 $z_n \leq 0$ 的话是 0。大于等于 0 的项相加等于 0，实际上只有在每一项都是 0 的情况下才会成立。每项都为 0 是指下式的情况：

$$z_n(p^*) \leq 0, \quad n = 1, \cdots, N \tag{10}$$

另外，根据瓦尔拉斯法则，有：

$$p_1^* z_1(p^*) + \cdots + p_N^* z_N(p^*) = 0$$

因为价格为正的或者为 0，且（10）式成立，所以上式的左边各项都小于等于 0，为了使得这些项的加和为 0，每一项都只能为 0：

$$p_n^* z_n(p^*) = 0, \quad n = 1, \cdots, N \tag{11}$$

综合上面得到的（10）[$z_n(p^*) \leq 0$] 和（11）[$p_n^* z_n(p^*) = 0$] 可知，对所有的商品 n 都有：

$$z_n(p^*) = 0 \text{(供求一致)或者}$$
$$z_n(p^*) < 0, \ p_n^* = 0 \text{(免费物品)}$$

也就是说p^*就是均衡价格体系。

(证明结束)

(6)交换经济的分析:埃奇沃斯盒状图

回顾一下目前为止的整个学习过程,我们先是导入了描述整个经济的全局均衡理论模型,然后证明了均衡的存在。现在我们来探讨一下,市场均衡所带来的资源配置是否符合每一个国民的需求(偏好)。

因为分析由多个企业和多个消费者构成的全局均衡模型有些困难,所以我们先求解规模比较小的模型来理解市场的基本功能。为此,这里我们考虑只由两种商品和两个消费者构成的经济。在这个经济中,不存在进行生产的企业,只有两位消费者在竞争市场上交换自己所拥有的商品。我们将这种不存在生产的模型叫作"**(纯)交换经济**"。

现在,我们用$w^i = (w_1^i, w_2^i)$来表示消费者$i = A, B$的初始禀赋。假设两人加起来的第1种商品共有100单位,第2种商品共有50单位,那么这个交换经济的资源配置,就可以用像图3-37那样大小为100×50的"盒子"里的一个点来表示。

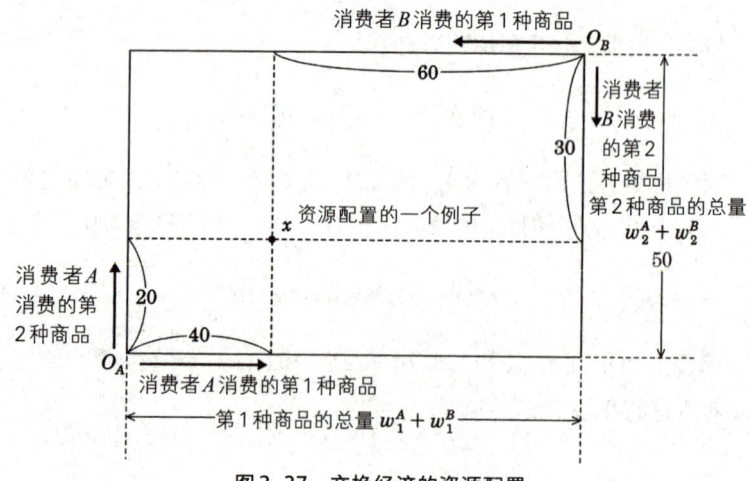

图3-37 交换经济的资源配置

图3-37的左下角的点O_A表示的是消费者A的原点，我们以它为基准来测量消费者A对各种商品的消费量。消费者B的原点是右上角的点O_B。位于图中间附近的点x，表示的是A消费40单位第1种商品和20单位第2种商品，而B消费剩余商品的资源配置。人们根据其发明者经济学家F.Y.埃奇沃斯的名字，将画入了每个人的无差异曲线的图称为埃奇沃斯盒状图（图3-38）。

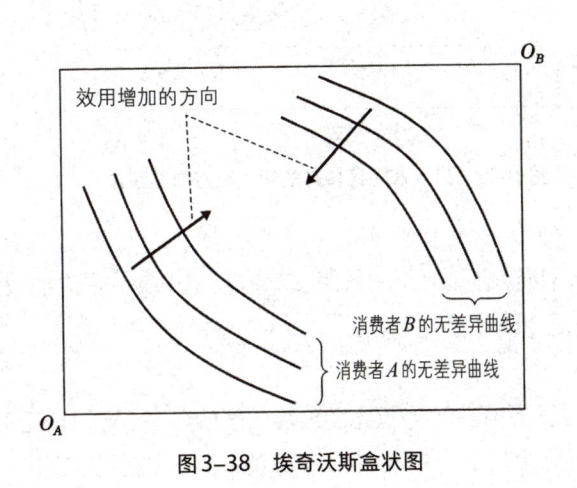

图3-38　埃奇沃斯盒状图

接下来，我们借助埃奇沃斯盒状图来看一下，两名消费者通过交换可以产生什么样的收益。如图3-39所示，在初始禀赋点w处，二人的无差异曲线是相交的。

图3-39的曲线I是消费者A的无差异曲线，在这条线上的任意一点处，消费者A都能获得与初始禀赋点相同的效用。而如果将这条无差异曲线向右上方移动，消费者A就能获得比初始禀赋更多的效用。而曲线I'是消费者B的无差异曲线，如果将这条曲线向左下方移动，消费者B就能获得比初始禀赋点更多的效用。也就是说，从初始禀赋点出发，二人进行商品交换，向灰色的镜片形区域（通过商品交换产生）移动的话，二人都能获益。我们将这种可以使所有人都变得更满意的情况称为"帕累托改进"。更为准确地表述其定义的话，如下所示。

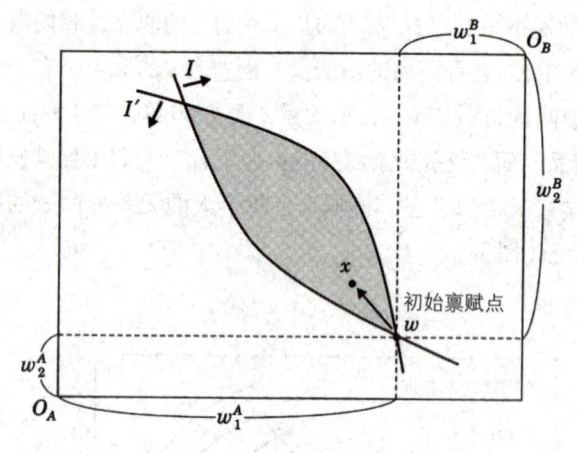

图3-39　进入灰色区域内的话，双方都能获益

> **定义**：我们将没有任何人的效用减少，且至少有一个人的效用得到提高的情况叫作**帕累托改进**。

"帕累托"是提出这个概念的经济学家的名字（V. 帕累托）。

那么，交换是不是应该在图3-39的x点处停止呢？实际上，只要通过交换后的x点的二人的无差异曲线相交的话，那么通过进一步交换，双方就都能进一步获益，如图3-40（a）所示。将这样的交换继续进行下去，直至无差异曲线相切的点x^*处，交换的收益就将不复存在。

在图3-40（b）中，让双方都能获益的交换（帕累托改进）已经不存在，社会的资源得到了最优配置，且没有浪费地被使用了。这种状态就叫作"帕累托有效的"状态。

> **定义**：已经无法进行帕累托改进的状态，也就是说"已经无法不降低任何人的效用，且提高至少一个人的效用"的状态，叫作**帕累托有效的状态**。

就像后文所解释的那样，在充满了各种各样的利益关系的社会中，

(a)　　　　　　　　　　　　　(b) 帕累托有效的状态

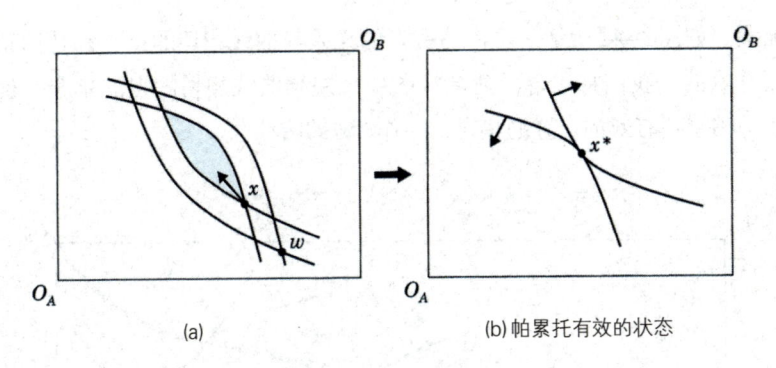

图 3-40　交换的推进

帕累托有效性是判断"什么是理想的状态"时的重要评判标准。为了理解这个概念，我们一起来看一下图 3-41。

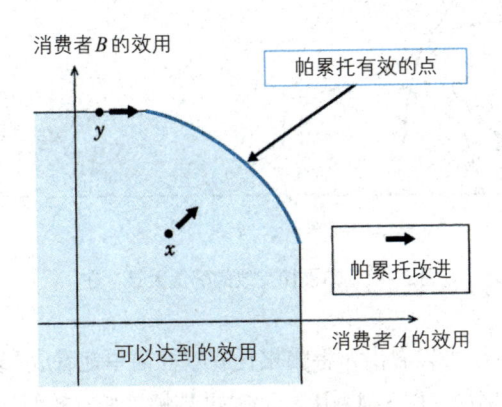

图 3-41　帕累托有效性

图 3-41 描绘的是社会能够达到的效用的集合。在图中的 x 点处，消费者 A 和消费者 B 的效用可以同时得到提升（即能够实现帕累托改进）。另外，在 y 点处，也能够在不降低消费者 B 的效用的同时，提升消费者 A 的效用。也就是说，如果我们沿着箭头的方向移动，那么 y 点也可以实现帕累托改进。因此，帕累托有效的状态（不能进行帕累托改进的状态），对应着能够达到的效用的边界中向右下方倾斜的部分。

在用埃奇沃斯盒状图来表示的交换经济中，**有很多帕累托有效的**

配置。如图3-42所示，两个消费者的无差异曲线相切的点，都是帕累托有效的。我们将埃奇沃斯盒状图中无差异曲线相切的点的集合，也就是帕累托有效的配置的集合，叫作"**契约曲线**"。

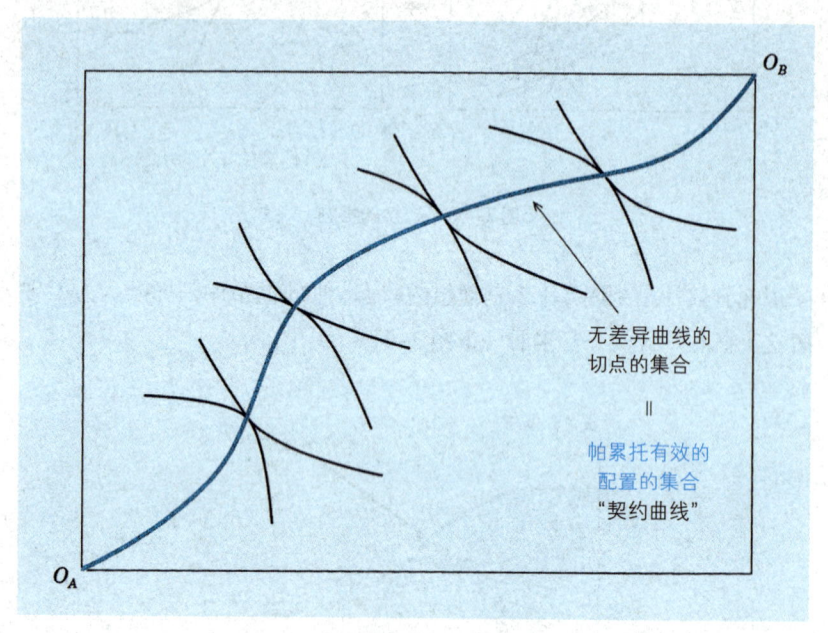

图3-42 帕累托有效的配置大量存在

观察图3-42可以看出，将帕累托有效性简单地看成"理想的状态"是有问题的。例如，图3-42中的点O_B也是帕累托有效的。在该点处，所有的商品都归消费者A独有，如果要把商品分给消费者B，提高B的效用的话，消费者A的效用就会下降。也就是说，由于从这个点出发无法实现让所有人都更满意的帕累托改进，因此尽管这是一个"所有的商品都归消费者A独有"的极其不公平的配置，它仍然属于帕累托有效的状态。因此，"**帕累托有效的状态并不一定都是理想的状态**"。

但是反过来说，如果我们以每一个国民的幸福为基准来判断理想状态的话，那么不论一个人持有什么样的价值基准，都会一致认为"理想的状态必定是帕累托有效的状态"。其原因是，如果不是帕累托有效的状态，那么就一定有更优的状态，如其定义所说："我们能够实现不减少任何人的效用，且提高至少一个人的效用。"如果我们以每一个国民的幸福为基准来判断理想状态的话，就可以认定，非帕累托有效的状态一定不是理想的状态，但反过来说，"假设理想的状态存在的话，那么它们一定是帕累托有效的"。

综上所述：

帕累托有效性与理想状态的关系

- 一般来说，帕累托有效的状态并非只有一个，而是有多个。
- 在帕累托有效的状态中，包含了极度不公平的情况。
- 但是，如果以每一个国民的幸福为基准来判断什么是理想的状态的话，**那么理想的状态一定是帕累托有效的。**

接下来，我们思考一下：在交换经济中，能够实现帕累托有效性的条件是什么？观察埃奇沃斯盒状图可以看出，帕累托有效性的条件是指消费者A和B的无差异曲线相切。如果我们回忆起无差异曲线的斜率是边际替代率的话，就能得到关于**消费者之间的商品交换的帕累托有效性的条件**：

$$MRS^A_{12} = MRS^B_{12}$$
$$\text{消费者}A\text{的边际替代率} \quad \text{消费者}B\text{的边际替代率}$$

也就是说，**不同消费者的边际替代率全部相等**。在不同商品都根据每个国民的不同需求，被没有浪费地分配的状态（即帕累托有效的状态）下，这个条件必须成立。它不仅适用于两种商品、两个消费者的情况，在更普遍的情况下也适用。原因很简单，如果假设存在不满足这个条件的两个消费者和两种商品的话，那么这两个人就可以像图3–39那样，通过两种商品的交换来提升两人的满意度，因此，这样的状态是（帕累托）低效率的。

下面我们来探讨一下，如果用埃奇沃斯盒状图来表示交换经济中导入市场的话，情况会如何。虽然有点重复，但为了消除大家的误解，我们还是要提出下面的注意事项：分析这种情况，不是因为埃奇沃斯盒状图所描述的是现实的市场的模型（应该说不完全是），而是为了借助小规模、浅显易懂的模型来准确理解市场的基本功能。当然，所有在小规模模型中成立的东西，在更接近现实的一般模型中不一定成立，但是接下来我们将要解释的（市场均衡的有效性）内容，是在一般的模型中也成立的市场的基本功能（在后面的小节中，会对其进行一般化）。

让我们先来研究一下在市场价格给定时消费者 A 的行动。假设消费者 A 的消费计划为 $x^A=(x_1^A,x_2^A)$，那么消费者 A 的预算约束式可以如下表示：

$$p_1 x_1^A + p_2 x_2^A = p_1 w_1^A + p_2 w_2^A$$

式子的左边是支出，右边是来自初始禀赋的收入。因为初始禀赋无论什么时候都可以直接进行消费，所以 $x^A=w^A$ 满足预算约束式。也就是说，消费者 A 的**预算线通过其初始禀赋点**。另外，将预算约束式变形为如下：

$$x_2^A = -\underbrace{\frac{p_1}{p_2}}_{\text{斜率}} x_1^A + \frac{p_1 w_1^A + p_2 w_2^A}{p_2}$$

则可知，**预算线的斜率为价格比率** p_1/p_2。基于此，图3-43（a）表示的就是在给定的市场价格下消费者 A 的最优消费。同样，假设描绘消费者 B 的最优消费的话会像图3-43（b）那样。

将这两个图结合起来看，就会产生如图3-44那样的供需不一致。在该图的状态下供需不一致的原因是，消费者 A 所希望的消费点 x^A 与消费者 B 所希望的消费点 x^B 在盒子中不一致。再仔细观察这个现象，我们能得出更多结论。现在，我们只关注第1种商品，消费者 A 提供了10单位的第1种商品，与此相对，消费者 B 只需要2单位第1种商品。也就是说，我们可以认为在第1种商品的市场上出现了超额供给，第1

第三章 市场均衡 227

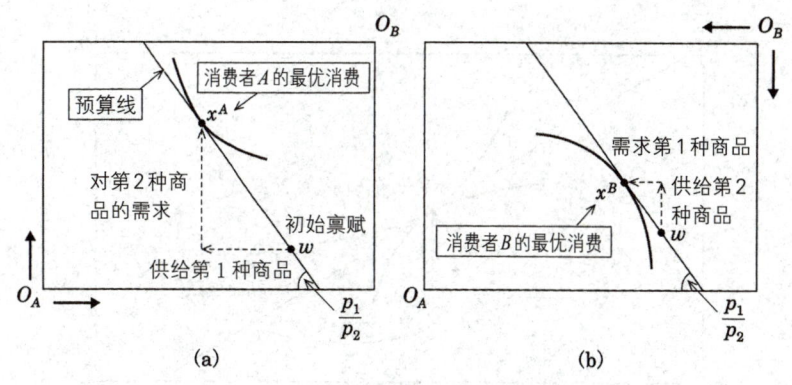

图 3-43 在给定的市场价格下每个消费者的行动

种商品的价格应该下跌[1]。如果这样的价格调整成功进行的话，预算线的斜率（价格的比率）就会发生变化，最优消费点也会改变，最终达到如图 3-45 所示的市场均衡。

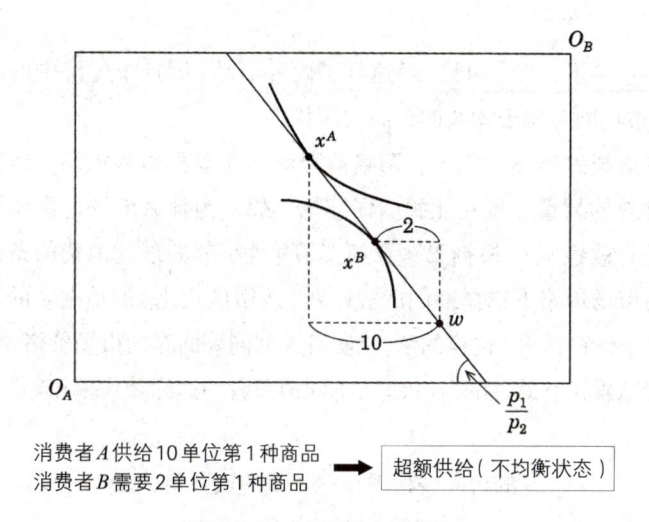

消费者 A 供给 10 单位第 1 种商品
消费者 B 需要 2 单位第 1 种商品 → 超额供给（不均衡状态）

图 3-44 市场不均衡的状态

---

[1] 根据之前第三节第 4 小节所学的瓦尔拉斯法则，如果某个市场出现超额供给的话，必定有其他市场出现了超额需求。在我们现在所研究的情况下，因为存在对第 1 种商品的超额供给，所以应该存在对第 2 种商品的超额需求。有兴趣的读者如果一边看图一边确认在第 2 种商品的市场上出现了超额需求的话，应该能够理解得更加深刻。

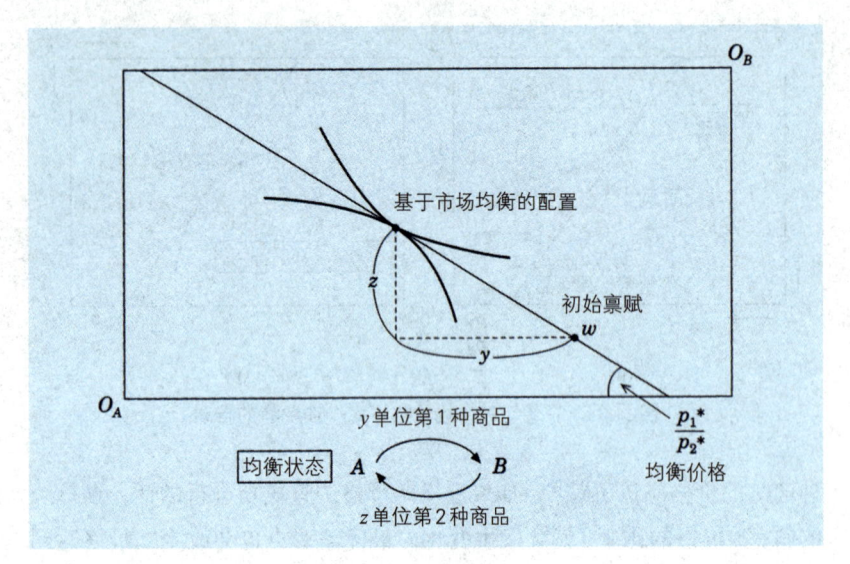

图 3-45 市场均衡的状态

注意一下，图 3-45 已经达到了两种商品（即这个经济中的所有商品）的市场同时实现均衡的全局均衡状态。

在这样的市场均衡下，两名消费者的无差异曲线相切，达到了帕累托有效的配置。现在让我们仔细想一想，为什么市场均衡能够带来帕累托有效性呢？根据第一章第五节第 4 小节的最优消费的条件，在给定的市场价格下选择最优消费计划（效用最大化）的消费者的边际替代率等于价格比率。这样的话，以所有人都同等面对的市场价格为中介，交换的帕累托有效性的条件，即"不同消费者的边际替代率相等"成立。

$$A\text{的边际替代率} = \frac{p_1^*}{p_2^*} = B\text{的边际替代率}$$

每个人的效用最大化

实际上我们知道，市场均衡是帕累托有效的结论，不仅仅在两种商品两个消费者的交换经济中成立，在存在多个企业和多个消费者的一般情况下也成立。这是在微观经济学所阐明的诸多结论中最重要的发现之一，被称为"**福利经济学第一基本定理**"。

> **福利经济学第一基本定理**：完全竞争市场均衡是帕累托有效的。

这个定理成立的准确条件与一般的证明，将在第三节第7小节部分给出。这里希望大家先观察图3-45以理解该定理在简单的情形下是成立的。

市场会在众多的帕累托有效的配置中，实现某个特定的点。例如，如果偏重初始禀赋的话，那么市场就会实现如图3-46那样对富人A（持有大量初始禀赋的人）有利的配置。

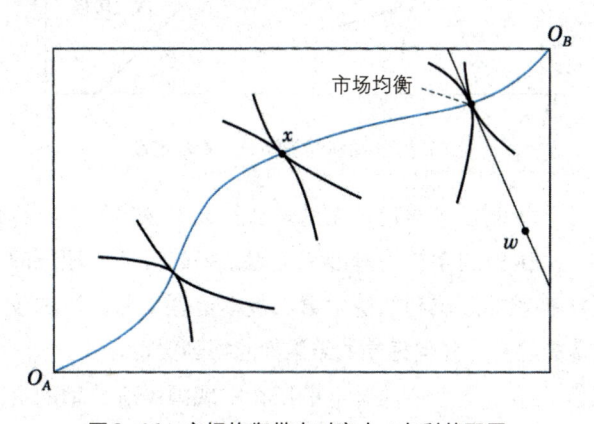

图3-46　市场均衡带来对富人A有利的配置

那么，为了实现像图中的x点那样更加公平（且有效）的点，怎么做才好呢？下面的定理可以回答这个问题。

> **福利经济学第二基本定理**：只要实行使用一次性定额税和一次性补助的收入再分配方式，任何帕累托有效的配置都能够作为完全竞争市场的均衡而得到实现。

这个定理成立的准确条件和一般证明，我们将在后文（第三节的第7、第9小节部分和附录D）详细讲解。现在，我们先对这个定理在两种商品两个消费者的交换经济中成立进行直观的解释。

比图3-46的市场均衡更加公平且有效的点x，如图3-47那样，可以通过将第1种商品从A一次性转移到B之后再开放市场而达到。

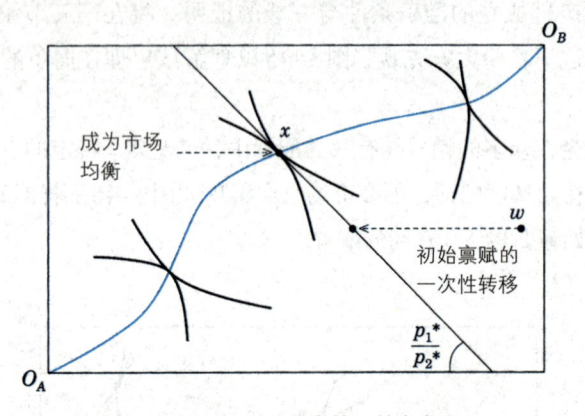

图3-47　福利经济学第二基本定理

在本部分我们已经学过，无论是从什么立场出发进行价值判断，如果以每一个国民的幸福为基准来考虑结果的好坏，理想的结果都必须是帕累托有效的。福利经济学第二基本定理表明，**通过收入再分配政策与市场的组合，任何理想的结果都能得到实现**。

让我们总结一下上述内容。市场在实现国民所希望的资源配置方面，是这样运作的：

- 市场均衡会实现对国民来说没有浪费的（即帕累托有效的）资源配置（福利经济学第一基本定理）。
- 但是，因为在帕累托有效的配置中包含了极其不公平的情况，市场可能会实现"有效但不公平的配置"。
- 因此，为了在有效的配置中实现更加公平的结果，政府的干预是必要的。
- 为此，政府不必大幅干预市场或者否定市场，而是在实行借助一次性定额税和一次性补助的收入再分配(不要破坏市场的功能)的限定政策之后,通过市场来实现资源配置即可(即福利经济学第二基本定理)。

阐明市场的基本功能的两条福利经济学基本定理,是微观经济学最重要的研究结果。接下来我们将以更一般的形式对它们进行更详细的解释。

(7)市场机制的有效性的证明:福利经济学第一基本定理

在这一部分,我们将揭示表现"竞争市场均衡是有效的"的福利经济学第一基本定理成立所需的准确条件,并且证明在存在多个消费者和企业的一般情况下,该定理也成立。"竞争市场是有效的"这个说法,虽然有时被认为是毫无根据的意识形态的主观臆断,但是实际上,这个说法在一定条件下一定成立,是能够从理论上证明的。

让我们先做一些证明上的准备工作。首先,如果做出下面的符号约定的话,证明会变得非常清晰。

符号约定(向量不等式):

对于 $b = (b_1, \cdots, b_N)$ 和 $c = (c_1, \cdots, c_N)$,$b \geqslant c$

其意思是,b 的每个元素都超过 c 中的每个元素,即"对于所有的 $n = 1, \cdots, N$ 都有 $b_n \geqslant c_n$"。

下面,我们用符号来明确定义"资源配置""帕累托有效"是什么。首先,**资源配置**可以被表示为:

$$a = (\underbrace{x^1, \cdots, x^I}_{\text{消费计划}}, \underbrace{y^1, \cdots, y^J}_{\text{生产计划}})$$

资源配置是**可行的**是指:

$$\underbrace{\sum_{i=1}^{I} x^i}_{(\text{消费})} \leqslant \underbrace{\sum_{i=1}^{I} w^i}_{(\text{初始禀赋})} + \underbrace{\sum_{j=1}^{J} y^j}_{(\text{产出}-\text{投入})}$$

(即在生产计划下,消费计划是可行的)

以及对于所有的企业 $j=1,\cdots,J$ 都有：

$$y^j \in Y^j$$
（每个企业的生产计划都是可行的）

当可行的资源配置从 $a=(x^1,\cdots,x^I,y^1,\cdots,y^J)$ 转换到 $\bar{a}=(\bar{x}^1,\cdots,\bar{x}^I,\bar{y}^1,\cdots,\bar{y}^J)$ 时，如果能够在不牺牲任何人的效用的前提下提升某个人的效用，即：

对于所有消费者 $i=1,\cdots,I$，都有 $u^i(\bar{x}^i) \geq u^i(x^i)$ 成立，并且至少对一人来说严格不等式（＞）成立的话，那么我们称配置 $\bar{a}$ 帕累托改进了配置 a。某个配置 a 是**帕累托有效**的是指：

① a 是可行的。
② 不存在对 a 进行帕累托改进的其他可行的资源配置 $\bar{a}$。

虽然大家可能会觉得"很麻烦"，但是像这样用符号来对各种语言概念进行明确的定义，是我们证明市场有效性的第一步。

基于以上准备，下面的结论就能够得到证明了。

福利经济学的第一基本定理：在下面的条件下，完全竞争市场均衡总是能够达到帕累托有效的资源配置。
条件：对每个消费者都存在一种（像水和砂糖一样的）我们能够令它的消费量连续变化，且如果消费量增加一点点，效用就会提高的商品。

希望大家注意，"市场能够达到有效性"这个定理成立所需要的条件是相当宽松的。目前为止微观经济学为了方便讨论而做出的各种假设，比如效用函数和生产函数都是可微的，无差异曲线呈凸向原点的形状，所有的商品的数量都可以连续变化（不是一个、两个这样的离散值）等等，这些假设都不是必要的。必要的只是，对每个消费者来说都存在一种像水和砂糖那样消费量能够连续变化的商品，并且只要对该

商品的消费增加，效用就会提高[1]。

（证明）考虑价格体系为 $p=(p_1,\cdots,p_N)$，资源配置为 $a=(x^1,\cdots,x^I,y^1,\cdots,y^J)$ 的完全竞争市场，我们将证明，如果该配置不是帕累托有效的话，会出现矛盾。如果这个市场的资源配置不是帕累托有效的，那么应该存在满足对于所有消费者 $i=1,\cdots,I$，都有 $u^i(\bar{x}^i) \geq u^i(x^i)$ 成立，并且至少对于一个人来说严格不等式（>）成立的其他可行的资源配置 $\bar{a}=(\bar{x}^1,\cdots,\bar{x}^I,\bar{y}^1,\cdots,\bar{y}^J)$。此时，下面的①和②成立。

①对于满足 $u^i(\bar{x}^i) > u^i(x^i)$ 的消费者 i 来说，必须有 $p\bar{x}^i > px^i$。

（理由）理由很简单。因为如果反过来 $p\bar{x}^i \leq px^i$ 成立的话，那么消费者 i 在价格体系 p 下，应该能够购买效用更高的 $\bar{x}^i$ 来替换 x^i。这与 x^i 是在价格体系 p 下消费者的最优消费相矛盾。

②对于满足 $u^i(\bar{x}^i) = u^i(x^i)$ 的消费者 i 来说，必须有 $p\bar{x}^i \geq px^i$。

证明中有点难度的部分就在这里，让我们集中注意力认真阅读。

（理由）假设结论不成立，$p\bar{x}^i < px^i$，那么如果消费者 i 在价格体系 p 下不是去购买 x^i，而是：

- 在先购买带来同等效用的 $\bar{x}^i$ 之后，
- 用剩下的钱 $p(x^i - \bar{x}^i) > 0$ 添置在条件中提到的商品（如果将其消费量增加一点点的话，效用就会提高）。

就可以使与购买 x^i 同样的支出额达到更高的效用。这与 x^i 是在价格体系 p 下消费者的最优消费相矛盾。

根据以上内容可知下面的结论：

---

[1] 这被称为**局部非饱和性假设**。

$$\sum_{i=1}^{I} p\bar{x}^i > \sum_{i=1}^{I} px^i$$

（根据①和②）

$$= \sum_{i=1}^{I} pw^i + \sum_{j=1}^{J} py^j$$

（根据市场均衡条件[❶]）

$$\geq \sum_{i=1}^{I} pw^i + \sum_{j=1}^{J} p\bar{y}^j$$

（因为 y^j 在价格体系 p 下会最大化利润，所以 $py^j \geq p\bar{y}^j$）

然后，我们再比较这个式子的首尾，就可以得到：

$$0 > p\left(\sum_{i=1}^{I} w^i + \sum_{j=1}^{J} \bar{y}^j - \sum_{i=1}^{I} \bar{x}^i\right)$$

这与配置 $\bar{a}$ 是可行的（$\sum_{i=1}^{I} w^i + \sum_{j=1}^{J} \bar{y}^j - \sum_{i=1}^{I} \bar{x}^i \geq 0$）以及 $p \geq 0$ 相矛盾。

（证明完毕）

注解3-6 **为什么要学习证明**：看完上面的内容，可能很多人会有"哇，连续不断的抽象讨论难以理解""真不知道是出于什么目的来做这些""只要记住结果不就行了吗"这样的想法。那么，学习这些证明的意义到底是什么呢？

在针对社会问题的各种各样的观点中，很多都是毫无根据且主观臆断的（其实，说绝大部分也不为过）。也有不少人认为"市场机制可以实现有效的资源配置"的说法不过是意识形态上的主观臆断。但是，实际上这是个能够成立的结论，而且能够进行理论上的证明。"尽管社会问题非常复杂而模糊，但可以证明在逻辑上必然成立"——这是十分令人震惊的事实，也是20世纪社会科学所达成的伟大成果之一。而且，如果在没有理解"为什么"时，就只是对（看起来）

[❶] 对于每种商品 n 来说，如果供求一致（$\sum_i x_n^i = \sum_i w_n^i + \sum_j y_n^j$）的话，那么该等式成立。并且，如在第三节（6）中所描述的那样，这在允许"因为有超额供给而价格为0的商品（自由物品）"存在时将市场均衡条件进行一般化的情况下也是正确的。这是因为对于自由物品 n，有 $\sum_i p_n x_n^i = \sum_i p_n w_n^i + \sum_j p_n y_n^j$ 成立（因为 $p_n = 0$）。另外，如果是在预算约束式满足等式（支出＝收入）而不是不等式（支出 $\leq$ 收入）的前提下，根据预算约束式的加总，同样的等式也可以得到证明（这与瓦尔拉斯法则相同）。

教科书所给出的结果死记硬背的话，那么就可能将意识形态的主观臆断误认为是"真实的"。

我们之所以在这部分介绍福利经济学的第一基本定理的证明，就是为了让大家清楚地理解，在什么样的假定下，以及凭借什么样的理由，市场才具有达到有效性的功能。

> **注解3-7** **常见的误解**：市场能够达到有效性的命题，似乎受"有效性"一词的影响，而被很多人误解了。比如很多人会说"如果交由市场来调节的话，就会只重视经济效率，所以大规模量产、使用农药的蔬菜将凭借效率优势占领市场"，即"有效性"等同于"无视消费者喜好、削减成本"这样的说法经常会出现。但是，**市场达到（帕累托）有效的状态，指的是符合消费者偏好、没有浪费地配置了资源的状态**。因此，如果人们认为"哪怕是增加一点成本也没关系，就是很想要美味的有机蔬菜"，那么就应该通过有机蔬菜市场获得正常供给。福利经济学的第一基本定理所揭示的，不是"市场将经济效率优先于人们的幸福"，而是"市场必然会实现消费者权利"。

（8）全球化为何兴起：市场均衡与核心

如今，全世界都被卷入市场经济的"全球化"，成为热门话题。回顾历史可以发现，曾经分散的各地经济都通过市场紧密地连成一体。同样，曾经相对疏远且互相隔绝的不同国家的经济，现在也因为市场联系在了一起。

像这样，市场经济表现出跨越地域、国界，正在不断扩大的趋势。这就是被称为"全球化"现象的本质。但是，如果仔细想想的话，我们会发现其实这是一种奇妙的现象。如果把市场看作社会组织的一种，那么市场这个组织只会不断地变大。不过，这个现象并不适用于其他的组织（比如企业）。一个国家所有的企业全部合并为一个巨大企业的情况从未出现，而且对规模过大的企业，还产生了"分公司化"和"拆分"。那么，为什么随着市场的不断扩大，很少出现反对全球化、市场化的声音呢？

一种常见的观点是，全球化的发展取决于"赢家"的政治力量。通过全球化获益的是一部分富裕阶层，或者美国等富裕国家，大多数人都会在全球化的过程中蒙受损失。而另一种观点认为，全球化之所以能够发展下去，是因为一部分富裕阶层（"赢家"）拥有强大的政治力量，强行推进对大多数民众有害的全球化，这种观点涌现在媒体和网络上，得到了很多人的认同。

但是，极少数人拥有的政治力量，不可能长期地完全压制大多数人的反对。因此，如果上述解释是正确的，那么在漫长的历史过程中，应该已经出现了一些成功阻止市场扩大的事例。而且，在这样的事例中，绝大多数国民应该会认为"建立分离独立的市场确实是件好事"，分离独立会长时间持续下去。而在目睹这种现象后，其他地区或国家也应该会纷纷效仿。但是在市场不断扩大的人类历史上，这种情况却从未出现过。诚然，从全球市场中分离独立，曾经出现过，比如日本江户时代和中国清朝都曾闭关锁国，但是最终都被废除了。而且，大多数人从来没有认为"分离独立的时候更好，还想回到那个时代"。

微观经济学将阐明这个事实，以及全球化不断发展的理由。为了研究这一点，让我们来看看如果在参加市场的全部消费者 $i = 1, \cdots, I$ 中，居住在某个地区（或某个国家）的人们分离独立的话会发生什么。让我们用 S 来表示分离独立的消费者集合（例如，如果在一万名消费者中，有100人是分离独立的，那么 $S = \{1, \cdots, 100\}$）。另外，在企业 $j = 1, \cdots, J$ 中，用 T 来表示分离独立地区中的企业的集合，并假设这些企业是由该地区的居民 S 所共有的。[1]

现在，我们将分离独立发生之前的市场价格体系记作 p，资源配置记作 $a = (x^1, \cdots, x^I, y^1, \cdots, y^J)$。接下来，某个地区的居民 S 分离独立，并转移到只对他们来说可行的其他配置 $(\bar{x}^i, \bar{y}^j)_{i \in S, j \in T}$。此时，下面的结论成立。

---

[1] 如果这些企业 T 是由陌生人（S 以外的消费者）所拥有，那么分离独立可以剥夺这些陌生人的所有权。因此，这种"偷盗"可能会使该地域的国民 S 获益。在这里，我们考察的是除了"没收陌生人的财产"，分离独立是否还能带来其他好处。

> **命题**：部分地区从完全竞争的市场中分离独立出来，该地区居民无法实现帕累托改进。

复习一下"帕累托改进"的含义可知，上述命题的意思简单来说就是"分离独立，无法让全体地区居民都比分离独立前更加幸福"（更确切地说，应该是"无法在不降低任何当地居民的效用的情况下，提高某一个人的效用"）。也就是说，**分离独立行动，等同于让全体地区居民所拥有的蛋糕变小了**（如果蛋糕变小了，那么不管如何分配，都不能让全体居民变得更幸福）。

为了让上述命题成立，当然需要一些条件。这些条件与福利经济学第一基本定理成立的条件相同，就是"每个消费者都拥有一种消费量能够连续变化，并且只要消费量增加一点点，效用就能提高的商品"这个极其宽松的条件。

（命题的证明）：假设分离独立为地区居民带来了帕累托改进，即：

对所有的 $i \in S$ 都有 $u^i(\bar{x}^i) \geq u^i(x^i)$ 成立，并且至少对一个人来说严格不等式（>）成立，这样的话，通过与福利经济学第一基本定理的证明完全相同的证明方法，下式成立：

$$0 > p\left(\sum_{i \in S} w^i + \sum_{j \in T} \bar{y}^j - \sum_{i \in S} \bar{x}^i \right)$$

这与分离独立之后的配置 $(\bar{x}^i, \bar{y}^j)_{i \in S, j \in T}$ 是可行的（$\sum_{i \in S} w^i + \sum_{j \in T} \bar{y}^j \geq \sum_{i \in S} \bar{x}^i$）以及 $p \geq 0$ 相矛盾。**（证明完毕）**

当一部分集团 S 分离独立并转移到只需要 S 便可实现的配置，能够为 S 内的人带来帕累托改进时，我们就说 S **阻碍（block）**了分离独立前的资源配置。也就是说，当分离独立可以使 S 内的所有人都更幸福时，我们就说 S 阻碍了原来的配置。并且，我们将不能被任何集团阻碍的所有资源配置的集合，叫作资源配置的核心（core）。将前面的命题用上述定义重新表述之后就是下面的定理。

> **定理**：完全竞争均衡的资源配置属于核心。

这个定理成立的条件与福利经济学第一基本定理成立的条件相同，都是"对每个消费者来说都存在消费量能够连续变化，并且只要消费量增加一点点，效用就能提高的商品"，证明（如上所述）也和**福利经济学第一基本定理几乎相同**。

在我看来，与其说全球化的兴起是因为"赢家"的政治力量，不如说是因为"市场均衡属于核心"，大家认为呢？

> **注解3-8** 一般来说，属于核心的资源配置不止一个，而是有很多个。有兴趣的读者可以试着画出埃奇沃斯盒状图，并且想一想哪些部分属于核心（这是个简单的练习题）。但是，当经济参与者的数量不断增多时，核心会变小，在人数趋近于无穷大的极限状态下，我们能够证明，核心会收敛于完全竞争配置。这叫作德布鲁–斯卡夫极限定理。也就是说，当人数很多的时候，市场机制为我们提供了"不会发生分离独立运动"（即无法阻止全球化）的唯一资源配置的方法。也就是说，全球化和市场在本质上有着很深厚的联系。

（9）福利经济学第二基本定理与实现有效性的条件

接下来，让我们详细解释一下福利经济学第二基本定理，即"任何帕累托有效的资源配置，如果进行适当的收入再分配（利用定额税和定额补助金），都能通过完全竞争市场实现"。本部分和下一部分的目标，是好好学习以下内容：

①先理解作为竞争政策的基础的第二基本定理**成立需要的主要条件**。
②作为第二基本定理的副产品，**有效配置应该满足的一般条件**得到了明确。如果知道了这个条件，就可以同时理解"低效率（资

源配置的扭曲)何时会发生"。

③然后,用(比使用剩余进行的局部均衡分析)更加一般的、更令人满意的方式来阐明消除这种扭曲的竞争政策的方法。

先回忆一下,之前第三节第6小节中我们已经借助埃奇沃斯盒状图,确认了福利经济学第二基本定理是成立的。图3-48(a)再现了这一结论。取任意的帕累托有效的点x,都有消费者A和消费者B的无差异曲线(I_A和I_B)在该点处相切。如果二者的无差异曲线像图3-48(a)一样呈现出凸向原点的形状,我们就能够画出将二者成功分离的直线l,此时如果通过一次性收入转移将初始禀赋移动到这条线上的话,有效的点x就能够作为竞争均衡而达到。需要注意的是,直线l是A和B的预算线,对二者来说x点都是预算线上的最优点。

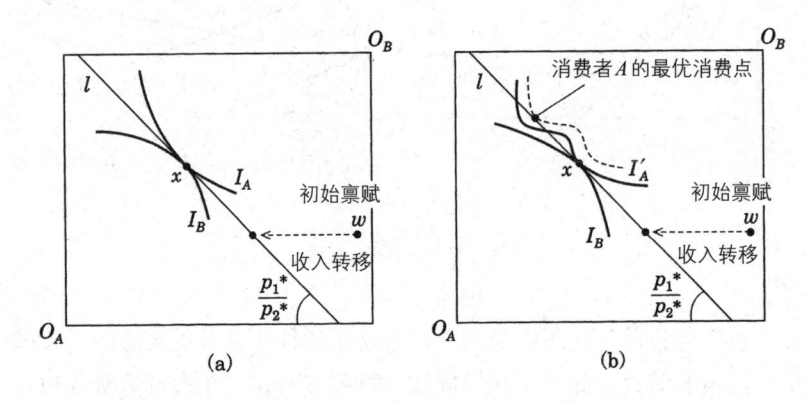

图3-48 如果无差异曲线没有凸向原点的话,那么第二基本定理就不成立

然而,如果消费者A的无差异曲线如图3-48(b)那样,没有凸向原点,那么帕累托有效的点x就无法作为完全竞争市场均衡而达到。让我们慢慢分析其中原因。首先,为了使消费者B的消费在市场均衡下处于x点,B的无差异曲线I_B必须与预算线在x点处相切。因此,在实现x点的市场均衡下,预算线必须是l。这里请注意,在埃奇沃斯盒状图中,消费者A和消费者B的预算线是用同一条直线(通过初始禀赋点w,斜率为价格的比率)来表示的。由此,消费者A的预算线也应该是l。但是,

消费者A在预算线l下的最优消费不是x，而是如图3-48（b）所示的其他点。因此，在市场均衡下，让消费者A和消费者B两人都实现x点的消费是不可能的。

由此可见，第二基本定理的成立，需要比第一基本定理更严格的若干条件。其中之一就是如上所见的每个消费者的无差异曲线的上部是凸集合，如图3-49（a）所示。另外，每个企业的生产可能性集合是凸集合的条件也是必要的，如图3-49（b）所示。

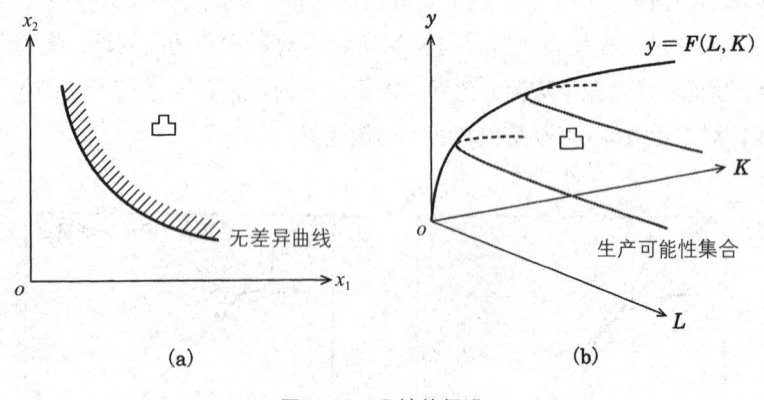

图3-49　凸性的假设

正如到目前为止所讨论的那样，这是两种在很多现实的例子中都得到满足的假设。此外，众所周知，这些假设在存在大量消费者和企业的大规模经济中可以很大程度上得到满足（详情请参考附录D6，第521页）。

以上两种凸性假设是第二基本定理成立的主要条件，不过，与之相伴随的，若干技术性的细微条件也是必要的。虽然这些条件在现实中也一般会得到满足，但是因为很琐碎，所以被集中放在附录D5（第520页）中了。

总结以上的内容，让我们来叙述一下福利经济学第二基本定理。

> **福利经济学第二基本定理：**
>
> - 如果每个消费者的无差异曲线的上部是凸集合，
> - 每个生产者的生产可能性集合是凸集合，
> - 且几个附加的条件[1]得到满足的话，
>
> **那么，对于任意帕累托有效的资源配置**，如果使用一次性定额税和一次性补助进行适当的收入再分配的话，都**可以通过完全竞争市场均衡来实现**。

虽然证明稍微有些长，但是我们已经在附录D中归纳了浅显易懂的解释，请大家一定要去看一看（看了证明之后，我们对市场机制的功能的理解就会更加深入）。

第二基本定理的意义，当然是为政府的经济政策提供了重要的指导方针。虽然关于"理想社会"可能会有很多不同看法，但是如果以构成社会的每个国民的幸福为基准进行价值判断的话，那么理想的结果必定是帕累托有效的。为了做到这一点，在尽可能不损害市场运行的情况下，我们可以通过一次性定额税和一次性补助等方式来对收入进行再分配，其余的交给市场的自由运转就可以了。福利经济学第二基本定理为我们提供了通用性极高的经济政策的指导方针，它是**微观经济学最重要的结论之一**。

与此同时，第二基本定理还有另一个隐含的意义，即该定理明确了**有效的资源配置应该满足的一般条件**。这个条件是指，所有的消费者和生产者都面对同一价格，根据这一结论，扭曲价格的各种制度和管制会破坏有效性。

现在我们对这一点进行详细解释。根据第二基本定理，因为有效的资源配置（如果进行适当的收入再分配的话）可以作为完全竞争市场均衡得到实现，所以，在有效的资源配置中，消费者的边际替代率和

---

[1] 即附录D5中的条件1、2、3、4a、4b、4c。

企业的边际生产率必须满足以下条件。

> **关于有效性的条件的命题（福利经济学第二基本定理的推论）：**
> 在帕累托有效的资源配置中，存在满足以下条件的 $p_1, \cdots, p_K$。
> ①对于任意消费者 i，以及任意商品 a,b 都有：
>
> $$\underset{\underset{\text{（边际替代率）}}{\uparrow}}{MRS^i_{ab}} = \frac{p_a}{p_b}$$
>
> ②对于任何使用商品 h 来生产商品 k 的企业 j 都有：
>
> $$p_k \underset{\underset{\text{（边际生产率）}}{\uparrow}}{\frac{\partial F^j}{\partial x_h}} = p_h$$

①相当于消费者在竞争均衡下的效用最大化条件，②相当于企业的利润最大化条件（F^j 是企业 j 的生产函数）。希望大家注意，这里提到的"帕累托有效的配置"是可以任意取值的，甚至也可以是不用通过市场而实现的东西。例如，即使是完全地通过计划经济，丝毫不借助市场，利用超级计算机来实现的适材适所的配置，只要这种配置是有效的，那么我们就一定能找到上面提到的常数 $p_1, \cdots, p_K$。这些与有效的资源配置相伴随的理论价格，也被称为"影子价格"。因此，福利经济学第二基本定理表明了**有效的配置必然伴随着理论价格，是揭示了"价格"本质的重要结论**。

从上面的命题中，我们导出了与有效性相关的各种条件。这些内容能够加深我们对有效性和价格本质的关系的理解，因此让我们来详细解释一下。后面要进行的讨论稍微需要一点耐心，请一定继续坚持（我稍后会对此进行评论）。

首先，从上述命题的①中很容易得知以下结论：

有效性的条件A：对于任意两种商品，（消费这些商品的）所有消费者都持有相同的边际替代率。

虽然我们在第三节第6小节讨论埃奇沃斯盒状图时已经见过这个条件了，但是因为这个条件是很重要的论点，所以让我们再来仔细研究一下它的含义，以及它成为有效性的条件的理由。

条件A的含义：回想一下边际替代率的含义，所谓"商品a对商品b的边际替代率MRS_{ab}^i"表示的是"在减少一点点商品a的消费的同时，得到多少商品b才能让你维持同样的满足感"。例如，如果$a=$啤酒，$b=$米酒，且$MRS_{ab}^i=1.5$的话，如果消费者i稍微减少消费啤酒的量，并且想通过饮用米酒得到同样的满足感，那么，需要饮用的米酒的量就是稍微减少饮用的啤酒量的1.5倍。也就是说，粗略地讲，对消费者i来说，在对啤酒和米酒的消费量进行微调时，**啤酒的价值是米酒的1.5倍**。一般来说，"啤酒的价值是米酒的几倍（即啤酒对米酒的边际替代率）"因人而异，但是在有效的资源配置下，所有人都有相同的边际替代率。换句话说，如果实现了有效的资源配置，**那么所有（啤酒和米酒两种都饮用）的人都会同意：啤酒的价值是米酒的1.5倍**。并且如果这种有效的配置是通过市场而产生的话，那么啤酒的价格应该是米酒的1.5倍。这样的价格成功地集中反映了消费者对商品的整体评价。

条件A的理由：如果条件A不成立，每个人的边际替代率各不相同的话，那么会出现一个人认为很有价值的商品，对另一个人来说价值较低的情况。在这种情况下，这两个人可以通过互相交换商品，来提高双方的满意度（回想一下第二节第6小节中所学的埃奇沃斯盒状图，图3-38）。这就是有效的资源配置必须满足条件A的理由。

从上述命题的②中也很容易得知以下结论：

有效性的条件B：生产要素的边际生产率对生产同一种产品的每个企业都相同。

例如，如果已经达到了有效性，那么任何一家制铁厂都必须持有相同的劳动对铁的边际生产率。其原因是，如果不是这样的话，则只要将劳动从边际生产率较低的制铁厂转移到更高的制铁厂，就应该可以用相同的劳动力总量来生产更多的铁。如果实现了有效的资源配置，那么任何一家制铁厂的劳动边际生产率都应该是一样的，这种共同的边际生产率是体现在钢铁工人的工资和钢铁价格上的[根据命题②可以得到，边际生产率$\frac{\partial F^j}{\partial x_h}$=钢铁工人的工资/钢铁价格$(=p_n/p_k)$]。

上述条件B是在生产同一产品的企业之间有效地配置生产要素的条件，生产不同产品的企业之间有效地配置生产要素的方法，对应的则是下面的条件。这一条件也是从命题②中推导出的。

有效性的条件C：任何一家企业的生产要素的技术的边际替代率都相同。

这是从命题②中推导出来的、对所有企业j都成立的条件（如下）的语言描述。

$$\frac{\partial F^j/\partial x_h}{\partial F^j/\partial x_{h'}} = \frac{p_h}{p_{h'}}$$

正如我们在生产理论（第二章第三节第2小节）部分所学的那样，这个式子左边表示的是生产要素的（技术的）边际替代率。例如，在生产钢铁的企业j中，劳动（商品h）对燃料（商品h'）边际替代率$\frac{\partial F^j/\partial x_h}{\partial F^j/\partial x_{h'}}$为3，这表示的是，在减少1单位劳动的同时增加3单位的燃料的话，就能够维持相同的钢铁产量。条件C表示的是,使用劳动和燃料的所有企业(包含生产其他产品的企业)都拥有关于劳动和燃料相同的边际替代率是有效性的条件[1]。由此,在竞争市场上,每个企业共同的边际替代率,就等于要素的价格的比率$\frac{p_h}{p_{h'}}$。

最后,我们来看一下跨越生产和消费的有效性的条件(即企业认真生产消费者想要的商品的条件)。首先,如果将命题②的条件应用在用相同的生产要素h(例如劳动)生产$k = a$商品(果汁)的企业α上和生产$k = b$商品(牛奶)的企业β上的话,就可以得到:

$$\frac{p_a \frac{\partial F^\alpha}{\partial x_h}}{p_b \frac{\partial F^\beta}{\partial x_h}} = \frac{p_h}{p_h} = 1$$

将其变形可以得到:

$$\frac{p_a}{p_b} = \frac{\left(\frac{\partial F^\beta}{\partial x_h}\right)}{\left(\frac{\partial F^\alpha}{\partial x_h}\right)} \tag{12}$$

让我们来解释一下这个式子的右边。现在,假设将少许劳动力(数量为ΔL)从生产果汁的企业α转移到生产牛奶的企业β。这样,果汁的产量就会稍微减少(将数量记作Δy_a),牛奶的产量就会稍微增加(将数量记作Δy_b)。通过这种劳动力的转移可以实现:如果稍微减少果汁的产量,就会生产出稍多的牛奶,也就是说,**果汁可以转变为牛奶**。如果我们尝试计算一下"减少果汁生产能够生产多少数量的牛奶",则可以得到下面的式子。

---

[1] 其理由与消费的有效性条件A基本一致。如果制铁厂的劳动对燃料的边际替代率等于3,而石油公司是5的话,那么将劳动力从制铁厂转移到劳动价值更高的石油公司,同时给制铁厂燃料来代替分走的劳动力,就可以使用总量相同的劳动力和燃料,同时生产出更多的铁和石油。

$$\frac{牛奶的增加}{果汁的减少} = \frac{\Delta y_a}{\Delta y_b} = \frac{\left(\frac{\Delta y_a}{\Delta L}\right)}{\left(\frac{\Delta y_a}{\Delta L}\right)} \fallingdotseq \frac{\left(\frac{\partial F^\beta}{\partial x_h}\right)}{\left(\frac{\partial F^\alpha}{\partial x_h}\right)}$$

也就是说，由于(12)式的右边表示的是，如果将果汁(商品a)的产量减少一点点的话，牛奶(商品b)的产量能够增加多少，因此，我们将其称为商品a对商品b的**边际转换率**(marginal rate of transformation, MRT_{ab})。

以上的讨论表现了完全竞争的市场均衡的重要一面，由于还没有解释过，因此我们在这里进行简单的总结。

在完全竞争市场均衡下，**价格的比率和边际转换率相等**：

$$\frac{p_a}{p_b} = MRT_{ab} = \frac{\left(\frac{\partial F^\beta}{\partial x_h}\right)}{\left(\frac{\partial F^\alpha}{\partial x_h}\right)} \quad (13)$$

让我们再次解释一下这个条件里出现的边际转换率的计算。如果考虑任意一种在果汁(商品a)和牛奶(商品b)的生产中所使用的共同的生产要素(例如劳动，将其称作h商品)的话，果汁对牛奶的边际转换率就是：

边际转换率的计算方法

$$MRT_{ab} = \frac{劳动对牛奶(b)的边际生产率}{劳动对果汁(a)的边际生产率} \frac{\left(\frac{\partial F^\beta}{\partial x_h}\right)}{\left(\frac{\partial F^\alpha}{\partial x_h}\right)}$$

如果将少许劳动力从生产果汁的企业(α)转移到生产牛奶的企业(β)，我们就能够按照等式右边的比率将果汁变形为牛奶。

如果我们将前面解释的关于边际转换率的有效性条件（13）和关于消费者边际替代率命题①的有效性条件相结合，就可以得到条件：

$$MRT_{ab} = \frac{\left(\frac{\partial F^\beta}{\partial x_h}\right)}{\left(\frac{\partial F^\alpha}{\partial x_h}\right)} = \frac{p_a}{p_b} = MRS_{ab}^i \tag{14}$$

让我们来解释一下这个式子。该式左边表示果汁（商品 a ）对牛奶（商品 b ）的边际转换率，而式子开头部分的等式 $MRT_{ab} = \frac{\left(\frac{\partial F^\beta}{\partial x_h}\right)}{\left(\frac{\partial F^\alpha}{\partial x_h}\right)}$ 就表示，对任意用在转换上的生产要素 h 和参与转换的企业 α 与企业 β ，边际转换率都必须全部相等。也就是说，如果已经进行了有效的资源配置，那么无论是以什么样的途径①将果汁转换为牛奶，边际转换率都必须全部相等。因此，在生产被有效组织的情况下，在整个社会中只存在一种果汁对牛奶的边际转换率。这就是（14）式的左边的 MRT_{ab}。

接下来让我们同时关注条件式（14）的两端，它表示的是：

对于所有的消费者 i

$$\underset{\text{边际转换率}}{MRT_{ab}} = \underset{\text{边际替代率}}{MRS_{ab}^i} \tag{15}$$

也就是说，社会的边际转换率必须等于每个消费者的边际替代率。如果这个条件不成立，例如，假设存在果汁对牛奶的边际转换率是5，而边际替代率是2的消费者。如果将该消费者的果汁消费减少1单位转换为牛奶的话，那么牛奶会增加5单位。因为该消费者的边际替代率是2，因此减少1单位的果汁消费，增加2单位的牛奶消费的话，就能获得和原来一样的满足度。但是，因为增加的牛奶量是5单位（多于2单

---

① 推而广之，我们也可以考虑通过间接途径将果汁变形为牛奶，例如从果汁公司将其生产要素转移到企业1，从企业1将其他生产要素转移到企业2……最后从企业10将其他的生产要素转移到牛奶公司。

位)，所以这个消费者的满足度将会增加(并且不会对经济中的其他部分带来影响)。因为在有效的状态下无法进行这样的调整，所以上面提到的条件(14)应该成立。

总结上述讨论，我们可以得到如下结论：

> **有效性的条件D**：无论通过何种途径进行转换，两种商品的边际转换率都是相等的。并且，边际转换率等于每个消费者的边际替代率。

这是对有效性条件(14)的语言解释。而且，边际转换率＝边际替代率，正是两种商品价格的比率。

这样，根据福利经济学第二基本定理，实现有效的资源配置所需的条件A~D就清楚了。

注解3-9 价格是简单地表现有效性的工具：以上，我们一直在进行一个相当复杂和冗长的讨论。因此，可能很多人都觉得这个部分很难理解，**实现有效性的每一个条件理解起来也很麻烦**(同样，身为笔者的我本身也是这样认为的)。事实上，**这些"麻烦"才正是大家在这个部分中应该学习的最重要的知识点**。让我们来解释一下这个问题。

请回想一下，这些麻烦的有效性的条件A~D全部都是从一个精致的"关于有效性的条件的命题"(第242页)中推导出来的。这个命题之所以相对来说更加精致，是因为它借助参数$p_1,\cdots,p_K$将有效性的条件A~D以非常紧凑的形式进行了集中表述。而且，该参数本身就是市场均衡价格，或者说有效的配置所伴随的理论价格。也就是说，市场机制通过设定价格这个方便使用的变量，巧妙地达到了"寻找有效的配置"这样一个极其考验耐心的复杂的效果，这个机制十分精妙。

---

(10) 福利经济学第二基本定理与经济政策

福利经济学第二基本定理最重要的意义之一，就是为执行理想的经济政策（放松管制或竞争政策）提供通用性极高的指导方针。这一重要性无论怎么强调都不过分。因此，在本部分我们特别留出空间，对其进行详细讲解。换句话说，本部分内容提供的是**使用第二基本定理来执行经济政策的指南**。

作为出发点，让我们先回顾一下在初级教科书中经常出现的利用局部均衡分析的竞争政策的评价（第一节第4小节已讨论过）。图3–50再现了那部分所进行的酒类税的分析。

图3–50（a）显示了征收酒类税时酒类市场的均衡。如果征收酒类税，就会产生等于白色三角形X的面积的剩余损失（无谓损失）。如果废除酒类税，如图3–50（b）所示，数量和价格是由需求和供给的交点所决定的，这部分剩余的损失（无谓损失）就会消失。此时，如果从消费者和生产者那里分别征收图3–50（b）中的T_1和T_2数量的一次性定额税，结果就是税收额不变，并能够同时提高消费者剩余和生产者剩余。

虽然这些基于局部均衡分析的解释很直观且容易理解，但是，它们在以下几点上却缺乏一般性。

①在局部均衡分析中，酒类税带来的低效性是用总剩余的减少（无谓损失）来解释的。这依赖一个前提：消费者的满足度能够用消费者剩余[图3–50（a）部分的淡蓝色三角形的面积]的金额来表示。但实际上，为了实现这个前提，消费者偏好必须满足特殊的性质[1]。我们能够在**不设定用消费者剩余来衡量消费者满意度这样一个严格的假设条件下**，来表示酒类税的低效率吗？

②在局部均衡分析中，废除酒类税、征收一次性定额税更理想，是我们在只关注在一个市场上发生的事情（酒类税带来的政府收入、酒类生产者的利润、消费者在酒类市场的剩余）的前提下得到的结论，但废除酒类税也会对其他市场产生各种各样的波及效应。如果酒类变得更便宜，之前在餐厅里忍着喝乌龙茶的人就要转而喝酒，这就可能会给乌龙茶生产者带来损失。另外，如果酒类的产量增加，将会给那些

---

[1] 为了满足这一前提，效用函数必须具有"拟线性"的特殊形式（参考第一节第3小节）。

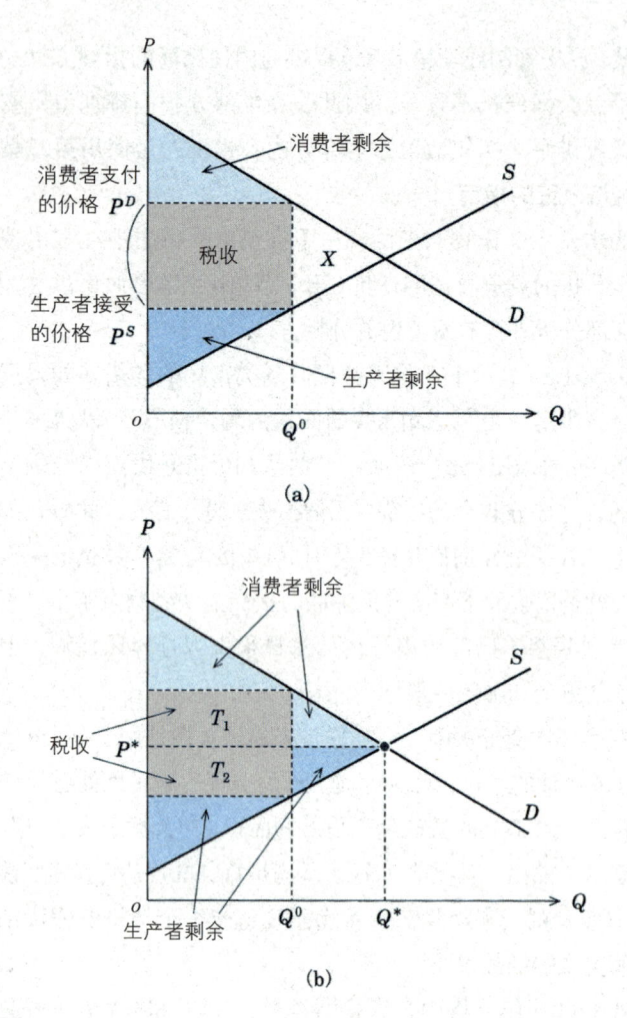

图 3-50 酒类税的局部均衡分析

提供酒类生产所需的原材料的人带来好处。考虑到局部均衡分析所忽视的各种波及效应,我们是否还能说废除酒税是更理想的呢?

为了回答这些问题,我们需要全局均衡理论,尤其是福利经济学**第二基本定理**。全局均衡理论采用高级的分析方法,并不追求空洞的"为了理论而理论",而是为了更令人满意地处理这些实践中的重要问题。

让我们先放弃消费者的满意度可以用消费者剩余来表示这个(严格的)假设,再来解释(上面的论点①)。在征收酒类税的时候,消费者支付的价格高于生产者得到的价格(酒类税部分)。这样的话,在有效的配置下,"所有的经济主体都是面对统一的价格体系来进行最优的消费和生产"那样行动的有效性的一般条件[在前面的(9)部分所讲解的"关于有效性的条件的命题"]就不再成立。因此我们可以得出结论,酒类税会造成低效率。

为了加深理解,虽然是需要耐心的讨论,但还是让我们来仔细探讨一下酒类税会引起低效率的原因。在这种情况下,从"关于有效性的条件的命题"中推导出来的边际转换率与边际替代率的关系(条件D)并不成立。例如,假设 a =乌龙茶,b =酒,且令生产者所面对的价格分别为 p_a 和 p_b 的话,按照(12)式所述内容,在竞争均衡下:

$$\frac{p_a}{p_b} = \frac{劳动对酒的边际生产率}{劳动对乌龙茶的边际生产率} = MRT_{ab}$$

由于生产者所面对的(没有税收的)酒的价格 p_b 比较低,所以上式的价格比率 $\frac{p_a}{p_b}$ 是一个较大的值。而消费者所面对的是税后的酒的价格,将其记作 $(1+t)p_b$ ($t>0$,为税率)。正如第一章所述,在最优消费点处,消费者 i 的边际替代率 MRS_{ab}^i 等于消费者所面对的价格比率,因此:

$$\frac{p_a}{(1+t)p_b} = MRS_{ab}^i$$

当酒类税变大时,上式的值就会较小。综上,有:

$$\underset{边际转换率}{MRT_{ab}} = \frac{p_a}{p_b} > \frac{p_a}{(1+t)p_b} = \underset{边际替代率}{MRS_{ab}^i}$$

即有效性的条件D(边际转换率=边际替代率)不成立。

现在，如果乌龙茶价格是5元（即p_a），啤酒的价格是6元[$(1+t)p_b$]的话，则消费者的边际替代率为5/6≒0.83。也就是说，如果消费者在稍微减少乌龙茶的消费的时候，减少的乌龙茶消费量，用大约8成的啤酒来代替的话，他的满足感就不会改变。反过来说，如果能得到比这更多的酒，他的满足感就会提高。假设酒类税的税率为2成（$t=0.2$），那么生产商所面对的酒的价格就是$p_b=6/(1+t)=5$元，这与乌龙茶的价格相同。因此，边际转换率为1(即$\frac{p_a}{p_b}=\frac{5}{5}=1$)。也就是说，如果将（少许）劳动力从乌龙茶企业转移到酒类企业，就可以将乌龙茶按1比1转换为啤酒。它高于消费者的边际替代率0.83，这就意味着，如果实行这种转换，消费者的满意度会更高。

上面的解释看起来很不可靠，像是一个片面的、非现实的数学模型，但实际上真的是这样吗？当你真的生活在一个很多东西都收税的社会时，常常会感觉很多东西太贵了，生活很艰难。例如，瑞典对酒类征收重税，喝一杯威士忌要花很多钱。在日本，进口肉类的关税很高，肉类比外国要贵得多（2013年日本牛肉的关税率为38.5%）。这种生活中的艰难，并不是不得已而为之，而是政府对各种各样本来更便宜就能买到的商品，以税收的形式妨碍其交易所招致的结果。使用上述模型进行的讨论，通过模型的形式阐明了这部分生活的真实感受。

根据以上的讨论，我们可以推导出接下来的内容。为了更深入地理解低效率在市场上发生的原因，检验具体的有效性条件A~D是必要的，但这是一项稍微需要耐心的工作。因此，为了快速地检验市场上是否发生了低效率，看一下使用（理论）价格对条件A~D进行紧凑总结的"关于有效性的条件的命题"（第242页）就可以了。这个命题表明，"在有效的资源配置下，所有经济主体都表现得（就像）是在**同一价格体系**下，按照完全竞争的方式运作的"。由此，我们可以将引起低效率的一般的情况总结如下。

> **低效率发生的一般原因：**
> ①**价格扭曲**：如果所有消费者和生产者**没有面对同一价格体系的话**，低效率就会发生。
> 例如：酒类税等货物税、关税、学生证优惠、股东优惠等。
> ②**限制竞争**：即使所有消费者和生产者面对同一价格体系，如果**不是以完全竞争的方式行事**，低效率也会发生。
> 例如：垄断、寡头，最低工资保证等对竞争的限制。

在垄断、寡头垄断等情况下，由于企业具有价格控制力，因此其不会像完全竞争市场下的主体那样"将市场的价格视为既定，再去实现利润最大化"，而是会改变产量，这就会催生低效率。这是下一部分将要详细讨论的内容。通常情况下，低效率发生的现象也被称为资源配置的扭曲。福利经济学第二基本定理从一般的角度揭示了引起资源配置扭曲的原因，这是微观经济学中最重要的信息之一。

那么，根据上述理由，在低效率发生的时候，采取何种政策比较理想呢？让我们仔细地说明一下这个问题。首先，回顾（帕累托）有效性的定义可知，在低效率的情况下，我们应该可以"在不降低任何人的满意度的情况下，提高某些人的满意度（即进行帕累托改进）"。有人认为应该对弱者实行救济以缩小差距，有人认为应该对公平竞争中获胜的人提供很大的奖赏。这个世界上存在着各种各样的价值判断，但不管采用哪一种判断方法，只要是以每个国民的幸福为基准来判断事物的好坏，做出某些帕累托改进，实现帕累托有效的点，都应该是我们所期望的理想状态。而且，所有这些帕累托有效的点都可以通过**消除价格扭曲和竞争限制，实行完全竞争，并且同时借助一次性定额税和一次性补助来实行适当的收入分配而达到**（福利经济学第二基本定理）。

回到本部分开头讨论的酒类税的话题，如果废除酒类税，使酒类市场具备完全竞争性的话，那么这不仅对酒类市场，还会对其他市场也产生各种波及效应。即使将这样的效应全部考虑在内，福利经济学第二基本定理也能保证：如果废除酒类税并实行适当的收入再分配，全体国民也能变得更幸福。总结以上论述，我们能够得到下列关于经济政策的一般指导方针。这些都是从福利经济学第二基本定理中得出来的。

> **理想的经济政策的一般指导方针：**
> ① **不论采取何种价值观，通过某种方式消除低效率**总是令人期待的。
> ② 如果所有消费者和生产者没有面对**同一价格**的话，低效率就会发生。而且，就算所有的消费者和生产者面对同一价格体系，如果**不是以完全竞争的方式行事**，低效率也会发生。
> ③ **消除价格的扭曲和竞争的限制，构建完全竞争的状态，同时通过使用一次性定额税和一次性补助实行适当的收入分配**，能够让全体国民变得更幸福（更准确的说法是，在不降低任何人的满意度的情况下，能提高某些人的满意度）。

注解3-10　怎样实行收入分配比较好：福利经济学第二基本定理可以保证，上述指导方针③中提到的收入分配方式一定存在。但是，假如当酒类税被废除时，具体对谁适用多少税收和补助，才能通过完全竞争市场的运作，让全体国民变得更幸福呢？确定这个问题的答案需要大量的信息，而且将得到的理想税收和补助应用于每个人需要花费难以想象的行政成本。因此，完全执行上面指导方针③中所述的内容是非常困难的。考虑到这些局限性，上面的指导方针到底意义何在呢？

对这个问题的回答有两个。第一，清楚地认识到价格的扭曲和竞争的限制潜在地降低了全体国民的满意度，为我们在思考"对社会来说怎样更理想"问题的时候，提供了重要的判断基础。为了消除价格扭曲和竞争限制，让全体国民都更幸福，我们必须实行细致入微的收入再分配，虽然这个目标很难实现，但是，理解其存在的可能性，对于理想政策的讨论是很重要的。

第二，更具实际意义的回答是，**即使没有实行**在指导方针③中提到的**再分配**，从长远来看，消除价格扭曲和竞争限制的政策也是能为多数国民带来好处的。也就是说，虽然在个别情况下逐一实行指导方针③中的收入分配是很困难的，但是，就算不这样做，只要**将消除价格扭曲和竞争限制的政策作为原则来采用**，并将其用于诸多情境中，那么大多数国民从**长期来看还是会得到好处的**。关于这种被称为**补偿原理**的思想，我们将在最后一章详细讨论。

(11) 市场机制的特点是什么？ 分权决策与信息和激励

这里，我们来分析一下迄今学到的微观经济学的模型分析和社会思想之间的关系。自亚当·斯密以来，那些崇尚市场原理的人提出了以下观点。虽然很多生产者和消费者都参与到市场中来，但是每个生产者和消费者都只了解自己的事情，并且都是在只考虑自己的条件的情况下来行动的。也就是说，来到市场上的消费者和生产者，是在不知道别人的偏好和生产技术，并且只考虑自己的事情的条件下，来最大化自己的满意度(效用)和利润的。像这样，尽管每个人都在进行各自独立的**分权决策**，但在竞争市场上，供求平衡点很容易被找到，最终有效的资源配置也能够达到。亚当·斯密把这种将自私的人们的行动成功聚集起来的市场功能描述为"**看不见的手**"。按照这种思想，市场机制的主要特点可以归纳为以下2点。

首先，市场价格能高效地汇集和传递每个人分散持有的信息。这被称为市场机制的**信息有效性**。例如，假设笔记本的需求增加之后价格上涨。这样一来，笔记本的生产者就会在不知道(也不需要知道)到底是谁出于什么原因想要更多的笔记本的情况下，增加笔记本的生产。也就是说，笔记本的价格会将"从社会的角度来看需要更多的笔记本，生产更多的笔记本吧"这样的指示，以非常简洁的方式归纳并传达给生产者。

其次，在市场上，**尽管人们自始至终都采取利己的行动，但对社会来说理想的(有效的)结果得到了实现**。这被称为市场经济的**激励一致性**。杰出的经济学家和社会思想家F.哈耶克在著名的论文《知识在社会中的运用》(*The Use of Knowledge in Society*)中详细论述了市场经济的这两个特点[1]。

为了更清楚地理解市场机制的这种特色，让我们比较一下计划经济和市场经济。相比于价格将必要的信息迅速、简洁地归纳并传达给当事者的市场经济，在计划经济中，计划当局必须收集关于生产技术和消费者需求的大量数据，并进行规模庞大的计算来制定计划。也就是说，计划经济在信息的有效性方面存在很大的问题。此外，计划经济在激励一致性方面也存在问题。例如，在计划经济中，人们恐怕不会如实地将自己的需求和技术传达给计划当局。想要牛仔裤的人可能会夸大牛仔裤的需求，贪图轻松的生产者可能会过多申报生产成本。此外，人们可能不会遵循计划当局制定的生产任务或消费配给。计划经济常常会被生产者的消极怠工和黑市困扰。也可以说，计划经济是由于没有给予人们合理激励（incentives）才失败的。

以上思想是被称为"自由主义经济思想"的理念、社会思想、意识形态。微观经济学的模型分析将这个思想的一部分进行了公式化，并证明了其合理性。也就是说，微观经济学的"竞争均衡的存在性定理"证明了，让所有市场同时达到供求平衡是可能的，并且"福利经济学的基本定理"证明了供求平衡的结果是有效的。

但是，自由主义经济思想与微观经济学的完全竞争市场模型之间是存在差距的。完全竞争市场模型虽然表明，存在一种让所有市场都达到均衡的状态，但是它并没有阐明这种均衡价格到底是如何实现的。此外，虽然自由主义经济思想主张市场机制是最好的资源配置方式，但很难说完全竞争市场模型充分体现了这一点。这是因为，尽管完全竞争市场模型可以揭示市场机制本身的功能，但是无法揭示其他各种资源配置方式的功能，因此也就无法清楚地判断它们的优劣[2]。

另外，现实与微观经济学的模型分析之间也存在差距。到目前为止，我们所学到的完全竞争市场模型中都没有包含时间和不确定性。并且，

---

[1] Friedrich A. Hayek(1945) "The Use of Knowledge in Society." *American Economic Review*, (35)4, pp.519 – 530.

[2] 借助从第六章开始学习的博弈论和信息经济学，我们将会渐渐做到这一点。

该模型既没有考虑以货币为媒介的交换流通过程（这是现实的市场机制的一大特色），也没有考虑人们计算能力的局限性。其中，将时间和不确定性引入模型是可能的，高级微观经济学和宏观经济学、金融学等都会涉及这些问题。此外，关于货币职能与计算能力的局限，新的研究目前正在进行。

综上所述，如图3–51所示，理念/思想/意识形态、现实世界、微观经济学的数学模型之间，既有重合，也有差异。仅仅模糊地思考往往会把这三者混为一谈，因此在明确区分三者的基础上考虑它们之间的关系是非常重要的。可以说，现代经济学的一个重大贡献，就是借助清晰的模型和严谨的逻辑展开，让部分理念、思想、意识形态变得可以论证和驳斥。

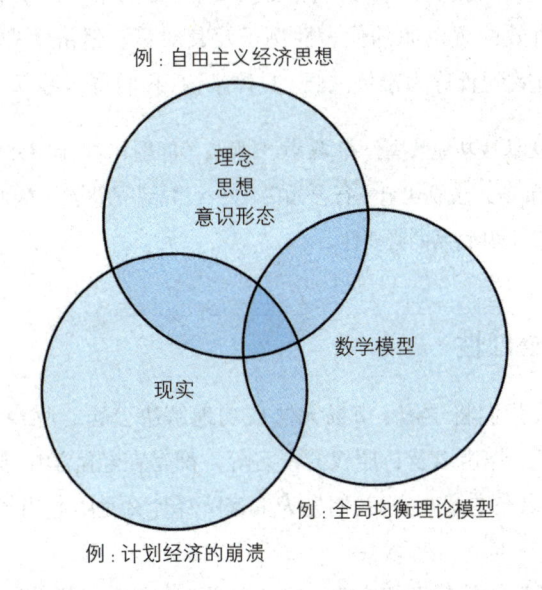

图3–51　现实－思想－模型之间的关系

第四章　市场失灵

目前为止的讨论明确揭示了市场机制的优势。也就是说，如果完全竞争市场能够理想地运转，各种各样的资源通过迎合人们的需求得到了（有效的）配置。但是，市场机制并不是万能的，它存在一些巨大的缺陷。在本章，我们将学习由各种原因所导致的市场机制功能不健全，以及无法有效配置资源的代表性例子及其对策。经济学把市场无法对资源进行有效配置称为**市场失灵**。具体来说，我们将学习以下两项内容：

- 市场无法成功地解决公害、噪声、日照权等问题（这叫作"**外部性**"问题）。
- 由于市场无法成功地实行公园等"**公共物品**"的供给，因此就产生了政府提供公共物品的必要性。

第一节　外部性

在本节我们将学习：市场无法成功地解决公害、噪声、日照权等问题。公害、噪声以及日照权的侵害等，都是在经济学中被称为"外部性"的例子。在本章开头，我们先为大家解释什么是引起市场失灵的"外部性"。

构成经济的消费者和企业，相互之间会有各种各样的影响。现在，请大家试着思考，某个经济主体（消费者或企业）的生产和消费活动，会通过怎样的途径影响其他经济主体的效用和利润？如图4-1所示，这种影响可以分为两类。

一类是通过市场价格变化而产生的间接影响。具体的例子包括：

图 4-1 外部性

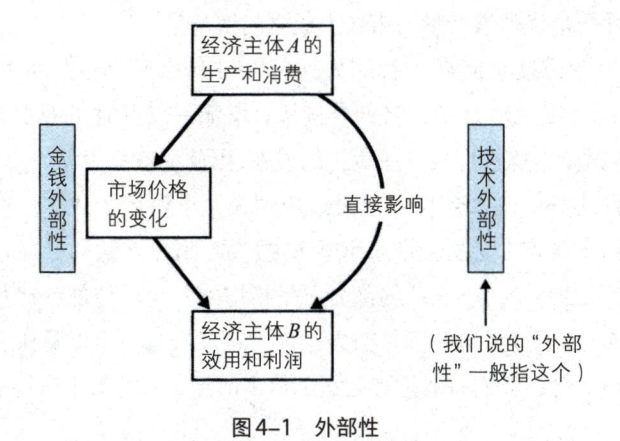

某企业大量解雇员工导致劳动市场薪酬水平下降,从而对劳动者造成伤害;由于地铁站的修建使得房价上涨,房产所有者从中获益等。这种通过市场价格的变化而造成的间接影响叫作"金钱外部性"。另一类是直接影响,叫作"技术外部性"。由于公害、吸烟、噪声等会对周围的人和企业造成直接伤害,因此它们都是技术外部性的例子。因为这些外部性会使得他人受损,所以被称为负外部性或外部不经济。但是,直接影响(技术外部性)中也有使他人获益的情况。例如,当果园附近住着养蜂人时,蜜蜂可以促进果园中花儿的授粉,从而增加果园收益。这种使他人受益的技术外部性,被称为正外部性或外部经济。

通过市场价格变化而产生影响的金钱外部性不会引起市场失灵,而我们接下来将详细为大家讲解的技术外部性(无论是负外部性还是正外部性)则将引起市场失灵。因此,经济学中提到的"外部性",多指引起这种问题的技术外部性。

(1)外部不经济时的市场均衡

作为技术外部性,特别是外部不经济的例子,我们考虑炼铁厂把废水排入河中,对下游渔民造成损害的情形(公害)。假设炼铁会排出废水,并且每生产1吨铁会给渔民带来50元的损失。此时,我们来比较一下社会最优的铁产量与市场上成立的铁产量。

为了考虑这个问题，我们先回忆一下什么是炼铁厂的边际成本 $MC(Q)$。$MC(Q)$ 是指，将铁产量从 Q 增加一点点时所需要追加的成本。由于这是由炼铁厂自己所负担的成本，因此又被称为私人边际成本。但是除此之外，炼铁还会对渔民造成损失，产生社会成本。在这个例子中，由于生产 1 吨铁会带来 50 元的损失，因此炼铁的社会边际成本就是 $MC+50$。这里"50"的部分，是指增加一个单位的铁产量时发生在其他人（渔民）身上的额外损失，称为边际损失。也就是说，当存在外部不经济时，我们一般把社会边际成本的定义进行如下表述：

社会边际成本 =（私人）边际成本 + 边际损失
↑
产量增加一点点时，
其他人遭受的损失额增加多少

根据这一概念，图 4-2 求得在社会的层面最优的铁产量。让我们先考虑产量为图 4-2 中 Q' 时的情况。由于需求曲线的高度代表消费者愿意为铁支付的金额，因此为了让铁产量在 Q' 的基础上增加一点点，我们可以认为消费者愿意支付的价格为图 4-2 中的 a。与此同时，为了将产量在 Q' 的基础上增加一点点，社会要承担与图 4-2 中 b 相等的成本（即社会的边际成本）。在这种情况下，由于增加产量所产生的收益（a）大于成本（b），因此提高产量对社会来说是理想的。按照这个思路，在需求曲线与社会边际成本曲线相交的 $Q*$ 点之前，增加生产都是理想的。$Q*$ 代表社会最优的铁产量，此时整个社会所产生的剩余是由图 4-2 中的 X 来表示的。

另外，市场中的铁产量又是怎样的呢？正如我们在生产部分所学的那样，在标准情形下供给曲线等于（私人）边际成本[第二章第二节（3）的①部分]。因此，竞争市场上的铁产量就是由私人边际成本（供给曲线）与需求曲线的交点所决定的 Q''，它比 $Q*$ 大很多。在生产超过

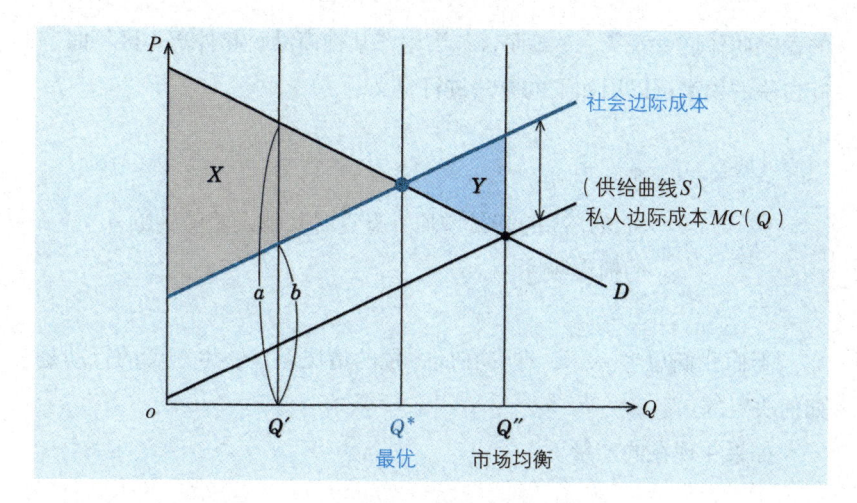

图4-2 外部不经济时的市场均衡

社会最优产量Q^*的时候，每多生产1单位铁，就会产生"社会边际成本"减去"需求曲线高度"数量的损失。因此，在由竞争市场所决定的过高产量Q''处，整个社会的剩余与最优时相比，会减少这些损失的总和，即图4-2中的Y部分。就这样，在存在公害的情形下，市场在资源的有效配置方面失灵了。

这样的市场失灵产生的原因是什么呢？答案就是，**没有将废水排放造成的渔民损失这部分社会成本，看作炼铁厂自己应当支付的成本的一部分**。由此，铁产量才会变得过高。这样思考的话，我们就有了解决问题的头绪。为了防止由公害引起的市场失灵，只要把公害这种企业的外部成本转化为企业的内部成本（也就是**把公害的外部成本内部化**）就可以了。如下一部分所示，上述目标通过适当的税收或补贴就能够实现。

（2）庇古税

因此，为了让铁生产者将公害等成本内部化，我们试着向生产者收取与渔民的边际损失等额的税收。因为每1吨铁产量会给渔民带来50元的边际损失，所以税收金额就是每吨50元。这种与边际损失相等的税收叫作庇古税[1]。一般而言，当生产某种商品引起外部不经济时，庇古税的税率可以用如下的方法进行定义：

> 庇古税率＝边际损失
>   ＝将该产品的产量增加一点点时其他人蒙受的额外
>   的损失额度

下面我们思考一下，在存在庇古税的情况下，铁生产者的行动是如何决定的。

如果在现在的产量下：

$$\underset{\text{边际成本}}{MC} + \underset{\text{庇古税率}}{50} < \underset{\text{铁价}}{P}$$

那么产量增加一点点所产生的成本（$MC+50$）将低于产量增加一点点时的收益（P）。因此，在这种情况下应当增加产量。反之，如果$MC+50>P$的话，就应当减少产量。因此，最优产量是由下式决定的：

$$\underset{\text{边际成本}}{MC} + \underset{\text{庇古税率}}{50} = \underset{\text{铁价}}{P}$$

图4-3对此进行了图示。

根据图4-3可知，存在庇古税时的供给曲线，是由$MC+$庇古税率所决定的。又因为庇古税率与边际损失相等，所以最终有：

> **存在庇古税时的供给曲线** → $MC+$边际损失＝社会边际成本

因此，存在庇古税时的市场均衡，是由需求曲线和社会边际成本（供给曲线）的交点给出的，而此时社会最优的产量也会实现（希望大家再回过头看一下图4-2）。

---

[1] 庇古是发明这一税收的经济学家的名字（Arthur Cecil Pigou）。

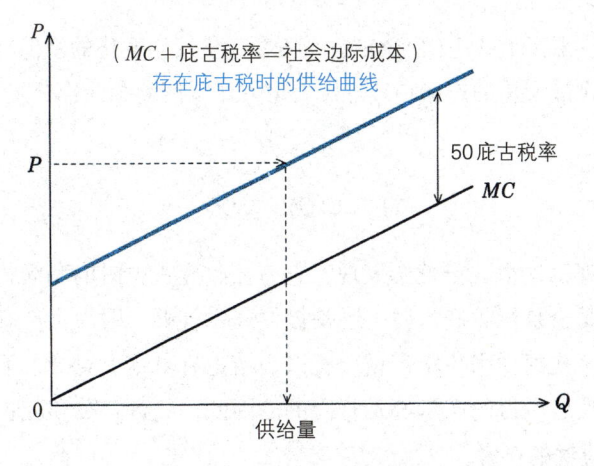

```
         P▲
            (MC+庇古税率=社会边际成本)
            存在庇古税时的供给曲线


         P ┈┈┈┈┈┈┈┈┤   ↕ 50庇古税率
                    ┊       MC


         0 ─────────┴──────────▶ Q
                  供给量
```

图4-3 存在庇古税时的供给曲线

（3）庇古补贴

通过上面的分析我们知道，为了不让引起公害（外部不经济）的铁产量变得过高，对铁产量进行课税是行之有效的。实际上，通过补贴也可以有效抑制过高的产量。也就是说，**如果企业减少过高的产量，就为其提供补贴。**

重新观察图4-2我们可以确认，在政府完全不干预的情况下，企业的产量Q''大于最优产量Q^*。因此，我们考虑当过高的铁产量从Q''每减少1吨时，政府就提供50元的补贴。50元是1吨铁的生产给渔民带来的边际损失。我们将其称为**庇古补贴**。

> **庇古补贴**：每减少1单位高于最优产量的产量，就提供与边际损失等额的补贴。

现在，如果将铁的生产成本记作$C(Q)$的话，那么铁生产者就会像最大化下式所给出的利润一样来选择产量Q。

$$利润：PQ - C(Q) + 50(Q'' - Q)$$

庇古补贴
（减少过高的产量Q''而获得的补贴）

另外，由于上式中的 $50Q''$ 是不随着产量发生变化的定值，因此，选择使上式最大化的产量 Q，与最大化去掉定值的剩余部分（下式）是等价的。

$$PQ - C(Q) - 50Q \quad (1)$$

仔细观察这个式子就会发现，它与征收庇古税时的利润相同。也就是说，无论是征收庇古税，还是提供庇古补贴，因为生产者都会像最大化（1）式那样来决定产量，所以，结论有点令人意外，无论是哪种情况，最后所得的产量都是相同的。因此，庇古补贴和庇古税都能**达到社会最优的产量**。

（4）课税还是补贴？

前文的分析告诉我们，为了将炼铁厂的公害抑制到最优水平，存在课税和补贴两种方法，下面我们思考一下，到底哪种方式更理想呢？虽然如第一节（3）所示，无论是课税还是补贴，都能达到同一最优产量，并使得整个社会的蛋糕（总剩余）最大化，但大家需要注意的是，采用不同方法会让剩余的分配方式出现差异。详解如图4-4所示。

图4-4（a）向我们展示了在征收庇古税的情况下，整个社会的蛋糕（总剩余）是如何分配的。图4-4的 C 部分等于产量（Q^*）×50，又由于50元是庇古税率，因此这一部分等于庇古税总额。又由于50元是生产1单位铁给渔民造成的损失额，因此 C 部分也表示渔民的损失总额。

接下来，让我们观察一下表示庇古补贴的图4-4（b）。现在，如果假设生产铁的固定成本为零的话，那么生产产量 Q^* 所需的成本，就是加总边际成本后得到的用图4-4中 X 所表示的白色三角形部分。另外，由于收入是铁的价格×产量（Q^*），因此这部分由图4-4（b）的蓝框粗线矩形表示。从这个矩形中减去成本 X 就可以得到利润，因此炼铁厂的利润（除去补贴）为 $B+C$。另外，提供庇古补贴时，炼铁厂将铁产量由 Q'' 减至 Q^*，由于每减少1单位产量获得50元补贴，因此炼铁厂所获得的庇古补贴总额是由图4-4的 Y 部分所表示的。

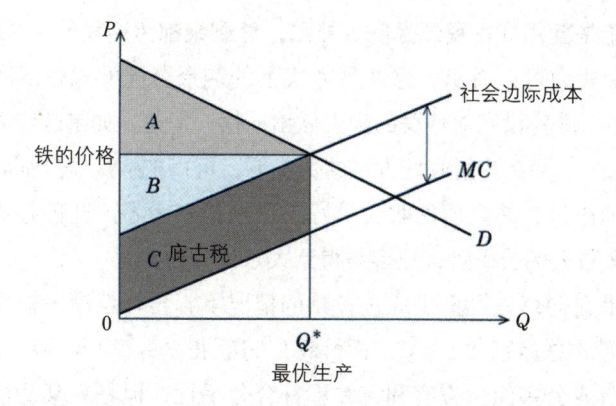

第四章 市场失灵 265

	消费者剩余	炼铁厂的利润	渔民的损失	政府的税收
+)	A	B	$-C$	C

$$A + B \quad \text{(总剩余)}$$

(a) 庇古税下的剩余

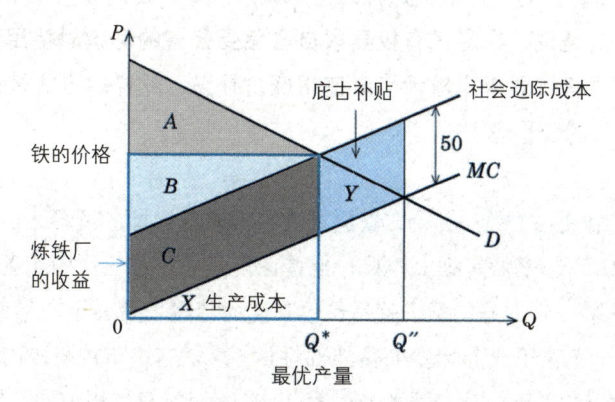

	消费者剩余	炼铁厂的利润	渔民的损失	政府的税收
+)	A	$B+C+Y$	$-C$	$-Y$

$$A + B \quad \text{(总剩余)}$$

(b) 庇古补贴下的剩余

图 4-4 庇古政策与剩余的分配

无论是使用庇古税还是庇古补贴，总剩余都为相同的 $A+B$，但从图 4-4 中我们可以看出，这两种方式下的剩余分配方式是不同的。在图 4-4 中，政府没有对渔民的损失做出补偿，但是，如果政府向渔民支付损失额 C，那么在征收庇古税的情况下，可以把从炼铁厂征收的税收支付给渔民，最终政府的收支恰好正负抵消变为零。这种方式被认为符合大多数人的公平观，更容易得到大家的赞同。

如果在向炼铁厂提供庇古补贴的情况下，再补偿渔民损失的话，那么政府的总赤字为 $Y+C$，而炼铁厂将获得 $B+C+Y$ 的巨额利润。这样对造成公害的一方有利，并不符合公平性，但是在某些情况下，这种政策也可能是合理的。例如，在炼铁厂长期作业的地方，最近刚刚有渔民迁入的情形。在这种情况下，炼铁厂也许就可以要求维持与以前相同的产量水平。如果这种情况发生，那么政府就会请求炼铁厂减少产量，这时，通过提供补贴使炼铁厂减少产量的政策就是合理的。

也就是说，**在渔民有权要求自己免受公害的影响时使用庇古税，而在工厂有权要求排放污染时使用庇古补贴**，这样的方式被认为符合大多数人的公平观。

> **实例9 庇古税的实例：伦敦交通拥堵税**　进行上面的解释之后，庇古税虽然听起来像是纸上谈兵，但是在现实中它被应用的实例是存在的。其中一个很好的例子就是伦敦交通拥堵税[1]。在很长一段时间内，伦敦一直苦于交通堵塞的负外部性（当某辆车在市内行驶时，其他车辆的速度会变慢）。据说在当时，车辆经常只能以19世纪马车的速度缓慢行驶。为了缓解这个问题，伦敦市原市长肯·利文斯通于2003年开始征收伦敦交通拥堵税这种庇古税，并且沿用至今。这种税要求，对在周一至周五的早晨7点到下午6点之间驶入市中心区域的车，每天征收11.5英镑税收。征收拥堵税的区域，都设置了像图4-5（a）那样的道路标识。

[1] 基本信息可以通过伦敦交通局的主页查询。

(a) (b)

图4-5　伦敦交通拥堵税

照片来源：素材网站www.aflo.com

　　驶入相应区域的司机，需事前或在当天晚上10点前，通过网络、便利店、自动支付机等途径缴纳拥堵税。伦敦市在中心区域的许多地方设置了如图4-5（b）所示的监控摄像头，它可以读取过往车辆的车牌号，自动匹配缴费数据，从而检查车辆是否纳税。违反者会被征收130英镑的罚金。虽然采用这种复杂的方式，征税成本高达9000万英镑，但这不过是所得税收和罚款2.27亿英镑的一小半（2011年数据）。

　　那么，交通拥堵税到底产生了多少效果呢？请看图4-6。

　　观察图4-6（a）我们可以看到，由于引入交通拥堵税，进入市中心的乘用车数量被大幅抑制了。观察表示交通拥堵程度（行驶1000米所需时间）的图4-6（b）可知，交通拥堵税实行的初期，拥堵确实有所缓和，但是之后情况逐步恶化[1]。但是，从图4-6（a）可以看出，在实行交通拥堵税后交通量被持续抑制了，因此我们可以推测，如果没有交通拥堵税，拥堵状况也许会更加糟糕。由此我们可以说，交通拥堵税对伦敦市内的交通拥堵确实有一定的缓和效果。

---

[1] 伦敦交通局列出的交通拥堵恶化的原因包括水管、煤气管道施工以及行人优先的交通规则的实施等。

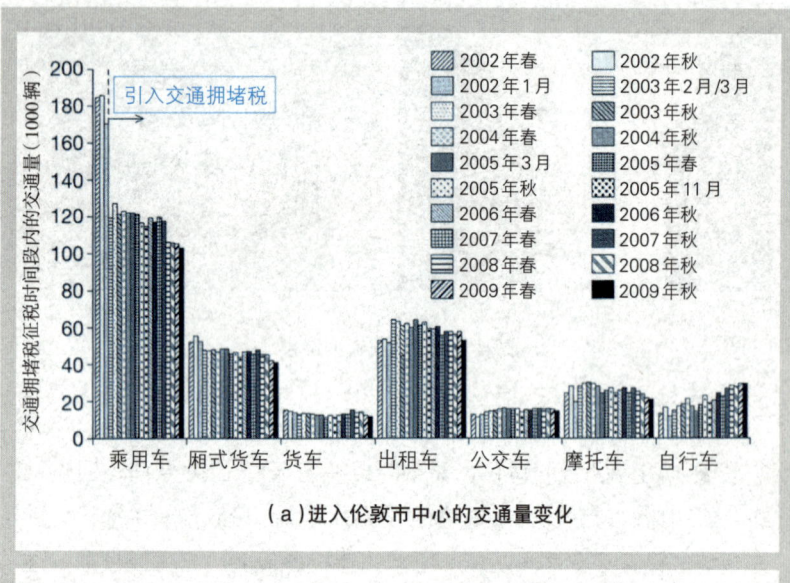

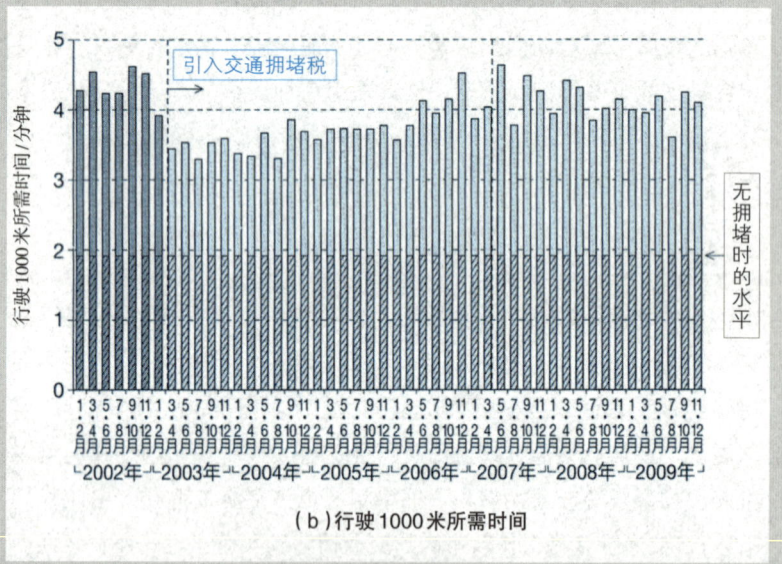

图 4-6 交通拥堵税的效果

来源：Transport for London (2010) "Travel in London, Report 2," p.283 and p.286.
http://www.tfl.gov.uk/assets/downloads/Travel_in_London_Report_2.pdf

（5）若干评论

关于外部性与庇古税、庇古补贴，我们做两点补充说明。

①庇古税、补贴的问题

要想利用庇古税和庇古补贴达到最优的结果，我们必须知道边际损失有多少，但是大多数情况下这是难以准确测量的。让我们回到（1）部分中探讨的炼铁厂和渔民的例子，炼铁厂带来的公害会给渔民带来多少损失，准确来讲只有渔民本人知道。如果政府通过听证会询问渔民的损失，那么渔民可能会夸大自己所受到的影响。这样一来，由于计算庇古税率、补贴率所必需的**边际损失是只有受损方才知道的私人信息**，因此将其成功地计算出来的技巧就变得有必要了。根据最近的经济学的发展，关于在这种情况下能够达成多大程度的有效性，以及设计何种制度会更好，研究正在逐步推进[1]。

在实际操作过程中，一般是粗略地计算边际损失然后确定庇古税率，或是大致确定减少多少多余的产量是理想的，然后再计算达到这一目标量所需的庇古税率。伦敦的交通拥堵税率也大致是基于这种思想而设计出来的。这样的税率或许并不能使得产量正好达到真实的最优，但是与完全不采用庇古税、庇古补贴，对外部性放任不管的情况相比，我们还是可以期待达到更好的结果的。

②存在外部性的话，市场为什么无法达到有效的配置呢?

在前文中我们已经讲述了当存在负外部性时市场无法有效配置资源的理由。也就是说，公害的制造者没有把受害者的边际损失看作自己成本的一部分。在这里，我们基于经济理论，从稍微不同的角度来论述外部性为何会引起市场失灵。如在第三章第三节所学，根据福利经济学第一基本定理，如果所有商品都在完全竞争市场中进行交易，

---

[1] 这属于信息经济学与机制设计（mechanism design）理论的学科。在后续（6）的最后部分，将介绍一些最新研究成果。

有效的资源配置应该能够达成。那么为什么存在外部性时,这个命题就不成立了呢? 为了找到问题的答案,我们假设炼铁厂在生产铁的同时,**也生产具有负效应的公害(废水)这种商品**。在这样的观点下,要实现有效资源配置,就必须存在铁和废水两种竞争市场,但是很遗憾,我们都知道交易废水的市场是缺失的。这就是市场无法有效抑制公害的原因。也就是说,一般情况下**由于公害等外部性的交易市场有所欠缺,因此资源配置的低效率(市场失灵)就会发生**。

> **实例10　全球变暖与排污权交易市场**　在很长的一段时间内,大家都认为公害的交易市场是不切实际的。但是,随着全球变暖问题愈加严重,一部分国家开设了碳排放交易市场。这和废气排放者与受害者之间直接进行气体排放交易有诸多不同,先由政府决定理想的废气排放总量,再在企业间买卖相应的废气排放权(排污权)。借助这些措施,排污权通过市场被有效地进行配置就可以期待了。现在,美国洲际交易所(Intercontinental Exchange,ICE)等市场就在进行大量的排污权交易。

(6)通过谈判解决外部性与科斯定理

有一种想法认为,即使政府不通过庇古税和补贴介入市场,或者不存在公害交易市场,如果当事人之间进行谈判的话,公害等外部性问题也能得到解决。上述论述是基于反对政府干预、推崇市场自由竞争的**芝加哥学派**的思想。后来人们将这一思想的一般表述,以其提出者R.科斯(R. Coase)的名字命名为"**科斯定理**"。

> **科斯定理**:在存在外部性的情况下,
> (1)如果谈判成本较低,则**通过当事人之间的谈判可以达到有效率的结果(产量)**。
> (2)另外,当消费者的满足度能够用消费者剩余来表示时,**无论谁拥有外部性相关的所有权,相同的产量都会得到实现**。

可能大家觉得有些难以理解，接下来我们按照顺序为大家详细讲解（1）和（2）的内容。

首先，前半部分的主张（1）基于下面的想法。作为存在外部性情况的例子，我们考虑高层住宅与周围居民的日照权问题。修建高层建筑，会使周围住宅无法晒到太阳，产生外部不经济。因此，我们假设规划中的建筑因为高度过高而可能会造成低效率的结果。回忆一下（帕累托）有效性的定义，在低效率的情况下存在可以让所有当事人的满意度都提高的其他结果[1]。也就是说，如果适当修正建筑高度，当事人之间进行适当的补偿交易的话，所有人都能变得更幸福。我们可以从低效率的定义中推出这一结论。如果当事人是理性的，必然不会满足于这种低效率的状态，而是希望转移到对所有人来说都更好的状态。这样的话，如果转移到更好状态的协议谈判成本较低，那么协议就会圆满达成，由外部性带来的低效率就可以通过当事人之间的谈判得到解决，这就是科斯定理的前半部分［主张（1）］。

注解4-1　作出上述解释之后，虽然大家可能觉得不无道理，但是之后的经济学研究进展告诉我们，关于科斯定理前半部分（1）的严谨性，需要增加若干重要的附加条件。我们将在本部分的最后详细解释这些附加条件。

接下来为大家解释科斯定理的后半部分（2）。再以上文的日照权为例，我们可以认为，关于"与外部性相关的所有权"的分配有以下两种情况。即"附近居民拥有日照权的情况"和"建筑所有人拥有建造高层建筑权利的情况"。从直觉上来讲，好像前一种情况下更易建成低层建筑，而后一种情况更易建成高层建筑，但是，科斯定理令人惊讶的结论是：无论是哪种情况，建筑的高度都将相同。

接下来我们为大家解释其中缘由。如果用消费者剩余表示消费者的满意度，那么当事人获得的满意度的总和就可以用"消费者剩余＋利

---

[1] 更准确的说法是，在不降低任何人的满足度的情况下，提高某些人的满意度是可能的。

润"的金额(总剩余)进行表示。这样,如果想通过谈判来实现有效率的结果的话:

- 首先应当使总剩余(蛋糕的大小)最大化,
- 然后将最大化了的剩余(蛋糕)按照所有权适当地分配。

也就是说,与所有权的分配无关,产量(在本例中为建筑物的高度)应该都会达到相同的大小,使得总剩余达到最大化的水平(参照图4-7)。

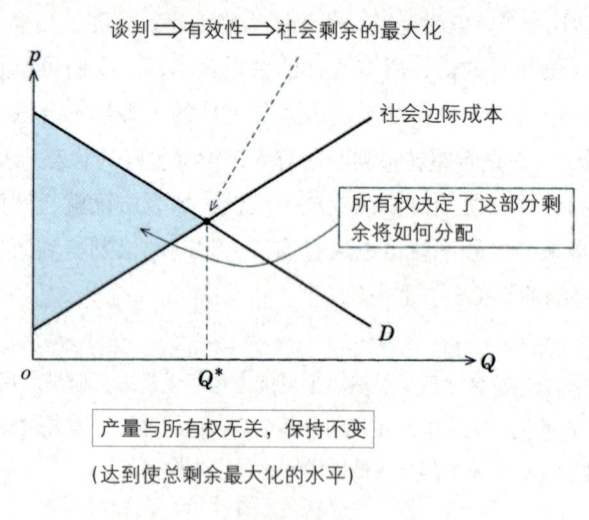

谈判 ⇒ 有效性 ⇒ 社会剩余的最大化

社会边际成本

所有权决定了这部分剩余将如何分配

产量与所有权无关,保持不变

(达到使总剩余最大化的水平)

图4-7 科斯定理的后半部分

细节注意事项:在这里,我们为大家解释"消费者的满足度能够用消费者剩余来表示"的假设。正如我们在解释局部均衡分析(第三章第一节第3小节)时所学的那样,为了让这个假设成立,消费者的效用函数需要满足"拟线性"的特殊形状。并且我们还学到,在这种特殊的效用函数下,消费者剩余不会受到收入变化的影响(不存在收入效应)。因此,我们要注意,为了得到"与如何分配权利无关,最终建筑高度都相同"**的科斯定理后半部分**的结论(2),需要使得公寓居民的收益和附近居民所遭受的损失的大小不受收入水平的影响,也就是说,**不存在收入效应这个有些严格的条件必须成立。**

最后，针对"如果谈判成本较低，那么资源的有效配置可以通过谈判而达到"的科斯定理的前半部分，我们提出几个需要注意的细节。首先请大家留意的第一点是，这部分并不是以能够严格证明的"定理"形式表现的。其原因是，"谈判成本"是什么并没有被明确定义。如果我们把谈判成本定义为"谈判结果为有效率时谈判成本较低，而谈判结果无效率时谈判成本较高"的话，那么这一结论根据定义自然成立，但会变得空洞和毫无意义❶。比较妥当的看法是，科斯定理的前半部分并不是可以进行证明的定理，而是提出了"谈判成本是什么，在什么情况下会变高"等重要问题。关于科斯提出的这一问题，随着对该问题的基础作出解释的经济理论（下篇的信息经济学和博弈论）的发展，目前正在一点点地被阐明。

关于科斯定理的后半部分的结论（2），让我们回顾一下解释科斯定理前半部分所用到的思想。其内容如下所示。

> **朴素的自由放任主义思想**：在低效率的状态下，（根据低效率的定义）一定存在让所有当事人的满意度都提高的其他状态。如果当事人是理性的，他们必然不会满足于低效率的状态，而应该是想转移到对整体来说更好的状态。因此只要让理性人不受限制地自由行动，结果必定可以实现有效性。

这个说法至少从道理上来看是无可挑剔的。实际上，尽管这种思想在经济学家之间曾具有很大的影响力，但随着后来的经济理论，特别是博弈论的发展，经济学家之间已经达成广泛的共识，即这种朴素形式的自由放任主义观点是错误的。那么上面的理论究竟哪里出了问题，正确的理论又是什么呢？关于这个问题，我们将在学习信息经济

---

❶ 这一主张也被称为同义反复（tautology）。如果用这种形式定义谈判成本的话，那么无论发生什么事最终都能够解释。进一步，就算现实中没有发生的事，它也能"解释"。这种可以解释所有事情的理论，也可以被理解为无法解释任何事。

学和博弈论的下篇第六章第四节中解释，在那之前，就先给大家留个小悬念吧。

注解4-2 科斯定理的前半部分（1）不成立的情况：随着信息经济学与博弈论的发展，我们介绍一个逐渐变得明朗的结论。现在，假设制造公害的企业和被害者之间正在谈判，想安装一个公害去除装置。假设去除装置的成本为c，通过安装这个装置可以使受害者的损失额减少b，那么在收益大于成本，即$b>c$时，安装去除装置就是更有效率的结果。但是，在很多情况下，装置的安装成本c只有企业知道，而受害者的收益b只有受害者本人才知道。

在这种情况下，企业就会尽量夸大公害去除装置的成本c，而受害者则会隐瞒自己从公害去除装置中得到的收益b，可以预计谈判将难以进行。实际上，我们知道，如果当事人预测成本c和收益b在某个最低值（例如0元）和最高值（例如1亿元）之间呈连续分布的话，即使**当事人完全理性，协商成本和签订协议的成本为零，也绝对无法达到有效的结果**。也就是说，由于企业夸大成本，受害者隐瞒收益，无论制定多么巧妙的谈判规则，即便$b>c$，无法安装去除装置也是很有可能发生的。

这被称为**梅尔森–萨特思韦特定理**，是博弈论与信息经济学的重要成果，也是经济学家R.梅尔森能够获得诺贝尔经济学奖的原因之一。虽然该定理的内容本身超出了本书的范围❶，但是我们将在本书下篇中学到分析此类问题的基础理论（博弈论与信息经济学的基础）。

第二节 公共物品

下面我们来解释市场无法实现有效资源配置的第2种情况，即公共物品。经济学所讲的**公共物品**，**具备下面两条性质**[1]**和**[2]。

---

❶ 感兴趣的读者可以参考《拍卖理论与实务》（保罗·米格罗姆著，杜黎、胡奇英等译，清华大学出版社，2006年）。——译者注

> **公共物品的性质**[1]（**消费的非竞争性**）：一些人消费该产品不会减少其他人能够消费的该产品的数量。

普通的物品并不满足这个性质。例如，如果自己吃了苹果，那么其他人能够消费的苹果的数量就会相应减少。像苹果这样的普通物品被称为**私人物品**。与之相对，有线电视则满足上述性质。这是因为，即使自己观看了有线电视节目，其他人可观看的有线电视节目的数量也不会发生变化。除此之外，某种产品要成为公共物品，还需具备下面的性质。

> **公共物品的性质**[2]（**消费的非排他性**）：很难将特定的消费者从消费中排除出去。

假设有线电视只有在付费后才可以收看，那么那些没有付费的消费者就被排除了。但如果是国防问题的话，就一定不能"只保护这些家庭，不保护那些家庭"。因此，国防满足"消费的非排他性"。

由于公共物品满足以上两条性质，因此在数学模型中，公共物品是指当供给量为 Q 时，所有人的消费量都为 Q 的物品。世界上满足这些条件的纯粹的公共物品并不多见。国防、外交、没有被自然破坏的山河以及美丽的街景（景观）等都属于纯粹的公共物品。现实中，我们更多是把在某种程度上具备公共物品性质的东西视为公共物品，如公园、马路等。本节的分析内容在某种程度上也可以应用于此类物品。

这里需要注意的是，人们一般所说的公共物品与经济学所讲的公共物品有些许不同。人们一般把老年人看护服务和教育等公共性较高的东西称为公共物品。但实际上这些是不满足公共物品的必要条件[1]和[2]的私人物品。经济学之所以重视性质[1]、[2]，是因为一旦具备这些性质的话，将很难建立起该商品的交易市场。也就是说，根据[1][2]，我们可以知道，无论是谁花钱生产了公共物品，一旦生产之后（与谁花费了多少成本无关），所有人都可以平等地进行消费，在这种情况下，即便是仿照自由的市场交易让大家"随意支付金额"，恐怕大家也都不会付钱购买[1]。这样一来，就有必要由政府代替市场来供给公共物品。然而，看护服务、教育等从经济学的角度看属于私人物品，虽然它们的公共性很高，但依然可以利用"自己为自己的消费买单"的市场进行供给。

(1) 公共物品的最优供给：局部均衡分析

那么，应当如何供给公共物品才好呢？首先，让我们使用只着眼于公共物品的局部均衡分析来思考。为此，引入每个消费者对公共物品的"边际评价"的概念会对我们有所帮助。

> 公共物品的**边际评价** $V_i(Q)$ = 消费者 i 愿意为从 Q 开始（边际地）增加1单位公共物品而支付的价格。

图4-8是表示边际评价的图像。该图中的公共物品为公园，根据图可知，如果公园现在的面积为 $100m^2$ 的话，那么消费者 i 愿意为之后扩建 $1m^2$ 公园支付5元。并且当公园变得更大时，消费者不再愿意为进一步扩建支付那么高的金额。因此，一般来说，边际评价被认为持有向右下方倾斜的图像。

接下来，整个社会对公共物品的边际评价（对公共物品的社会边际评价），就可以像图4-9那样从单个人的边际评价中推导出来了。根据图4-9，为了将现在 $100m^2$ 的公园扩建 $1m^2$，消费者1愿意支付8元，消费者2愿意支付5元。也就是说，图中这个社会愿意为公园扩建支付 $8+5=13$ 元。这样，因为**每个人的边际评价的总和即对公共物品的社会边际评价**，所以将图像上的个人边际评价**纵向加总**后就可以得到社

---

[1] 这是后面（2）中所讲的"搭便车"问题。

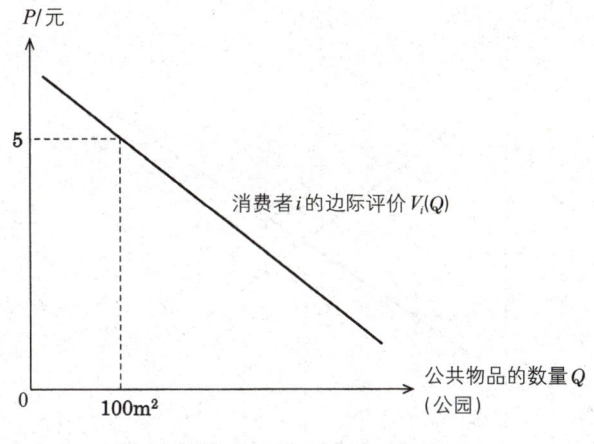

图 4-8　对公共物品的边际评价

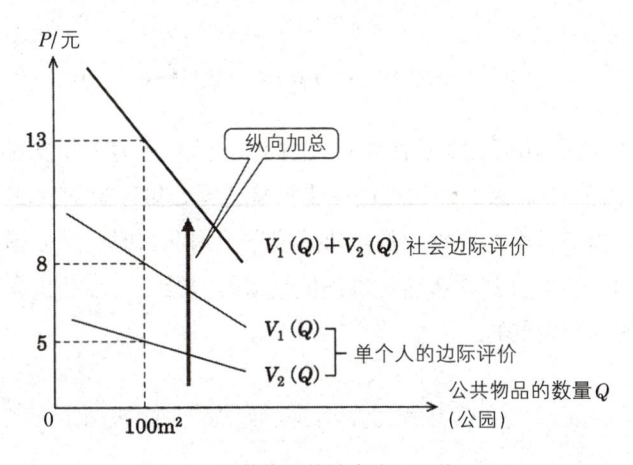

图 4-9　公共物品的社会边际评价

会边际评价[1]。

公共物品的最优供给量，就是通过这个社会边际评价与公共物品供给的边际成本（MC），像图 4-10 那样被决定的。

在图中的 Q' 点处，边际成本低于社会边际评价，虽然将公园扩建

---

[1] 与之相对，在私人物品的情况下，将单个人的需求曲线**横向加总**之后，就可得到整个市场的需求曲线。

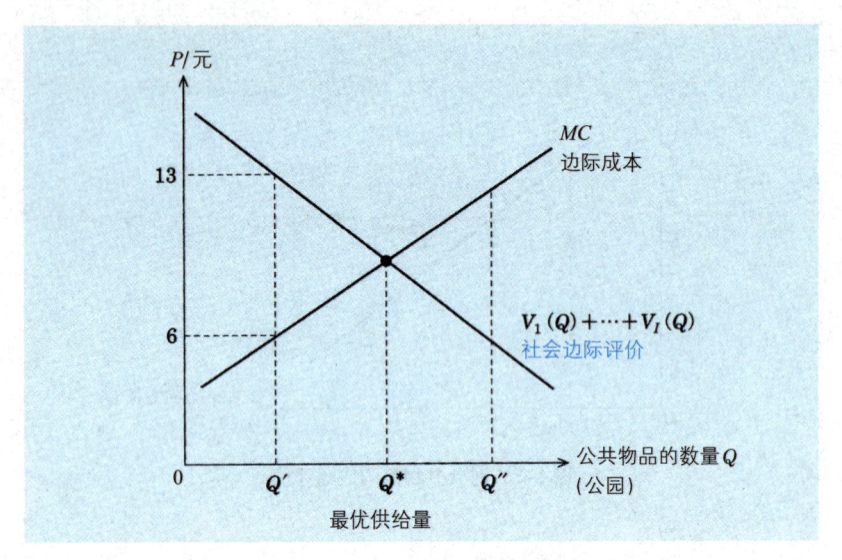

图4–10 公共物品的最优供给量

$1m^2$只需花费6元(边际成本),但全体国民愿意为扩建支付13元(社会边际评价)。因此,此时进一步扩建公园是更理想的。反之,在Q''点处,由于社会边际评价低于边际成本,因此这时缩小公园面积是更理想的。所以,公共物品的最优供给量是由社会边际评价和边际成本相等的点所决定的:

公共物品的最优供给条件(局部均衡分析)

单个人边际评价的总和   边际成本

$$V_1(Q^*) + \cdots + V_I(Q^*) = MC(Q^*)$$

(2)林达尔均衡

通过上面的解释,我们已经知道了公共物品的最优供给量,那么为了实现这个最优供给量,应该向谁征收多少金额,又该向公共物品的生产者支付多少费用比较好呢?让我们继续考虑公园的例子,并假设公园是由建筑公司供给的。此时,我们考虑下面的做法。

第0步（收集信息的准备阶段）：政府调查个人的边际评价，计算社会边际评价$V(Q) = V_1(Q^*) + \cdots + V_I(Q^*)$和边际成本$MC(Q)$相等时的（最优）供给量$Q^*$，以及与之对应的社会边际评价$V(Q^*)$。

第1步：政府以价格$V(Q^*)$向建筑公司下订单修建公园。

这样一来，由于完全竞争的建筑公司的供给曲线由边际成本MC给出，因此最优供给量Q^*能够最终实现（图4–11）。

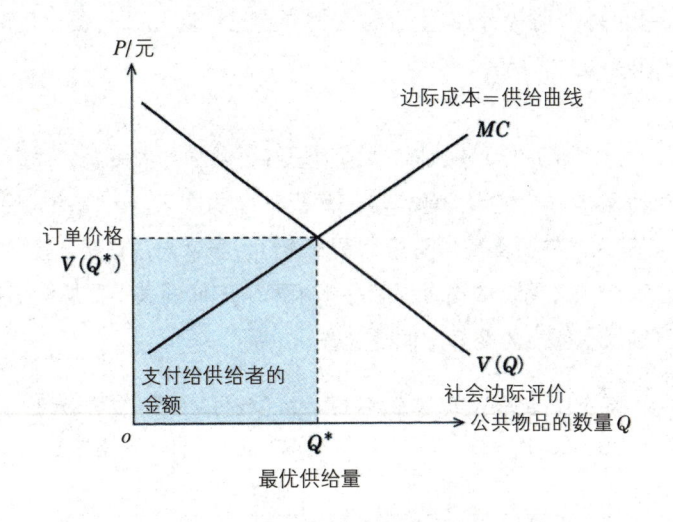

图4–11　公共物品的订单

此时政府向建筑公司支付的金额为图4–11的淡蓝色部分$V(Q^*)\times Q^*$。虽然我们必须考虑这部分金额由谁来负担，但是如果按照下面的做法，可以不多不少，正好让消费者支付这笔支出。

第2步：每个消费者i向生产者支付与自己的边际评价成比例的金额$V_i(Q^*)\times Q^*$。

这样做的话，支付总额就为：

$$[V_1(Q^*) + \cdots + V_I(Q^*)]\times Q^* = V(Q^*)Q^*$$

正好是需要向建筑公司支付的金额（图4–11淡蓝色部分）。这种公共物品的供给方式以其发现者的名字被命名为<u>林达尔均衡</u>。

> **林达尔均衡**：假设消费者 i 对公共物品的边际评价为 $V_i(Q)$。
>
> **第0步**：政府调查个人的边际评价，并计算使得 $V(Q) = V_1(Q^*) + \cdots + V_I(Q^*) = MC(Q^*)$ 的（最优）供给量 Q^* 以及 $V(Q^*)$。
>
> **第1步**：政府按与社会边际评价相等的价格 $V(Q^*)$ 向完全竞争的生产者下订单生产 Q^* 单位的公共物品。
>
> **第2步**：每个消费者 i 向生产者支付与自己的边际评价成比例的金额 $V_i(Q^*) \times Q^*$。

实例11 公共物品的实例：路灯 为了理解公共物品的概念和林达尔均衡也适用于日常生活问题，我们考虑下面的例子。公寓的居民 A、B、C 三人想在公寓前的马路上设置路灯。虽然可以设置3盏路灯，但是三个人对路灯的需求程度各不相同。下面的表4-1总结了每个人分别最多愿意为路灯支付多少钱。

表4-1 居民 A、B、C 最多愿意为路灯支付的金额（单位：元）

居民	第一盏	第二盏	第三盏
A	900	600	300
B	500	400	300
C	1000	600	400

例如，根据表4-1，A 愿意为设置第1盏路灯支付900元，第2盏支付600元，第3盏支付300元。B 和 C 愿意支付的金额同样可以从表中观察到。另外，假设路灯的设置成本为一盏1500元。这时，我们必须决定：

- 到底要设置几盏路灯？
- 应该由谁支付多少金额？

微观经济学对此给出了精彩的回答。

首先，路灯是公共物品吗？就算 A 享受到路灯带来的福利，B

享受的路灯的福利也不会相应减少。因此路灯满足公共物品的条件[1]（非竞争性）。并且，由于我们无法做到只不让 C 享受路灯的福利，因此路灯也满足公共物品的条件[2]（非排他性）。因此我们可以将路灯看作相当纯粹的公共物品。

接下来，让我们来思考一下表4-1的含义。例如，表中 A 的"第2盏，600元"的数字，代表 A 愿意为安装第2盏路灯支付的金额，因此这就是 A（对第2盏路灯）的边际评价 $V_A(2)$。也就是说，表的最上面一行表示的是 A 的边际评价。

$$V_A(1) = 900(元)，V_A(2) = 600(元)，V_A(3) = 300(元)$$

这样把 A、B、C 的边际评价相加之后得到的所有居民的边际评价，即社会边际评价。例如设置第1盏路灯的社会边际评价，与表格最左边一列纵向相加的结果相等，为 900 + 500 + 1000 = 2400 元。第2盏、第3盏的情况也一样，只要将表的数字纵向相加就可以了，图4-12将这样计算得到的社会边际评价进行了图像化。

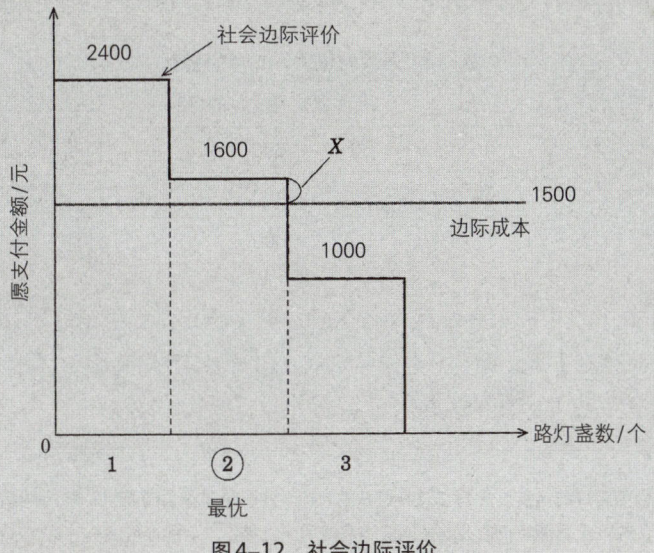

图4-12　社会边际评价

由于路灯在1500元左右就能够得到供给，因此我们可以认为供给1单位路灯的成本（边际成本）为1500元。由图可知，第1盏路灯的社会边际评价（2400元）高于边际成本（1500元）。也就是说：

- 虽然3位居民一共愿意为第1盏路灯支付2400元，
- 但是设置第1盏路灯的成本只需要1500元。

这种情况下选择设置第1盏路灯是更理想的。同样，设置第2盏路灯社会边际评价高于边际成本，因此应该选择设置第2盏路灯，但是第3盏路灯的边际成本超过了社会边际评价，如果设置的话则会造成损失。

因此，路灯（公共物品）的**最优数量为2盏**（公共物品的最优供给量是由社会边际评价与边际成本的交点所决定的）。

现在，让我们按照林达尔均衡的思想来决定谁应该支付多少金额。因为路灯是两盏，所以每盏路灯征收的金额为个人对第2盏路灯的边际评价（表4-1中间列）。也就是说，每个人按表4-2的金额支付（因为路灯为2盏，所以每个人的总支付额为该表中金额的两倍）。

表4-2 居民为每盏灯支付的金额

居民	每盏路灯需支付的金额
A	600
B	400
C	600

表4-2中的数字合计为1600元，略高于路灯的供给成本（1500元）而存在剩余（相当于图4-12的X部分），我们将剩余的金额按照合适的方式返还给3人。[1]

---

[1] 这是因为路灯的盏数为像1，2这样跳跃的取值，在供给量像公园面积一样为连续取值的情况下，在社会边际评价曲线与边际成本曲线的交点处，二者的取值完全一致，不存在这样的剩余金额。

> 如果像前面那样遵照林达尔均衡的话，那么作为公共物品的路灯会被最优地设置，而成本也能够在一定程度上按照实现<u>受益者负担</u>（边际评价更高的人支付更多）原则的形式进行征收。

最后，我们再向大家讲解几条关于使用林达尔均衡来供给公共物品的延伸讨论。首先第一点，正如实例11告诉我们的那样，在林达尔均衡下，边际评价更高的人支付的金额也更高，也就是说，受益者负担原则得到了满足。但是第二点，我们需要注意，每个人的边际评价是只有本人才知道的私人信息。如果政府问"接下来我们遵照林达尔均衡供给公共物品，请大家告知自己的边际评价金额"，会发生什么呢？因为在林达尔均衡中，支付是按照边际评价的比例进行的，所以可能会出现为了减轻自己的负担而过小报告自己的边际评价的人。这叫作<u>搭便车（免费搭车）</u>问题。在前面的路灯例子中，我们假设每个人都诚实地报告了自己的边际评价，但是现实生活中，我们可以认为有人会想"少申报一些，节约被征收的金额"。尤其是在消费者人数较多、自己的报告几乎无法影响公共物品的供给量的情况下，每个人都会尽量低报自己的边际评价金额，这时搭便车问题就会变得更加严重。在这种信息不对称的情况下，林达尔均衡最终会难以实现。

那么，我们能够使每个人都诚实地报告自己的边际评价金额，从而达到公共物品的最优供给吗？研究这类问题的是被称为机制设计（mechanism design）理论的信息经济学和博弈论的前沿分支，目前活跃的研究依然在不断推进。

（3）公共物品的最优供给：一般均衡分析

接下来，我们利用总体商品分配的一般均衡分析，来思考公共物品的最优供给。前面的分析假设了"消费者从公共物品中获得的满意度，可以用边际评价的金额来表示"，但通过上述讨论，我们肯定想知道如果不作出这样严格的假设❶进行分析会怎样。接下来我们依然考虑公园作为公共物品的例子。现在，让我们来思考这样一个问题，即假设整个社会有1万㎡土地，且需要将其分配为公园（公共物品）和住宅用地（私人物品）。此时，图4-13表示的是整个社会能够如何利用这些土地❷。

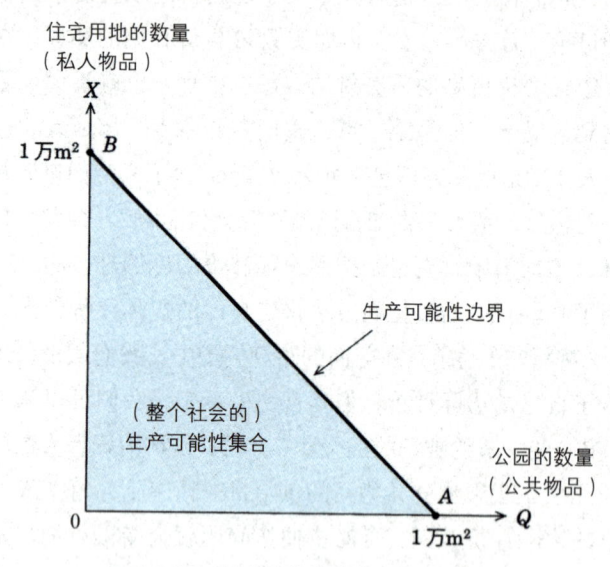

图4-13 社会全体的生产可能性集合

图4-13的A点是把所有土地都用作公园来使用的状态，而B点是全部用作住宅用地的状态。如果考虑把1万㎡土地分为公园和住宅用地，那么我们知道，社会上可能出现的土地利用情况就可以由图中的浅蓝色部分的某一点来表示。为了简化分析，我们考虑只有住宅用地和公园（公共物品）两种产品的经济，这时图中的淡蓝色部分为整个经济能

---

❶ 前一部分的局部均衡分析作出了学习消费者剩余时所解释的"拟线性效用"的假设。这相当于作出了"公共物品的期望程度不会因为收入规模而发生改变"（没有收入效应）的假设。

❷ 在后面的讨论中，我们可以认为考察的是在经济中只存在住宅用地和公园两种产品的一般均衡模型，也可以认为是在存在多种产品的一般均衡模型中（其他产品的配置都是固定的），只着眼于住宅用地和公园2种产品。

够生产的物品的集合,也就是整个经济的生产可能性集合。由于其边界线表示的是经济中存在的资源被无浪费地使用,进行最大化生产的状态,因此叫作生产可能性边界。

决定公共物品最优供给量的重要因素是生产可能性边界的斜率。这叫作公共物品对私人物品的边际转换率。在上例中,由于减少$1m^2$公共物品(公园)的话就会让住宅用地增加$1m^2$,因此边际替代率恒为1。但是,在更一般的情况下,边际转换率很多时候并不固定。请看图4–14。

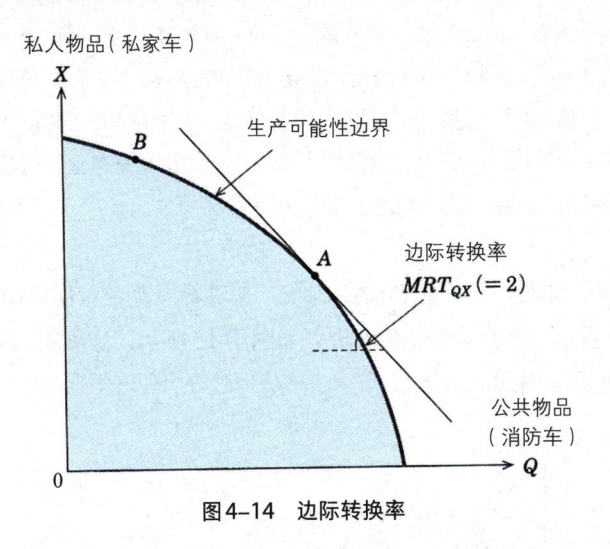

图4–14 边际转换率

图4–14中的淡蓝色部分表示的是整个经济能够生产的私家车(私人物品)与消防车(公共物品)的组合,其边界线为生产可能性边界。在该图中的A点,生产可能性边界的(切线的)斜率(也就是边际转换率)为2。这表示,为了增加1辆消防车的生产,就必须相应减少(大约)2辆私家车的生产。也就是说,一般来讲,边际转换率可以用如下方法进行定义[1]。

---

[1] 在讨论了有效性所需条件的第三章第三节中,我们已经运用数学公式对边际转换率进行了定义,因此在这里回忆一下之前的定义可以加深我们的理解。

> 公共物品 Q 对私人物品 X 的边际转换率（MRT_{QX}）
> ＝生产可能性边界的（切线的）斜率
> ≒为了增加1单位公共物品所必须牺牲的私人物品的数量

注解4-3　与土地利用的例子不同，我们可以认为汽车生产的边际转换率并不是固定的。在图4-14的 A 点，因为生产了大量的消防车，所以可以认为生产消防车变得十分困难，需要耗费大量资源。因此，每额外生产1辆消防车，就要大幅减少私家车的生产以节约大量生产资源（劳动力和原材料等），将这部分资源用于生产消防车（因此边际转换率较大）。但是，由于在 B 点处消防车的产量较小，有富余的生产设备，因此只要将少量生产资源从私家车生产转移到消防车生产，即可增产一辆消防车（因此边际转换率较小）。

现在，让我们再回到公园的例子，来看看消费者对住宅用地（私人物品）和公园（公共物品）的评价。如图4-15所示，这些可以从每个消费者的无差异曲线中得到。

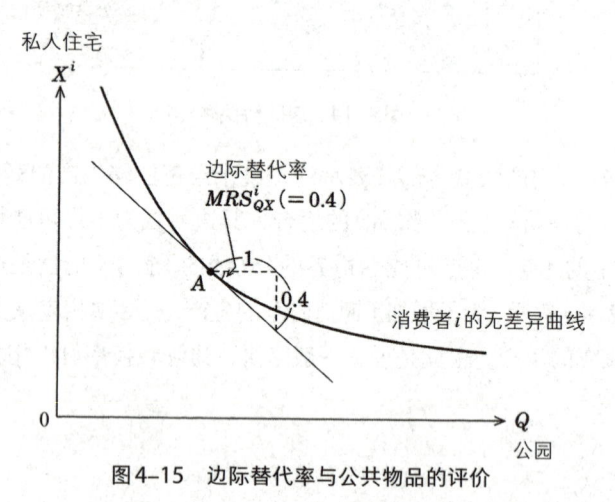

图4-15　边际替代率与公共物品的评价

在图4-15的 A 点处，无差异曲线的斜率，也就是边际替代率为0.4。其含义是，该消费者愿意为增加1单位公共物品提供0.4单位私人物品。

也就是说：

> 消费者 i 的公共物品 Q 对私人物品 X 的边际替代率（MRS_{QX}^i）
> ≒ 为了增加 1 单位公共物品愿意提供的私人物品的数量

以上的分析告诉我们，只要比较增加公共物品所需的私人物品的数量（边际转换率）与国民为了增加公共物品愿意提供的私人物品的数量（边际替代率），就能够很容易地得到公共物品最优供给的条件。让我们继续考虑公园作为公共物品的例子，并考虑只存在两个（$i=1,2$）国民（消费者）的情况。现在，假设消费者 1 的边际替代率 MRS_{QX}^1 为 0.4，消费者 2 的边际替代率 MRS_{QX}^2 为 0.8。这样的话，为扩建 $1m^2$ 公园，两个消费者总共愿意提供 $0.4+0.8=1.2m^2$ 住宅用地。由于这个数值大于扩建 1㎡ 公园所必需的住宅用地量［边际转换率（MRT_{QX}）］，因此扩建公园是更好的选择。也就是说，如果：

$$\underbrace{\overset{0.4}{MRS_{QX}^1} + \overset{0.8}{MRS_{QX}^2}}_{\text{为扩建}1m^2\text{公园，国民愿意提供的住宅用地的数量}} > \underbrace{\overset{1}{MRT_{QX}}}_{\text{为扩建}1m^2\text{公园所需要的住宅用地的量}}$$

扩建公园就是更好的选择。反之，如果 $MRS_{QX}^1 + MRS_{QX}^2 < MRT_{QX}$ 的话，缩小公园面积是更好的选择。因此，在最优点处应该有 $MRS_{QX}^1 + MRS_{QX}^2 = MRT_{QX}$ 成立。当消费者人数多于两个的时候也一样，因此我们可以推导出公共物品的最优供给条件。

> **公共物品的最优供给条件（一般均衡分析）**
>
> 假设 Q 表示公共物品，X 表示私人物品：
>
> $$\underbrace{MRS_{QX}^1 + \cdots + MRS_{QX}^2}_{\substack{\text{每个人的边际替代率之和}\\\text{为了增加1单位公共物品，国}\\\text{民愿意提供的私人物品的数量}}} = \underbrace{MRT_{QX}}_{\substack{\text{边际转换率}\\\text{为了增加1单位公共物品所}\\\text{必须减少的私人物品的数量}}}$$

我们将其以发明者（P.萨缪尔森）的名字命名为"关于公共物品最优供给的萨缪尔森条件"。

最后，将本章所学的内容与上一章学到的市场均衡的有效性结合起来进行思考，并总结经济政策应该是什么样子的一般原则，我们可以得到以下结论。

经济政策的基本原则：市场有以下三个缺陷。
① 财富集中在拥有相对稀缺的资源的富人手里，收入分配不公平。
② 无法成功地控制公害等外部性。
③ 无法实现公共物品的最优供给。
政府只有在需要弥补这三点缺陷时才应该干预市场，而其余的事情只要交给竞争性市场就可以了。334

第五章 垄断

前几章的讨论只考虑了完全竞争市场，也就是说，我们只考虑了一种情况：市场中存在大量生产者与消费者，因此单个生产者或消费者无法撼动已经形成的市场价格。然而，在现实市场中也存在生产者数量较少，单个生产者拥有价格控制力的情况。这叫作不完全竞争状态。在本章中，我们将考察其中最为简单的、只有一个生产者的情况，这叫作垄断。在日常用语中，"垄断企业"多指拥有强大力量的大企业，但经济学中的"垄断"指的是市场上真的只有一家企业的情况。与此相对，我们将由企业数量较少造成的不完全竞争状态叫作寡头垄断。因为寡头垄断的分析需要用到博弈论这一新型分析工具，所以相关论述将会在本书下篇进行。

第一节 垄断企业的行为

市场完全竞争的情况下，可以将既定的价格看作固定的，但垄断企业是在预见到市场价格会随着产量的变化而变化之后来行动的。请看图5-1。

当垄断企业改变产量Q时，市场价格P会沿着需求曲线D变化〔这就是垄断企业的价格控制力：图5-1（a）〕。如果企业选择了产量Q，那么总收益就是$Q \times P$，这可以用图5-1（b）中的长方形来表示。注意，当产量Q发生变化时，价格会像图5-1（a）那样进行变化，且该长方形的面积（收益）也会随之而变化。为了简化分析，我们假设不存在固定成

(a) 垄断企业的价格控制力

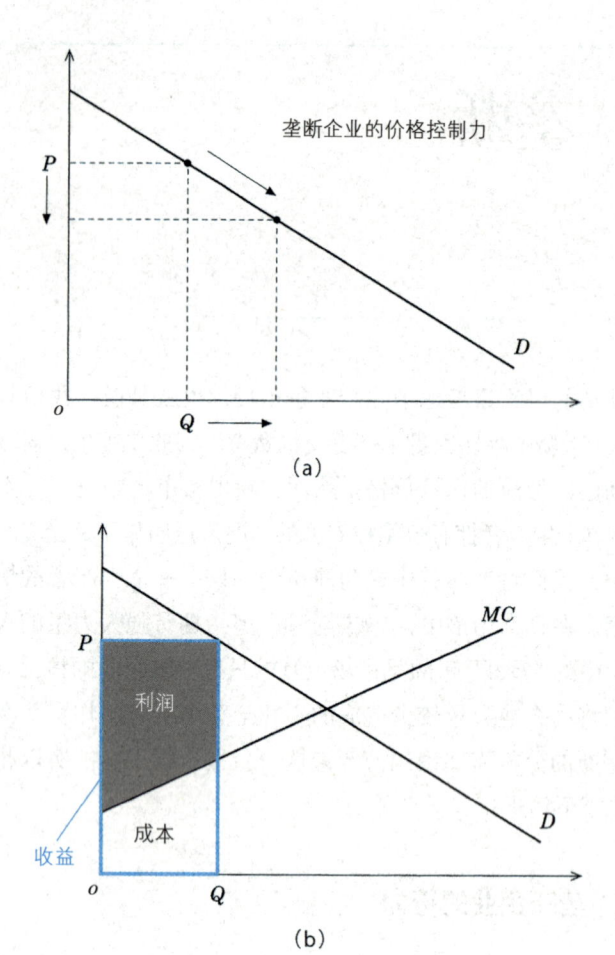

(b)

图 5-1　垄断企业的利润最大化问题

本,则生产产量 Q 的成本就对应着图 5-1(b)中的白色梯形部分❶。因此,从收益中减去成本后,剩余的灰色部分即利润。垄断企业是以达到灰色区域最大化为目标来决定产量 Q 的。

为了研究对垄断企业来说最优的产量,我们先来看一下产量和收益的关系。用 $P = P(Q)$ 来表示需求曲线,这表示增加产量 Q 的话价格 P

---

❶ 这是当产量从 0 增至 Q 时所消耗的边际成本(MC)的总和(更准确的说法是积分)。

会下降的关系，而垄断企业是在预见到这种关系（价格控制力）的情况下进行行动的。此时，收益可以被表示为$R(Q)=$价格×数量$=P(Q)Q$。为了明确垄断企业的最优产量，我们需要知道当产量增加一点点时收益会随之增加多少，也就是考虑$R(Q)$的微分$R'(Q)$会对我们有所帮助。这叫作边际收益，将其记作$MR(Q)$[1]。接下来我们将要解释的是，边际收益在阐明垄断企业的利润最大化方面发挥着什么样的作用。

假设现在的边际收益高于边际成本[$MR(Q)>MC(Q)$]。此时，通过略微提高产量所获得的收益[$MR(Q)$]大于略微提高产量产生的成本[$MC(Q)$]，因此提高产量的话利润会增加。反之，如果$MR(Q)<MC(Q)$，那么降低产量的话利润会增加。因为在最优产量处，无论向哪个方向变动产量，利润都应该已经无法再增加，所以此时边际收益与边际成本必须相等。综上所述：

垄断企业的最优生产（利润最大化）条件

$$MR = MC$$
　　边际收益　　边际成本

因为上面的解释可能有些抽象，难以具体理解，所以下面我们考虑一个需求曲线为右下倾斜的直线$P=a-bQ$的具体例子。首先，在给定的数量Q下收益$R(Q)$为：

$$R(Q) = P×Q = (a-bQ)Q = aQ - bQ^2$$
　　收益　　价格×数量

由于边际收益MR等于把这个式子对产量Q进行微分，因此有：

$$MR(Q) = R'(Q) = a - 2bQ$$
　　边际收益　　收益的微分

如果将其与需求曲线$P=a-bQ$进行对比的话，可以得到图5-2。

---

[1] 取自边际收益（marginal revenue）的首字母。

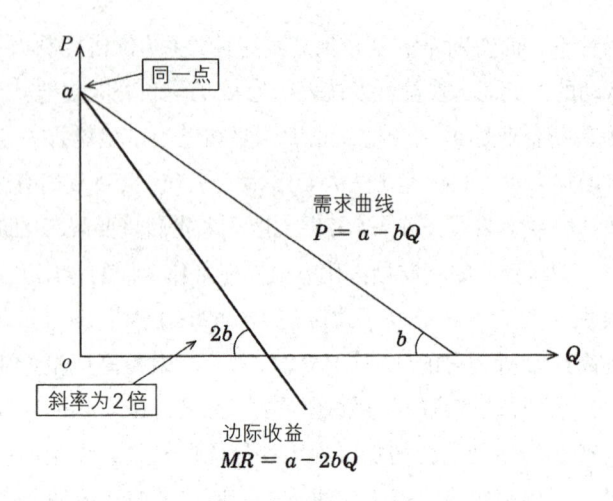

```
                    P
                    ↑
                    a ←── 同一点
                    
                              需求曲线
                              P = a − bQ
                    
                         2b        b
                    o ─────────────────→ Q
                  斜率为2倍
                         边际收益
                         MR = a − 2bQ
```

图5-2 需求曲线与边际收益的关系

也就是说：

> 当需求曲线为右下倾斜的直线时，**边际收益**的图像与需求曲线相交于纵轴的同一点，且斜率为需求曲线的2倍。

接下来，我们再向图中加入边际成本的图像，试着求出垄断企业的最优产量与价格。请看图5-3。

由图5-3可知，垄断的产量和价格可以通过以下两个步骤求得：

第1步［图5-3（a）］：首先，垄断（最优）**产量**是由边际收益和边际成本的交点所决定的。

第2步［图5-3（b）］：根据在第1步求得的最优产量与需求曲线，对应的**垄断价格**得到确定（这时垄断利润为图中的灰色部分）。

现在，让我们结合图5-3来复习一下Q^*为最优的结论。请在图5-3中确认一下，当产量小于Q^*时，边际收益大于边际成本。此时，由于略微增加产量得到的收益（边际收益）大于略微增加产量产生的成本（边际成本），因此提高产量的话利润会增加。反之，当产量大于Q^*

(a)第1步：产量的决定

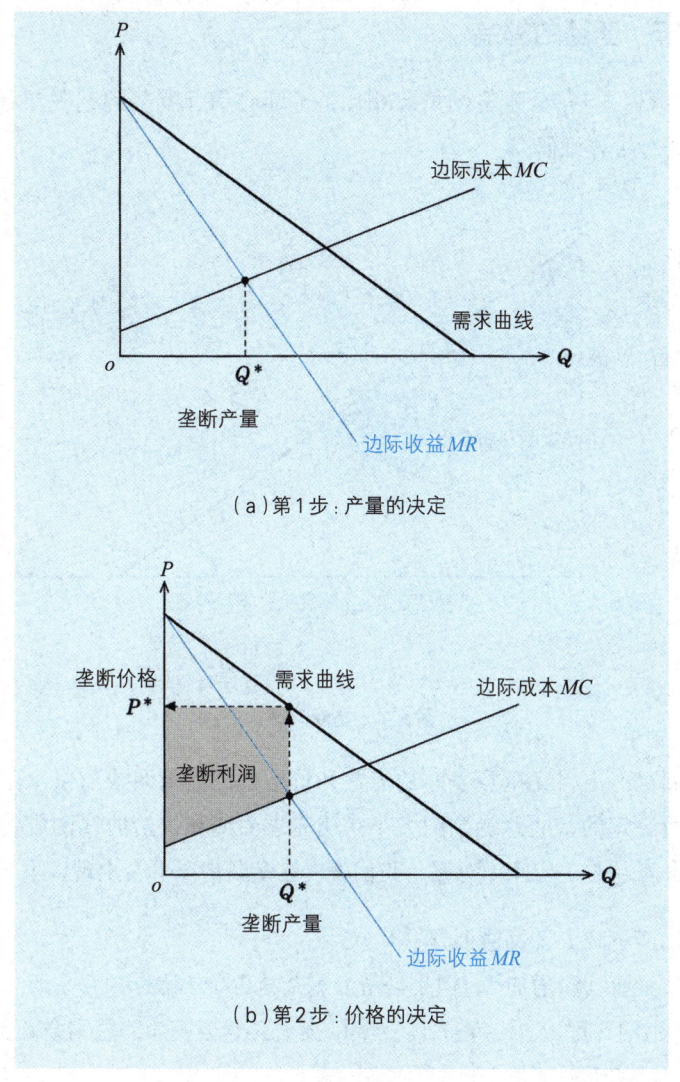

(b)第2步：价格的决定

图 5-3　垄断企业的产量与价格

时，因为边际成本大于边际收益，所以降低产量的话利润会增加。因此，将产量设定在 Q^* 时垄断企业的利润达到了最大化。

第二节　垄断的弊端

那么，与完全竞争的情况相比，垄断会引起哪些问题呢？图5-4对此进行了详细研究。

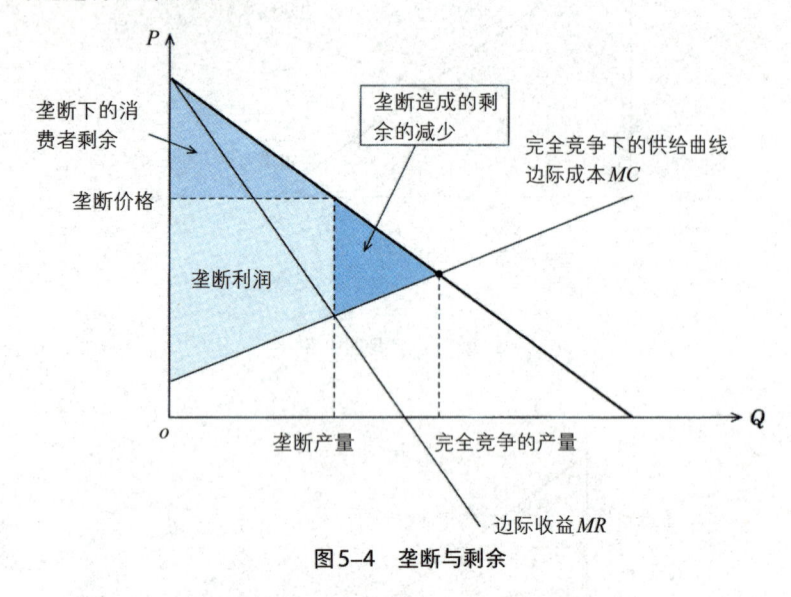

图中标注：垄断下的消费者剩余；垄断造成的剩余的减少；完全竞争下的供给曲线 边际成本 MC；垄断价格；垄断利润；垄断产量；完全竞争的产量；边际收益 MR

图5-4　垄断与剩余

回忆一下，完全竞争时的产量和价格是由需求曲线与供给曲线的交点所决定的，而总剩余的大小是用需求曲线和供给曲线围成的大三角形来表示的。与此相对照，我们发现在垄断情况下会出现以下现象：

①产量减少，价格上升；
②企业利润增加[1]，但是消费者剩余减少（**分配的不平等化**）；
③由于利润上升，消费者受到的损失必然会变大，总剩余减少（**分配的低效率性**）。

人们一般提到"垄断不好"时，多是指垄断企业获益较多，而老百姓（消费者）是受损的，这种分配不公平。但是，经济学所重视的垄断

---

[1] 垄断企业能够选择完全竞争的产量，却没有这样做。这意味着选择垄断产量利润比选择完全竞争产量更高。

的弊端，是垄断会使整个社会的蛋糕缩小，导致分配的低效率性问题。请阅读下面的注解。

注解5-1 为什么经济学者会特别研究分配的低效率性呢？原因之一是，虽然所有人都知道"垄断使企业获益较多，而老百姓苦于高价"的分配不平等的问题，但是垄断带来的整个社会的蛋糕变小的问题，则只有通过经济分析才能真相大白。

如果只关注分配的问题，我们很容易会被"自己的利益"限制。比如，监管某行业的政府部门倾向于只考虑这个行业的事情，特别是在行业中存在的不只是业绩较好的大企业的情况下，**通过限制竞争制造出接近垄断的状态，以"保护弱者""防止过度竞争""培育健全的产业体系"等为由，将提升利润作为政策目标**的行为是很多见的。在这里被忽略的是，在监督部门考虑范围之外的消费者利益，以及因为限制竞争而被排除在外的潜在生产者的利益。**比起限制竞争、管制政策给受保护的少数企业直接带来的巨大利益，消费者受到的损失则是广泛散布于数量巨大的国民当中的**。这样一来，尽管消费者损失的合计值相当大（总剩余会减少），但是由于单个消费者遭受的损失并没有那么多，因此很**容易被无端忽视**。如果这样的限制竞争政策（管制政策）在多个行业被采用的话，那么，最终就是像温水煮青蛙一般慢慢陷入整体物价高涨且难以维持生计的境地（即整个社会的蛋糕＝总剩余变小）。

经济学家的作用（或者说正在学习微观经济学的各位的作用）就是，不是只代表容易看到的一部分人的利益，而是运用经济分析的力量，去关注直觉上难以看清的全体国民的利益。

实例12 原油价格的高涨与价格转嫁的再次考察 那么，作为垄断理论的应用，让我们再次思考导言中提到的价格转嫁问题。这个问题是指："在原油价格高涨，原材料成本上升之后，是谁让产品涨价，进而把负担转嫁给消费者呢？"许多人认为，"拥有较强竞争力的大企业可以做到价格转嫁，而竞争激烈的中小企业会因无法转嫁而陷入困境"。也有少数人持完全相反的意见，认为"中小企业没有余力，所以不得不进行价格转嫁"。像这样**通过常识得出的结论，虽然乍一看很有道理，但是经常会得出完全相反的结论。因此，为了找到合理的结论，准确的经济分析就变得非常必要。**

那么，哪种看法是正确的呢？现在，让我们以导言的实例1的新闻报道中出现的加油站为例进行思考。加油站的边际成本，应该可以被看作从母公司购入汽油时的批发价。如果批发价为每升4元，那么边际成本 $MC = 4$。如果现在原油价格高涨，批发价上涨0.5元的话，那么边际成本会像图5-5那样向上移动。

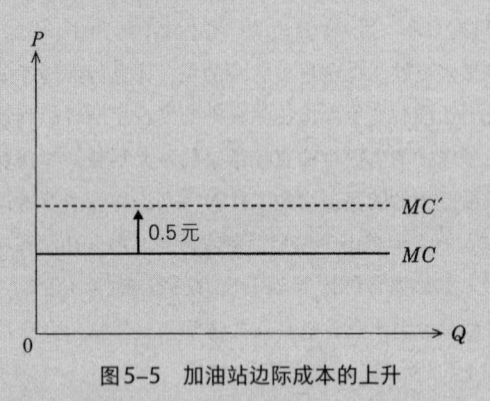

图5-5 加油站边际成本的上升

上涨的这0.5元，将如何被转嫁给加油站的顾客呢？让我们先考虑市场上有许多中小加油站的完全竞争的情况。因为边际成本是完全竞争状态下的供给曲线，所以从图5-6可知，上涨的0.5元**在完全竞争的状态下将100%被转嫁给消费者。**

接下来，让我们考虑全部的加油站都归大企业所有时的垄断情况。请看图5-7。

正如我们在第一节中所学的那样，垄断的产量是由边际成本 MC 和边际收益 MR 的交点所决定的。观察图5-7可以看出，垄断的情况下，价格的上升远少于原材料价格上涨的部分（0.5元）。由此，根据垄断的最优条件（边际收益＝边际成本）计算垄断价格的

图 5-6 完全竞争与价格转嫁

图 5-7 垄断与价格转嫁

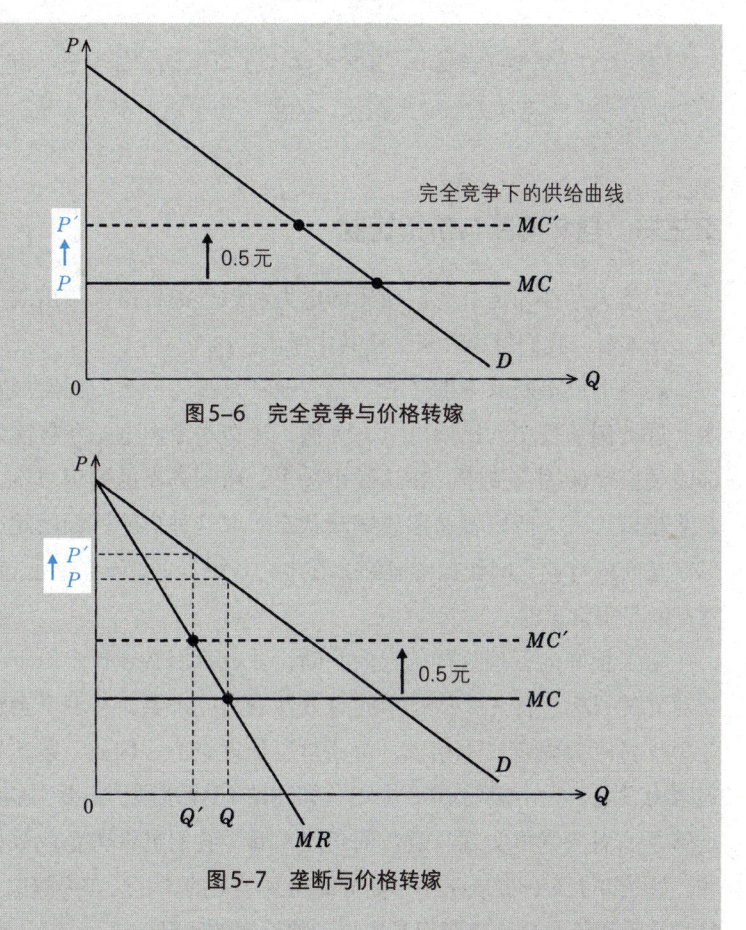

话,我们发现价格 $P = a/2 + MC/2$ ❶。也就是说,当边际成本 MC 增加时,其中一半会被转嫁到垄断价格中。

由此可知,至少在上面所看到的例子中,"拥有较强竞争力的大企业可以把价格转嫁给消费者,而中小企业则无法做到"的说法是有问题的,而"竞争激烈的中小企业没有余力,不得不进行价格

---

❶ 让我们试着通过计算来检验这一结论。假设需求曲线为 $P = a - bQ$,如在第一节中所学的那样,边际收益为 $MR = a - 2bQ$。把这个式子代入垄断的条件 $MR = MC$ 之后,可以得到垄断产量为 $Q = (a - MC)/2b$。把这个式子代入需求曲线的公式 $P = a - bQ$ 进行整理之后,确实可以得到 $P = a/2 + MC/2$。

转嫁"的说法才是正确的。相信大家现在可以切实体会到，用常识的讨论无法知晓真正合理的结论，但经济学分析可以。

第三节　自然垄断与价格管制

相信大家都知道，我们使用的电力和燃气的价格都是由政府决定的。在本节，我们将为大家解释其中缘由。

容易形成垄断状态的行业类型，通常是需要巨大的固定成本的行业，这类例子很多。比如以电力为例，建造水力发电站和核能发电站都需要巨额的固定成本。在这类市场上，由于高昂的固定成本，新的企业难以进入，所以容易形成垄断状态。像这种**由于巨额固定成本而形成垄断**的行业，叫作自然垄断。在电力、燃气等"公益企业"中，自然垄断是很常见的。

为了很好地管理这样的自然垄断行业，我们必须折中以下两个相互对立的目标。首先，从技术的有效性的角度来看，与多个企业相互竞争支付巨额固定成本相比，垄断是更加理想的。例如，某地为了实现水力发电，并不需要10个电力公司建造10座水坝，只要1座就应该足够了。而从竞争实现有效性的角度来看，我们更希望企业数量多一些。显然以上两种要求是不可能同时得到满足的，因此，作为解决方案，经常被采用的是**允许垄断但是实施价格管制的政策**。

为了研究对自然垄断企业实施价格管制的方法，我们详细看一下自然垄断企业的成本。现在，如果将固定成本用 F、可变成本用 VC、产量用 Q 表示的话，那么平均成本 AC 就是由总成本 $F+VC$ 然后除以产量 Q 得到的：

$$AC = \frac{F}{Q} + \frac{VC}{Q}$$

该式中的 F/Q 代表每单位产品所对应的固定成本，它会随着产量 Q

的上升而下降。也就是说，生产得越多，每单位产品对应的固定成本就越少。在固定成本 F 的值巨大时，这一效果是非常显著的，所以**大量增加生产，平均成本会整体下降**。

图 5-8 是依据这一结论而描绘的自然垄断市场。在该图中有四个需要注意的地方，下面我们依次解释。请大家先回忆一下我们在生产部分所学的内容，平均成本 AC 的图像呈 U 形，在它的最低点（图 5-8 的 a 点）左侧，平均成本的图像向右下倾斜。也就是说：

（ⅰ）生产得越多，（平均）成本越低的"**成本递减**"的范围，是平均成本的最低点（a 点）左侧的**淡蓝色部分**。

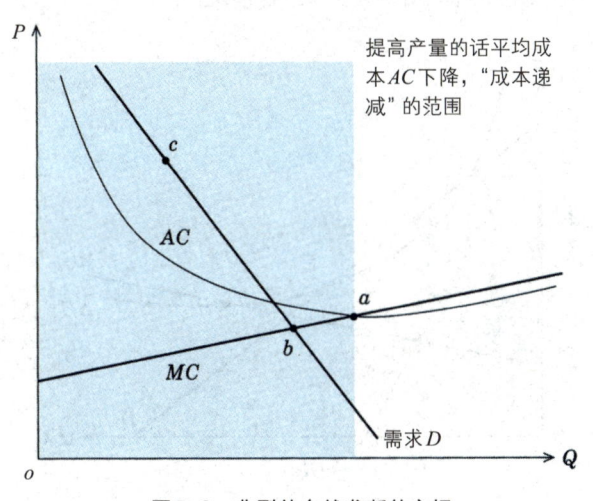

图 5-8 典型的自然垄断的市场

另外，如我们在第二章中所学的那样，因为向右上倾斜的边际成本曲线 MC 会经过 U 形的平均成本曲线 AC 的最低点 a 点，所以：

（ⅱ）在图中淡蓝色的**成本递减范围内，AC 总是高于 MC**。

这一点大家可以通过看图进行确认。如果固定成本是巨大的，那么成本递减的范围也会相当大。注意，我们一般认为（图 5-8 的 b 点）：

(ⅲ)需求与边际成本MC的交点也属于成本递减的范围。

最后,在该图中,我们需要注意:

(ⅳ)存在需求超过平均成本AC(例如图5-8的c点)的区域。

在自然垄断的市场上,我们可以认为存在这类点的理由如下。自由垄断行业多为生产燃气、电力等必需品。对于必需品来说,即使提高价格,需求也基本不会减少,即需求曲线的形状应该是接近一条垂直的直线。因此,像c一样需求超过AC的点会存在。

那么,如果不对这样的市场进行管制,任垄断自由发展的话,会发生什么呢?图5-9向我们展示了这种情况。

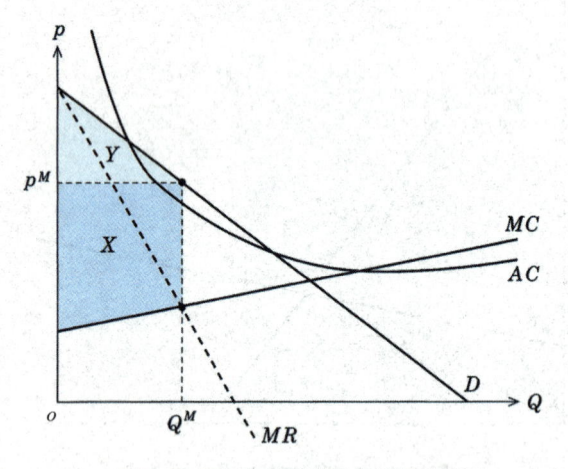

图5-9 不对自然垄断进行管制的情况

在没有进行管制的情况下,垄断产量是成立的,产量被压低,价格得到提高,总剩余最终为$X+Y$这一较小的部分。如我们在生产的部分(第二章第二节)所学的那样,企业的利润为生产者剩余X减去固定成本F[1]。利润$X-F$是否为正,只需要看垄断价格P^M和平均成本AC的关系即可。根据图5-9可知,因为P^M超过了AC[上面已确认的性质

---

[1] 可以把这里的固定成本看作沉没成本。

(ⅳ)]，所以价格高于平均成本，也就是利润为正。

接下来，让我们考虑能够使总剩余最大化的价格管制。要想最大化总剩余，只要制定边际成本和需求曲线相交时的价格水平，也就是令边际成本与价格相等即可。我们将这种做法称为边际成本价格管制。

在边际成本价格管制下，总剩余得到了最大化（图5-10的Z部分）。从这个角度来看，边际成本定价确实是最优的政策，但是它也存在下面的重大缺陷。如图5-9所示，在成本递减的范围内，MC总是低于AC[性质(ⅱ)]。因此，当最优的生产点（需求与边际成本的曲线的交点）处在边际成本递减的范围内时[性质(ⅲ)]，如果制定与MC相等的价格，那么价格就会低于平均成本AC，从而**产生赤字**。除此之外，**管制当局也很难把握边际成本的准确值是多少**。由于以上两个难题，边际成本定价策略在现实中几乎没有被应用过。

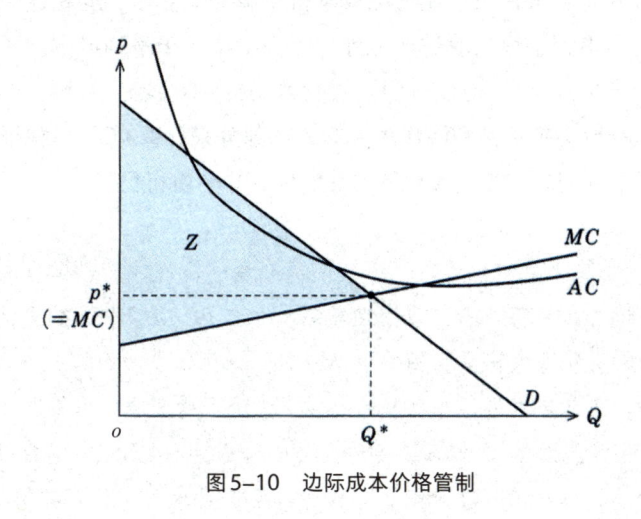

图5-10 边际成本价格管制

因此，为了克服边际成本定价的缺陷，妥协方案将价格设定为平均成本与需求的交点（也就是价格与平均成本相等）的水平的平均成本价格管制，在现实中经常被应用。图5-11描绘了这种情况[1]。

---

[1] 在图5-11中平均成本与需求曲线有两个交点，但为了尽可能最大化总剩余，我们选择了产量更大的点。

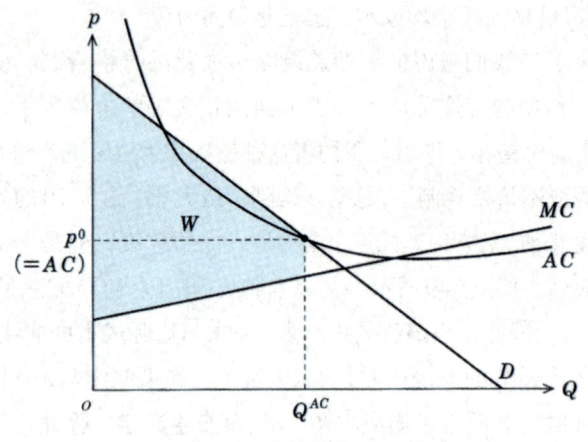

图5-11 平均成本价格管制

这时的总剩余 W 虽然比边际成本价格管制时更小,但相比于垄断的情况已经得到了很大改进。另外,因为价格等于平均成本,所以它具备不会产生赤字的优点。但是,因为这样做不会产生利润,所以在实务中,一般会把**正常利润作为成本的一部分来计算 AC,以保证正常利润**。正常利润的计算,通常使用其他行业的平均利润率。

实例13 东北电力的价格管制 让我们重新看一下在生产部分所看到的东北电力的例子(第二章第二节第4小节)。该图描绘的是估计的边际成本和包含正常利润的平均成本。与日本其他地区的电力价格一样,东北电力的用电价格也是由"按照平均成本价格管制的思想加入正常利润的平均成本"所决定的(图5-12的需求曲线只是大致描绘了通过平均发电量和平均价格的点的图像,并不是准确的估计值)。如上文所述,在该图中描绘的平均成本是包含了正常利润的值,因此图示的平均电价13.1日元是由平均成本加上(每1单位电力的)正常利润得到的[1]。

---

[1] 与此相对,第二章的平均成本的图像(图2-30)不包含正常利润。所以在第二章中图示的平均发电量处的平均成本 AC 的数值(12.3日元),与在这里展示的数值相比,少了利润的部分。

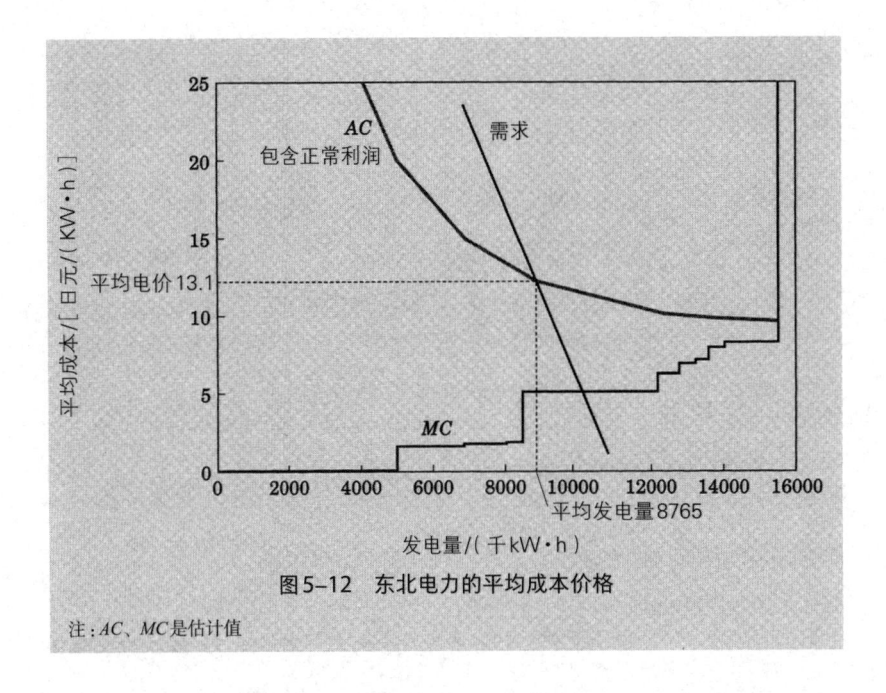

图5-12 东北电力的平均成本价格

注：AC、MC是估计值

最后，我们总结一下平均成本价格管制的优缺点。它的优点是不会产生赤字，并且，因为平均成本＝实际消耗的成本÷产量，所以它比边际成本更容易测量。其缺点包括，不能实现剩余最大化，同时也**无法给予企业进行成本最小化的激励**（incentive）。在平均成本价格管制下，无论何时实际消耗的成本都可以被覆盖掉，而且正常利润能够得到保障，所以企业不会再为成本最小化而付出努力。从过去的经验中我们逐渐明白，这种低效率性是不能忽视的严重问题。再加上随着技术革新，在发电和通信领域中，产生了固定成本较低的生产设备，因此现状是，政策趋势是由**允许垄断并进行平均成本定价，逐渐转向鼓励企业进入市场形成竞争**。

下篇

博弈论与信息经济学
经济理论的新潮流

在下篇,我们将讲解关于经济理论的新潮流——博弈论与信息经济学的基础部分。这些知识是为了克服传统经济学只能分析完全竞争市场的缺陷而诞生的,借助于它们,完全竞争之外的诸多经济社会问题才能够得到分析。

本篇导言：为什么博弈论是必要的

下篇将讲解经济理论的新潮流——博弈论与信息经济学的基础部分。让我们先解释一下"博弈论"这样一门富有魅力的学科领域是做什么的，以及它为什么是必要的。

在上篇学习的完全竞争市场理论的主要特征，就是根据"每个人在收益和损失之间会选择收益"这样一个浅显的道理解释了所有的事情。更具体地来说就是，企业想要尽可能地提高利润，消费者想用尽可能便宜的价格购买想要的商品。当然，现实中人们不是只按照这样简单的原理来行动的，但是对于经济问题来说，这种"理性行为＝人们会选择对自己来说期望位次更高的东西"是尤为重要的。上篇的分析表明，根据以上说明原理，完全竞争市场的相当一部分功能是可以理解的。

这里，我们复习一下完全竞争理论。在完全竞争市场上，由于有很多消费者和企业，因此单个消费者或者企业无法撼动由整个市场决定的价格。所以，消费者或者企业是在既定的市场价格下最大化自身的收益的。这样的话，**完全竞争市场上的消费者或企业的行为**，就能通过"利润最大化"或"效用最大化"这样的**数学的最大化问题**来描述。那么，离开完全竞争的世界，**在更加一般的经济和社会问题中，是否同样能够用**"每个人在收益和损失之间会选择收益"（理性行为、数学模型中的**最大化问题**）这一虽然简单但是重要的原则来理解人们的行为呢？ 答案很意外是"否"。为了理解其中原因，请看一个例子。

现在，假设丰田和本田在开发新车型。丰田会根据竞争对手本田的行动来决定应该开发什么样的车型。对手如果开发混合动力车型的话,也许自己也用同样的混合动力车型来"迎战"比较好,又或者如果对手开发迷你面包车的话,那么自己开发轻型轿车,与其在市场上共存可能会更好。这里的问题是,由于"本田的行动"不像市场价格一样是清晰可见的,因此就产生了解读对手行动的必要性。这样的情形叫作"**战略情形**"。

> **战略情形**是指:
> - 对自己来说什么是有利的,会**受到对手行动的影响**。
> - 因此,有必要**解读对手的行动**的情形。

除去完全竞争问题和个人单独决策问题(垄断问题等),**社会经济的绝大部分问题应该都可以说属于战略情形**。

下面我们来探讨一下如何解读对手的行动比较好。有关本田的行动预期一旦给定的话,丰田的行动就可以用"在给定的预期下最大化自己公司的收益"的最大化问题来分析(请看图Ⅱ–1)。

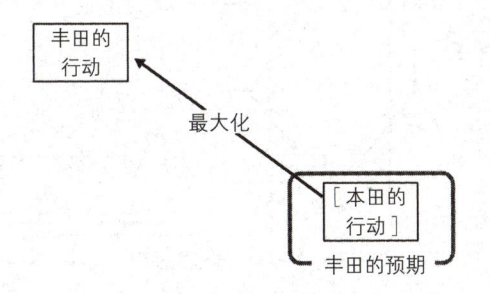

图Ⅱ–1 对手行动的简单的解读方法

然而,**本田不像弹珠机和天气预报,会以固定的概率机械地作出各种行动,而是有理性的存在,因此它应该也是一边揣测对手的行动一边行动的**。因此,想要解读本田的行动,最好对本田到底在想什么有一个预期。图Ⅱ–2对此进行了表示。

308　微观经济学的力量

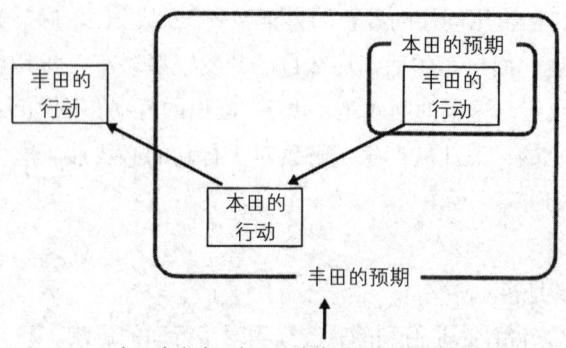

丰田会考虑"本田认为丰田是如何行动的"吗?

图Ⅱ-2　进一步解读对手的行动

也就是说,要决定丰田的行动,就需要考虑丰田认为"本田认为丰田是如何行动的"。进一步深入思考这个问题的话就变成,要决定丰田的行动,就必须考虑丰田认为"本田认为'丰田认为"本田是如何行动的"'"等所有的方面。(图Ⅱ-3)

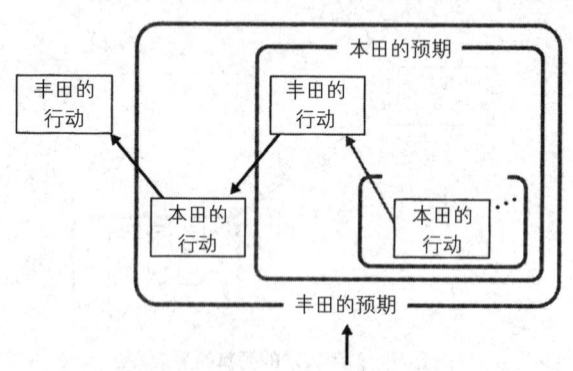

丰田认为"本田认为'丰田认为"本田是如何行动的"'"

图Ⅱ-3　进一步深入解读对手的行动……

这样无止境地"解读对手的行动",能得到什么结论,仅仅通过"每个人最大化自身的收益"是无法确定的。**也就是说,离开完全竞争的世界,为了对社会经济问题进行一般性的分析,仅依靠"每个人都会选择**

对自己来说理想的东西"的最大化原理是不够的，我们需要进一步探讨"如何解读对手的行动"的理论。注意到这样的问题，并创建出对这些问题的系统性研究的博弈论这门全新学科的，是活跃在理论物理学和计算机科学领域的J.冯·诺依曼和经济学家O.摩根斯坦。需要注意的是，上述问题是"多个理性人一边揣测对手的行动一边行动"，只有在存在"社会"的情况下才会出现的问题。长期以来，从某种意义上讲，经济学和社会科学是借助最大化问题和概率论等数学的方法发展至今的，但如今，本质上已经诞生了社会科学所独有的数学理论，因此将球从经济学又扔回给了数理科学。即使是仅限于经济学，需要用到博弈论的学科领域也非常多。简而言之，完全竞争和垄断之外的绝大部分问题的分析都需要用到博弈论，其中，博弈论应用特别活跃的领域有以下几个：

- 不完全竞争（寡头垄断）的分析（产业组织理论）。
- 企业内部活动的分析（组织和合约经济学）。
- 政府和公共部门的分析（政治家和官僚是如何行动的？即政治经济学）。
- 信息不对称的分析（如何战略性地使用只有自己知道的信息）。
- 制度设计的分析（理想的制度，即怎样设计博弈的规则比较好）。

另外，在经济学之外，管理学、政治学、社会学、生物学、计算机科学等领域也在使用博弈论，其应用范围超越狭窄的经济学范畴，并在不断扩大。下面我们要讲解的博弈论，重点不在于数学公式和模型，而是其背后的思维方式。

第六章 同时行动博弈与纳什均衡

让我们先考虑最简单的所有人同时行动的情形，这被称为"**同时行动**"的情形。为了分析上述情况，让我们先从用名为"博弈"的模型来表现这种情况开始。

第一节 什么是博弈？

为了表现多个人一边揣测对手、一边行动的情况，我们必须准确地描述：①参与者是谁；②每个人能够采取什么样的行动；③最终谁得到多少。对这些内容作出准确表述的模型叫作"博弈"。

> **博弈**是由以下三个元素构成的模型：
> ①参与者 $i = 1, 2, \cdots, N$
> ②参与者 i 的战略 a_i。
> 将参与者 i 能够采取的全部战略的集合记作 A_i。
> ③参与者 i 的收益 $g_i(a_1, \cdots, a_N)$。

各种各样的经济社会问题都能够被公式化为这样的博弈。例如，在之前所举的丰田和本田进行新车开发的例子中，我们就可以认为：

- 参与者为 $i =$ 丰田，本田。
- 参与者的战略为新车的类型，每个参与者 i 在 $A_i = \{$混合动力车，迷你面包车，轻型轿车，$\cdots\}$ 中选择一个战略，例如选择 $a_i =$ 迷你面包车。

- 每个参与者的收益＝利润（利润的大小由丰田和本田所选择的新车类型决定）。

更多不同的具体例子将会在下一节集中介绍。

第二节　纳什均衡

那么，在这种博弈中会发生什么呢？借助在第一节引入的"博弈"，丰田和本田的竞争、执政党与在野党的选战、国际政策合作等多种社会经济问题都能够得到描述。我们可以根据自身的经验和过去的事例与常识，对企业竞争、国际合作的**个别事例进行预测**。但是，这里我们考虑的问题，不是基于这些个别事例进行个别预测的方法（这叫作**事后预测**），而是在各种各样的社会经济问题中是否存在指导人们行为的**一般原理**。

现代博弈论认为，在各种各样的社会经济问题中（也就是在对其进行一般描述的博弈中），下述被称为纳什均衡的东西会得到实现。

为了解释这个问题，我们先作出一个符号的规定。现在，对于某个特定的战略组合 $a^* = (a_1^*, \cdots, a_N^*)$，我们将**只有参与者 i 的战略从 a_i^* 变为 a_i 的状态**[1]记作：

$$(a_{-i}^*, a_i)$$

使用这个符号，纳什均衡就可以按照下面的方式得到定义了。

定义：如果战略组合 a^*——

对所有的参与者 i 和所有的战略 a_i，都满足：

$$g_i(a^*) \geq g_i(a_{-i}^*, a_i)$$

a^* 就叫作**纳什均衡**。

---

[1] 即 $(a_{-i}^*, a_i) = (a_1^*, \cdots, a_{i-1}^*, a_i, a_{i+1}^*, \cdots, a_N^*)$。

这个定义很简练，读者可能无法一下子把握它的意思，因此我们来详细地解释一下。仔细思考该定义中的式子 $g_i(a^*) \geqslant g_i(a^*_{-i}, a_i)$ 的含义，我们发现，它说的是下面的内容：

- 左边是所有人都遵从纳什均衡时参与者 i 的收益。
- 右边是只有 i 一个人采取其他战略（a_i）时的收益。

右边比较小意味着 i 即使独自改变战略也无法获益。因为这种情况对所有的参与者 i 都成立，所以：

纳什均衡是指，自己一个人单独改变战略无法获益（这种情况对所有人都成立）的状态。

或者，换句话说，

纳什均衡是指，每个人的战略互为最优反应的状态。

现代博弈论认为，在同时行动博弈中，**人们是遵照纳什均衡来进行行动的**。贸然提出这个说法可能让人感到困惑，因此，让我们通过一些具体的例子来看一下：

- 所谓纳什均衡到底对应着什么行动呢？

在每个例子中，我们都将在解释数学模型的同时，介绍与之相对应的现实事例。在通过这些例子巩固对纳什均衡的印象之后，我们将在第三节详细解释：

- 为什么我们可以认为人们是遵照纳什均衡原则进行行动的？

*四个博弈的均衡和现实事例

下面我们将一并介绍四个博弈：

- 囚徒困境
- 技术选择
- 位置博弈
- 道路交通

以及与之相对应的事例。

让我们先从最著名的"囚徒困境"的例子看起。

例题14 囚徒困境

两名囚徒1和2分别在单独的房间接受讯问。警方知道二人都参与了某项犯罪，但是不知道详细的犯罪行为，因此要审讯二人。每个人采取的战略为沉默或坦白中的一个。在这种博弈的参与者和战略数量都很少的简单情形下，"博弈"的要素包括：

- 参与者是谁。
- 每个参与者能够采取什么样的战略。
- 战略与收益的关系如何。

我们能够用表6–1的收益表来表示。

表6–1各栏的数字代表两个囚徒的收益（因为刑期越短越好，所以我们认为每个人的收益为刑期长度的负数）。收益表的各栏都标注了编号①~③，让我们按照序号依次解释收益是怎么样的。

① [−1, −1] 的情况：两个人都保持沉默的话，每个人被监禁一年就没事了（因此两个人的收益都是−1）。

② [−3, −3] 的情况：两个人都选择坦白的话，凶恶的犯罪详细过程就会暴露无遗，两个人最终都会被判监禁3年。

从上述论述可知，对于两个囚徒来说，**同时选择沉默好于同时选择坦白**。

③ 其他情况：如果对手保持沉默而自己单独坦白的话，坦白的一方会因为"坦白从宽"被无罪释放，而沉默的一方会因为拒不悔改而被判

表6-1　囚徒困境的收益

1＼2	沉默	坦白
沉默	① −1, −1	③ −5, 0
坦白	③ 0, −5	② −3, −3

（2的战略／1的战略）

刑期极长的5年监禁。

此时，两名囚徒会采取怎样的行动呢？

仔细观察表6-1中的收益我们发现，该博弈的**纳什均衡是"相互坦白"**。让我们一边观察收益表一边对此进行确认。请看表6-2。

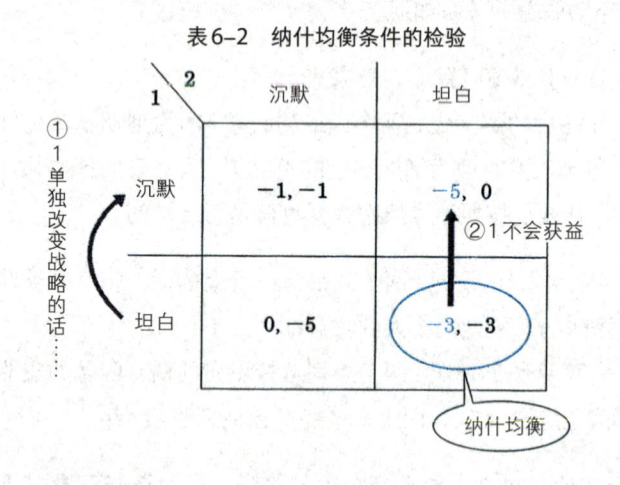

表6-2　纳什均衡条件的检验

1＼2	沉默	坦白
沉默	−1, −1	−5, 0
坦白	0, −5	−3, −3

① 1单独改变战略的话……
② 1不会获益
纳什均衡

纳什均衡就是表6-2中用圆圈圈起来的部分。从这个点出发，如果只有参与者1改变战略的话会发生什么呢？由图可知，1的收益会从 −3 降到 −5。参与者2也一样。也就是说，在"相互坦白"的结果下：

"自己单独改变战略无法获益。"

这一点对所有人都成立,所以根据定义,该点能够构成纳什均衡。同一结论用图形可以表述为:

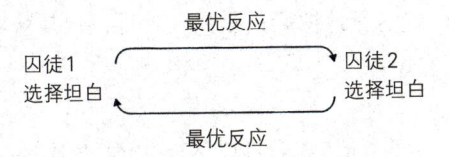

```
              最优反应
    囚徒1 ──────────▶ 囚徒2
    选择坦白 ◀────────── 选择坦白
              最优反应
```

因此这样的点被称为纳什均衡。

进一步仔细观察收益表,我们发现,实际上在囚徒困境博弈中,无论对手怎么做,始终选择坦白都是更具收益的。表6-3以参与者1的收益为例对此进行了确认。

表6-3 无论对手做什么选择,坦白都会获益

1＼2	沉默	坦白
沉默	−1, −1	−5, 0
坦白	0, −5	−3, −3

如图所示,无论对手选择沉默还是坦白,参与者1始终选择坦白的话收益都会提高。在**无论对手做什么,最优战略总是存在的情况下,这种战略被称为占优战略**[1]。

因为无论对手选择什么,坦白都是最优的,所以相互坦白之外的状态无法构成纳什均衡。需要指出的是,"相互沉默"虽然是对两个人来说都比较理想的状态,但是由于无法构成纳什均衡,实现起来是比

---

[1] 后面看到的各种例子告诉我们,占优战略并不总是存在的。或者说,不存在是正常的。

较困难的。另外，在相互沉默的状态下，"自己单独改变行动，最终会获益"。

也就是说，如果实现"相互沉默"，对囚徒们来说是更有利的，但是每个人都追求自身利益的话，最终会陷入相互伤害的状态（"相互坦白"的纳什均衡）。这是该博弈最重要的特征，也是该博弈被称作囚徒"困境"的缘由（表6-4）。

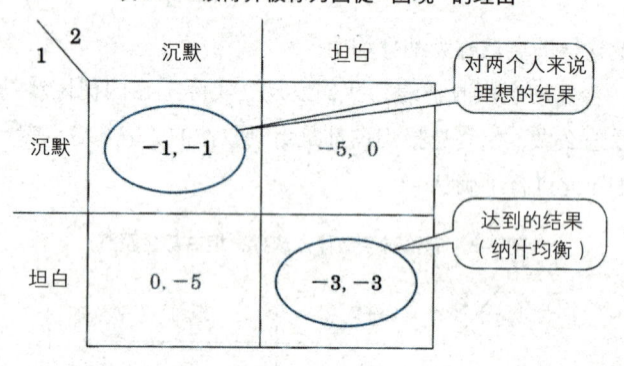

表6-4 该博弈被称为囚徒"困境"的理由

1 \ 2	沉默	坦白
沉默	−1, −1（对两个人来说理想的结果）	−5, 0
坦白	0, −5	−3, −3（达到的结果（纳什均衡））

注解6-1 **博弈的收益是什么？** 在上面的博弈中，收益表是基于"判刑多少年"而作出的，一般来说博弈的**收益**如何决定才好呢？答案就是：

> 在不涉及不确定性的时候，参与者的收益＝对该参与者来说更理想的结果（对应更大的数字）。
>
> （数字的对应方法怎样都可以）

这里"不涉及不确定性"是指，不存在由概率决定的因素（股价和掷骰子的结果等），且参与者无法采取随机行动（后面将要解释的"混合战略"）时的情况。

上述收益决定方法，基于与消费者的"效用"同样的想法（第一章第一节）。之所以能够"非常随意"地对应数字就可以，是因为只要对自己来说是更具收益的状态，不论采用什么数字对应方法，纳什均衡＝"自己单独改变战略无法获益的状态"也不会发生改变。

然而，在存在不确定性的情况下，除了要考虑对参与者来说什么是最理想的，同样要考虑参与者对风险的态度，这时更加谨慎地选择数字来决定收益就有必要了。这一点将在之后详细解释（第六节）。

实例14　宽恕（leniency）制度　上面讲解的囚徒困境故事是虚构的，在现实中是否存在类似的状况呢？实际上，通过人为制造出囚徒困境的状况来揭露违法行为，在实践中已经取得了成效。

在很多发达国家，通过限制竞争来提高价格的行为（事前协议[1]、卡特尔等）都是被反垄断法禁止的。在日本，公平交易委员会负责监督这类行为，作出这种违法行为的企业会被征收叫作课征金的罚金[2]。"宽恕[3]制度"，也就是课征金减免制度，是指企业如果在公平交易委员会的调查前坦白"做出了卡特尔或者事前协议行为"的话，课征金会减轻。具体来说，最先申报的企业会被全额免除课征金，第2个免除50%，第3个免除30%。

现在考虑已经做出"事前协议"行为的企业1和企业2。即使两个企业都选择沉默，事前协议行为也可能会被发现，假设这个概率为p。假设被发现事前协议时的课征金为x的话，试着写出收益表的话会是什么样子呢？接下来的讨论可能需要一些耐心。以企业1的收益为例进行说明，我们可以得到如下结论。

① 就算相互保持沉默，事前协议行为也会以p的概率被发现，从而被收取课征金x。因此，损失的期望值为$-px$。

② 自己单独申报"做出了事前协议行为"的话，课征金会得到全额免除。

③ 对手选择申报而自己选择沉默的话，事前协议行为会以

---

[1] 事前协议在此指限制竞争的协议，通常有两类：一种是同行之间达成协议，避免竞争；一种是设置专有的竞争门槛，排除掉其他竞争者。——译者注
[2] 性质恶劣的情况下也会提起刑事诉讼。
[3] 宽恕（leniency），是"睁一只眼闭一只眼""酌情减刑"的意思。

1（100%）的概率被发现，被全额收取课征金x。

④ 双方都申报的时候会发生什么呢？申报的顺序是根据传真到达公平交易委员会的顺序来决定的，不存在平局，总有一个被看作最先申报的企业。因此，如果自己的传真有一半的概率先到的话，自己是第1位且被收取的课征金为零的概率为1/2。自己是第2位，课征金被减免50%的概率就是剩下的1/2。因此，损失金额的期望值为$1/2 \times (-x 的 50\%) = -(1/4)x$。

观察表6-5可知，只要"就算保持沉默，事前协议行为也会被发现的概率"$=p$是正的，那么不论对手做什么，总是选择申报都是更具收益的。进一步来说，如果$p<1/4$（相互保持沉默时，事前协议被发现的概率低于1/4）的话，相互保持沉默是比相互申报事前协议更具收益的。这正是囚徒困境的情形[1]。

表6-5　宽恕制度下企业1的收益

1 \ 2	沉默	申报
沉默	① $-px$	③ $-x$
申报	② 0	④ $-\dfrac{1}{4}x$

现在，我们在表6-6中看一下宽恕制度的实际效果如何[2]。在该表中，左侧的"揭露件数"和"申报的企业数"是总数，右侧的"适用件数"和"享受减免的企业数"仅仅是企业同意公开发布的数量。

---

[1] 实际上，在背叛对手、选择申报事前协议行为的情况下，将来可能会受到对手的报复。如果将未来的收益和损失都包括进来考虑的话，那么进行申报就不一定总是更具收益了。现实中未必所有的企业都会申报事前协议行为的原因，可能就是受到这种将来的报复的强烈影响。

[2] 该表是笔者根据日本公平交易委员会提供的数据作成的。

只看这种企业同意公开发布的数量也能发现,揭露件数中的相当一部分都进行了宽恕制度申报(表的淡蓝色部分)。另外,日本申报的企业数量逐年增加,2011年申报的数量达到143件[1]。由此可知,宽恕制度构造出的囚徒困境已经奏效,达到了促进违法行为的自我申报的目的。

表6-6 宽恕制度的效果

年度/年	卡特尔·投标事前协议的揭露件数	申报宽恕制度的企业数	适用宽恕制度的件数*	享受课征金减免的企业数*
2005	17	26	0	0
2006	9	79	6	16
2007	20	74	16	37
2008	10	85	8	21
2009	22	85	21	50
2010	10	131	7	10
2011	17	143	9	27

*仅仅为企业同意公开的部分。

下面我们再看一个能够用收益表来描述的简单的博弈案例。

例题15 技术选择

两个学生为了一起工作需要,在苹果电脑和微软电脑之间作出购买选择。假设一起工作的话,两个人买一样的电脑更加方便,并且假设买苹果电脑更加适合这两个学生想要一起做的工作。上述情形的收益表见表6-7。

在这个博弈中,"两个人都购买苹果电脑"和"两个人都购买微软

---

[1] 申报了宽恕制度的企业数量比实际得到罚金减免的企业数量多的原因包括:(1)由于就算申报也没有到达靠前的名次,因此课征金没有得到减免;(2)存在不愿意将享受减免公开发布的企业主;(3)进行申报但没达到罚款的程度等。虽然详细情况都没有公开发布,但据负责人讲,每个理由都有一定的数量。

表6–7 技术选择博弈

1 \ 2	苹果	微软
苹果	3, 3	0, 0
微软	0, 0	2, 2

电脑"两个状态都是纳什均衡[1]。自己单独购买不同的电脑会受到损失。这种"迎合其他人所使用的东西会获益"的情况是普遍存在的,一般来说叫作存在**网络外部性**的情况。在这种情况下,存在多个"所有人使用相同的东西"的均衡也是比较多见的。我们举一个现实世界中的例子。

实例15　新技术的行业标准　新技术诞生之后,我们经常会看到有多个标准规格(行业标准)被提议出来。例如,过去保存视频使用的录像带有"Beta"和"VHS"两种规格,二者曾激烈争夺市场份额。近年来保存视频的光盘技术也有"蓝光"和"HD DVD"两种规格被提议。无论哪个例子,和"世界上大多数人使用的东西"保持一致的话,软件选择更多,售后服务也更让人放心。因此,在这种情况下,就会存在所有人都使用相同东西的状态,例如**"所有人都使用蓝光的状态"**,或者**"所有人都使用HD DVD的状态"的均衡**。提前预测哪一方会被最终选择有些困难,在现实中,偶然间**市场份额变大的那一方不断吞噬份额并最终成为行业标准**的情况不在少数。视频保存技术的情况是,最终"VHS"和"蓝光"技术作为行业标准被固定下来,而"Beta"和"HD DVD"则淡出人们的视线。

---

[1] 这种博弈也被称为"合作博弈"。

图6-1表示的是2006年左右"新世纪DVD刻录机"市场份额的变化（百分比）。

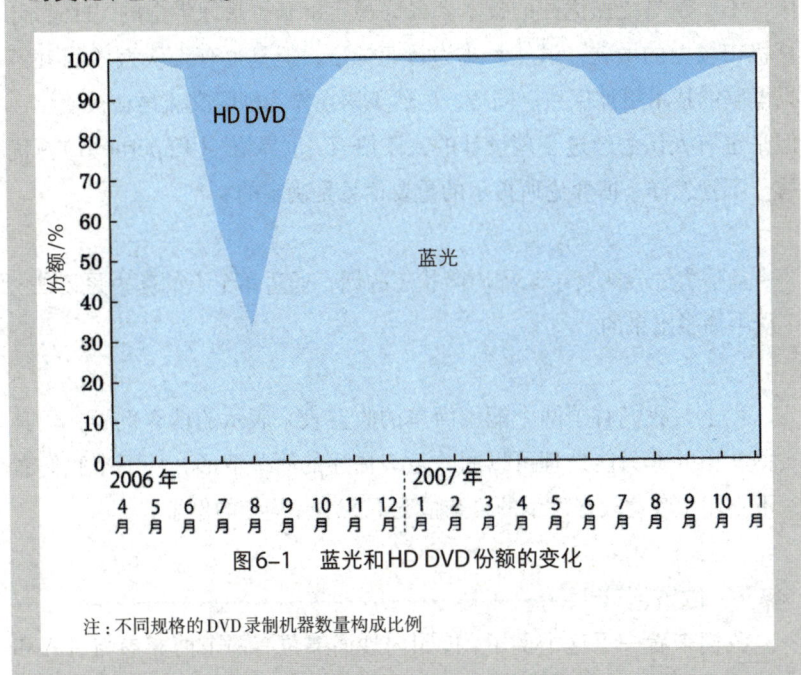

图6-1　蓝光和HD DVD份额的变化

注：不同规格的DVD录制机器数量构成比例

HD DVD于2006年6月投入市场，一时份额扩张很快，在11月份其他企业发行了新型蓝光之后，HD DVD的份额骤减，可以看到之后其市场份额就没有真正恢复过。于是市场最终收敛于"蓝光一枝独秀"的均衡。

技术选择博弈给我们带来的重要启发如下：

纳什均衡不仅存在一个，也有存在多个的情况。并且**与其他均衡相比，存在其中一个均衡对全体成员来说都更好的情况。**

在表6-7的博弈中，相比于使用微软电脑的均衡，使用苹果电脑的均衡对全体成员来说是更理想的。像该博弈一样，如果参与者只有两个的话，两个参与者通过友好协商选择更好的均衡（苹果电脑）是可行的，但是在整个社会中，偶然间份额变大的一方的技术可能会被所有人使用，不一定是更加优秀的技术会最终稳定下来。录像带中的VHS、计算机市场上的微软，虽然都成为行业标准，但是也有人认为Beta和苹果电脑的技术更加优秀。同理，虽然英语在作为国际交流语言被使用，但是也有人认为经过合理设计的人工语言"世界语"（Esperanto）更优秀。不管怎样，博弈论所揭示的重要信息是确定的：

> 一旦整个社会热衷于某种均衡状态的话，通过单个人的**努力是无法从中挣脱出来的**。

以上，我们看了两个能用简单的收益表来表示的博弈例子，但其实博弈论并非只能处理可以用收益表描述的简单情形。接下来我们看一下不能用收益表来表示的复杂情况下的纳什均衡的例子。

例题16 位置博弈

我们来看一下这个例子：校园内炒面摊位有两个博弈参与者A和B，摆摊地点为校内的银杏树大道，让我们用图6-2中的直线来表示它。

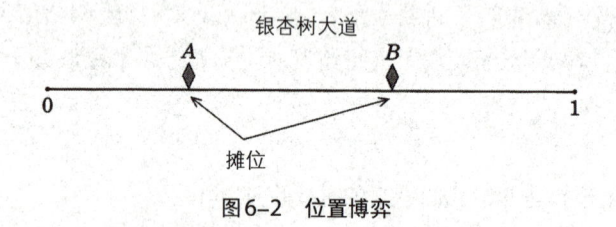

```
            银杏树大道
              A        B
    0─────────◆────────◆─────────1
              ╲_____╱
                 摊位
```

图6-2　位置博弈

两个参与者A与B同时决定摆摊的位置。银杏树大道上的顾客是均匀分布的，顾客会就近选择摊位。如果两个摊位在同一位置的话，那么顾客对半分。每个参与者都希望将尽可能多的顾客吸引到自己这边，并以此来决定摊位的位置。

这是一个"摊位的位置＝战略,顾客数量＝收益"的同时行动博弈。

该博弈的纳什均衡到底是什么样的呢？为了思考这个问题，我们先试着检验一下前面的图6-2是否能够构成纳什均衡。请看图6-3。

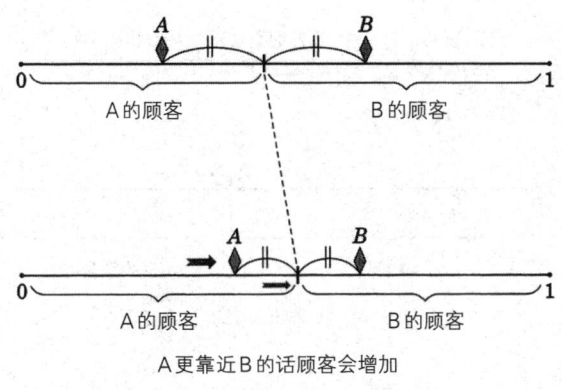

A更靠近B的话顾客会增加

图6-3　非纳什均衡状态之一

因为顾客会就近选择摊位，所以两个摊位的正中间是顾客的分流点，中间点左侧的顾客属于A，右侧的顾客属于B（图的上半部分）。然而，该状态不是纳什均衡。原因是，只要有一个参与者将摊位向对手的摊位移近一点点，就能从对手那里抢夺顾客（图的下半部分）。

由于将摊位向对手移近就能增加自己的收益（顾客），因此这种两个人在不同位置摆摊的状态无法构成纳什均衡。那么，如果像图6-4上半部分所表示的一样，两个人的摊位摆在同一位置会如何？

很遗憾，这种状态也无法构成纳什均衡。在该状态下，参与者A和B各自得到整体的一半的顾客，但是，只要A向（空得更大的）左移动一点点，就能得到一半以上（大概全部的2/3）的顾客（图6-4的下半部分）。

从上述分析可知，该博弈的纳什均衡为每个参与者都在银杏树大道的正中间摆摊（图6-5）。

在该状态下，参与者A和B各自得到整体的一半的顾客，且自己单独向任何一侧移动都会使得顾客数量减少。也就是说，"自己单独改变战略无法获益"的纳什均衡条件成立。虽然对于顾客来说分散的摊位更方便，但最终是两个摊位会摆在同一位置。

```
        A
        B
━━━━━━━━━◆━━━━━━━
0       2/3       1
```

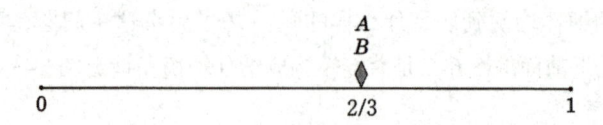

在上面的状态中A、B各拥有全部顾客数量的1/2，但是A只要往左挪一点点就能得到几乎2/3的顾客

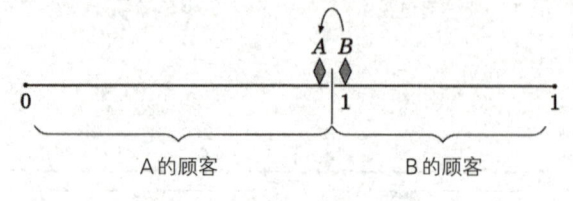

```
         A B
━━━━━━━━━◆◆━━━━━━
0          1      1
   A的顾客   B的顾客
```

图6-4 非纳什均衡状态之二

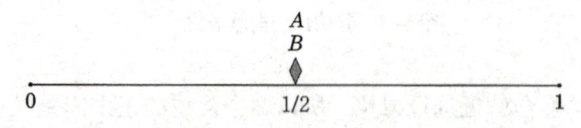

```
        A
        B
━━━━━━━━◆━━━━━━━━
0      1/2       1
```

图6-5 位置博弈的纳什均衡

这是由理论经济学的先驱H. 霍特林所发现的，因此被称为"**霍特林位置博弈**"。接下来我们看一下与此博弈相对应的现实事例。

> **实例16 两大政党的宣言** 如果将刚才的位置模型进行重新解释的话，就可以变为政党选战的模型。现在，我们用位置博弈中从0到1的直线来表示政党的政策立场。其中接近0的点代表左翼（开明的）政策，接近1的点代表右翼（保守的）政策。两个政党同时在直线上选择宣言。选民的偏好在直线上均匀分布，每个选民都投票给宣言更接近自己偏好的政党。假设每个政党的收益等于得票数。这样重新解释之后，位置博弈就变成了选战模型，其纳什均衡就是两个政党在中间1/2的位置打出完全一样的宣言。这种**两大政党的政策都谋求处于选民偏好的正中间且极度相似的现象**，作为博弈论的预测结果，在政治学中被称为"中位选民定理"。

最后，让我们再看一个例子。

例题17 道路交通博弈 ───────────────

想从A市去B市的汽车一共有150辆，可选如图6-6那样三条不同长度的路径中的一条。

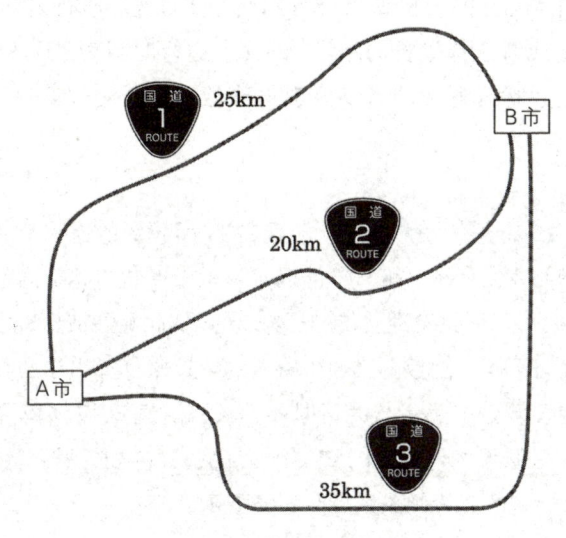

图6-6 道路交通博弈

一般来说，路径越短，用时越少，但是要考虑交通拥堵的情况。也就是说，每条路径的通行时间，是由路径长度和交通量两方面同时决定的。交通量和通行时间的关系比较复杂（后面的实例17会展示具体的实例），这里为了简化分析，我们假设每条路径的通行时间（到达B市所需要的分钟数）满足下面的关系：

$$路径长度（km）+（通行车辆数/10） \qquad (1)$$

此时，**每条路径的交通量与到达B市的时间是怎样的呢**？要解决这个在现实中非常重要的问题，我们可以使用纳什均衡。

现在，假设每个人都想尽快到达B市，我们来求解纳什均衡的话，结果如下：

- 路径1的交通量50辆,通行时间为25 + 50/10 = 30分钟。
- 路径2的交通量100辆,通行时间为20 + 100/10 = 30分钟。
- 路径3无人通行。

结合上述状态可知,每个人"无论如何绕路都无法节约通行时间"。例如,选择路径1的司机如果绕行到路径2的话,通行时间会增加到30.1分钟,或者选择最长的路径3的话,通行时间为35.1分钟。也就是说,在上述状态下,"每个人单独改变战略都无法获益"的纳什均衡的条件成立。

实例17 道路交通量的预测 依照与例题17所解释的道路交通博弈同样的思路,我们介绍一下日本静冈县浜松市周边道路交通量预测的事例[1]。要预测道路交通量,首先需要调查从此地到彼地有多少车在出行。我们可以利用道路交通传感器的统计来计算出这些数据。接下来,需要调查交通量与通行时间的关系。例题17所解释的模型将这种关系假设为满足(1)式,那么在现实中如何呢?利用实际数据估计出来的二者的关系如图6-7所示。

图6-7 估计的交通量与通行时间的关系

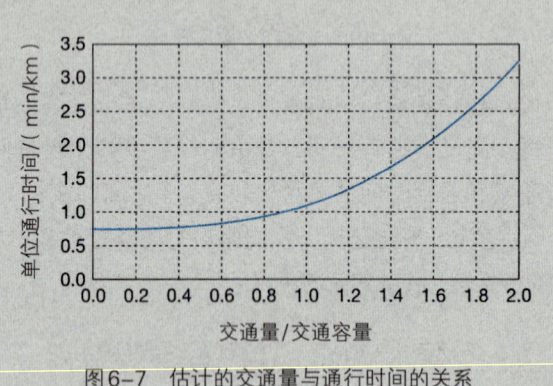

[1] 来源:日本本土规划学研究委员会编著《道路交通需求预测的理论和应用(第I编):使用者均衡配置的应用》(日本土木学会,2003年8月)。图6-8—图6-10同样引用自这本书(分别为p.72,p.101,p.103)。

在上述准备的基础上，依照与之前的例子所解释的模型同样的思路，纳什均衡的交通量就可以计算出来了。由于计算比较复杂，因此需要利用专门的计算机程序来求出均衡。结果如图6-8所示。线越粗表示交通量越大。

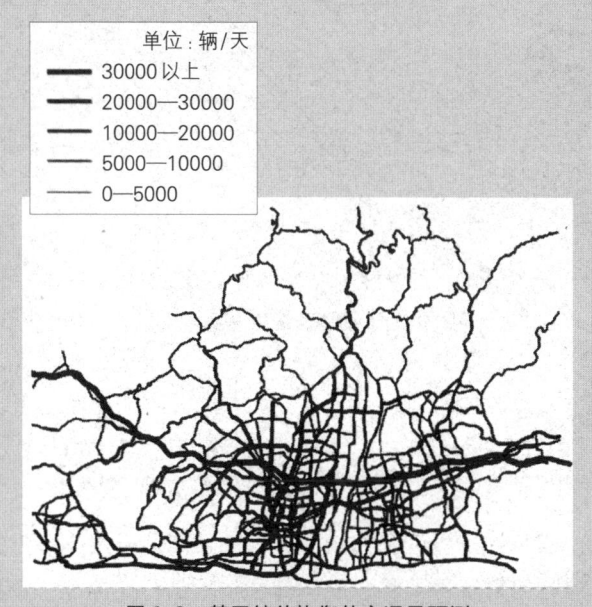

单位：辆/天
—— 30000 以上
—— 20000—30000
—— 10000—20000
—— 5000—10000
—— 0—5000

图6-8　基于纳什均衡的交通量预测

那么，基于纳什均衡得到的交通量预测，预测力如何呢？图6-9展示了相关结果。据此图，纳什均衡解释了现实数据原始值的大约85%，可以说预测力还算说得过去。

在欧美，使用纳什均衡对交通量进行预测已经在实际操作中常态化，专用测算程序在市场上也有出售。日本的首都高速公路（股份有限公司）也在使用纳什均衡对交通量进行分析。

图6-9　纳什均衡与现实的对比

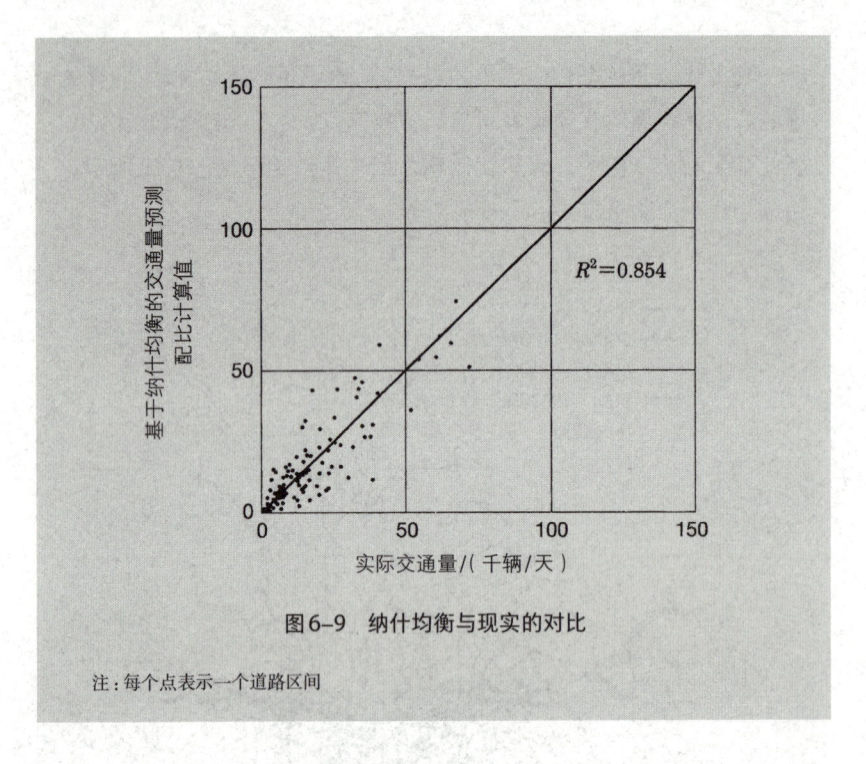

注：每个点表示一个道路区间

正如这四个例子告诉我们的那样，纳什均衡虽然是非常简单的概念，却能够被用来**解释**卡特尔的解体、技术的行业标准、选战、道路交通量预测等**各种社会经济的现象**。前面我们对纳什均衡是什么有了具体的印象，接下来我们参考上述事例来探讨一下：为什么（或者在什么时候）人们会遵照纳什均衡来行动？

第三节　达到纳什均衡的理由

人们会遵照纳什均衡进行行动的主要原因，有如下几个：

①**理性推理**的结果，达到纳什均衡。
②**试错之后**，达到纳什均衡。
③**商议的结果**，达到纳什均衡。

适用于哪个，要具体问题具体分析，且人们当然也有不遵照纳什均衡进行行动的时候（不适用于任何一个理由）。我们先按顺序对每个理由进行解释。

①理性推理

在某些场景中，"头脑比较灵活的人，如果在博弈之前进行充分理性的思考，就能找到纳什均衡"的情况是存在的。其中一个例子，就是之前的"囚徒困境"。在该博弈中，由于无论对手做什么，总是选择背叛（坦白）都能获益，所以选择理性（像最大化自身收益一样）战略的人，就会选择纳什均衡战略。然而，单单依靠理性推理无法找到纳什均衡的例子也存在。请看下面的例子。

例题18 约会博弈

女朋友和男朋友想要约会，约会方式为看足球比赛或者购物。如果两人去不同地点则约会失败，两人的收益都是零，而如果两人选择相同，则会成功并获得高收益。但是，男朋友去看足球比赛得到的收益相对较高，相反，女朋友更喜欢去购物。总结上述事实可以得到如表6-8所示的收益表。

表6-8 约会博弈

男＼女	足球	购物
足球	3, 2	0, 0
购物	0, 0	2, 3

该博弈有两个用〇圈起来的纳什均衡。也就是说，存在"由于对方去看足球，自己也去看足球"的均衡，以及"由于对方去购物，自己也去购物"的均衡，因此，**如果各自去思考的话，应该是无法决定去哪里好的。**

就像这个例子告诉我们的那样，为了找到纳什均衡，只有参与者的理性是不够的，必须追加某些附加条件。这个条件就是"对对方行动的正确预测"。

理性 ＋ 对对方行动的正确预测 ⇒ 纳什均衡

在囚徒困境的情况下，每个人的选择不受对手行动的影响，对自己来说更具收益的行动是确定的，但除了类似的情况，在纳什均衡中，正确预测对手的行动都是比较重要的。下面我们再举两个纳什均衡成立的原因（②、③），这两个原因每一个都能解释"对对手行动的正确预测"是如何产生的。

②试错达到的结果

人们并不是完全理性的，有时也会错误解读对手的行动。但是，**经过几次同样的状况积累了试错经验的话**，早晚能读懂对方的行动，也能明白对自己而言什么是更具收益的。这里我们要解释的就是，这种试错达到的结果就是纳什均衡。让我们举两个适用于此解释的实际例子。

一个是前面一节看过的道路交通量的例子（例题17、实例17）。司机虽然不是完全理性的，但是根据试错经验，应该会避开拥挤的道路，绕到比较空旷的道路上。如果司机通过这种积累的经验，了解"哪条道路拥挤程度如何"（对对手行动的正确预测），并基于此选择最方便的道路的话（理性），那么就会达到"绕到任何其他道路都无法获益"的纳什均衡。实际上根据实例17，浜松市周边的交通流量可以通过纳什均衡得到很好的解释，甚至也可以认为稳定在那样的交通量是试错的结果。接下来我们再举一个试错达到纳什均衡的例子。

实例18　电梯的左立右行　在东京铁路车站的手扶电梯上，不着急的人会站在左侧，右侧留出空位供有急事的人通行。如果有一个人破坏这种状态，在右侧独自站立，就会招来急行者的愤怒。也就是说，这种状态可以被看作达到了"自己单独改变行动的话会受损"的纳什均衡。

其实，纳什均衡不止这一种，反过来"右立左行"也是一个均衡。实际上，美国和英国就是右立左行。这样的均衡到底是如何产生的呢？对此现象有各种各样的"解释"，都市传说之类的电视节目和网络媒体都有过报道，为了追根溯源，有人从东京大学的新闻档案中彻底调查了关于电梯"左立右行"的报道到底是从何时开始的[1]。结果告诉我们，这类文章最初见诸报端是1992年，东京的"手扶电

图6-10 电梯"左立右行"的发生

来源：《电梯"新秩序"：急行靠右》，《朝日新闻》1992年2月24日夕刊15版

---

[1] 调查者是2000年做过笔者助教的河野敏镒。

> 梯左立右行"就是大约在那时自然发生并固定下来的（图6-10）[1]。
> 　　在人们多次试错的过程中，"左立右行"或"右立左行"偶然发生了，就固定了下来。图6-10的新闻报道中做了如下评论："近一年间，早晚高峰时比较惹人注意……应该是旅客间自然发生的秩序。"

　　根据以上的例子可知，试错的结果确实会达到纳什均衡。然而，我们并不能断言试错的结果"任何时候都一定能够达到纳什均衡"。试错的调整过程需要花费很长的时间，或者无论经过多久都飘忽不定，人们的行动永远无法稳定的情况也是可能出现的。那么，何时才可以认为达到了纳什均衡呢？

　　其中一个重要的回答就是：

在社会中固定下来，稳定的行动类型成为纳什均衡的可能性比较高。

　　理由很简单，如果非纳什均衡行动在社会中固定下来的话，那么（根据纳什均衡的定义）就会存在通过自己单独改变行动而获益的人。这些人一旦注意到这个事实就应该会改变行动。也就是说，人们长时间采取非纳什均衡的行动的状态不会长久地持续下去。

　　在社会中固定下来的稳定的行动也叫"既定事实"（stylized fact）。社会科学的重要目标之一，就是对这种既定事实进行解释，而纳什均衡则是非常有用的概念。请再次回忆一下之前所举的浜松市周边交通和电梯"左立右行"的事例，对此结论进行确认。

③商议的结果

　　纳什均衡在有些情况下不是通过试错，而是依赖当事人之间有意

---

[1] 比这个更早，在1989年9月2日的《读卖新闻》中，就有了新御茶水站的电梯一侧留空开始出现的报道。一般认为，一侧留空行动始于新御茶水站，到1992年这个习惯在东京的大部分站点都被固定下来了。

的商议来达到的。下面我们用例子进行解释。

让我们回忆一下之前出现过的"约会博弈"（例题18）。作为约会方式，是去看足球还是去购物，仅通过每个人单独在脑海中想象是无法得出结论的。这时，人们一般会怎么做呢？ 当然是二人事前商议后决定约会场所。如果说好"去购物"，那么两个人都会去购物，皆大欢喜。

也就是说，通过商议，达到了"两个人都去购物"的纳什均衡。这个例子有两个要点，第一个是前面解释过的：

> 理性 + 对对方行动的正确预测 ⟹ 纳什均衡

其中"对对方行动的正确预测"是通过商议产生的。

另一个要点是关于"商议结果实际上得到遵守"。由于通过商议得到的结果"两个人都去购物"构成纳什均衡，所以单独破坏均衡的话会受损。这保证了口头商议的结果实际上也能得到遵守。为了更深刻地理解这一点，让我们回忆一下"囚徒困境"。

对囚徒们来说最理想的就是"相互保持沉默"。那么，在被审问之前商定"相互保持沉默"会变成什么样呢？ 遗憾的是，这种状态不是纳什均衡，因为如果对方保持沉默的话，自己选择坦白收益更高。因此，在进入讯问阶段之后，商议的口头约定会被破坏，两个人都会选择坦白。

在囚徒困境中，为了让囚徒们遵守"相互保持沉默"（非纳什均衡）的约定，仅仅依靠口头约定是不够的，必须制定"如果坦白，就会被黑社会老大杀死"这样的惩罚措施。反过来，约会博弈中"一起去购物"的口头约定，由于构成纳什均衡，所以仅仅依靠口头约定（不存在惩罚）就能实现。

从以上论述我们知道，纳什均衡可以被解释为：

> 纳什均衡就是"只通过口头约定（也就是即使没有惩罚）"也能实现的行动。

像这种不用惩罚就能实现的口头约束，也叫作自我履约协议（self-enforcing agreement）。纳什均衡可以被看作自我履约协议。这是对纳什均衡的非常重要的解释。

第四节　个人的利益追求与社会整体利益的关系

使用纳什均衡进行博弈分析的重大意义之一就是，对于个人的利益追求与社会整体利益的关系，能够给出极其普遍而重要的洞察。

本书上篇对竞争市场的分析表明，市场上的竞争如果能够充分发挥作用的话，则企业和消费者追求自身利益的结果，会让整个社会的蛋糕达到最大化。亚当·斯密将这种现象表述为"看不见的手"。即虽然每个人总是只追求自己的个人利益，但是通过市场上的竞争，每个人像被看不见的手所指引着一样行动，同时整个社会的收益也能达到最大化。整个社会的收益（蛋糕）达到最大化是指达到了（帕累托）有效性，粗略地讲，这是一种"已经无法同时改善所有人的满意程度"的无浪费状态[1]。

那么，在更常见的非充分竞争环境下的经济和社会问题中，个人的利益追求和整个社会的利益追求之间是否存在直接联系呢？对此问题作出肯定回答的，就是所谓的自由放任主义的社会思想。让我们回顾一下第四章第一节第5小节部分的"科斯定理"，它提出公害等"外部性"问题可以通过当事人之间的理性商议来解决，其中包含的就是下列思想：

> 朴素的自由放任主义思想：在低效率的状态下，（根据低效率的定义）一定存在对所有当事人来说都更好的其他状态。如果当事人是理性的，则应该不会满足于现在的低效率状态，而是会转移到对所有人而言更理想的状态。因此，**理性的个人如果被赋予自由，结果一定会达到高效率的状态。**

---

[1] 更准确地讲，是无法实现"在不改变一部分人的满意程度的前提下，提高其他人的满意程度"的状态。

这种思想（至少从道理上）第一眼看上去仿佛是无可挑剔的。事实上，直到20世纪70年代后期，为数不少的（主要是保守的）经济学者都非常支持这种思想。

但是，如果上述思想是正确的话，那么囚徒困境中每个人都进行理性行动，则有效率的状态（相互保持沉默）就应该最终能够实现。但是，回忆一下第二节所讲的囚徒困境的例子就会知道，很明显上述分析有些奇怪。通过对每个人的利益关系进行清晰、详细的分析，博弈论明确指出，这种想法是错误的。

那么，朴素的自由放任主义思想哪里出问题了呢？"在低效率的状态下，存在对所有人来说都更好的其他状态。如果当事人是理性的，则应该不会满足于现在的低效率状态"，最开始的部分是没有问题的。问题在下一句，"而是会转移到对所有人而言更有效率的状态"，这部分有很大的疏漏（逻辑的跳跃）。

诚然，如果现状是低效率的话，就会存在对所有人来说更好的其他状态，为了实现这种相对更好的状态，**仅仅通过谈判达成一致协议是不太可能的，必须采用某种形式保证这种一致协议会实现**。通过囚徒困境的例子对此进行解释的话就是，即使达成了"相互保持沉默"这样的一致协议，但如果只是口头约定，每个人最终还是会被破坏协议的诱惑驱使。为了保证实现"保持沉默"的有效结果，就需要附加"破坏约定就会受到惩罚"这种"使大家都遵守协议结果的方法"。读者可能会认为"做到这件事很简单"，然而，找到让所有人在各个重要节点都采取适当行动的方法，一般来讲是极其困难的问题。

综上所述，如亚当·斯密所讲，**个人的自身利益追求会最大化整个社会的利益的结论虽然在竞争市场上成立，但是，在更一般的社会和经济问题中，不如说一般是不成立的**。通过明确的分析阐明上述结论，让经济学者整体接受这种思想，也许是博弈论对于经济学和社会科学、社会思想最重要的贡献之一。在一般的社会经济问题中，个人相互追求自身利益的状态对应着纳什均衡。在纳什均衡中，由于每个人都追求最大化自身利益，因此下述结果的可能性很大：

- "虽然对社会有好处，但是那样做会让自己花费成本"，这样的合作行动不会被采取；
- 最终陷入所谓的"互扯后腿"的状态。

由于这个原因，纳什均衡（与完全竞争市场均衡差别很大）很多时候都是低效率的。要改善这种状况，**为了让人们采取有效的行动，给予适当的奖励和惩罚，也就是设计给予正确激励（诱因、动机）的制度，就变得重要起来**。博弈论系统性地阐明了这些问题，并使经济学研究的重心从之前一边倒地研究"通过市场促进自由竞争"急转到"提供适当激励的制度设计"。

第五节 寡头垄断领域的应用之一：数量竞争与价格竞争

接下来我们将用博弈论来分析，少数企业一边揣测对手的行动一边行动的<u>寡头垄断（不完全竞争）市场</u>。在本节中，我们考虑的是企业同时决定战略的简单情形。这个情形可以进一步分为决定数量（产量）进行竞争与决定价格进行竞争两种情况，而且每种情况达到的结果差异很大。我们首先看一下数量竞争的情形。

(1) 数量竞争（古诺模型）[1]

考虑在需求曲线为向右下方倾斜的直线 $p = a - bQ$ 的市场上，存在两个持有相同固定边际成本 c（也就是说，生产 1 单位产品的成本为 c）的企业 $i = 1, 2$ 的情况。这种存在两个企业的寡头垄断状态，也被特别称为<u>双头垄断</u>。每个企业同时决定自己的产量 q_1、q_2。此时，如果两个企业一边揣测对方的行动一边决定如何行动的话，会发生什么呢？为了回答这个问题，我们用博弈论来分析（也就是求出此博弈的纳什均衡）。

首先，观察一下企业 1 的利润与每个企业的产量之间的关系，可得

---

[1] 古诺是研究这个模型的 19 世纪法国经济学家。

到如下函数关系：

$$\pi_1 = [\underbrace{a - b(q_1 + q_2)}_{\text{价格}P} - c\,]q_1 \tag{2}$$

由于这是一个关于自身产量（q_1）的二次函数，所以利润的图像如图6-11所示呈向上凸起的形状（抛物线）。

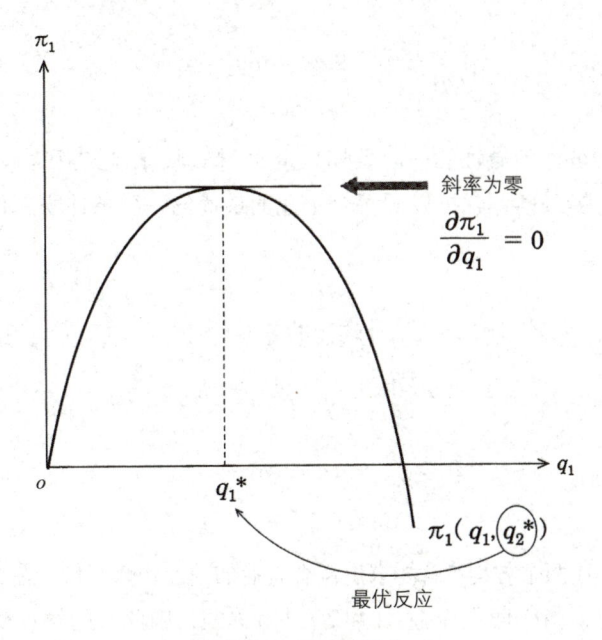

图6-11 利润的图像

现在，我们来详细探讨一下在纳什均衡（q_1^*, q_2^*）中会发生什么。图6-11描绘了对手选择纳什均衡产量q_2^*时的企业1的利润。随着自身产量q_1的变化，利润π_1会像图像那样变化。图像顶点（利润最大化点），就是对对手的产量q_2^*的**最优反应**q_1^*［因为在纳什均衡（q_1^*, q_2^*）中的产量是互为最优反应的，所以q_2^*也是对q_1^*的最优反应］。

下面我们试着将"最优反应就是图像顶点"这件事用数学公式来表达。在顶点处图像的切线的斜率为零。并且，图像的切线斜率就是将

π_1看作q_1的函数并进行微分得到的,即$\partial \pi_1 / \partial q_1$。由此可知,**决定企业 1 的最优反应的式子为**:

$$\frac{\partial \pi_1}{\partial q_1} = 0$$

一边观察上一页的利润公式(2)一边进行微分,我们得到:

$$\frac{\partial \pi_1}{\partial q_1} = a - 2bq_1 - bq_2 - c = 0 \tag{3}$$

上式被称为最优的一阶条件。企业 2 同理,因此"互为最优反应"的**纳什均衡条件**,就可以用每个企业的最优的一阶条件联立得到下述方程:

纳什均衡的条件(1)
$$\begin{cases} 0 = \dfrac{\partial \pi_1}{\partial q_1} = a - 2bq_1 - bq_2 - c \\ 0 = \dfrac{\partial \pi_2}{\partial q_2} = a - 2bq_2 - bq_1 - c \end{cases}$$

解上述两个方程[1]就能求出两个企业的纳什均衡产量。在这个联立方程组中,由于两个企业(1 和 2)是对称的,因此它的解$q_1^* = q_2^* = q^*$也是对称的,将这个结论代入(3)式有$0 = a - 3bq^* - c$。解上式可知纳什均衡为:

$$q_1^* = q_2^* = \frac{a-c}{3b} \tag{4}$$

这个产量组合叫作古诺-纳什均衡。

---

[1] 更准确的表述方法是,当纵轴为每个参与者的收益π_i,横轴为该参与者的战略a_i时的图像(无论其他人的战略被固定在什么水平上),如果是向上凸起的话(也就是说,π_i是关于a_i的凹函数的话),那么令每个参与者的一阶条件联立并求解之后就可以得到纳什均衡。

*基于图解的分析：为了进一步加深理解，我们通过图解法来看一下纳什均衡。由于最优的一阶条件的（3）式，是"针对给定的对手的产量q_2，决定最优产量q_1的公式"，因此求解q_1得到：

$$q_1 = \frac{a-c}{2b} - \frac{1}{2}q_2 = R_1(q_2)$$

其表示的就是企业1对q_2的最优产量。这叫作企业1的<u>最优反应函数</u>。企业2的最优反应函数图像呈现出完全一样的形状，是由$R_2(q_1) = \frac{a-c}{2b} - \frac{1}{2}q_1$给出的。因为纳什均衡$(q_1^*, q_2^*)$是互为最优反应的状态，所以可以用最优反应函数将其表示为：

> **纳什均衡的条件（2）**
> $$\begin{cases} q_1^* = R_1(q_2^*) \\ q_2^* = R_2(q_1^*) \end{cases}$$

图6-12描绘了上述条件。

由于企业2的最优反应为$R_2(q_1) = \frac{a-c}{2b} - \frac{1}{2}q_1$，因此其图像（也叫<u>反应曲线</u>）为图中斜率为1/2的向右下方倾斜的直线。企业1的反应曲线也一样。两条反应曲线的交点就是"**相互作出最优反应状态**"的纳什均衡。

借助图6-12，我们来检验一下纳什均衡是否让企业整体的利润达到了最大化。如果将总产量记作$Q = q_1 + q_2$的话，则两个企业的利润之和可以写为：

$$\begin{aligned} \pi_1 + \pi_2 &= [P(Q) - c]q_1 + [P(Q) - c]q_2 \\ &= [P(Q) - c]Q \end{aligned}$$

它恰好等于"边际成本同为c的垄断企业生产总产量Q时的利润"。因此，为了最大化两个企业的总利润$\pi_1 + \pi_2$，将总产量$Q = q_1 + q_2$设定在"垄断企业的最优产量"就可以了。

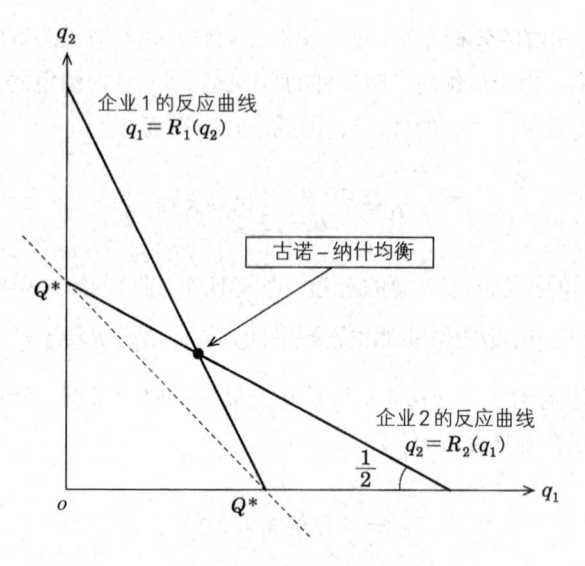

图6-12 古诺-纳什均衡

这里，我们做一个小测验。如果仔细观察的话，垄断企业的最优产量在图6-12中的某处被描绘出来了，你知道在哪里吗？答案就是图中的Q^*点。这是因为图6-12中的Q^*点是"对手产量为零时的最优产量"，因此它毫无疑问也就是"垄断企业的最优产量"。

从这个结论出发思考可知，在图6-12的虚线上两个企业的产量之和等于垄断的最优产量（$q_1 + q_2 = Q^*$）。也就是说，在虚线上两个企业的利润总和达到了最大。纳什均衡偏离此虚线，位于右上方，因此两个企业整体的利润没有达到最大化。也就是，寡头垄断企业如果进行数量竞争的话，（与共同利润最大化时的点相比）产量是过大的。

那么，完全竞争产量与纳什均衡的产量相比如何？完全竞争时的价格等于边际成本，因此$p = c$。假设此时的总产量为Q^0，根据$P = a - bQ^0 = c$，完全竞争时的总产量为：

$$Q^0 = \frac{a-c}{b}$$

又根据第338页的（4）式，古诺-纳什均衡下的两个企业的产量之和为：

$$\frac{2}{3}\left(\frac{a-c}{b}\right)$$

结果小于完全竞争时候的总产量。也就是说，**当寡头垄断企业进行数量竞争时，与完全竞争时候相比产量是过小的**，而价格较之完全竞争时有所提高。

综上所述，博弈论的分析表明：

> 垄断产量＜寡头垄断（数量竞争）的总产量＜完全竞争的总产量

（2）价格竞争（伯特兰德[1]模型）

与上面的模型一样，考虑在需求曲线为 $p = a - bQ$ 的市场上，存在两个拥有相同的固定边际成本 c 的企业 $i = 1，2$ 的情况，不过这里考虑的是两个企业同时决定价格 P_1，P_2 而不是产量的情况。

这里，让我们先对价格竞争中的重要概念"**产品差异化**"进行解释。星巴克咖啡和便利店咖啡，同为咖啡，味道却不同。青岛啤酒和燕京啤酒，味道也不同[2]。在存在这种产品差异化的情况下，即使便利店咖啡比星巴克咖啡便宜1元，也不是所有人都会去买便利店的咖啡。然而，每家公司生产的汽油几乎完全相同，因此如果两个企业在同一场所出售汽油的话，可以认为便宜1元的那家就能吸引全部的顾客。这属于"没有产品差异化"的情况。

伯特兰德模型通常考虑**没有产品差异化**的情形，并认为价格较低的企业会得到全部的市场需求。此外，在所制定的价格相同的情况下，假设每个企业各得到一半的需求。

先展示一下结论，这种情况下的结果如下：

---

[1] 伯特兰德是对古诺模型提出批判并发明伯特兰德模型的19世纪法国数学家。

[2] 各人的看法可能不一样。

> **伯特兰德模型（价格竞争）的纳什均衡：**
> $p_1^* = p_2^* = c$，利润为零

我们已经学过，在完全竞争状态下，价格等于边际成本。由于在我们研究的市场上 c 为边际成本，因此**没有产品差异化的伯特兰德模型（价格竞争）的纳什均衡与完全竞争均衡相同**。

现在，我们检验一下上述状态确实构成纳什均衡。为此我们只需要证明下述的均衡条件成立即可。

自己单独改变战略（价格）无法获益　　　　（＊）

现在，我们来检验一下如果对手制定了等于边际成本 c 的价格的话，自己单独改变价格会发生什么。

[1] **自己单独提高价格时**：这样做的话，没有顾客来光顾，利润为零。由于均衡状态下利润也是零（由于以等于成本 c 的价格出售），所以结论是"自己单独提高价格无法获益"。

[2] **自己单独将价格降低到 c 以下时**：此时虽然所有的顾客都来到自己这边，但是因为是以低于成本 c 的价格在出售，所以会产生亏损。这比均衡状态下利润为零时更差。也就是说，自己单独降低价格也不会获益。

因此，我们确认了，$p_1^* = p_2^* = c$ 满足纳什均衡条件（＊）。

为了更深入地理解价格竞争，我们考虑两个企业通过串谋将价格提高到成本以上，两个企业都得到正利润的状态 $P_1^0 = P_2^0 > c$。此时，如果一个企业釜底抽薪，将价格降低一点点的话，就能抢夺对手所有的顾客。由于价格变化微小，因此釜底抽薪的企业（通过抢夺对手的利润）自身的利润几乎变为原来的 2 倍。因此，虽然两个企业都取得正利润的状态 $P_1 = P_2 > c$ 对企业来说是理想的状态，但遗憾的是由于这种状态并不能构成纳什均衡［不满足上面的条件（＊）］，所以实现起来很困难。要想实现这样的状态，有必要设计类似"对釜底抽薪的企业实施惩罚"

的机制[1]。

进一步，通过检验其他的各种情形可知，不存在之前找到的"$p_1^* = p_2^* = c$，利润为零"之外的均衡（作为读者练习）。

注解6-2 古诺模型和伯特兰德模型哪个是正确的寡头垄断模型：就算将相同市场上的相同企业作为分析对象，数量竞争（古诺模型）和价格竞争（伯特兰德模型）的结果也大相径庭。数量竞争的结果处在完全竞争和垄断之间，价格竞争时的结果与完全竞争相同。那么，相信哪个模型比较好呢？

这里说的并不是哪个是"正确"的模型，更为妥当的说法是，在现实的事例中，有接近数量竞争的情况，也有接近价格竞争的情况。例如，如果相邻的加油站之间进行竞争，由于每天早晨开店前会摆出"每升×元"的价格提示牌，因此现实非常接近伯特兰德价格竞争模型的情况。现实中非常接近数量竞争的古诺模型的情况是海鲜市场。渔船（相当于企业）每天早晨出去捕鱼，捕好鱼（即选择产量）之后，在当地港口附近的市场卸货。卸货之后的鱼在市场上（通过拍卖）以市场价格出售。这属于实至名归的数量竞争模型。

那么，电视和相机等家电制品的情况如何？虽然这些市场的情况相当复杂，不过因为生产者无法制定终端的零售价格，是零售商在激烈的竞争环境中制定价格的，所以基本上可以认为是"企业出货一定数量的产品，之后通过市场来制定竞争的价格"，因而接近数量竞争的模型。

第六节 不确定性和期望效用

这里我们稍微转换一下话题，来学习在经济学和博弈论中研究不确定性时的基础知识。虽然截至目前，我们的讨论都没有涉及不确定性，但是不确定性在现实中是很重要的。因此，本书也在当前的后半部分，终于触及此类问题。让我们先举一些涉及不确定性的典型例子吧！

---

[1] 有关在价格竞争下阻止釜底抽薪、维持高价格的方法，会在第七章第五节详细解释。

- **环境的变化**：影响企业和消费者的气候、股价、汇率等环境，很多都是随机变动的。
- **当对手的行动无法准确预测时**：需要考虑对手以多大的概率采取何种行动。
- **存在信息不对称的时候**：需要考虑对手以多大概率持有何种信息。

在考虑以上各种情况的时候，我们需要明确"当存在不确定性时，人们是如何行动的"。在这里，我们来介绍一下对这个问题作出回答的简单且容易处理的模型，即"期望效用模型"。

这种模型，可以对下述这些人的表现进行表达：

- 厌恶风险的慎重之人。
- 存在风险时比较开心，喜欢赌博的人。
- 处在中间状态，对有无风险漠不关心的人。

由于这是不确定性经济学的基础，因此讨论起来会有些抽象，需要一定的耐心，但是一旦掌握这种方法，就会让人"茅塞顿开"。请大家沉下心来好好学习。

下面，我们不去直接看模型，而是先通过简单的例子，来探讨一下存在不确定时人们的行为特征。

例题19 假设有一种彩票，抽到3000元奖金和1000元奖金的概率各为一半。如果被问到"这个彩票对你来说价值多少"的话，大家会怎样回答呢？ 能够预见的一个回答可能是在统计学和数学的著作中经常出现的，奖金的**期望值**就是该彩票的价值。

如果将该彩票的奖金用$\tilde{x}$表示的话，则$\tilde{x}$以1/2的概率取值3000，且以1/2的概率取值1000。因此，其期望值（将其写作$E[\tilde{x}]$），就是3000和1000分别用概率进行加权之后再取平均值得到的：

$$E[\tilde{x}] = \frac{1}{2} \times 3000 + \frac{1}{2} \times 1000 = 2000$$

期望值为2000元意味着，当彩票开奖时，平均奖金为2000元。

"期望值"在后面的讨论中扮演非常重要的角色，我们在这里简单复习一下。和这个彩票的奖金一样，随机取值的变量$\tilde{x}$叫作随机变量（为了表示是随机变量，在x上面加上～符号）。期望值表示的是该随机变量"如果取平均的话，值是多少"，它可以按照如下方式进行定义：

> 现在，假设$\tilde{x}$是取值范围为$x_1,\cdots,x_K$的随机变量，将取到x_k的概率记作p_k。此时下式：
>
> $$p_1 x_1 + \cdots + p_K x_K$$
>
> 就叫作$\tilde{x}$的**期望值**，用$E[\tilde{x}]$来表示。

那么，人们是否总是根据期望值来行动呢？为了思考这个问题，请看例题20。

例题20 圣彼得堡悖论[1]

现在，假设有下面的赌局。

- 持续投掷硬币直到出现背面，
- 奖金为$2^{硬币投掷次数}$元。

因为稍微有点难以理解，所以我们通过例子对奖金是如何计算出来的进行具体解释。

- 背面（停止投掷）　　　　得到$2^1 = 2$元
- 正面　背面　　　　　　　得到$2^2 = 4$元
- 正面　正面　背面　　　　得到$2^3 = 8$元
- ⋮　　　　　　　　　　　⋮

---

[1] 这是数学家D. 伯努利于1738年在俄罗斯城市圣彼得堡的学术杂志刊登的学术论文中的例子，因此得名。

那么，为了参加这个赌局，你愿意支付多少呢？请试着亲自投掷硬币，确认一下能得到多少奖金。大部分人都愿意出5元或者10元，最多也差不多只愿意出100元。

现在，我们来计算一下这个赌局的奖金的期望值是多少。如果用 Pr（正面）(= 1/2) 来表示出现正面的概率的话，那么期望值就是：

$$\underset{\underset{\text{Pr(背面)}}{\uparrow}}{\left(\frac{1}{2}\right) \times 2} + \underset{\underset{\text{Pr(正面)Pr(背面)}}{\uparrow}}{\left(\frac{1}{2}\right)^2 \times 2^2} + \underset{\underset{\text{Pr(正面)Pr(正面)Pr(背面)}}{\uparrow}}{\left(\frac{1}{2}\right)^3 \times 2^3} + \cdots = 1 + 1 + 1 + \cdots = \infty（无穷大）$$

也就是说，这个赌局的奖金的期望值为无穷大！

如果人们只是根据"自己取得的收入的期望值"来行动的话，那么为了参加这个赌局愿意付出100万元甚至1亿元的人都应该存在，但是事实上没有这样的人。也就是说，人们并不总是仅仅根据收入的期望值来行动的。

基于以上两个例子，我们来探讨一下如何建立能够表现不确定性下人们行为的模型。现在，让我们考虑一下，在例题19中见过的"1000元和3000元以相同概率中奖的彩票"，与确定得到该彩票奖金期待值的2000元，哪一个更好？这样做的话，人们对待风险的态度就可以粗略地分为以下几类。

- 相比于抽取彩票，更喜欢确定地得到彩票奖金的期望值。这种偏好叫作<u>风险规避（或风险厌恶）</u>。
- 相比于确定地得到奖金的期望值，更喜欢抽取彩票的是喜欢赌博的人，这种偏好就叫<u>风险偏好</u>。
- 无论是抽取彩票，还是确定地得到奖金的期望值都可以（二者无差异），只根据期望值行动，叫作<u>风险中性</u>。

那么，是否存在一个能够**成功地表现不同人对于风险的不同态度的模型**呢？对这个要求作出回答的就是<u>期望效用模型</u>，其内容如下：

> **期望效用模型**
>
> x　　实现的结果（彩票的奖金，收入等）
>
> $u(x)$　　结果带来的"效用"
>
> 当结果存在不确定性的时候，人们行动的目的是**实现期望效用** $E[u(\tilde{x})]$**最大化**。

所谓期望效用，就是"效用的期望值"。如果将不确定的结果用随机变量 $\tilde{x} = x_1, \cdots, x_k$ 来表示，第 k 个结果 x_k 出现的概率记作 p_k 的话，期望效用的公式就是：

$$E[u(\tilde{x})] = p_1 u(x_1) + \cdots + p_k u(x_k)$$

例题21 抽到奖金1000元和3000元概率各为一半的例题19的彩票的期望效用为：

$$E[u(\tilde{x})] = \frac{1}{2} u(1000) + \frac{1}{2} u(3000)$$

使用期望效用模型可知，风险规避、风险偏好、风险中性的差异，能够根据效用函数图像的弯曲程度成功地表现（图6–13）。下面我们来解释一下为什么。

先从图中最上面的风险规避的情况开始解释。让我们试着用图形来分析一下，这个人是会选择抽取在例题19中的奖金为1000元和3000元的彩票，还是会选择确定地得到奖金的期望值。我们需要先清楚地理解抽取彩票时的期望效用是如何确定的。请看图6–14。

由于抽取这个彩票时得到效用 $u(1000)$ 和 $u(3000)$ 的概率各为一半，因此期望效用处在二者的正中间。这可以由图6–14中A和B的中点C的高度来表示。

另外，确定地得到彩票的期望值2000元的效用，只需要观察图6–14中 $x = 2000$ 处效用图像的高度就可以了。图6–15将其呈现出来。

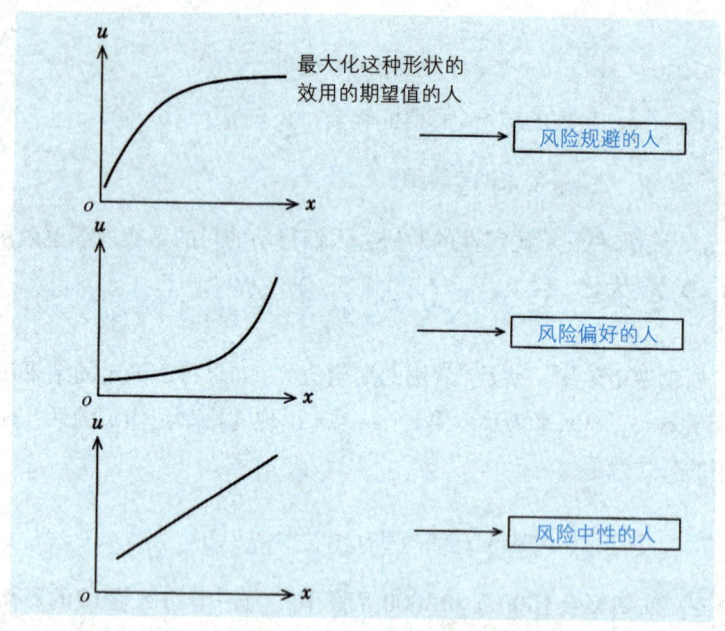

图6-13 效用函数的图像

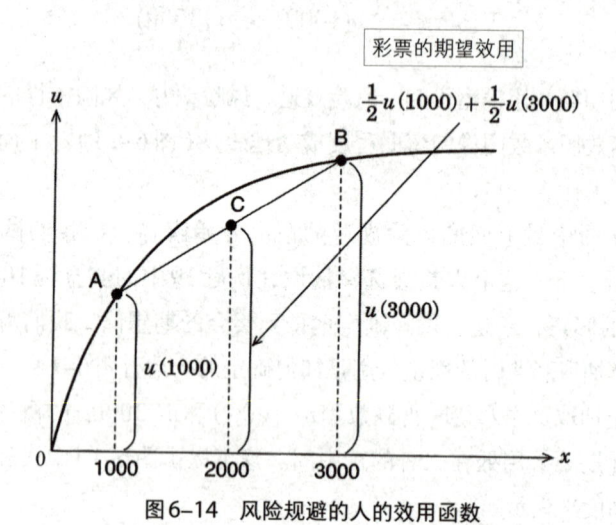

图6-14 风险规避的人的效用函数

图 6-15 风险规避的人

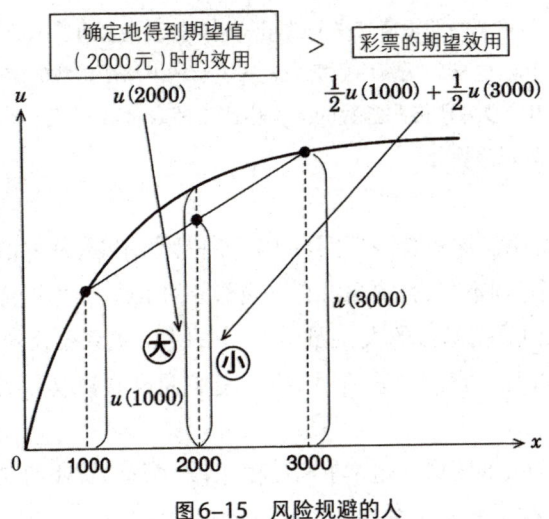

由此可知，效用函数的图像向上凸起的人，在抽取彩票和确定地得到奖金的期望值之间会选择后者，即风险规避。

大家还记得吗？这种图像向上凸起（也就是图像下方为凸集合）的函数被称为凹函数（学习生产函数的第二章第三节第3小节）。上面所讨论的效用函数 u，不仅仅是凹函数，它的另一个特征是**图像没有直线部分**（也就是说到处都是弯曲的）。这样的函数叫作**严格凹函数**。综上所述，"效用函数为严格凹函数，即风险规避"。

注解6-3 用数学公式的解释：回忆一下第二章第三节第3小节的讨论，$u(x)$ 为凹函数的条件为：对于任意 $0<t<1$，任意两点 a，$b(a≠b)$，总是有

$$u[ta+(1-t)b] \geqslant tu(a)+(1-t)u(b)$$

其中，**如果上述不等式为严格不等式，u 就叫作严格凹函数**。图6-15就是上述严格不等式在 $t=1/2$，$a=1000$，$b=3000$ 情况下的图示。

一般来说，上述条件满足严格不等号的时候，可以做如下解释。现在，假设有一个以概率 t 得到 a 元的、以概率 $1-t$ 得到 b 元的彩票。上式左边表示的

是确定地得到该彩票的期望值带来的效用。相对较小的右边表示的是抽取彩票带来的期望效用。这样，观察用数学公式来表示的严格凹函数的定义，我们很快发现，"效用函数为严格凹函数的人，相比于抽取彩票，更喜欢得到彩票奖金的期望值，即风险规避"。

接下来，我们来解释一下图6-13中间图像的风险偏好的情况。像该图一样，图像向下凸，且图像没有直线部分的函数，叫作严格凸函数。对于持有这种效用函数的人，图6-15中的大小关系会反过来，因此我们知道，相比于得到彩票的期望值，他们更喜欢抽取彩票，即风险偏好。

在效用函数的图像如图6-13下面的图像一样为直线的情况下，由于图6-15中标注大小的部分会变得一样大，因此持有这种效用函数的人"对得到彩票的期望值与抽取彩票无差异"，即风险中性。图像为直线意味着，效用函数为一次函数 $u(x) = kx + c$，如果考虑特例 $u(x) = x$ 的话，期望效用最大化就等同于奖金 x 的期望值最大化，因此风险中立显而易见。

综上所述，如下所示。这是将图6-13的内容用语言重新表述得到的。

在期望效用模型中：
- 效用函数为严格凹函数 ⇔ 风险规避的人。
- 效用函数为严格凸函数 ⇔ 风险偏好的人。
- 效用函数为一次函数 ⇔ 风险中性的人。

下面我们提醒两点细微的注意事项。

注解6-4 **关于效用的含义**：在消费者行为部分所使用的"表示某个人的喜好（偏好）的效用"（参见第一章），与在期望效用模型中所使用的"表示对待风险的态度的效用"，是有些许不同的。这里我们解释一下它们的差异。

关于表示消费者偏好的效用，"只要为更喜欢的东西对应更大的数字即可，数字的对应方式不重要"（第一章给出了详细解释）。而期望效用模型所使用的效用，虽然也是为更喜欢的东西对应更大的数字，但是数字的对应方式并不是怎样都可以，而是需要"**按照表示该人对待风险的态度的方式对数字进行精确对应**"。图6–13表示了用于期望效用模型的效用，观察该图可知，虽然由于收入x越大越好，因此更多的收入要对应着更大的数字，但是根据数字的对应方式不同，对风险的态度也变得不一样。例如，如果按照随着收入增加，效用的增加变得越来越小的方式来对应数字的话（在图的最上方），那么可知这是风险规避的人。

因此，由于"表示某人的喜好（偏好）的效用"和"期望效用模型所使用的效用"有差异，所以在期望效用模型中所使用的效用叫作<u>冯·诺依曼–摩根斯坦效用函数</u>（取发明者的姓名）。

<u>注解6-5</u> **博弈论中所使用的"收益"是什么？** 初学博弈论时的疑问之一可能就是："虽然出现了很多叫作参与者的收益的数字，但是收益到底是什么呢？"每个人得到的奖金、得分、利润等，好像都可以被认为是参与者的收益，例如在囚徒困境中"双方合作时的收益为1，双方都背叛时的收益为0"等，1和0这些数字是从哪里来的呢？ 在这里我们将对这些疑问作出回答。

关于这一点，大多数博弈论教科书要么什么都没写，要么一带而过地提到"参与者的收益就是冯·诺依曼–摩根斯坦效用"。但是，更加实际且合理的解释如下。首先，我们将讨论分为"需要涉及不确定性"与"不需要涉及不确定性"两种情况。这里，**需要涉及不确定性的情况是指**：

- 参与者被卷入的环境随机变化的时候（掷骰子发牌、受到股价或汇率的影响等等），
- 参与者采取随机行动的时候（在下面的第七节所解释的"混合战略均衡"的情形）。

在这种情况下，由于需要考虑参与者对待风险的态度，因此必须要求"收益＝冯·诺依曼–摩根斯坦效用"。

例题22〉参与者得到的金额如果受到股价、汇率等随机影响，参与者的收益就不再是金额 x 本身，而必须是从金额 x 中产生的冯·诺依曼－摩根斯坦效用 $u(x)$（因为这样做的话，能够把参与者是否想要规避风险纳入模型之中）。

与此相对，在不涉及不确定性的情况下，参与者的收益就变为：只要为更喜欢的东西对应更大的数字的话，数字的对应方法怎样都可以。"怎样都可以"的原因是，无论采取何种数字的对应方法，分析博弈时所使用的（不存在不确定性时的）纳什均衡都不会发生改变[1]。相当一部分博弈论的应用，都使用的是不涉及不确定性时的纳什均衡。原因是，在进行这种应用的时候，能够比较简单地决定参与者的收益。

综上所述：

> **博弈论中参与者的"收益"**，对参与者来说更好的结果要对应更大的数字，而且：
>
> - **当不涉及不确定性的时候**：数字的对应方法怎样都可以。
> - **当涉及不确定性的时候**：要按照表示参与者对风险的态度的方式来对应数字（收益＝冯·诺依曼－摩根斯坦效用）。

第七节　混合战略与纳什均衡的存在性

现在，让我们回到博弈论的讨论。在目前为止所讨论的多个例子中，"参与者相互作出最优反应"的点（纳什均衡）是一定存在的。那么，到底什么样的博弈存在这样理想的点（纳什均衡）呢？ 为了思考这个问题，我们看一下例题23。

---

[1] 纳什均衡就是自己单独改变行动无法获益的状态。此时，只要为更喜欢的东西对应更高的收益的话，无论使用任何收益，在纳什均衡处"即使自己单独改变行动收益也不会增加"都是成立的。也就是说，这种无论使用任何收益"自己单独改变行动时收益都不会增加"的状态不会改变。

例题23 石头剪刀布

在石头剪刀布游戏中,假设获胜的收益为1,失败的收益为-1,平局的收益为0,那么,用收益表来表示之后就如表6-9所示。

表6-9 石头剪刀布的收益

1＼2	石头	剪刀	布
石头	0, 0	1, -1	-1, 1
剪刀	-1, 1	0, 0	1, -1
布	1, -1	-1, 1	0, 0

在石头剪刀布游戏中,由于石头胜过剪刀,剪刀胜过布,布胜过石头,所以"**互为最优反应的状态**"(**纳什均衡**)看起来好像不存在。实际上,表6-9中的任何一栏都无法构成纳什均衡。在这个游戏中,人们其实就是随机出石头、剪刀、布。而且,如果不考虑有些人比较喜欢出某个特别的类型(例如石头)的话,实际上人们出每种类型的概率都是相同的。

为了仔细探讨此时会发生什么,我们来考虑将自己看作参与者1,对手(参与者2)出石头、剪刀、布的概率各为1/3的情况。请看表6-10。在对手出石头、剪刀、布的概率各为1/3情况下,当自己出石头时,期望收益为0。同理可知,自己出剪刀和布的时候,如表6-10所示,期望收益也都是同一数值(0)。

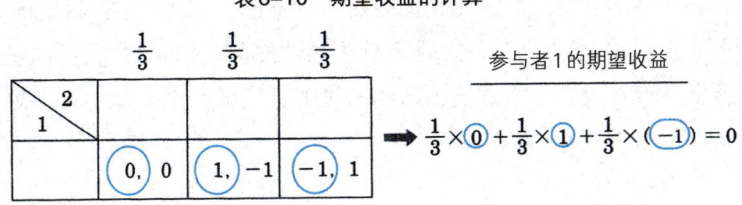

表6-10 期望收益的计算

参与者1的期望收益

$$\frac{1}{3} \times (0) + \frac{1}{3} \times (1) + \frac{1}{3} \times (-1) = 0$$

此时，由于自己无论出什么得到的期望收益都一样，因此，**如果参与者要最大化期望收益**，而对手出石头、剪刀、布的概率各为1/3的话，那么：

- 出什么都是最优的，
- 而且，自己也选择"出石头、剪刀、布的概率各为1/3"也是最优之一，
- 也就是说，"相互以1/3的概率出石头、剪刀、布"，是互为**最优反应**的状态。

这意味着上述状态可以看作纳什均衡的一种。这种参与者随机选择行动的战略叫作 混合战略。与此相对，非随机的行动（在此例中为石头、剪刀、布）叫作 纯战略[1]。并且，像石头剪刀布的例子一样，共同采取互为最优反应的混合战略的状态，叫作 混合战略均衡。混合战略均衡正是"最大化期望收益的参与者采取混合战略"时的纳什均衡。

人们采取随机行动的情况并不仅限于石头剪刀布游戏。例如在进行税务调查的时候，税务署会在可疑人员中随机选择并进行调查（今年这个人，明年那个人，这种用固定的顺序调查固定的人的方法无法防止逃税）。这也可以看作混合战略均衡的一个例子。还有，在体育运动中，例如网球就是按照不知道往哪里发球的方式随机进行的。足球的点球也一样。下面我们详细看一下点球的情况。

> **实例19　足球的点球**　在足球博弈中，会出现球员和守门员之间1对1对决的"点球"场面。此时，球员的战略可以认为有向左踢和向右踢两个（几乎没人向中间踢，因而暂不考虑）。因为专业球员踢球的速度很快，所以守门员没时间在看到球的运动方向之后再扑向它。因此，守门员需要在球员踢球的同时判断球可能会从哪边来，决定向左还是向右扑（图6-16）。

---

[1] 更准确的说法是，混合战略是纯战略的概率分布。

图6-16 点球

照片提供：法国通讯社

让我们用博弈论来分析一下这个问题。球员的收益可以认为是进球的概率。由于守门员希望这个概率越小越好，因此守门员的收益是进球概率的负数。这种两个参与者的收益完全相反的博弈叫作双人零和博弈。

要想研究这些收益实际上是怎样的数值，用统计学就可以知道了。例如，如果将大量数据集中起来计算一下球员向左踢球、守门员也向左扑出的时候，多大比例会进球的话，就可以估计出"球员向左踢球，守门员也向左扑出时球员的收益"。

实际上，有人通过连续观看1995—2000年欧洲足球比赛的录像，从1417个点球中计算出这些数值并进行了分析[1]。这样估计出来的收益如表6-11所示。

表6-11 点球的收益

球员 \ 守门员（从守门员的角度来看）	左	右
左	58.30	94.97
右	92.92	69.92

估计出来的球员的收益（进球的概率%）

---

[1] L. Palacios-Huerta (2003) "Professionals Play Minimax", *Review of Economic Studies*, 70, pp. 395–415.

下面我们结合这个数据，按照与石头剪刀布游戏一样的步骤来计算一下混合战略均衡。现在，假设守门员向左扑出的概率为 p 的话，球员的期望收益就像表6-12一样能够计算了。

表6-12 球员的期望收益

球员＼守门员	左	右	球员的期望收益
左	58.30	94.97	➡ ① $58.30p + 94.97(1 - p)$
右	92.92	69.92	➡ ② $92.92p + 69.92(1 - p)$

要让球员随机向左或右踢成为最优，向左踢时的预期收益①与向右踢时的预期收益②必须相等（如果不是的话，以概率1选择期望收益更大的行动比较好）。解①＝②的式子，p 值就被确定了。同样，分析守门员的期望收益之后，就能够计算出球员向左踢和向右踢的概率。表6-13将这样求得的混合战略均衡与实际的专业足球运动员的行动进行了比较。

表6-13 混合战略均衡

计算项目	守门员 左	守门员 右	球员 左	球员 右
混合战略均衡	41.99	58.01	38.54	61.46
实际频率	42.31	57.69	39.98	60.02

从这组数据中我们知道，混合战略均衡很好地拟合了现实中足球选手的行动。

以上看过的所有例子中，纳什均衡都存在。像石头剪刀布游戏那样乍一看纳什均衡好像不存在的例子中，如果考虑范围更大的混合战略的话，纳什均衡也存在。这种现象并非偶然。奠定了现代博弈论基础的天才数学家约翰·纳什，证明了如下结论。

> **定理（纳什均衡的存在性）**：任何博弈，如果参与者的数量与（纯）战略的数量都是有限的，则其（在混合战略范围内）纳什均衡一定存在。

纳什是用拓扑学（Topology）的方法对这个定理进行证明的。该证明与在第三章第三节第5小节所介绍的"完全竞争均衡存在定理的证明"几乎相同。从学说史的角度看，纳什均衡存在性的证明在先，后辈是参考纳什的证明来证明竞争市场均衡的存在的。

这个定理保证了，无论在何种社会经济问题中，"参与者相互作出最优反应的状态"（纳什均衡）都存在。也就是说，这个定理能够保证什么样的社会经济问题都能用纳什均衡来分析，因此是拓展了博弈论应用范围的重要结论[1]。

---

[1] 例如，参见藤原香子《非合作博弈理论》（知泉书馆，2011年版）第三章第五、第六节。

第七章 动态博弈与战略的可信赖性

在本章中,我们将学习分析动态社会经济问题的一般性方法(动态博弈的求解法)。让我们先用一个简单的例子来阐述求解动态博弈所需的多个知识点。

第一节 案例:银行的破产清算

政府是否要救助破产的金融机构是很大的问题。为了思考这个问题,让我们看一下如图7-1所示的简单的二阶段博弈。

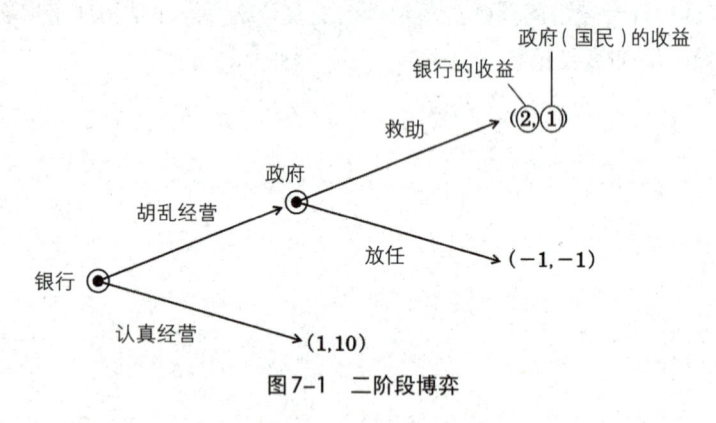

图7-1 二阶段博弈

这是一个银行先行动、政府接着行动的动态博弈。让我们一边对照图中的收益一边确认它是一个怎样的博弈。

- 首先,如果银行认真经营的话,那么它会得到还算不错的收益(1),政府(国民)会获益巨大(收益为10)。

- 然而，银行如果为危险的借款人提供融资、胡乱经营的话，就会面临破产的危机，从而需要政府出手相助。
- 此时，如果政府提供救助，银行会获益巨大（收益为2），但是政府（国民）的收益与银行认真经营时相比会急剧降低（1）。
- 另外，如果政府不救助的话，银行就会产生赤字（收益为-1），且国民会因为金融危机而大受打击（收益为-1）。

那么，在这个博弈中会发生什么呢？让我们先看一下最先行动的银行。为了决定是胡乱经营还是认真经营，银行必须知道胡乱经营的结果会变成什么样。因此，为了**决定在第一阶段行动的银行的行为，我们需要首先分析第二阶段会发生什么**。而且，观察**第二阶段**之后我们发现，政府会选择救助（图7-2）。我们还发现，如果银行在预见到上述结果之后再在第一阶段选择最优行动的话，结果会选择胡乱经营（图7-3）。

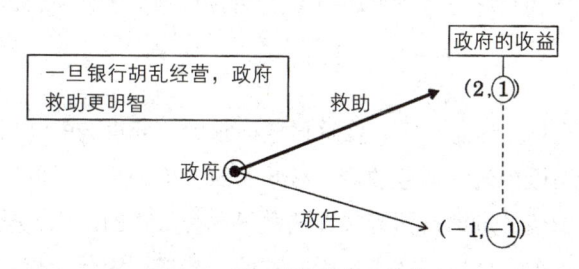

图7-2 第二阶段发生了什么

综上所述，我们可以将求解动态博弈的基础总结如下。

> 在博弈的开始阶段，行动的参与者如何进行选择，取决于将来会发生什么。
>
> ⬇
>
> 因此，为了决定参与者的行动，要按照**从后往前的顺序求解博弈**。

也就是说，为了求解动态博弈，按照时间的倒序，像下面这样做就可以了：

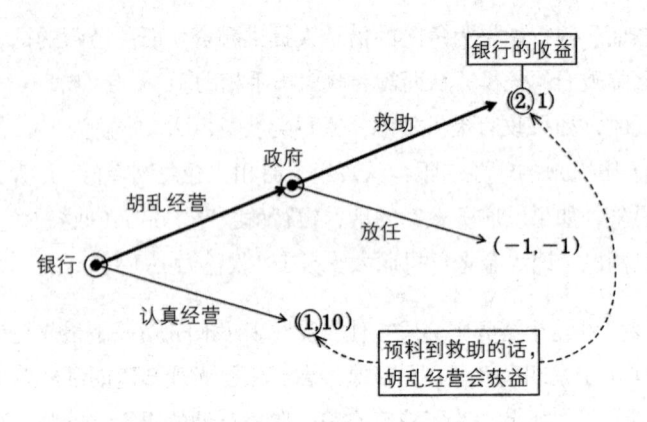

```
                                      ┌────────┐
                                      │银行的收益│
                                      └────────┘
                                         ②,1)
                                     ↗
                                  救助
                            政府 ★
                     胡乱经营    ╲
                   ↗            放任
                ↗                  ╲→ (−1,−1)
           银行                                    ⇠ ⇠
                ↘                                       ⇡
                   认真经营                              ⇡
                       ↘→ ①,10)                        ⇡
                                 ┌──────────────────┐
                                 │预料到救助的话,     │
                                 │胡乱经营会获益      │
                                 └──────────────────┘
```

图7–3 预见到第二阶段的话,第一阶段会发生什么

- 先求出最后一阶段每个参与者如何行动,
- 再求出倒数第二阶段的每个参与者预见到上述结果后如何行动。

⋮

以此类推。注意一下,像这样逆向求解博弈得到的结果就是纳什均衡。如果银行胡乱经营的话,对政府而言救助是最优的,并且如果政府救助的话,对银行而言选择胡乱经营是最优的。也就是说,由于是互相作出最优反应的状态,因此这的确构成了纳什均衡。应该说,**这种通过逆向求解得到的纳什均衡,是正确预见了对手行动的、现实的均衡**。

然而,分析上述博弈的收益表之后我们发现,该博弈实际上还存在**另一个纳什均衡**(表7–1的均衡②)。

让我们先确认一下第2个均衡(均衡②)确实是纳什均衡。纳什均衡是一种"自己单独改变行动无法获益"的状态。我们首先针对银行对此进行确认。请看表7–2。这就是,"如果政府放任(不救助)的话,那么认真经营比较好",这部分并无任何怪异之处。

接下来,我们来检验一下政府的行动(表7–3)。如表7–3所示,因为政府即使单独改变战略也无法获益,所以均衡②也确实满足纳什

表 7-1　两个纳什均衡

银行	政府 救助	政府 放任
胡乱经营	2, 1	-1, -1
认真经营	1, 10	1, 10

（2, 1）：逆向求解博弈得到的现实的均衡（均衡①）
（1, 10）右侧：另一个纳什均衡（均衡②）

表 7-2　如果胡乱经营，银行单独改变战略不会获益

银行	政府 救助	政府 放任
胡乱经营	2, 1	-1, -1
认真经营	1, 10	1, 10

均衡的条件。然而，在均衡②中所采取的"放任"计划，一旦进入实施阶段之后就不再是最优选择，因此，说政府会选择"放任"就是不合理的。这种"一旦进入实施阶段就不再最优"的计划，为什么会在原本是"每个人都相互作出最优反应"的纳什均衡中被采用呢？

表 7-3　如果胡乱经营，政府也无法通过单独改变战略而获益

银行	政府 救助	政府 放任
胡乱经营	2, 1	-1, -1
认真经营	1, ⑩	1, ⑩

我们来解答一下这个问题。如果银行认真经营的话，政府反正没有出手机会，无论选择救助还是放任，自身的收益都不会改变。因此，选择这种一旦进入实施阶段就不是最优的"放任"计划的不合理行为，也是符合"即使单独改变战略收益也不会增加"的纳什均衡条件的。

这种"一旦进入实施阶段实际上不会被选择的行动计划"，用日常的语言来说就是"**威胁**"。在均衡②中，银行相信了政府"一旦破产就放任不管"的威胁。但实际上，如果参与者足够聪明的话，他应该能够看穿政府的威胁，因此很难认为这样的均衡能够实现。其结果就是，虽然在该博弈中存在两个纳什均衡①和②，但是符合现实的只有①。

让我们总结一下上面的内容。在这个例子中，汇集了分析动态博弈的精髓。它们的内容如下所示。

[1] 动态博弈可以用如图 7–1 所示的"博弈树"来表述。这叫作 扩展型博弈。

- 用博弈树来表述动态博弈的方法将在第二节详细解释。

[2] 动态博弈的 战略 是指，对"将来一旦发生什么该如何应对"全部作出规定的 有条件的行动计划。

- 上例中政府的战略是"如果银行胡乱经营的话该如何做"这种有条件的行动计划。

[3] 动态博弈也可以被看作"所有的参与者在博弈开始时同时选择行动计划"的同时行动博弈，从而可以使用纳什均衡来分析。

- 用表 7–1 进行的分析就属于这种类型。

[4] 但是，在通过这种方式得到的动态博弈的**纳什均衡中，包含着不可置信威胁起作用的不现实的均衡**。

- 刚才的均衡②就是一个例子。

[5] 为了剔除不可置信威胁从而**求解出现实的均衡，逆向求解博弈就可以了**。

- 逆向求解博弈就是，先求解图7-4中用四边形圈住的部分，接着求解整个博弈。

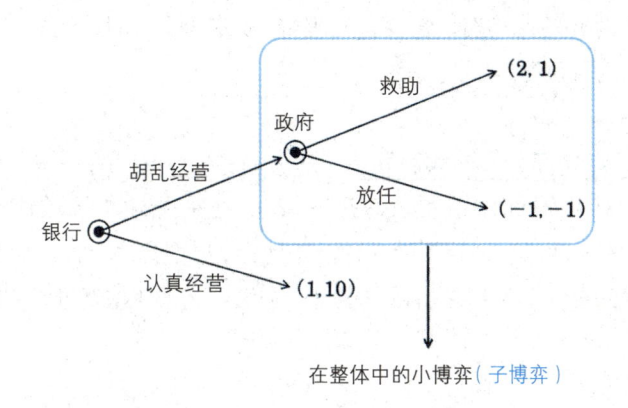

```
                        救助
                    ┌──────→ (2, 1)
              政府  ●
         胡乱经营    │
    ┌──────────→   │ 放任
    ●              └──────→ (-1, -1)
   银行
    └──────────→ (1, 10)
        认真经营
                            ↓
                     在整体中的小博弈（子博弈）
```

图7-4　子博弈

这个用四边形圈住的部分叫作<u>子博弈</u>，这种通过逆向求解博弈得到的均衡叫作<u>子博弈精炼均衡</u>。[1]－[5]中最重要的是最后的第[5]部分，[1]－[4]都是为了充分理解它所必要的（重要的）注意事项。**求解静态博弈采用纳什均衡的概念，求解动态博弈使用子博弈精炼均衡的概念是博弈论的常识**。"子博弈精炼均衡"的详细解释将在第二节展开。

第二节　子博弈精炼均衡

本节将解释以下知识点：

- 如何用博弈树来表述动态博弈？
- 什么是动态博弈的战略？
- 什么是子博弈精炼均衡？

学习这些博弈论的基本"行事方法"需要具备一定的耐心，希望我们一起努力。

(1) 扩展型和动态博弈的战略

通过"博弈树"来表示动态博弈的方法叫作博弈的"**扩展型**"。想要理解子博弈精炼均衡，需要首先理解"扩展型"，所以这里先对其进行解释。请看例题24。

例题24　"约会博弈"的动态版

我们对男女同时决定是去踢足球(F)，还是去购物(S)的"约会博弈"做一些改动，看一看下面这种动态博弈：男性先决定去做什么，女性在观察到男性的选择之后再决定自己去做什么。该博弈可以用图7-5来表示。

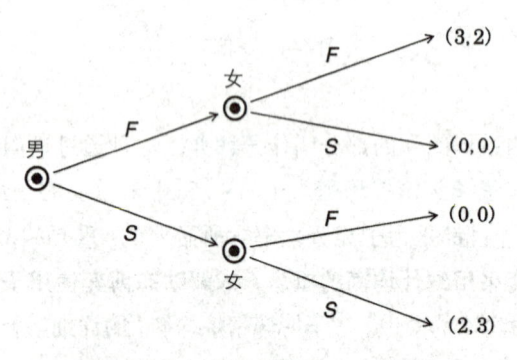

图7-5　约会博弈时男性先决定去做什么

以上述博弈为例,我们来说明一下扩展型表述方法的要点。如图7-5所示,扩展型表述由**决策点**[1]和**路径**组成。决策点是参与者采取行动的节点,**从该节点分出来的路径代表了在这个决策点上参与者可以选择采取的各种行动**。接下来观察图7-5中标注"女"的两个决策点。上面的节点是男性选择足球(F)之后博弈的状态,下面的节点是男性选择购物(S)之后博弈的状态。在这个例子中,女性能够观察到男性的选择,因此,她能够对这两个节点进行区分。为了表述这种情况,在扩展型中把这两个节点分别圈起来,统称为女性的**信息集**。如果女性无法观察到男性的行动,那么她就不能区分这两个节点,这两个节点就会被包含在同一个信息集中(两个节点被圈在一个圆圈内,见图7-6)。

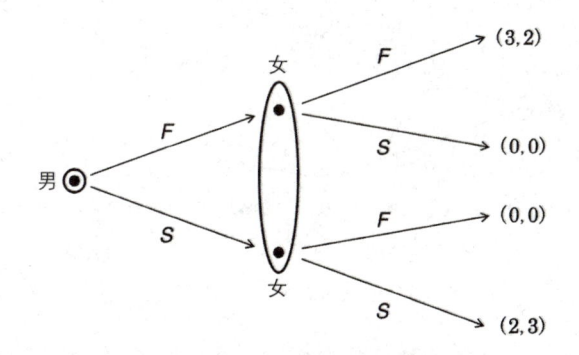

图 7-6 女性无法观察到男性的行动的情况

综上所述,某个**参与者的信息集**是指轮到该参与者行动的决策点集合,且该参与者并不知道自己处在集合中的哪一个节点上。

此处要注意一个很重要的细节。为了使扩展型表述得更加清晰,我们规定"**一个决策点上只能有一个参与者行动**"。例如,两个参与者同时行动的时候,按照以下情况进行扩展型表述:

- 形式上由其中一个参与者先行动,
- 另一个参与者在不知道先行动者的选择的情况下行动。

---

[1] 英文为decision node。

例如男女同时决定去向的博弈，形式上可以用如图7-6的男性先行动的扩展型来进行表述。

下面，我们基于上述准备来定义什么是动态博弈的战略。

> **定义Ⅰ**：动态博弈的战略是指，为每一个信息集指定所有应该采取的行动。

这个定义有些难懂，因此我们用前面举过的例子来解释一下它在讲什么。看图7-7。

图7-7 动态博弈的战略（粗箭头）

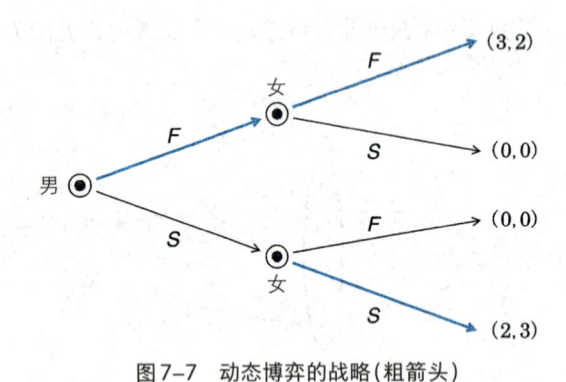

图中的蓝色箭头表示的是男性和女性的战略。例如，女性拥有上下两个信息集（圆圈里圈着的），她的战略是为每个信息集指定一个应该采取的行动（上面的信息集指定行动 F，下面的信息集指定行动 S）。换一种说法就是，"男性选择 F 的话自己也选择 F，男性选择 S 的话自己也选择 S"这样的（有条件的）行动计划。可以用更容易理解的语言表述为：

> **定义Ⅱ**：动态博弈的战略是指，对"发生什么的时候应该怎样应对"全部作出规定的有条件的行动计划。

为了进一步加深理解，下面再换一种方式来阐述"动态博弈的战略"的定义Ⅰ和定义Ⅱ。现在，我们考虑一下动态博弈在时间 t，参与者 i 采

取行动 $x_i(t)$ 的情况。

> **定义Ⅲ**：动态博弈参与者 i 的**战略**是指：
>
> $$x_i(t) = s_i(\text{截至}\,t\,\text{时点，}i\,\text{观察到的全部行动})$$
>
> 这样从**"自己过去观察到的行动历史"**到**"自己当期的行动"**的函数 $s_i(\bullet)$。

实际上，解读或者自己建立数学模型的时候最有用的就是定义Ⅲ了。下面我们借助上页图7-7来明确一下这个定义。假设女性是参与者2，且女性的行动时间用 t 表示，那么因为"女性过去观察到的全部行动"="男性的行动"，所以女性的战略是下面的函数 $[x_2(t)$ 为 F 或 $S]$：

$$x_2(t) = s_2(\text{男性的行动})$$

因此，图7-7里面的战略 s_2 为：

$$F = s_2(F)$$
$$S = s_2(S)$$

注解7-1 **"战略＝实际采取的行动"是错的**：这里要**重点注意一个细节**。在图7-7中，每个参与者所**实际采取的行动**是"男性去踢足球，女性也去踢足球(F)"。读者很容易认为，此时男性的战略是"去踢足球"，女性的战略也是"去踢足球"，但这其实是**初学者经常容易犯的一个错误**。

错误之处在于，女性的战略部分所提到的"去踢足球"，是实际上被采取的行动，准确地讲，这只不过是作为"有条件的行动计划"中女性战略的一部分。正确的说法是：

- 男性去踢足球(F)的话，自己也去踢足球(F)；
- 男性去购物(S)的话，自己也去购物(S)。

——**这个行动计划才是女性的战略。**

那么，为什么要给出这么麻烦的定义呢？"战略＝实际采取的行动"难道不是更容易理解吗？下面我们探讨一下每个人只决定实际采取的行动的状况。请看图7-8。

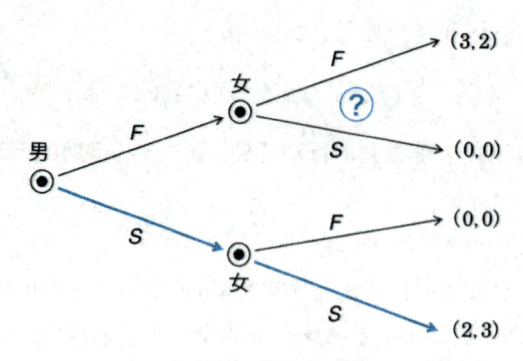

图7-8 如果女性的战略没有被完整表达出来……

在图中，男性和女性都采取了行动S。但是，只有实际采取的行动才是确定的，我们对假如男性选择F的时候会发生什么（女性会如何反应）一无所知（图7-8中的?部分）。所以，**男性就会不知道到底是选择F好还是选择S好**。也就是说，"战略=把发生了什么的时候如何去应对全部都确定下来的行动计划"，如果不这样定义的话，"针对对方战略作出最优反应"这个博弈分析中最重要的问题也就没办法定义了。

（2）什么是子博弈精炼均衡？

通过上文，理解了动态博弈的表述方法和它的战略是什么，现在我们终于可以解释什么是子博弈精炼均衡了。粗略地讲，"子博弈"就是原博弈中的小博弈。较为准确的说法如下。

> **用语言表述的子博弈的定义**：在动态博弈的某个时间节点，如果：
>
> - 从此节点开始行动的全部参与者，
> - 都能够观察到前面所有阶段的行动，
>
> 那么，**从此节点开始直到博弈结束为止**的部分就叫作子博弈(subgame)。

为了理解这个定义到底在讲什么,我们以刚才的例子为基础进行思考。首先考虑女性在不知道男性去向的状态下而作出行动选择的情况(图7-9)。

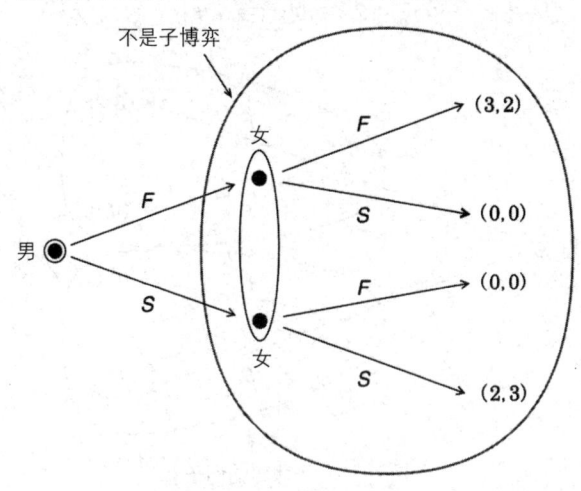

后行动者(女性)不知道前面阶段的行动(男性选择了F还是S)

图7-9 "不是"子博弈的例子

由于此博弈是男性先采取行动,接下来女性再行动的二阶段博弈,读者会很自然地认为"女性行动的第二阶段也是一个子博弈",但这种说法是不正确的。因为在此节点上行动的参与者(女性)**未观察到前面阶段(男性)的行动**。

为何要求"后行动者必须观察到前面所有阶段的行动"呢?这个问题非常关键,需要详细地讲解一下。

子博弈必须能够自成一个独立的博弈,尤其重要的是,该部分中每个参与者的收益都必须是确定的。然而,在动态博弈中,参与者的**收益可能会受前面阶段行动的影响**。因此,子博弈的参与者**为了明确自己的收益,需要了解前面阶段的行动**。实际上,在图7-9中,女性的收益是由男性前面阶段的行动决定的,因此,在不知道男性行动的情况下,单独截取的"女性行动的第二阶段"不能构成一个独立博弈(女性不知道自己的收益)。

接下来看一下"是"子博弈的例子。从刚才的讲解中可以推测,如果女性在**观察到男性的行动之后**再行动的话,如图7-10一样的子博弈是存在的。

后行动者(女性)知道前面阶段的行动(男性选择了F还是S)

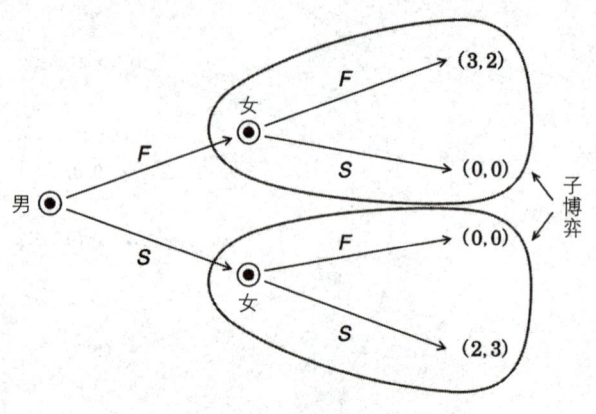

图7-10 子博弈的例子

此处需要注意的是,如果不看图7-10模糊地想一下,读者可能会认为"第二阶段博弈"构成唯一一个子博弈,实际上,在博弈运行的第二阶段,这个例子共有两个子博弈,即"男性选择F后的子博弈"(图7-10的上半部分)和"男性选择S后的子博弈"(图7-10的下半部分)。虽然这两个子博弈都是"第二阶段博弈"这个事实没有发生变化,但是在每个子博弈开始之前发生了什么是不同的(男性选择了什么)。也就是说:

> **用语言表述的子博弈的定义(接上):不同行动发生之后博弈的运行过程,可以被看作不同的子博弈。**

以上是用日常语言来定义的子博弈,但是用语言定义总归会留下暧昧的空间。下面用博弈树(扩展型)来明确定义子博弈。

> **用博弈树（扩展型）定义的子博弈**：满足以下条件的扩展型的一部分叫作子博弈。
>
> （ⅰ）始于一个决策点；
> （ⅱ）包含该节点之后所有的决策点和路径；
> （ⅲ）没有切割信息集。

重新回到图 7-10，图中用圆圈圈住的两个部分都满足上述条件（ⅰ）-（ⅲ）。

注意：原博弈本身同样满足条件（ⅰ）-（ⅲ），是一个子博弈。不过，也有部分教科书规定原博弈不是子博弈。

注解7-2 **这样找到子博弈**：用最初讲解的**语言定义**来寻找子博弈是比较简单的。但是，如果用语言定义**无法判断**"这是不是子博弈"的话，试着**画出博弈树**，并检验它是否符合上述条件（ⅰ）-（ⅲ）是比较保险的方法。我一直是这样找的（总之，尽量多接触一些例子，是学会发现子博弈诀窍的捷径）。

在做好以上准备的基础上，我们可以定义子博弈精炼均衡了。

> **定义**：动态博弈的纳什均衡，如果在所有的子博弈中都构成纳什均衡，则称其为**子博弈精炼均衡**（subgame perfect equilibrium）。

如第一节所解释的那样，子博弈精炼均衡是能够**排除不可置信威胁的现实**的均衡。第一节"银行的破产清算"事例中的子博弈精炼均衡是由图 7-11 的蓝色箭头给出的。

在图 7-11 的子博弈中行动的只有政府，因此政府采取的最优行动就是纳什均衡。回忆一下，图中数字分别代表（银行收益，政府收益），请在此基础上确认上述结论确实成立。在这个子博弈精炼均衡中，政

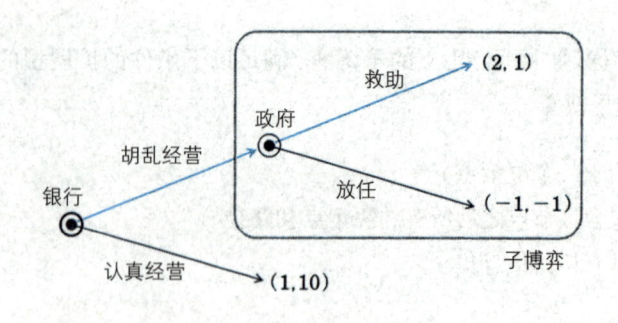

图 7-11 子博弈精炼均衡

府"一旦破产，就对银行放任不管"的威胁不可信，而银行会正确地预见"如果破产的话，政府最终会出手救助"。

以上出现了多个定义，接下来我们通过解例题来巩固这些知识。

例题 25 求解本节伊始的例子"约会博弈"的动态版（图 7-5）的子博弈精炼均衡。

这是一个男性先选择足球（F）还是购物（S），接下来女性根据男性的去向来决定自己去向的博弈。要求解子博弈精炼均衡，遵循以下两个步骤即可。

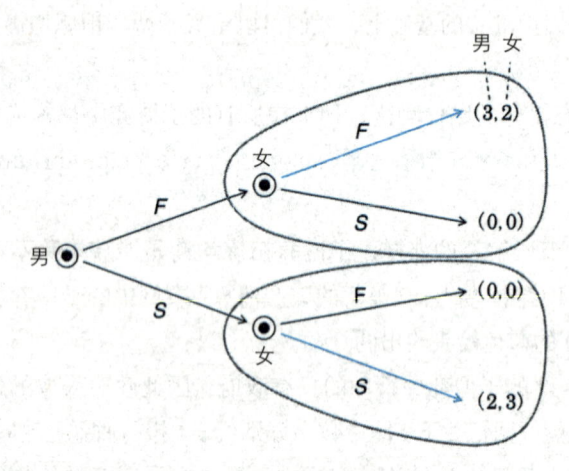

图 7-12 先求解子博弈的纳什均衡

第1步：找到子博弈，并求出每个子博弈的纳什均衡（图7-12）。

在图7-12中，圈出的部分是子博弈，蓝色箭头标识的部分是该子博弈的纳什均衡（在这种情况下应该行动的参与者的最优行动）。

第2步：在子博弈均衡的基础上，求出整个博弈的均衡。根据图7-12，因为女性最终想和男性去相同的地方，所以男性选择了自己喜欢的足球比赛（F）（图7-13）。

因此，子博弈精炼均衡就是图7-13中用蓝色箭头标识的部分。

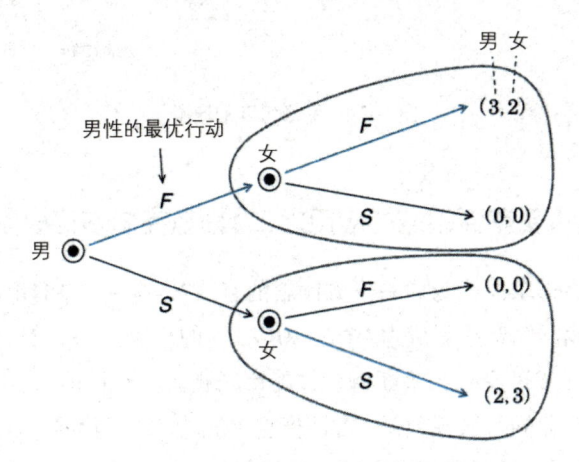

图7-13 接下来，求出整个博弈的均衡

整理一下目前为止的讨论，我们可以得到：

- 要解动态博弈，只要**逆向求解博弈**就可以了。
- "逆向求解博弈"是指，**先求出子博弈的均衡**，接着解整个博弈。
- 据此，找到**剔除了不可置信威胁的现实的均衡**（子博弈精炼均衡）。

另外，均衡概念之间的关系如图7-14所示。

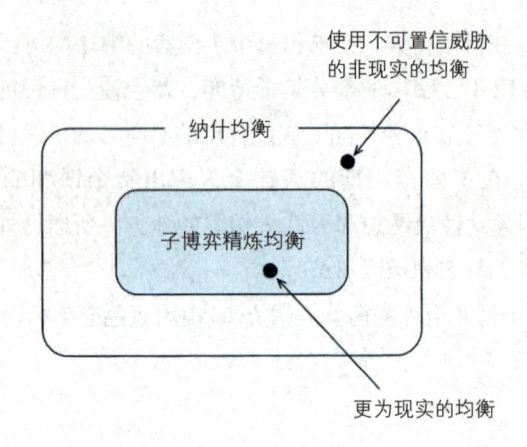

图7-14 动态博弈的均衡

第三节 寡头垄断领域的应用之二：斯塔克尔伯格模型

假设在需求曲线为向右下方倾斜的直线 $P = a - bQ$ 的市场上，有两个持有相同固定边际成本 $MC_1 = MC_2 = c$ 的企业 $i = 1, 2$。该市场与第六章第五节讨论寡头垄断时看过的市场相同。到目前为止，我们已经分析了企业同时选择数量（古诺模型）和同时选择价格（伯特兰德模型）两种情况，这里我们来探讨一下两个企业序贯行动的情况：

- 企业1先选择产量 q_1，
- 在观察到企业1的选择之后，企业2选择产量 q_2。

我们要考虑的，就是在此情况下二阶段数量竞争的情形。这叫作**斯塔克尔伯格模型**，先行动的企业被称为**领导者**，后行动的企业被称为**追随者**。

因为这是一个动态博弈，所以，要了解在每个参与者（不相信威胁）正确预见了对手的行动之后最终会发生什么，只要找到**子博弈精炼均衡**就可以了。

我们先来找子博弈。回忆一下子博弈的语言定义，在第二阶段：

接下来行动的参与者（企业2）能够观察到过去发生了什么（企业1的产量）

因此，**第二阶段开始属于子博弈**。但是，"第二阶段"构成的不仅仅是一个子博弈，这是因为：

不同行动（企业1选择的不同产量）发生之后博弈的运行过程，要看作不同的子博弈。

因此，子博弈的数量等于企业1的产量q_1的数量[1]。

为了找到子博弈精炼均衡，需要**逆向求解博弈**，也就是说，先解第二阶段的子博弈，接着解第一阶段就可以了：

第1步：解企业1的产量q_1给定之后的子博弈。

⇒ 企业2的行动（最优反应）$q_2 = R_2(q_1)$得到确定。

第2步：预见到上述结果的企业1选择最优产量q_1。将企业1的利润记作$\pi_1(q_1, q_2)$，那么企业1需要解下面的问题：

$$\max_{q_1} \pi_1 [\, q_1, \underbrace{R_2(q_1)}_{\text{正确预见企业2的行动}} \,]$$

让我们来具体计算一下它。

第1步：企业2的利润为：

$$\pi_2 = [\, \underbrace{a - b(q_1 + q_2)}_{\text{价格} P} - c \,] q_2$$

这是关于q_2的二次函数，其图像呈向上凸起的（抛物线）形状。因此，利润最大化点就是它的顶点。由于在顶点处切线的斜率为零，所以这个条件（"最优的一阶条件"）可以用微分表示为：

---

[1] 企业1的产量是连续的数值，因此该博弈有无穷多个子博弈。

$$0 = \frac{\partial \pi_2}{\partial q_2} = a - bq_1 - 2bq_2 - c$$

解上式可以得到企业2对企业1的产量q_1的最优反应：

$$q_2 = R_2(q_1) = \frac{a-c}{2b} - \frac{1}{2}q_1 \qquad (1)$$

观察上式我们发现，企业1的产量越大，第二阶段企业2的产量就越小。

第2步：预见到企业2的上述最优反应之后，企业1的利润为：

$$\pi_1[q_1, R_2(q_1)] = (a - b[q_1 + R_2(q_1)] - c)q_1$$
$$= (\frac{a-c}{2} - \frac{b}{2}q_1)q_1$$

根据与第一阶段相同的理由，利润最大化点是由一阶条件给出的：

$$0 = \frac{d\pi_1}{dq_1} = \frac{a-c}{2} - bq_1$$

解上式可得子博弈精炼均衡下的产量[1]：

$$q_1^* = \frac{a-c}{2b}$$
$$q_2^* = R_2(q_1^*) = \frac{a-c}{4b}$$

这叫作<u>斯塔克尔伯格解</u>。

---

[1] **注意细节**：因为子博弈精炼均衡是由每个参与者所采取的战略的组合来定义的，所以，这个产量是由均衡实现的结果，而不是均衡本身。子博弈精炼均衡是：

$$q_1^* = \frac{a-c}{2b} \quad (\text{企业1的战略})$$
$$q_2 = R_2(q_1) = \frac{a-c}{2b} - \frac{1}{2}q_1 \quad (\text{企业2的战略})$$

请注意，企业2的战略是知道企业1如何生产后自己如何应对的<u>有条件的行动计划</u>。

为了更好地理解此处发生了什么，我们对上面的分析进行图解。作为准备，我们考虑一下企业1的等利润线。等利润线对应着企业的无差异曲线，是带来相同利润的点的集合。它呈现出如图7-15所示的形状。

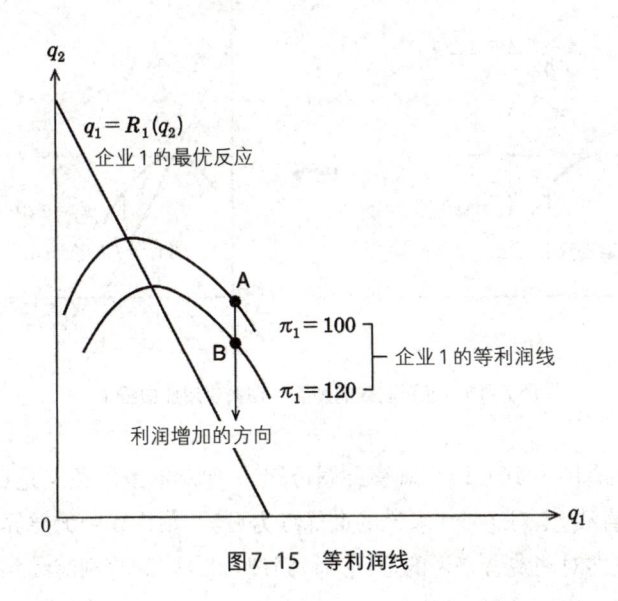

图7-15 等利润线

例如，在图7-15中上方的等利润线上，任何一点的利润都是100（$\pi_1 = 100$）。下面我们来解释一下等利润线的重要性质。

① 等利润线越靠下，对应的利润越大。

理由：比较图7-15中的A和B两点。因为B在A的正下方[1]，所以从A移动到B的话，企业1的产量不变而企业2的产量降低。因为总产量降低，根据向右下方倾斜的需求曲线 $P = a - bQ$，价格会上升。因为企业1的产量不变而价格上升，所以企业1的利润 $Pq_1 - cq_1$ 会增加。

---

[1] 读者可能会有疑问：如果对比的点不在正下方会如何？根据定义，同一条等利润曲线上每一点的利润都是相同的。因此，为了比较图中两条等利润曲线的利润水平，分别在曲线上选择适当的2个点（A和B），比较它们的利润即可。

②**等利润线的顶点处在最优反应曲线上。**

理由：图7-16展示了这个事实。

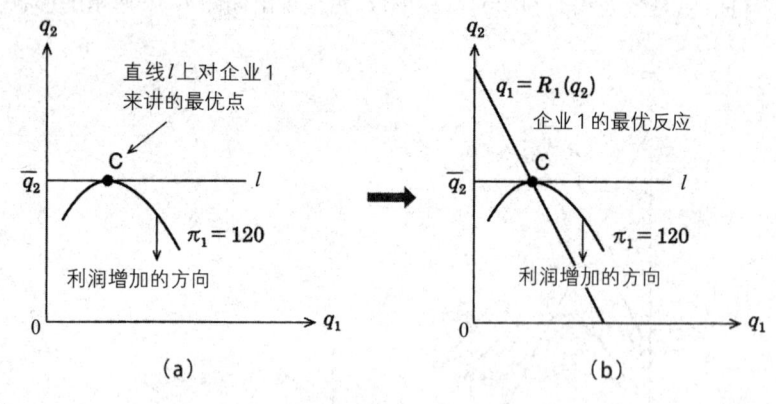

图7-16 等利润线的顶点处在最优反应曲线上

请先看图7-16(a)。观察此图可知，"等利润线的顶点是C"意味着，"在直线l上对企业1来说的最优点为C"。预算线和无差异曲线的相切的点即对消费者来说的最优点，同理，直线l和等利润线相切的点C也是对企业1来说的最优点。

接下来，我们解释一下为什么最优点C[如图7-16(b)所示]会处在最优反应曲线上。为此，大家只需要注意直线l是"将对手企业的产量固定在某个水平$\bar{q}_2$，自己的产量q_1不断变化而得到的"即可。在该直线上，对自己（企业1）来说的最优点，就是自己（对$\bar{q}_2$）作出最优反应的点，即最优反应曲线[$q_1 = R_1(\bar{q}_2)$]上面的点。

基于上述准备，用图来表示斯塔克尔伯格解会是怎样的呢？在企业1决定一个产量之后，企业2会对其作出最优反应。也就是说，企业1通过选择不同的产量，可以自由地**选择图7-17中企业2的最优反应曲线上面的任何一个点**。

最优反应曲线R_2上对企业1来说的最优点，如图7-17所示就是由R_2和企业1的等利润线相切的点决定的。这就是斯塔克尔伯格解。

接下来我们将斯塔克尔伯格解与企业1、2同时选择产量情况下的

图7-17 斯塔克尔伯格解

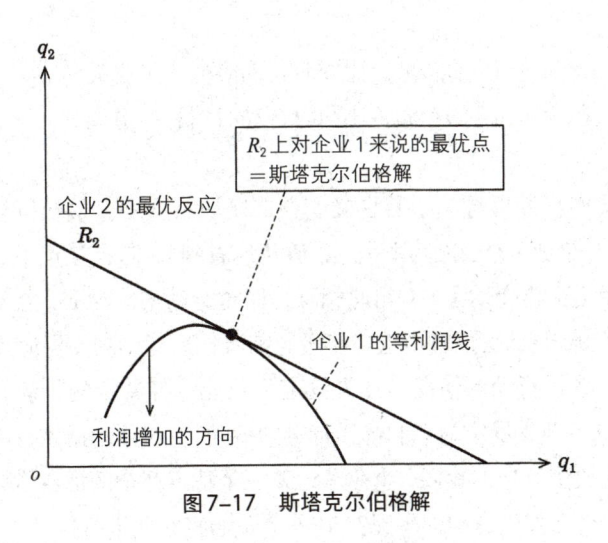

结果(古诺解)比较一下。请看图7-18。

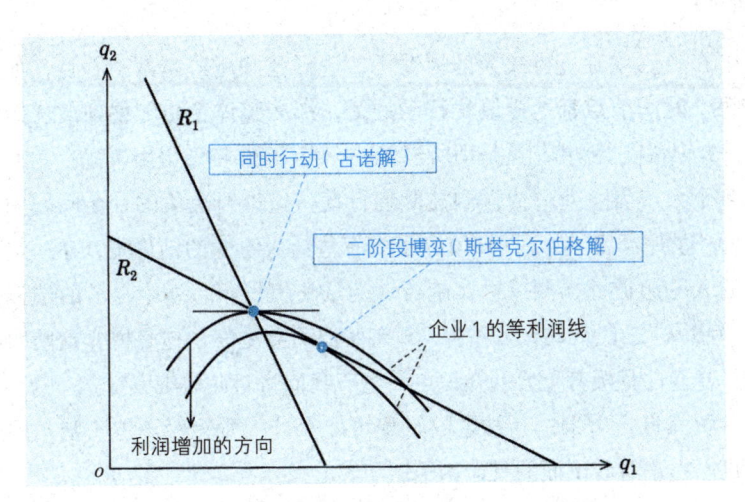

图7-18 同时行动与二阶段博弈的结果的比较

由于古诺解是两个企业相互选择了最优产量的状态,因此是两个最优反应曲线R_1与R_2的交点。斯塔克尔伯格解,如上所述,是R_2与企业1的等利润线的切点。观察图7-18可知如下结论:

- 领导者（企业1）的产量，比同时行动时的产量更大。
- 领导者（企业1）的利润，比同时行动时的利润更大。

让我们仔细思考一下其含义。在二阶段博弈中，最初行动的企业（领导者＝企业1）可以让对手企业清楚地看到，"自己生产了这么多，产量已经不会再变动了"。与此相反，同时行动的情况下，在对手进行决策的时刻，自己可以自由选择产量。前者比后者利润高告诉我们，"相比于自由选择行动的情况，预先设定为只能选择特定的行动有时会增加收益"。"预先设定为只能选择特定的行动"，叫作承诺该行动。斯塔克尔伯格模型就告诉我们，企业承诺某一个特定产量的话会增加收益。到底为什么会发生这样的事呢？ 在下节我们将对此进行探讨。

第四节　承诺

在自己单独进行决策的情况下，选择范围越广越好。并且，如果**在每个时间节点都选择最优行动的话，那么整体上也能得到最优的结果**。大家可能会纳闷，这是理所当然的，为什么要特意提出来呢？ 然而，在多个人或者企业一边揣测彼此的行动一边进行决策的社会问题中，这种"理所当然"就不一定成立了。有些让人吃惊的结论是，在一定数量的人一边彼此揣测一边实施行动的战略情形下，缩小自己的选择范围，使得**"最优行动无法被采取"有时反而会更好**。这是博弈论阐明的极具普遍性且极其重要的知识点，本节我们将对此详细解释。

贸然进行普遍的、抽象的解释可能会让人觉得摸不着头脑，因此让我们先来看看下面的具体例子。

实例20　金融危机与银行破产清算　欧美和日本近年来都经历了数次金融危机，多个金融机构都曾经濒临破产。为了稳定金融体系和经济，政府对多个金融机构进行了救助。表7-4表示的是，1993年3

月，仅1个月间，日本政府为救助因严重金融危机而陷入经营危机的银行，投入了超过7万亿日元的大量财政资金。

表7-4 为救助银行投入的财政资金

瑞穗FG（第一劝业银行）	9000亿日元	三菱信托银行	3000亿日元
瑞穗FG（富士银行）	10000亿日元	RESONA HD（大和银行）	4080亿日元
瑞穗FG（日本兴业银行）	6000亿日元	RESONA HD（朝日银行）	5000亿日元
三井住友FG（樱花银行）	8000亿日元	住友信托银行	2000亿日元
三井住友FG（住友银行）	5010亿日元	三井信托HD（三井信托银行）	4003亿日元
UFJ HD（三和银行）	7000亿日元	三井信托HD（中央信托银行）	1500亿日元
三菱UFJ FG（东海银行）	6000亿日元	横滨银行	2000亿日元
三菱UFJ FG（东洋信托银行）	2000亿日元	**总计**	**74593亿日元**

来源：笔者根据存款保险机构主页"基于早期健全化法的资本增强业绩一览"制作而成。
（http://www.dic.go.jp/katsudo/shihonzokyo/jisseki-soki.html）

那么，政府何时对经营不善的金融机构进行救助比较好呢？为了思考这个问题，让我们细品一下如下观点。

"金融机构一旦破产，就会对整个经济产生恶劣影响（这是不争的事实）。因此，政府需要认真比较破产所产生的恶劣影响以及救助的成本，当前者超过后者的时候，救助就是最优政策。"

这种观点已经司空见惯，以至于让人们忘记了"思考它奇怪的地方"。在媒体和网络上，同样的观点也经常出现。然而，实际上这个想法有"<u>很大的错漏</u>"，而学过博弈论的人立马就能知道，这个观点未必正确。

为了找到其中原因，我们再次看一下此前看过的银行救助的例子（图7-1和图7-19）。

这是为了尽可能简洁地表示救助破产银行的本质而设定的博弈论模型，我们用语言表述一下吧。银行先决定：

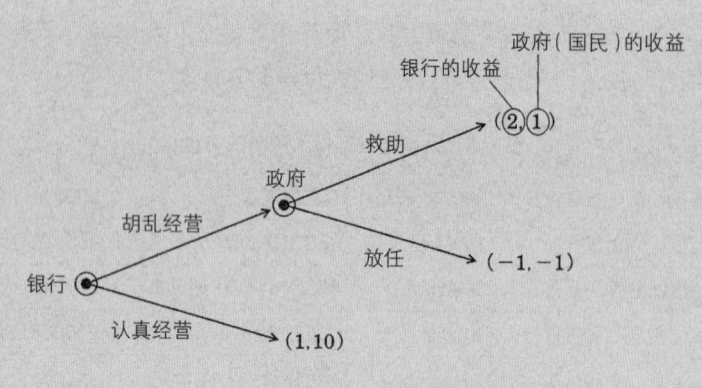

```
                                        政府(国民)的收益
                              银行的收益
                                    ②①
                              救助 ↗
                         政府 •
              胡乱经营 ↗       ↘ 放任 → (-1, -1)
         银行 •
              ↘ 认真经营 → (1, 10)
```

图 7-19　银行救助的二阶段博弈

- 是只贷款给信用良好的借款人（"认真经营"），
- 还是不断地贷款给危险的借款人（"胡乱经营"）。

当由于胡乱经营出现坏账，银行濒临破产时，就轮到政府出手。政府决定是对银行进行救助还是放任自流。

为了了解在这个博弈发生了什么，我们像在第七章第一节看过的那样"逆向求解"博弈就会明白。重复一下当时的解释：首先，考虑银行由于胡乱经营而濒临破产的时候会发生什么，我们知道，如图 7-20 所示，**对政府来说救助是最优的**。这是因为，当银行濒临破产的时候，在救助所需的成本和救助得到的收益二者之间进行认真权衡的话，则出手救助是更好的选择。

然而，如果银行预见到政府的上述选择而在第一阶段采取最优行动的话，结果就是如图 7-21 那样选择胡乱经营。

值得注意的是，**最终，因为政府会在将来采取最优政策**，政府（国民）的**收益会因为胡乱经营变得极低**。

那么，制定"**不救助破产金融机构**"的法律，事先明确政府不能采取最优行动的话会怎样呢？请看图 7-22。

此时，进行胡乱经营的话，因为政府会袖手旁观，所以银行不

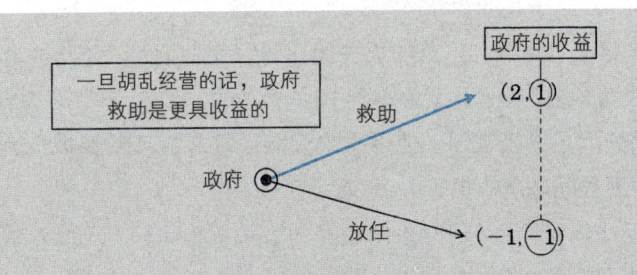

第七章 动态博弈与战略的可信赖性 383

图 7-20 第二阶段发生了什么

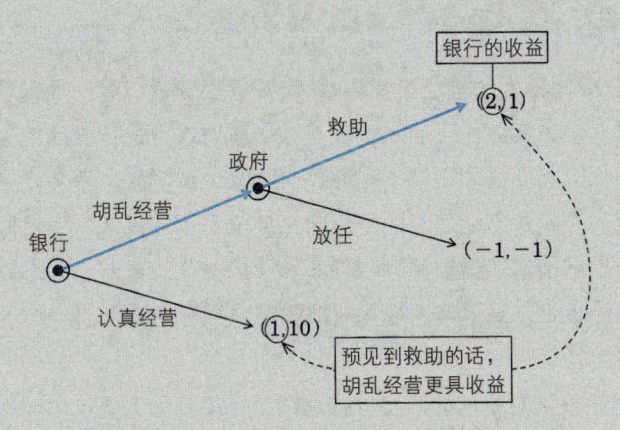

图 7-21 预见到第二阶段，第一阶段会发生什么

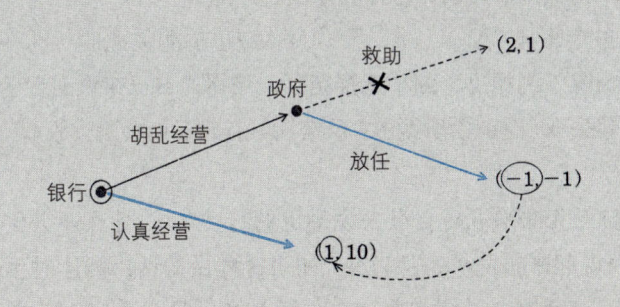

图 7-22 政府制定"不救助破产金融机构"的法律

得不自己支付坏账，造成的损失比认真经营时更大。因此，银行会认真经营，政府（国民）会得到10的高收益。也就是说，政府（国民）预先缩小选择范围，**使得将来只能采取对自己来说非最优的行动**（＝不救助破产的银行），反而会获益。❶

因此，在思考"何时救助破产的金融机构比较好"时必须抓住的最重要的点，就是权衡下述两种行动的方案：

- 通过救助能防止现时的金融恐慌的优点。
- 进行胡乱救助会破坏银行的经营秩序的缺点。

1999年日本金融危机和2007年美国次贷危机时，我们可以认为是前一个方案胜过了后者。但是，一直对银行进行救助就会导致秩序不保，因此必须划清"救助""不救助"的界限。思考在哪里划清界限，并构建出让理想的界限将来能够得到认真遵守的机制，是政策制定者面临的重要课题和需要承担的责任。要制定长期真正利国利民的政策，对博弈论基本的理解是必不可少的。

将上述事例对我们的启发进行总结，可得到如下要点。

- 单独一人决策的时候，选择的范围**越广越好**。
- 但在**多个主体**（人、企业、政府等）一边揣测彼此的行动一边行动的情况下则相反，**缩小选择范围，使得对自己来说最优的行动无法被采取**（这就是所谓的"**承诺**"），有时反而会更具收益。

"让自己无法采取对自己来说最优的行动"，为什么还会更具收益呢？原因说起来很简单，那就是"如果这样做的话，**会让对手的行动朝着对自己有利的方向改变**"。在实例20中，通过"承诺"，即预先制

---

❶ 在每个时点都采取最优的政策（救助破产的银行），如果与开始所认为的最优政策（不救助破产银行）不符合，这种现象就被称为最优政策的时间不一致性（time inconsistency）。

定"不救助倒闭的银行"的法律，让政府只能采取对它来说不是最优的行动，银行的行动（认真经营）就朝着对政府有利的方向变化了。

接下来，我们来清楚地阐释"承诺"的含义。"承诺"（commit）一词，本来的意思是"坚定地约定某些行动"或者"保证采取某些行动"。但是，在经济学和博弈论中说到"承诺"的时候，它是以如下鲜明的含义得到使用的。

> "**承诺**"某项行动是指：
> **作出只能选择某项行动的有效安排。**

也就是说，仅仅通过**口头表示**"**承诺这样那样的行动**"行不通，作出"约束自身行动的有效安排"是必不可少的。由于这个要点还存在很多有待深入理解的地方，因此我们一边看几个具体的例子一边学习。

相传，为占领殖民地而入侵墨西哥的西班牙军首领科尔特斯，于1521年到达当地时，**将所乘的船仅留下一艘，其余的全部烧毁了**。科尔特斯通过这个行为承诺"就算对方来攻打也不退缩，要战斗到最后一刻"。与闻风丧胆的对手相比，他成功朝着对自己有利的方向推进了战局。这就是"破釜沉舟""背水一战"等古今中外广为人知的战术秘诀。其基本思想是，只通过口头呼喊"我要战斗到最后一刻"的口号是不行的，"当危险真正来临时是可以临阵脱逃的"想法还是会被看透，收效甚微，而通过"烧毁船只"，作出（承诺）"只能去战斗的有效行动安排"，能够让对手知道"如果追击这些士兵会遭到顽强反击"，从而成功使得战争向对自己有利的方向发展。下面我们再举一个现代人面临的重要事例。

实例21　欧元危机　1999—2002年，除英国之外的主要欧洲国家发行了一种单一货币"欧元"，这之后整个欧元圈都在面临深刻的危机。主要原因是，虽然欧洲中央银行是欧元的唯一管理部门，但是欧洲各国的财政政策是独立施行的。

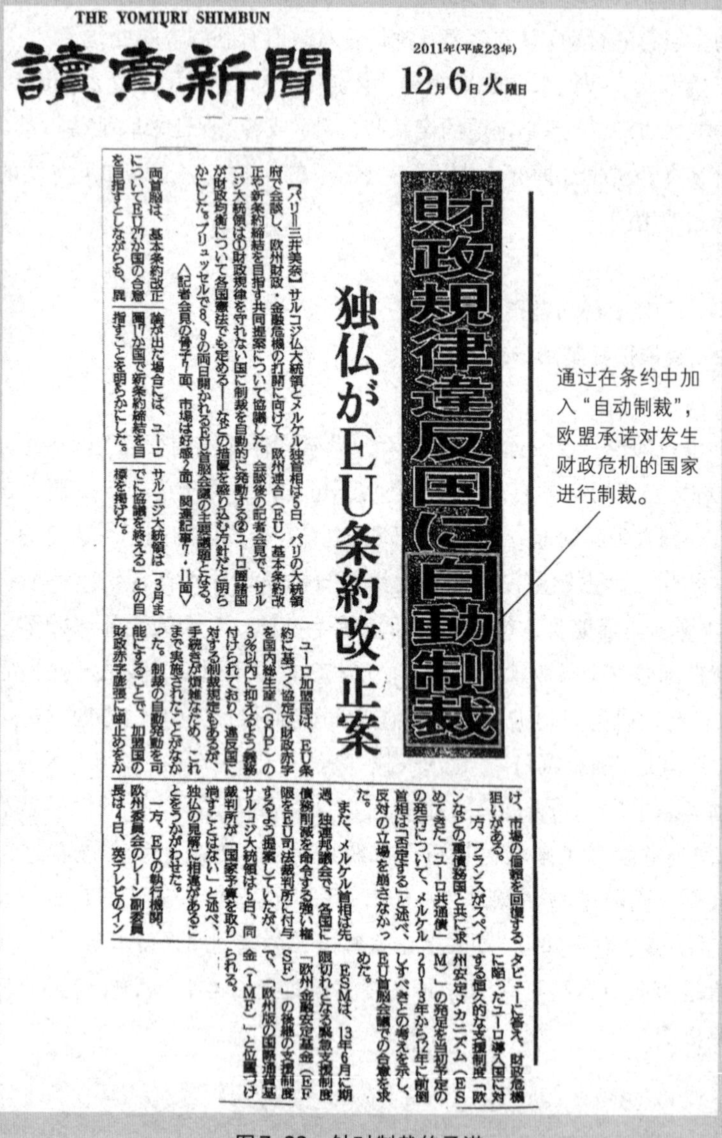

THE YOMIURI SHIMBUN

讀賣新聞

2011年（平成23年）
12月6日 火曜日

財政規律違反国に自動制裁

独仏がEU条約改正案

【パリ＝三井美奈】サルコジ仏大統領とメルケル独首相は5日、パリの大統領府で会談し、欧州財政・金融危機の打開に向けて、欧州連合（EU）基本条約改正や新条約締結を目指す共同提案について協議した。会談後の記者会見で、サルコジ大統領は①財政規律を守れない国に制裁を自動的に発動する②ユーロ圏諸国が財政均衡について各国憲法でも定める――などの措置を盛り込む方針だと明らかにした。ブリュッセルで8、9の両日開かれるEU首脳会議の主要議題となる。

△記者会見の骨子7面、市場は好感2面、関連記事7・11面▽

両首脳は、基本条約改正についてEU27か国の合意を目指すとしながらも、異論が出た場合には、ユーロ圏17か国で新条約締結を目指すことを明らかにした。サルコジ大統領は「3月までに協議を終える」との目標を掲げた。

ユーロ加盟国は、EU条約に基づく協定で財政赤字を国内総生産（GDP）の3％以内に抑えるよう義務付けられており、違反国に対する制裁規定もあるが、手続きが煩雑なため、これまで実施されたことがなかった。制裁の自動発動を可能にすることで、加盟国の財政赤字膨張に歯止めをかけ、市場の信頼を回復する狙いがある。

一方、フランスがスペインなどの重債務国と共に求めてきた「ユーロ共通債」の発行について、メルケル首相は「否定する」と述べ、反対の立場を崩さなかった。

また、メルケル首相は先週、独連邦議会で、各国に債務削減を命令する強い権限をEU司法裁判所に付与するよう提案していたが、サルコジ大統領は5日、同裁判所が「国家予算を取り消すことはない」と述べ、独仏の見解に相違があることをうかがわせた。

一方、EUの執行機関、欧州委員会のレーン副委員長は4日、英テレビのインタビューに答え、財政危機に陥ったユーロ導入国に対する恒久的な支援制度「欧州安定メカニズム（ESM）」の発足を当初予定の2013年から12年に前倒しすべきとの考えを示し、EU首脳会議での合意を求めた。

ESMは、13年6月に期限切れとなる緊急支援制度「欧州金融安定基金（EFSF）」の後継の支援制度で、「欧州版の国際通貨基金（IMF）」と位置づけられる。

图7–23 针对制裁的承诺

出处：《读卖新闻》2011年12月6日朝刊1版

让我们更加具体地来解释一下。各国政府为了在选举中聚集人气，都有动力扩张财政赤字、提升国民支持度。这种赤字是政府通过发行国债（也就是政府借款）来维持的，赤字增加的话，国债还本付息的风险就会产生。希腊和意大利出现的就是这种情况。因为政府一旦破产就会引发经济的大规模混乱，所以，这个时候，最终只能是由欧洲中央银行购入高风险国债。然而，由于整个欧洲只有一个欧洲中央银行，因此，希腊和意大利的财政赤字最终是由整个欧洲来买单的[1]。

以上内容可以用博弈论的语言总结整理如下。

> [1] 一旦财政赤字积累，导致**一国政府濒临破产**，整个欧洲来支付债务并**救助该国是最优的**选择。
> [2] 预见到上述结果的各国在行动的时候，都会陷入囚徒困境状态：尽管"所有国家都要遵守财政纪律，不要产生赤字"是更理想的，但"自己单独产生赤字会获益"。

这是欧元危机一个重要的原因，要将该问题"一下子看透"，博弈论知识是不可或缺的。

那么，如何做才能防止危机再次发生呢？博弈论给出的处方就是，承诺"有国家破产的话不实施救助"且"对破产国家进行制裁"。"发生破产不救助"和"实施制裁"一旦进入实施阶段，大家都会进退两难，实行起来比较困难，所以必须制定"肯定会这样做"的机制。

---

[1] 欧洲中央银行将货币（欧元）供给增加量与所借国债的金额挂钩，最终引起欧元贬值、物价上升（通货膨胀）。这样做的话，物价上升会导致国民的实际资产减少，结果政府将累积的赤字缺口，通过"通货膨胀稀释资产"的方式转嫁给全体国民（这也叫作由物价上升导致的一种税收，即"通货膨胀税"）。欧元的主要问题之一就是，希腊的赤字可能是由欧元圈的人们（以及持有欧元计价资产的其他区域人民）通过全民纳税的方式来支付的。

> 实际上，欧洲诸国也正是这样努力的。2011年时，欧洲各国决定，存在财政纪律风险的国家要缴纳相当于GDP（国内生产总值）的0.2%的保证金，并且如果不削减赤字的话，"停止支付保证金利息""没收保证金"等制裁（如果没有多数进行否决）<u>机制会自动启动</u>。到底这个制度是否真的作出了有效的承诺，以及欧元是否能够保持稳定，我们仍需要密切观察今后的进展。

在作出若干安排、对特定行动作出承诺的时候，让对手清楚地了解这种安排是非常重要的。在描写核战争的杰出电影《奇爱博士》中，由于承诺的传达不当，就发生了让人大跌眼镜的事件。影片中，与美国对峙的苏联，做出了"一旦受到核攻击，埋在北极海无人岛中的大量氢弹就会自动发射从而毁灭全世界"的部署。一旦真正受到美国核攻击，这种行为当然并不是最优的，但是，通过承诺"引爆氢弹毁灭世界"，苏联能够阻止美国的攻击。这确实是一个完美的计划，但是，在影片中，在自动引爆装置安装完成并准备向全世界公布时，一个美军司令失去理智对苏联发动了核攻击。然后，氢弹爆炸，最后全人类灭绝。幸好这样的黑色幽默只发生在电影里。[1]

上面学习的"承诺能够让人获益"的例子，在现实世界中比比皆是。下面我们列举其中几个典型代表。

[1] 恐怖主义的对策

恐怖分子"劫机"的时候，政府为了乘客的安全考虑，会对恐怖分子的要求言听计从，但这种对策实际上是在激励恐怖分子。一旦政府每次都采取这样的事后最优行动的话，恐怖分子就会制造更多的劫机事件。在这种时刻，政府承诺"不与恐怖分子谈判"，"劫机发生时就算牺牲乘客的生命也要武力介入"，长远来看反而可能会减少劫机行为，

---

[1] 电影是以模仿纪录片的形式平静推进的，所以"人名全部被隐去"，"仔细观察会发现出演三个主要角色的都是同一个演员"。**即便不知道这些噱头，观看这部电影仍会觉得非常有趣。**我很喜欢这部1964年由斯坦利·库布里克（Stanley Kubrick）导演的作品。

对国民更加有利。实际上,世界上很多国家都是按照上述原则来行动的。

那么,该如何承诺"武力介入"这件事呢?一种方法是,制定"劫机一旦发生就武力介入"的法律。更为现实的方案且**实际上经常用到的承诺方法是,让那些不容易对恐怖分子妥协的强硬政治家当政**。面对短期看来会牺牲人民生命(武力介入)的选择,这样的人还是会因为要恪守自己的意识形态和信念而拒绝妥协。虽然看上去有些荒唐,可是长期来看,像那样的政治家,也会因为承诺带来的好处而取得成功。

前述欧元危机发生时,为之积极奔走的,是德国前首相默克尔和法国前总统萨科齐,他们都是财政纪律方面的鹰派政治家。"**政治家和企业家的性格一般都比较强势**"这件事,仔细想想有些不可思议,其原因之一可能是,"生而拥有强势的性格,容易作出**有利的承诺**",因此成就显著。这并不是打趣和比喻,而是对现实的一个方面的敏锐的捕捉。大家怎么看呢?

[2]"底价"承诺

大型家电卖场经常贴出通告,"买贵了可以退差价"。乍一看,这可以被认为是竞争欣欣向荣,应该深受消费者欢迎,但是,实际上这却是极其巧妙的提价手段。我们来解释一下其中缘由。对某店铺来说,以相机为例,承诺"其他店铺无论怎样降价,我们也会做同样的减价"一般来说并不是最优的,但是通过承诺这种行动,使得其他店无论如何降价,都无法从本店抢夺相机的顾客。因此,如果所有的店铺都进行最低价格保证的话,无论哪个店铺降价都无法从竞争对手那里抢夺顾客,因此反而最终能够阻止价格暴跌,维持现有价格水平。

[3]画家毁掉版画的原版

观察著名画家的版画会发现,底部都标有诸如"22/100"这样的编号,这是"100张印刷品中的第22张"的意思。重点是,通过"总共只印刷100张"让顾客知道,这种印刷张数较少的版画的稀缺价值较高。画家为了确保稳定的收入,只要压低印刷数量(例如100张)、增加版画的稀缺价值就可以了。然而,在100张画卖完之后,画家为了赚取更多的收入，可能想要增加印刷版画的数量。这时就有必要作出"不会再增加印刷"的承诺，这样做能够让购买前面100张版画的收藏者相信它的稀缺价值，从而愿意支付更高价格。关于如何作出承诺，画家们经常采用的方法就是在印刷完约定的100张后毁掉原版。这样做当然事后看起来不是最优的，却能通过承诺绝不会增加印刷数量而担保版画的稀缺价值。

从以上事例中我们能够得到下面的教训。虽然在社会上存在**缺乏弹性的规则、法律、官僚体系，以及秉持奇怪的理念行动的政客和企业家们**，但是博弈论所揭示的是，这些"乍一看不是最优"的现象也**有一定的合理性**。通过"承诺那些事后看来并不是最优的行动"，它们可能会带来对整体来说最优的结果。

第五节　长期的关系与合作

最后，我们再介绍一个动态博弈所阐明的极其普遍且重要的洞察，即"人们通过长期的交往能够建立相互信任的合作关系"。

博弈论的一个重要结论是，"每个人都追求自身利益的话，很多时候会出现对整体来说比较差的结果"。例如，在囚徒困境中，即便相互合作保持沉默是比较理想的，但是每个人都追求自身利益的话，最终还是会放弃沉默、坦白罪行（产生背叛）。用博弈论的语言来讲就是，"纳什均衡（追求自身利益的结果）很多时候是低效率（对整体没有好处）的"。

原因在第六章第四节已经详细解释过了，这里我们再简要复习一遍。虽然从整体的角度来看，参与者们相互合作是更好的选择，但是：

• 通常来说，合作需要支付成本。

换句话说，合作虽然是为了大家好，但是：

• 自己单独**选择背叛的话可能更具收益**。

在这种情况下：

- 如果参与者之间的往来只限于1次的话，那么，就只能实现"互扯后腿（**相互背叛**）"的坏状态（只进行1次博弈的纳什均衡）。

可是，如果参与者之间预计以后会长期往来，不只是这一次，将来也是同样的成员进行同样的博弈，那么，"如果今天背叛的话明天会被报复"，或者"今天合作的话将来对手也会选择合作"，这样的逻辑就会发挥作用，利己的个体之间也能达成合作。也就是说：

- 如果建立长期关系的话，那么利己的个体之间也能进行合作。

将上述现象从普遍角度进行阐明的博弈论的分支叫作"<u>重复博弈理论</u>"。下面我们结合例子来介绍其梗概。请先思考一下下面的事例。

实例22 加油站的合作　我们经常会发现，有的加油站靠得很近。极端情况下，两个加油站相邻也是有的（图7-24）。

两家加油站每天早晨在价格展示牌上展示"每升×元"，这是以价格为战略而进行的"**价格竞争**"。

图7-24　两家相邻的加油站

每个公司的汽油都一样，因此，在"**产品无差异**"的状态下，就算便宜1角钱，司机也要去加更便宜的油。并且，可以认为汽油的供给成本几乎等于批发价，由于每个公司的批发价差别都不大，因此这种状态就是：

- 所有参与者的边际成本都固定且相等（＝批发价）。

这样想的话，两家加油站之间的竞争，与研究同时行动博弈时所解释的伯特兰德模型一模一样［可以回顾一下第六章第五节第2小节］。而且，伯特兰德模型的唯一纳什均衡是"**相互之间制定等于批发价的价格，利润为零**"的状态。然而，与博弈论的这个预测相反，**现实中这两家加油站即使相邻也会产生收益**，而且能持续经营。到底发生了什么呢？下面我们一起探讨一下这个问题。

解开上述谜团的关键是，两家加油站进行的不仅仅是今天一次的价格竞争，而是明天、后天、大后天等将来很长一段时间的价格竞争。因此，我们不能将每天的价格竞争作为分散的单次博弈来分析，将其整体看作"一个动态的大博弈"来分析是更加合理的。由于这个动态博弈是同样的参与者（两家加油站）在时间 $t = 0, 1, 2\cdots$（直到无尽的未来）重复进行同样的"价格竞争"博弈，因此被称为"**重复博弈**"。为了区别于整个重复博弈，该重复博弈在每个时间点进行的价格竞争博弈，被称为"**阶段博弈**"。小结一下以上内容，我们得到，重复博弈是指：

- 同样的参与者在时间点 $t = 0, 1, 2, \cdots$ 重复进行同样的阶段博弈。

加油站之间进行的重复博弈中到底发生了什么？以此为出发点，我们复习一下为什么单次博弈时的价格竞争无法产生正利润。请看图7–25。

两家加油站（企业1、2）的边际成本同为定值 c（即汽油批发价）。图的左边部分所示（$p_1 = p_2 > c$）的是，两站之间进行合作，将价格抬高

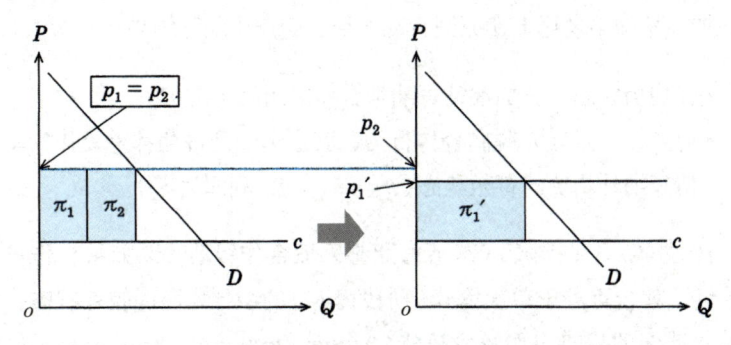

企业1只要稍微降价的话利润就几乎会变为原来的2倍

图7-25 在相互合作抬高价格的状态下，逃离此状态的话会获益

到高于边际成本 c 的水平的状态。如果这样做的话，虽然两站都能得到更高的收益，整体上达到了非常理想的状态，但是每个企业都会受打破合作状态、单独逃离的诱惑驱使。究其原因，是只要企业1的定价只比对手低一点点的话，（由于产品无差异）就能抢走对手所有的顾客，利润大幅增加（如图的右边部分所示）。因为价格的降低幅度很小，销售价格几乎没有变化，且能夺走原来对半分的所有顾客，所以，**通过只比对手的价格低一点点来破坏合作关系的话，利润几乎变为原来的两倍**。在单次价格竞争的情况下，由于上述原因，博弈双方相互之间无法维持高于成本的定价、产生正利润的状态（不是纳什均衡）。

接下来，我们思考一下，在时间 $t=0,1,2$（直到无尽的未来）重复进行价格竞争的"重复博弈"能实现什么结果。现在，假设两个加油站总利润最大化的价格为 $p_1=p_2=p^{*}>c$。在长期关系（重复博弈）下实现这种高价格水平的一种方法如下：

- 在首期，采用价格 p^*，
- （之后的所有期）如果目前为止所有的参与者都采用价格 p^* 的话，当期也采用价格 p^*，
- 一旦有人采用 p^* 以外的价格，则永远采用价格 c。

加油站如果遵循上述原则行动的话，会产生如下结果：

- 在均衡状态下，加油站每期都合作采用高价格 p^*，
- 但是，一旦有人脱离合作行为，就永远回到每期都重复作为单次博弈纳什均衡的背叛状态（$p_1 = p_2 = c$，利润为零）。

像这样，①**在均衡状态下每期都采取合作行动**，②**如果合作被破坏的话，就永远处于单次博弈（阶段博弈）的纳什均衡的较差状态**，这种重复博弈的战略叫作<u>触发战略</u>（trigger strategy）。trigger 是手枪的扳机，如果合作被破坏的话，这种行为就会成为合作关系崩坏的"扳机"，上述战略因此而得名。换句话说，触发战略是一种以单次博弈的纳什均衡为威胁来达到合作关系的战略。

接下来，我们检验一下触发战略是否能够构成均衡。为此，我们只需要证明：

> **在任何事情发生之后，两个加油站都会相互作出最优反应。**（＊）[1]

我们先来考虑已经有人背叛的情况，因为无论自己做什么，对手都会选择纳什均衡战略，即"采用等于边际成本 c 的价格"，所以自己也在每一期都选择阶段博弈的纳什均衡"采用等于边际成本 c 的价格"是最优的（因此**每一期的利润都是零**）。由此，在有人背叛之后，均衡条件（＊）成立。

接下来，我们考虑无人背叛的情况。将均衡状态下每个加油站每期所得到的利润记作 $\pi^* > 0$。现在，如果到 t 期为止无人背叛，而自己当期选择背叛对手的话，自己各期的收益将体现在表 7–5 中。

如果保持均衡状态，那么每期能得到 π^* 的收益。然而，如果在第

---

[1] 准确地讲，这是在加油站例子中<u>子博弈精炼均衡</u>的条件。加油站互相之间能看到所有过去各个时点的定价，根据第七节（2）部分的定义，"某个时点之后博弈的运行"都是子博弈。这些子博弈全部处在纳什均衡成立的状态，也就是说"这些事发生之后也互为最优反应"构成子博弈精炼均衡。

表7-5　自己先背叛会发生什么

收益	t	$t+1$	$t+2$	$\cdots$
保持均衡状态的收益	π^*	π^*	π^*	$\cdots$
在第t期背叛时收益的上限	$2\pi^*$	0	0	$\cdots$

t期选择背叛的话，就像开始时解释的一样，当期利润大致变为原来的两倍（表7-5）。但是，从此以后"永远进入互相采取等于边际成本c的价格且利润为零"的较差状态（重复阶段博弈的纳什均衡）。

现在，我们考虑一下背叛和不背叛哪种情况更具收益。一般而言，对企业来说，"今天得到的1万元"比"一年后得到的1万元"价值更大。也就是说，**企业会对将来的收益进行贴现**。现在，假设企业将未来1期的收益以0<δ<1的比率进行贴现。这个δ（希腊字母Δ的小写）被称为<u>贴现因子</u>，表示"未来1期的1元在当期的价值"。贴现因子较大（接近1）的企业是几乎不对未来进行贴现的有耐心的参与者；相反，**贴现因子较小**的企业是只考虑眼前的得失的短视参与者。

这样考虑的话，重复博弈中每个参与者i的收益为各期收益$\pi_i(t)$用贴现因子δ贴现之后的加总：

$$\pi_i(0) + \pi_i(1)\delta + \pi_i(2)\delta^2 + \pi_i(3)\delta^3 + \cdots$$

利用上述结论，我们来计算一下自己背叛时的收益和损失，如下所示：

当期背叛的收益（的上限） $= 2\pi^* - \pi^* = \pi^*$

而背叛的话，会失去下一期及之后所有期的收益π^*：

未来的总损失 $= \pi^*\delta + \pi^*\delta^2 + \pi^*\delta^3 + \cdots$

未来的总损失记为X。仔细观察总损失X，我们发现：

$$X = \pi^*\delta + \delta\underbrace{(\pi^*\delta + \pi^*\delta^2 + \cdots)}_{\text{等于}x}$$

即 $X = \pi^* \delta + \delta X$。通过上式解得：

$$未来的总损失(X) = \frac{\delta}{1-\delta}\pi^*$$

因此，如果下式成立：

$$\underset{\text{(背叛时当期的收益)}}{\pi^*} \leq \underset{\text{未来的损失}}{\frac{\delta}{1-\delta}\pi^*}$$

自己背叛会受损。因为上式可以替换为 $1 - \delta \leq \delta$，所以，如果**贴现因子 $\delta \geq \frac{1}{2}$ 的话，自己背叛会受损**。

综上所述，如果贴现因子 $\delta \geq \frac{1}{2}$ 的话，触发战略就满足"无论发生什么都互相作出最优反应"的均衡条件。

如果贴现因子 $\delta \geq \frac{1}{2}$，两家加油站就能够通过触发战略维持最大化总利润的高价格。

因为在加油站的例子中 1 期为 1 天，所以贴现因子 $\delta = 1$ 天后 1 元的价值，应该非常接近 1。所以，我们可以认为触发战略构成均衡战略的条件 $\delta \geq \frac{1}{2}$ 充分得到了满足。实例 22 中加油站到底是否确实遵循了触发战略我们不得而知，但是加油站老板像下面这样思考也不足为奇：

"今天启动降价的话，今天的收益可能会增加，但是也会诱发未来的降价竞赛，最终导致受损。因此，要避免降价，维持高价格水平。"

重复博弈模型能够很好地表达现实中企业的这种意图。除了加油站的例子，在只有少数企业的市场上，企业之间通过谈判抬高市场价格的情况也很多。这叫作**卡特尔**。在卡特尔中，不遵守谈判结果、一个人单独逃跑而获益的**背叛诱惑**无处不在。为了阻止背叛、维持卡特尔，制定对背叛者实施惩罚的政策是必要的。重复博弈理论阐明了这种惩罚是基于企业之间的长期关系而作出的，并在明确卡特尔的结构方面发挥了作用。

注解7-3 以上，我们完整地解释了博弈论的基础。接下来，我们将解释在企业和消费者持有只有自己才知道的私人信息的情况下，即关于存在信息不对称时会发生什么的基础理论。研究上述问题的理论叫作"信息经济学"，这是在完全竞争理论大体完成之后，作为经济理论的新潮流被发现的重要知识。根据私人信息（其他人不知道的信息）性质的不同，信息经济学所研究的问题可以被分为两大类：

- 无法观察到对手的行动的情况，即"道德风险问题"。
- 无法知晓对手所持有的信息的情况，即"逆向淘汰问题"。

例如，在所有权和经营权分离的现代资本主义社会中，会发生股东无法监视经营者是否认真工作的问题，这属于经营者的行动被隐藏的"道德风险"问题。另外，需要融资的企业了解自己业务的营利性和风险水平，但是提供借款的银行并不了解，这属于隐藏"营利性和风险"信息的"逆向淘汰"问题。怎么样？看了这些例子之后，你们应该已经了解，信息不对称引起的问题在社会经济中是极其重要的。在第八章中我们将学习与现实有关的信息不对称基础理论。

第八章 保险和道德风险

股东无法直接监视经营者的行为，那么，如何才能让经营者认真工作呢？ 这是典型的道德风险问题。解决该问题有两个关键点，第一是"股东和经营者之间的风险分担"，第二是"经营者的动机＝激励的提供"。让我们先来学习一下什么是理想的风险分担。

第一节　有效的风险分担和保险的作用

经济中存在的各种商品（如面包和大米等各种食品）需要根据消费者的需求进行合理配置。"为喜欢面包的人提供大米"就是一种不恰当的配置，在这种情况下，通过重新配置，所有消费者的满意度都能够得到提高——这就是本书前半部分所学的"有效的商品配置"的思想。

实际上，与大米和面包等需要根据消费者的需求进行合理分配一样，**社会上存在的各种风险，也需要根据每个人"对风险的耐受程度"进行有效的分配**。这就是下面要学习的"有效的风险分担"（risk-sharing）理论。其基本想法很简单，就是不让"风险规避的人"承担风险，而是让"风险偏好的人"来承担。让我们用第六章第六节所学的"期望效用模型"来对此进行解释。

在这个世界上，存在着各种各样的人，既有"风险规避"的人、"风险中性"的人，也有"风险偏好"的人。将这种现象用简单易懂的方式表达，就是期望效用理论。

先回忆一下什么是"期望值"。假设存在取 $x_1,\cdots,x_k$ 中任意值的随机变量 $\tilde{x}$，且 x_k 出现的概率为 p_k。此时 $\tilde{x}$ 的期望值 $E[\tilde{x}]$ 就是：

$$p_1 x_1 + \cdots + p_k x_k$$

它表示的是对随机变量$\tilde{x}$进行平均之后取值为多少。在**期望效用模型**中，当某人所得到的收入为上述的随机变量$\tilde{x}$的时候，此人行动的目标则是从收入x中得到最大化的"效用"$u(x)$的期望值（期望效用）：

$$\mathrm{E}[u(\tilde{x})] = p_1 u(x_1) + \cdots + p_k u(x_k)$$

现在，假设发生地震的概率为p。将地震发生时的收入用x_1表示，没有发生地震时的收入用x_2表示，每个人都是以最大化自己的期望效用为目标来行动的。

$$pu(x_1) + (1-p)u(x_2)$$

对于效用就是收入金额本身的人[$u(x)=x$]来说：

$$期望效用 = 收入的期望值$$

所以对这类人来说**重要的只是收入的期望值，风险多少都无所谓**。这类人[$u(x)=x$的人]叫作**风险中性**的人。

而对效用函数的图像如图8-1所示为向上凸起的人来说[1]，"比起收入存在风险的状态，确定地得到收入的期望值更好"（复习一下第六章第六节）。上述论述用公式来表示的话就是：

$$pu(x_1) + (1-p)u(x_2) \quad < \quad u[\,px_1 + (1-p)x_2\,]$$
　　得到不确定的收入时的期望效用　　　　确定得到收入的期望值时的效用

这种类型的人叫作**风险规避**的人。

那么，在风险规避者（A）和风险中性者（B）同时存在的情况下，该如何让二者分担地震带来的收入变动风险呢？当A的收入由于地震而存在变动的风险时，像图8-2一样处理就可以了。

假设地震发生的概率为1/2，地震发生时A的收入为0，没有发生

---

[1] 效用函数为严格凹函数的人。复习一下第六章第六节。

图8-1 风险规避者的效用

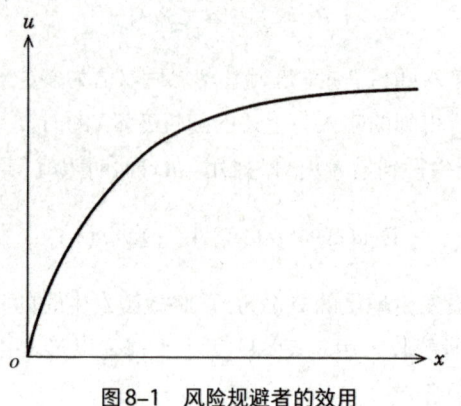

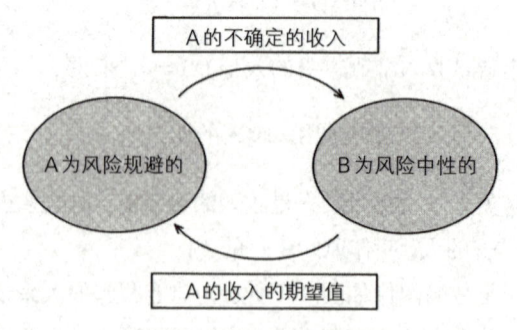

图8-2 有效的风险分担

地震时的收入为10万元。

- 如果将A不确定的收入让风险中立的B领取，作为补偿——
- B支付给A其收入的期望值5万元[1]。

那么B的满意度不会下降，而A的满意度上升（即可以得到帕累托改进）。详细解释的话，其原因如下：

- 因为B是风险中性的，所以他只根据收入的期望值来采取行动。

---

[1] 收入的期望值为 $(1/2) \times 0 + (1/2) \times 10 = 5$（万元）。

因此，从"领取A的不确定的收入"中得到的满意度的增加，与"支付其期望值5万元"所带来的满意度的减少，大小相同。总之，B的满意度不变（正负互相抵消）。
- 因为A是风险规避者，所以相比于得到不确定的收入，更喜欢确定地得到期望值5万元。

像图8-2一样进行交换后，风险中性的B承担了所有的风险，风险规避的A完全没有承担任何风险。达到这种状态之后，再也不可能实现"不降低任何人的满意度，而提高某个人的满意度"了。即进行图8-2中的交换的结果是达到了帕累托有效的风险分担。综上所述：

> **帕累托有效的风险分担**
>
> 在同时存在风险规避者与风险中性者的情况下，**让风险中性者承担所有的收入变动**，而风险规避者的收入不变动的状态，是帕累托有效的。

这是明确在现实社会中**保险的作用**的关键。现实世界中的消费者会面临诸如火灾、车祸、受伤、生病等多种危险，人们希望尽量消除这些风险。这意味着消费者是风险规避的。另外，由于保险公司持有大量资产，其利润是被分割成小块、分配给人数众多的股东的，因此作为整体其风险分担能力很高[1]。也就是说，我们可以认为保险公司大体上是风险中性的。由保险公司来承担火灾、车祸、受伤和生病等风险，是让整个社会达到帕累托有效的风险分担（即风险中性者承担风险）的机制。

---

[1] 假设保险公司的收益变动1亿元，如果有5000名股东，则每个股东的收入变动仅仅为2万元，数量并不大。并且，我们可以认为，有意愿成为保险公司股东的人多数也是风险中性的。

第二节　道德风险及其对策

借助以上阐明的有效的风险分担的思维方式，我们来思考一下股东和经营者之间发生的道德风险问题。再回顾一下，虽然经营者被股东雇用进行工作，但是股东无法直接观察到经营者是否在认真工作。这种存在"隐藏行动"的情况，被称为"道德风险问题"。

理论上，即使无法直接观察到经营者的行动，但股东可以通过收益来了解经营者的行动情况，实际上并不存在信息不对称问题，因为：

- 经营者认真工作的话收益**确实**会提高，
- 懈怠的话收益**确实**会下降。

这种情况非常简单，只要"努力工作时＝收益高时"给予相应的报酬，"懈怠时＝收益低时"给予低报酬即可（这样的话，经营者会认真工作，获取相应的报酬）。但现实的情况无疑更加复杂，"就算能够观察到收益也无法完全掌握经营者的行动"。为了简化分析，假设只存在高收益（5亿元）和低收益（1亿元）[1]两种状态，下面的情况就是更加贴近现实的。

- 无论经营者是否努力，都可能会产生"高收益"和"低收益"，
- 但是，如果经营者努力的话，"高收益"出现的概率会上升。

举例说明，就是如图8-3所示的情形。在这种情况下，就算产生低收益，也并不能断言经营者懈怠了。经营者即使努力工作也可能不幸产生低收益。在存在这种收益变动风险的情况下，为了让经营者努力工作，怎么做才好呢？为了思考这个问题，大家应该已经预料到了，在第一节所学的风险分担的有效性的思维方式会扮演重要角色。

综上所述，现实中经常存在的是以下情形：

---

[1] 例如经营者推进的项目成功则产生高收益，失败的话产生低收益。

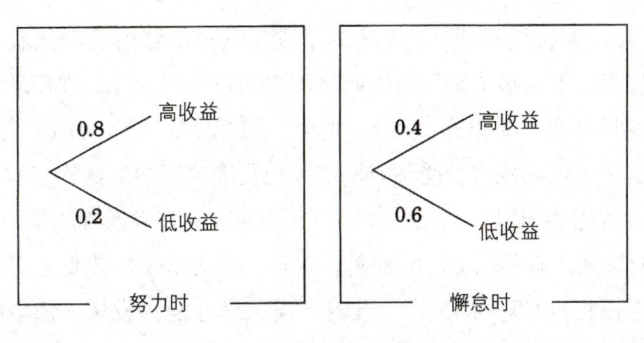

图 8–3　经营者的努力和收益

①有人(委托人)雇用其他人(代理人)进行工作，
②代理人的行动无法进行直接监视(存在道德风险问题)，
③但是，存在受代理人行动影响的、可以观察到的结果，
④可以观察到的结果与代理人的行动之间并非一一对应，而是会由于随机因素的影响而发生变动。

在上面的例子中，委托人＝股东，代理人＝经营者，可观察的结果＝收益状况，除此之外，还有很多满足①~④的例子，如表8-1所示。我们对其中几个进行说明。

表8–1　道德风险的例子

委托人	代理人	隐藏行动	可以观察的结果
地主	佃农	努力程度	收获
上司	推销员	努力程度	销量
被告	律师	努力程度	判决结果
火灾保险公司	投保者	小心防火	火灾
汽车保险公司	司机	安全驾驶	车祸

• 地主(委托人)雇用佃农(代理人)种植大米，但是无法时常监视佃农的努力程度(道德风险)。不过，地主可以清楚地观察到收获量

（可以观察的结果）。大米的丰收、歉收虽然会反映佃农的努力程度，但也会受到气候等随机因素的影响。因此，即使歉收也不能断言佃农没有努力工作。此时，怎样让佃农努力工作呢？
- 发生火灾的概率会受到对消防重视程度的影响。这样想的话，我们就能够理解火灾保险公司为何会对火灾保险投保人提出"请注意防火"的要求了。问题是，保险公司无法了解投保人对火灾的重视程度（道德风险）。此时，怎么做才能让投保人谨慎防火，并提供适宜的保险呢？

注解8-1　关于术语"道德风险"　上面火灾保险的例子实际上是"道德风险"这个术语的词源。"道德风险"是保险业长期以来使用的行业术语，之后被经济学转用过来，表示"隐藏行动所引起的问题"的含义。在保险业发达的19世纪英国，提供火灾保险等保险之后，由于助长了投保人的疏忽从而提高事故（火灾等）发生率，成为严重的问题。作为专门指代上述现象的词，"道德风险"后来作为与水灾等"纯粹由自然现象决定的风险"（"自然风险"）相对应的词，（以"受投保人的利己行动左右的风险"的含义）得到了更加广泛的使用[1]。之后，经济学者用"道德风险"一词来表示"当行动无法被观察到的时候，激励当事人采取适当的行动是存在困难的"。

这种经济学者的用词方法随着"信息经济学"的发展得到了学界的极大关注，而在如今的新闻报道中，"道德风险"一词的含义和经济学者所指的内涵大致相同。但是，在新闻报道中经常把"道德风险"翻译成"缺乏道德伦理"，这是有点问题的。关于道德风险的原因和对策，这个翻译会给人带来错误的印象。从经济学的角度看，道德风险问题的原因是"无法观察到行动的信息不对称性"，正确的对策是"为了让代理人采取理想的行动，而设计出某种机制，赋予他们适当的动机（激励）"。如果把道德风险翻译成"缺乏道德伦理"的话，则问题的原因是"代理人不道德"，对策为"使其道德高尚"，这会给人带来一种完全偏离原意的印象[2]。

---

[1] Allard E. Dembe and Leslie I. Boden (2000) "Moral Hazard: A Question of Morality?" *New Solutions*, 10(3), pp. 257–279.

[2] 那么，怎么翻译好呢？读者可以思考一下。

表8-1中列举了一些在现实社会广泛存在的问题，在这种情况下，"怎么做才能让代理人努力工作"，有一个专门的理论。这个"如何解决道德风险问题"的理论，被称为"**代理理论**"[1]。本节将对代理理论的基本思想进行解释。为了清楚理解问题本质，我们思考下面这种情况下，应该怎么做：

- 委托人（股东）为风险中性的[2]，
- 且代理人（经营者）为风险规避的。

在用模型求解问题之前，让我们用语言来表述一下道德风险问题的本质。最理想的状态是，股东在随机变动的收益中抽取一部分作为支付经营者的报酬。如前面一节所述，从风险分担的有效性的角度看，这种状况下收益变动的风险全部由风险中性的股东承担，而风险规避的经营者得到的报酬（与收益大小无关）是固定的。但是，如果报酬和成果（收益）完全没有联动的话，经营者就失去了努力的诱因（激励）。这种"权衡利弊"（trade-off）的关系是道德风险问题的核心。请看图8-4。

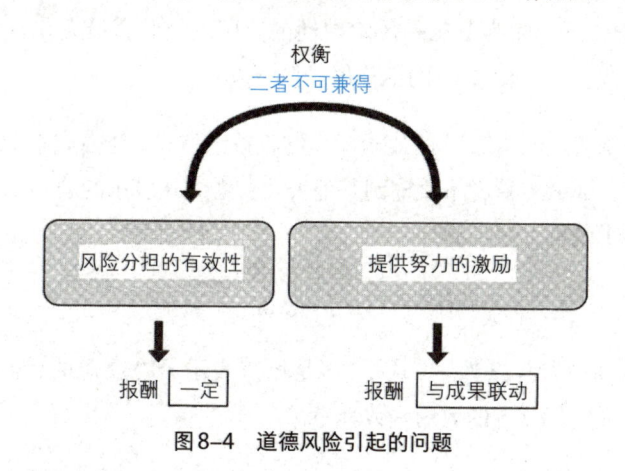

权衡
二者不可兼得

风险分担的有效性　　提供努力的激励

报酬 一定　　报酬 与成果联动

图8-4　道德风险引起的问题

---

[1] 委托人的英文为principal，代理人为agent，因此也被称为**委托代理理论**。

[2] 如在第一节保险部分所解释的一样，如果股东很多的话，每个股东所承担的风险比较小，因此全体股东能够承担较大的风险。也就是说，在存在很多股东的情况下，全体股东可以被认为是接近于风险中性的。

此图表示的是存在**风险分担的有效性与激励提供的权衡**的状况，在这种情况下，我们用模型来求解如何设计最优的报酬问题。作为委托人的股东为了决定最优的报酬体系，应该在如下两个约束下，让自己的收益最大化。

①为了不让代理人（经营者）去其他公司，需要提供足够的报酬。
②为了让经营者自发努力，让报酬和成果（收益）进行联动[1]。

我们用数学公式对此进行表述。首先：

- 收益有高（$\bar{y}$）或低（$\underline{y}$）两种状态，在经营者努力情况下，高收益产生的概率为 p，
- 将收益较高时给经营者的报酬记作 $\bar{w}$，收益较低时的报酬记作 $\underline{w}$。

这样的话，股东想要最大化的利润期望值就可以写为：

$$p(\bar{y} - \bar{w}) + (1-p)(\underline{y} - \underline{w}) \qquad (1)$$

注意一下，因为股东是风险中性的，所以他们会最大化自己得到的金额（收益 y − 报酬 w）的期望值。接下来：

- 如果将经营者去其他公司工作的收益记作 U，努力成本记作 C 的话，那么经营者不跳槽到其他公司，继续在股东的公司工作的条件①就可以写为：

$$pu(\bar{w}) + (1-p)u(\underline{w}) - C \geq U \qquad (2)$$

这就是"**参与条件**"。这里，u 是用来表示风险规避的（呈向上凸起的形状的）经营者的效用函数。

- 最后，如果经营者懈怠的话，高收益发生的概率下降到 $p'(<p)$。

---

[1] 如果努力的成本过高，也有"不让其努力"是最优选择的情况。这种情况下的最优报酬很简单，只要支付与成果无关的固定报酬就能达到最优的风险分担。此处我们考虑的是不存在这种极端例子的情况。

这样的话，经营者自发努力的"激励条件"（前述条件②）就变为下面这样：

$$pu(\overline{w}) + (1-p)u(\underline{w}) - C \geq p'u(\overline{w}) + (1-p')u(\underline{w}) \qquad (3)$$

即努力工作时的收益（左边）大于（或等于）懈怠时的期望收益（右边）。注意一下，左边附有努力工作的成本（$-C$）。

> 综上所述，当经营者的努力水平无法观察到，即存在道德风险问题的时候，股东为了在参与条件（2）和激励条件（3）下最大化期望利润（1），将给予经营者的报酬设定为 $\overline{w}$，$\underline{w}$ 是最优的。

为了用图求解，我们画出股东和经营者的无差异曲线。先从股东的角度看，作为股东的效用的期望利润为：

$$\underbrace{p\overline{y} + (1-p)\underline{y}}_{\text{期望收益}} - [\underbrace{p\overline{w} + (1-p)\underline{w}}_{\text{期望支付}}]$$

其中，随着支付给经营者的报酬 $\underline{w}$，$\overline{w}$ 的变化而变化的是期望支付部分[1]。因为如果这部分保持一定的话，股东的效用也是一定的，所以股东的无差异曲线，是由"期望支付金额一定"的等式所给出的向右下方倾斜的直线（图8-5）。

$$p\overline{w} + (1-p)\underline{w} = \text{一定}$$

无差异曲线的斜率的大小为 $p/1-p$（"出现高收益的概率"与"出现低收益的概率"之比）[2]，且在同一条无差异曲线上的任何一点时股东的效用（以及期望支付金额）都是一定的。请注意，越靠近左下方（因

---

[1] 期望收益（只要经营者努力工作）是取得固定值的常数。

[2] 将"期望支付金额＝一定"的式子进行变形之后，由于 $\underline{w} = -\dfrac{p}{1-p}\overline{w} + \text{常数}$，因此 $\overline{w}$ 的系数 $\dfrac{p}{1-p}$ 就是斜率的大小。

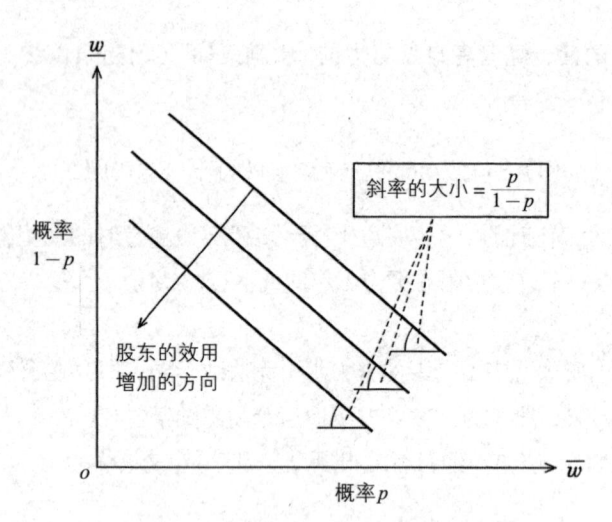

图8-5 股东(风险中性)的无差异曲线

为期望支付金额会变小)的无差异曲线,股东的效用越高。

接下来,我们来考察经营者的无差异曲线。先给出结论,经营者的无差异曲线如图8-6所示。

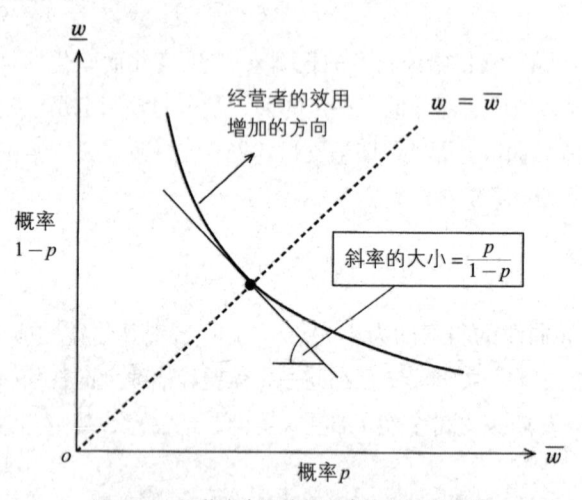

图8-6 经营者(风险规避)的无差异曲线

与股东的无差异曲线为直线不同,经营者的无差异曲线是**凸向原点**的曲线。这是因为经营者是**风险规避**的。

风险规避者的无差异曲线凸向原点：

让我们解释一下其中缘由。经营者的无差异曲线为"经营者的效用＝一定"，即满足下式的曲线。

$$pu(\overline{w}) + (1-p)u(\underline{w}) - C = 一定 \tag{4}$$

让我们试着计算一下该曲线的斜率 $d\underline{w}/d\overline{w}$。在解释消费者行为的第一章第五节中，为了培养数学公式变形背后的直觉，我们使用了"全微分"来计算斜率，此处我们介绍一种用微分公式来计算的更加巧妙的方法。现在，将满足（4）式的曲线写作 $\underline{w} = \underline{w}(\overline{w})$，（4）式两边同时关于 $\overline{w}$ 进行微分得到：[1]

$$pu'(\overline{w}) + (1-p)u'(\underline{w})(d\underline{w}/d\overline{w}) = 0$$

解上式得到：

$$-d\underline{w}/d\overline{w} = \frac{p}{1-p}\frac{u'(\overline{w})}{u'(\underline{w})} \tag{5}$$

即斜率（$d\underline{w}/d\overline{w}$）为负，其大小如上式所示。

顺便说一下，无差异曲线凸向原点意味着，当沿着无差异曲线向右下方移动时，其斜率会变小（图8-7）。

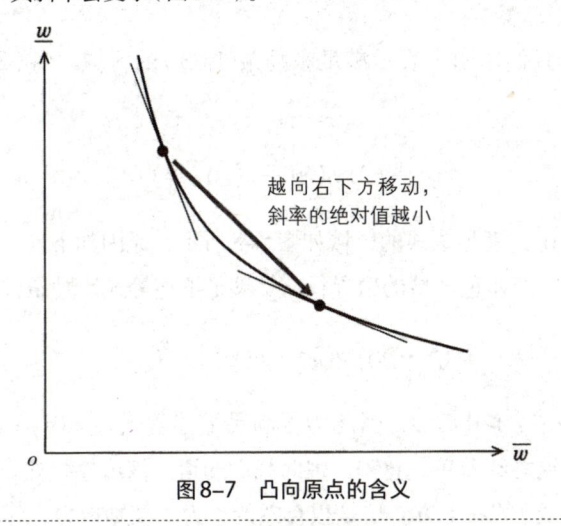

图8-7 凸向原点的含义

---

[1] 用复合函数的微分公式，$u[\underline{w}(\overline{w})]$ 对 $\overline{w}$ 进行微分的话有 $u'(\underline{w})(d\underline{w}/d\overline{w})$。注意此处我们是用这个公式计算的。

图中"向右下方移动"的意思是,"增加$\overline{w}$而减少$\underline{w}$"。那么,在用来表示斜率的大小的(5)式中如果"增加$\overline{w}$而减少$\underline{w}$"的话会发生什么呢?

因为风险规避者的效用的图像是呈向上凸起的形状的,所以边际效用$u'(w)$(=图像的斜率)随着收入w的增加而递减。因此,增加$\overline{w}$的话$u'(\overline{w})$会减少,而减少$\underline{w}$的话$u'(\underline{w})$增加。因此:

$$\text{无差异曲线的斜率的大小} = \frac{p}{1-p}\frac{u'(\overline{w})}{u'(\underline{w})}$$

如图8-7所示,的确是越向右下方移动,斜率越小。由此我们能够确认,**风险规避的经营者的无差异曲线是凸向原点的**。

另外,在与收益大小无关,得到同样报酬的点,也就是风险规避的经营者完全不承担任何风险的点($\underline{w}=\overline{w}$)处,根据上面的公式得到:

$$\text{无差异曲线的斜率的大小} = \frac{p}{1-p} \tag{6}$$

请注意,这与风险中性者(股东)的无差异曲线的斜率相同。像后文所解释的那样,这是非常重要的一点。

最后,我们用图来表示满足激励条件(3)的区域。将(3)式变形可以得到:

$$(p-p')[u(\overline{w})-u(\underline{w})] \geq C$$

先说结论,满足该式的区域如图8-8所示。原因如下。

图8-8中淡蓝色区域的边界线,是满足下述等式激励条件的曲线。

$$(p-p')[u(\overline{w})-u(\underline{w})] = C \tag{7}$$

由于$(p-p')>0, C>0$,因此为了满足上述等式,$[u(\overline{w})-u(\underline{w})]>0$必须成立。这意味着$\overline{w}-\underline{w}>0$,因此我们知道,该边界线处在图8-8中直线(45度线)的右下方。这是很自然的,为了鼓励努力工作,产生高收益时候的报酬$\overline{w}$也需要相应增加。并且,如果从满足(7)式的点出

图8–8 满足激励条件的报酬范围

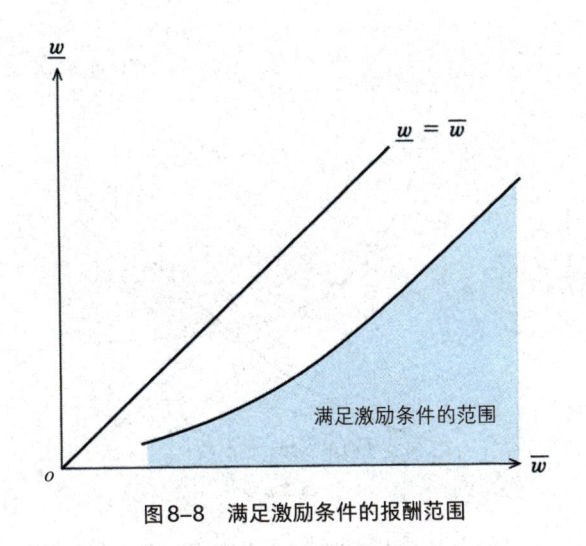

发增加$\overline{w}$的话，（7）式的左边会变得大于右边。为了让两边相等，必须增加$\underline{w}$。即满足（7）式的曲线（图8-8中的边界线）向右上倾斜[1]。

总结上述讨论我们知道，在道德风险下，让经营者认真工作所需要提供的最优报酬$\overline{w}$，$\underline{w}$是由图8-9中A点所决定的。

为了保证经营者至少得到在其他公司工作的效用U，报酬必须处在图8-9中"经营者的效用$= U$"的无差异曲线上。如果将其与之前在图8-8中确认的满足激励条件的范围结合起来的话，图8-9中的灰色部分就是同时满足"参与条件"与"激励条件"的范围。其中，对股东来说最好的是，该区域与股东的无差异曲线（图8-9中向右下倾斜的直线）的交点A。**点A就是道德风险下，在"风险分担的有效性"和"激励的提供"两者之间充分权衡之后得到的最优报酬体系**。

为了加深理解，我们思考一下经营者的行为可以监督的情况，即不存在**信息不对称**的情况。在这种情况下，由于没有必要考虑激励条件（3），因此股东在满足参与条件的范围内选择最优点。请回过头看一

---

[1] 该边界线的准确形状取决于效用函数。在后面的讨论中我们只需要知道，该曲线处在45度线右下方，是向右上方倾斜的曲线即可。

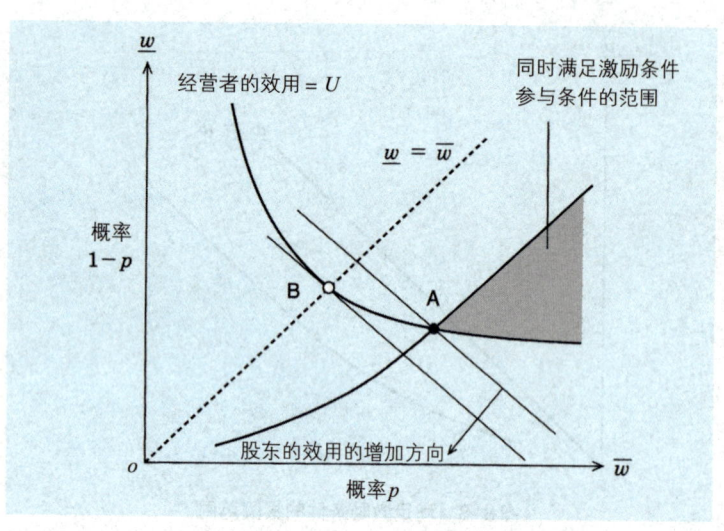

图 8-9　存在信息不对称时的最优（A）与不存在时的最优（B）

下图 8-9。这样的点就是图中的 B 点。如（6）式所确认的那样，在经营者完全不承担任何风险（$\underline{w}=\overline{w}$）的 B 点处，风险规避的经营者的无差异曲线的斜率和风险中性的股东的无差异曲线的斜率相同（即 $p/1-p$），因此二人的无差异曲线相切。

也就是说，注意一下，在**不存在信息不对称时的最优点 B 处**，也达到了前面一节所学的"<u>有效的风险分担</u>"（风险全部由风险中立的股东承担，经营者得到与收益变动完全不相关的固定金额的报酬）。在经营者的行动能够直接观察到的情况下，给予这种有效率的固定金额报酬，为了消除懈怠的诱因，只要加上一些诸如"如果不努力会被征收巨额罚金"的<u>惩罚措施</u>就可以了。请注意，这里的惩罚措施是在能够观察到"是否努力"的条件下才能实行的。

下面我们列举一个表示上述分析与现实的关系的事例。

实例23　"免赔"在保险中的作用　将上面的模型重新理解为：

- 经营者＝投保者
- 努力＝谨慎防火

- 股东＝保险公司

我们就能够重新认识火灾保险的道德风险问题的模型（参与条件U，是投保人购买竞争对手公司的保险时得到的收益）。保险公司希望投保人能够谨慎防火，但是无法观察到投保人是否谨慎防火。解决这个（道德风险）问题的最优方法为图8–9中的A点，图中纵轴为发生火灾时投保人的收入，横轴为没有发生火灾时的收入。在最优点A处，发生火灾时的收入变低，这是因为对于火灾造成的损失，**保险公司不会全额补偿，一部分要由投保人自己负担**。

现实中的保险大多数都设定了这种"自我负担额"，被称为"免赔额"。图8–10展示的是从三井住友海上保险公司的"GK家用保险"（家庭火灾保险）手册中截取的保险合约的例子。

■ 保险期为6年以上36年以下的整数年
保险期越长，每年的保险费相对越便宜

保险期与保险费（样板）

保险期	一次性支付保险费	每年的保险费
10年	210730日元	约21070日元
20年	393140日元	约19660日元
30年	555090日元	约18500日元

计算条件：2013年10月1日开始
合同种类：6种补偿方案
建筑物保险金额：2000万日元
家庭财产保险金额：1000万日元
免赔额（建筑物、家庭财产）：3万日元
所在地：神奈川县
结构等级：户建T结构（耐火）
建筑面积：100m^2
建筑日期：2008年12月
事故时各种费用特别约定：损害保险金×20%，最高300万日元
地震火灾费用特别约定：保险金额×5%，最高300万日元

图8–10　保险中免赔额的例子

> 这是包含火灾的"针对住宅、家庭财产的事故"的保险，年度保险费约为2万日元。用方框框起来的部分为免赔金额3万日元。它意味着在住宅或者家庭财产遭受到损失时，损失额度中的3万日元由投保人自己承担，其余由保险公司进行赔付。像这样，现实中的保险不提供100%消除风险的完全保险的原因之一，就是防止道德风险（不注意）引起的事故发生率的增加，同时我们可以将含有"免赔"的保险合同理解为达到了图8-9中的A点。

下面进入结论部分，图8-9总结了上述分析，从中我们应该学习的重要信息如下所示。A点（存在信息不对称时）与B点（不存在信息不对称时）相比：

①经营者的效用在每种情况下都等于在外部工作时的效用U，
②股东的效用在更高的B点。

对整个社会（经营者和股东双方）来说，不存在信息不对称的B点是更好的状态。因此：

- 不存在信息不对称时的最优点B也被称为最优（first best）。
- 存在信息不对称时的最优点A也被称为次优（second best）。

如果假设在A点处股东的期望利润为4800万元，B点处为5000万元的话，那么从不存在信息不对称的B点移动到存在信息不对称的A点时，差额200万元的损失会由整个社会承担。即当存在**"经营者的行动无法观察到的信息不对称（道德风险）"**时，**整个社会产生了200万元的成本**❶。而信息经济学教会我们的正是，不对称信息为什么、多大程度上会使社会产生成本，以及如何设计让这个成本最小化的报酬体系和制度等。

---

❶ 这也叫作代理成本（agency cost）。

注解8-2 **200万元去哪里了**：上面的例子的结论是，当存在信息不对称时，整个社会会损失200万元，那么这200万元到底去了哪里呢？思考这个问题，能够加深我们对**道德风险带来的社会成本是什么**的理解。

在不存在信息不对称的B点处，有效的风险分担得到实现，经营者确保能够得到与收益变动无关的固定报酬，例如为5000万元。此时，经营者恰好得到与在其他公司工作时相等的满意度。

另外，在经营者的努力水平无法观察到（道德风险）的时候，为了让经营者努力工作，就产生了令其承担结果责任的必要性。即产生了"如果收益较低的话报酬也要降低（成果主义）"的必要性。当这种报酬伴随着风险时，为了让经营者获得与确定地得到5000万元（B点）时同样的满意度，必须支付更多的报酬。原因是：

- 如果期望支付金额恰好为5000万元的话，那么风险规避的经营者在这个伴随着风险的报酬与确定地得到5000万元之间会偏好后者。
- 因此，为了让经营者在伴随风险的报酬和确定地得到5000万元之间无差异，必须满足下式：

$$伴随风险的报酬的期望支付金额 > 5000万元$$

上式左边和右边的差额是"为了让经营者承担报酬变化的风险而追加的部分"，就是所谓的**风险溢价**。上面的例子中出现的200万元，就是风险溢价。

综上所述："当存在经营者的努力水平无法观察到"的信息不对称＝道德风险时，**让经营者承担结果责任的风险**的必要性就会出现。伴随这种风险的**超额支付金额（风险溢价）就是信息不对称带来的社会成本**。结合上述解释，如果读者回过头看一下图8-9，想明白"作为道德风险的基础的风险分担和激励之间的权衡取舍"，应该能够加深对问题的理解。

第九章　逆向淘汰和信号传递

我们正在学习的是"存在信息不对称时经济分析的基础"。如第八章所讲，经济学将存在信息不对称时的问题分为两类：

- 存在隐藏行动时被叫作"道德风险"的问题。
- 存在隐藏信息时被称为"逆向淘汰"的问题。

本章将要学习第二个问题，即逆向淘汰。具体来说就是对下述问题进行解释：

"怎样才能将只有本人才知道的私人信息很好地引导出来？"

第一节　什么是逆向淘汰？

在信息经济学中，存在隐藏信息的情况被称为"逆向淘汰"（adverse selection），这个术语也来源于保险业。这个词在很多地方也被翻译成"逆向选择"，但是"selection"用在"自然淘汰"（natural selection）中时有"淘汰"的意思。正如下面这个小故事所展示的那样，"如果存在隐藏信息的话，则与强者生存的自然淘汰相反，那些坏东西将不断地生存、保留下来"，逆向淘汰一词就是由此而来的。

"逆向淘汰"一词来自保险市场，故事是这样的：保险市场的基本问题是，"容易发生事故的人倾向于买保险"，也就是存在"是否容易发生事故只有本人才知道"的信息不对称（隐藏信息）问题。此时，如果鲁莽地用简单的方法来制定保险费的话，就会发生下面的事情。

- 首先，根据社会平均的事故发生率计算保险价格。

  ⬇

- 对那些比平均水平更不容易发生事故的潜在优质客户来说，保险费过高不够划算，因此，这些人不会加入保险。也就是说，只有相对更容易发生事故的人会加入保险。

  ⬇

- 观察到加入保险的人的事故发生率高于社会平均水平后，保险公司会提高保险费用。

  ⬇

- 只有更容易发生事故的人会加入保险。

  ⬇
  ⋮

- 最坏的情形，保险市场崩溃。

像这样，如果"保险加入者是不是容易发生事故的人"这个信息被隐藏起来的话，与良者生存的自然淘汰相反，只有资质差的保险加入者才会留下来继续购买保险，导致保险行业难以生存。因为这是经营保险行业时必须注意的要点，所以保险行业将上面的现象命名为"逆向淘汰"并代代相传。

同样的现象也发生在二手车交易市场上面。二手车大多数是有缺陷的，但是这些缺陷只有卖车者知道（悄悄地说，我记得20世纪80年代留学美国期间，以200美元买的二手车在毕业时卖了350美元）。二手车买家如果没有意识到这个问题就随随便便决定购买价格的话，很容易陷入下面的恶性循环。

- 首先，买家在观察到社会平均的二手车质量之后，决定购买价格。

  ⬇

- 对于质量处在平均水平之上的优质二手车车主来说是亏损的，因此这样的人不会卖车。即只有质量相对较差的二手车充斥在市场上。

⬇

- 观察到充斥在市场上的二手车质量之后，买家会降低买价。

⬇

- 只有质量更差的二手车充斥在市场上。

⬇
⋮

- 最坏的情形，二手车市场崩溃。

微观经济学在很长时间内忽视了信息不对称问题，直到经济学家G.阿克洛夫对"如果存在隐藏信息，市场可能会产生严重失灵"的现象通过模型化的方式进行了清晰的展示。阿克洛夫将这种市场称为**柠檬市场**。"柠檬"是"有缺陷的二手车"的俗称，据说因为柠檬（就算外观很好）只有切开才能看到里面有没有腐烂。

正如上面的例子所展示的那样，为了让保险市场和二手车市场正常运行，我们需要作出努力，将"自己是否容易发生事故""自己卖的车质量是不是好"这种**只有本人才知道的私人信息妥善地引导出来**。本章将借助简单的例子对这方面的基础方法进行解释。

前面讲解过的"只有质量较差的东西残存下来并且市场会崩溃"，只是隐藏信息（私人信息）引起问题的一个例子。现代经济学并不是将这个现象本身，而是将"由一部分人持有私人信息而引起的各种问题"一般性地称为逆向淘汰。表9-1表示的是在经济中发生的一些典型的逆向淘汰的例子。

表9-1 逆向淘汰（存在隐藏信息问题）的例子

经济市场	私人信息的持有者	私人信息
二手车市场	卖家	质量
银行融资	借款人	投资项目的风险
公共行业的价格管制	企业	成本
劳动力市场	劳动者	生产率

表9-1最后的例子是关于劳动力市场的，劳动者清楚地知道本人的能力（生产率），而作为雇用方的企业并不了解。结合这个例子，下面一节我们将研究通过何种方法才能将隐藏的信息引导出来。

第二节　信号传递的原理

如果让持有私人信息的人采取一些（可以观察到的）行动，并为他们提供与所采取的行动相对应的报酬的话，因为持有不同信息的人会自发采取各自的行动，所以只要观察他们采取了什么行动，就能知晓其私人信息。

在这种情况下，因为特定的行动就是持有特定信息的信号，所以经济学将这种现象称为"**信号传递**"。

为了研究信号传递为什么会起作用，让我们考虑下面的劳动力市场的模型。

- 只有本人知道的信息=劳动者的能力（生产率）。
  此处的生产率用希腊字母θ来表示，假设它有高（$\theta=H$）和低（$\theta=L$）两种取值。我们把私人信息（θ）称为劳动者的**类型**。
- 向别人传递私人信息的行动（这叫作**信号**）=学历x。
  x表示的是上学年数或者学习量。

劳动者的效用是由下面三个因素决定的。

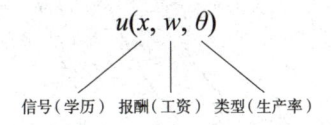

$$u(x, w, \theta)$$

信号（学历）　报酬（工资）　类型（生产率）

要点之一是，效用取决于私人信息（类型θ），这意味着私人信息（类型）发生变化的话，效用（喜好）也会发生变化（原因会在后面的"假设2"中进行解释）。因为决定人们行动的是喜好（偏好），所以这意味着"持有的私人信息发生变化的话，行为也会发生变化"。这是"通过观察行动能够了解私人信息"（信号传递）成立的根本原因。也就是说，信号传递起作用的主要原因之一就是：

"观察行动就能知道人们的喜好。"

这是一个在经济学的很多场合都经常用到的重要洞察（叫作"显示偏好"的思想），经常与之组合出现的是另一个洞察：

"私人信息发生变化则喜好也会发生变化。"

但是，只有"私人信息变化则喜好也会变化"这一个条件，私人信息未必能够通过行动（信号）得到传递。为了让信号传递发挥作用，信号（学历）和报酬（工资）之间必须有一定的有效关联。

为了说明这个问题，让我们再作一些假设。先考虑工资越高效用越高的情况，并进一步作出下列（比较现实的）假设。

假设1：学习是痛苦的（增加x时效用降低）。

在这个假设下，劳动者的无差异曲线[带来同等效用的各种各样的（学习量x，工资w）的组合]就是如图9-1所示的那样向右上方倾斜的曲线。

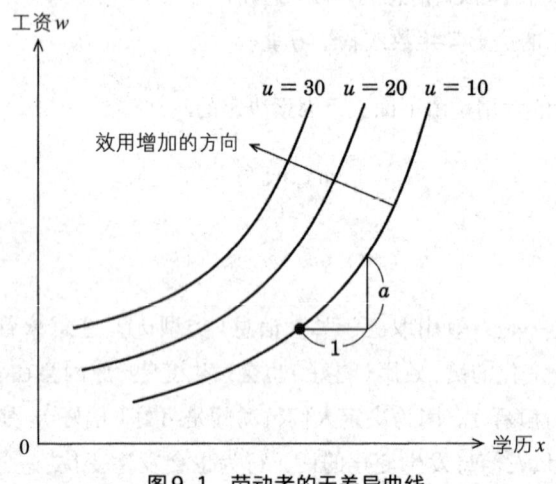

图9-1　劳动者的无差异曲线

图中 $u=10$ 对应的曲线（无差异曲线）上的任意点的效用都是一定的（$=10$）。如果向图的左上方，即向"学习量 x 减少，工资 w 增加"的方向移动的话，劳动者的效用会增加。现在，从图9-1中的实心黑点出发，保持工资不变，将学历（学习量）增加一年。因为学习是痛苦的（假设1），所以这样下去会导致效用降低。为了保持原有效用水平不变，工资需要增加图中的 a。例如，$a=2500$ 元的话，为了消除多学习一年带来的痛苦，未来的工资（月工资）必须增加2500元。此处的 a 代表无差异曲线的斜率（a 越大斜率越大）。综上所述：

因为 a（无差异曲线的斜率）="为了消除增加一年学习的痛苦所需要增加的工资"

所以：

> 无差异曲线的斜率＝学习（信号）的成本

下面我们作出一个更重要的假设。

假设2：能力（类型 θ）越高，学习（信号）的成本越低。

高能力的人学习时不觉得辛苦，而低能力的人学习很费力，如果不是"未来拿到的工资会因为学习而增加"，后者并不想学习。因为学习的成本如前所示，可以由无差异曲线的斜率来表示，所以假设2可以用图9-2进行图示。

该图分别描绘了低能力类型的无差异曲线 I_L 与高能力类型的无差异曲线 I_H，其中高能力类型的无差异曲线上，学习（学历 x）成本的斜率较低。这就是假设2的含义。如果这个假设成立的话，如图9-2所示，"不同类型的无差异曲线（如果相交的话）只能相交一次"。由于上述原因，假设2在信息经济学中被称为单一交叉条件。单一交叉条件能够保证"高能力类型能够发送更多的信号"，是非常重要的条件。

接下来我们要解释的是，在上面的状况下，如果成功给出下述两个选项：

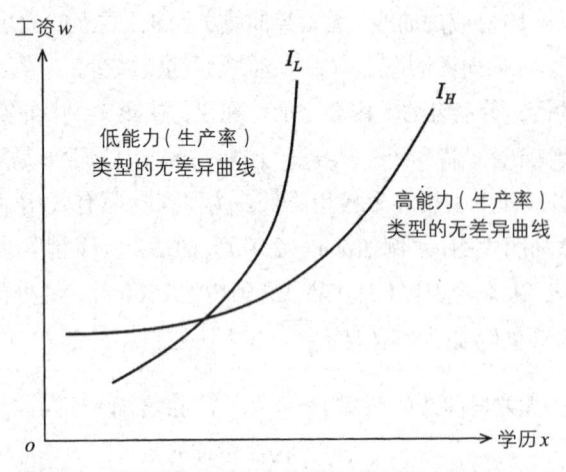

图9-2 类型越高传递信号的成本越低（单一交叉条件）

A：高学历高工资。

B：低学历低工资。

因为高生产率的类型会选择A，低生产率的类型会选择B，所以最终的效果是：

"观察到学历就能知道生产率（高学历的话生产率较高）。"

为了达到上述结果，选项A和B之间必须有一定的关联，为了思考这个问题，请看图9-3。

现在让我们思考一下，在低生产率类型选择的点为图9-3（a）中的B点的情况下,高生产率类型选择的A点必须处在哪里。为了找到答案，我们只要**画出通过B点的不同类型的无差异曲线**［图9-3（b）］就可以了。图中的I_L是通过点B的低生产率类型的无差异曲线。在该无差异曲线上低生产率类型的效用等于B点的效用。并且，在该无差异曲线右下方的点处，低生产率类型的效用小于B点的效用。因此：

点A处在无差异曲线I_L的右下方 ⇒ 低生产率类型选择点B

第九章 逆向淘汰和信号传递 423

(a)

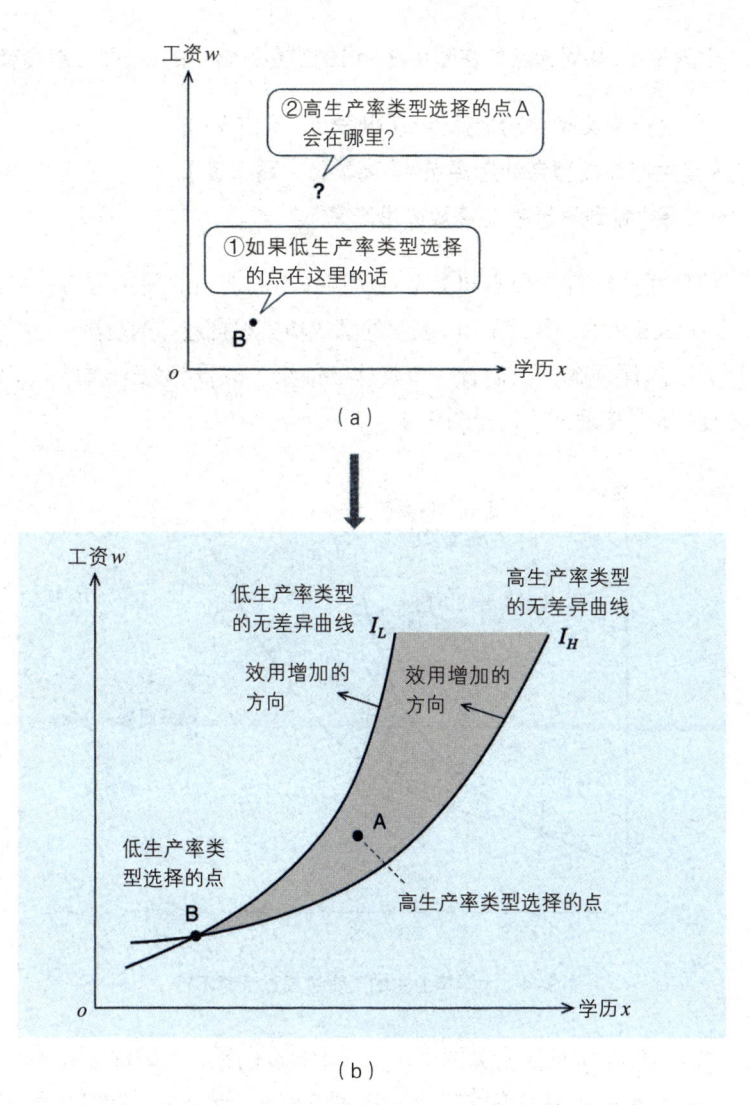

(b)

图9-3 不同类型选择不同的点的条件

图中的 I_H 是通过B点的高生产率类型的无差异曲线，在该无差异曲线左上方的点处，高生产率类型的效用大于B点处的效用。因此：

点A处在无差异曲线 I_H 的左上方 ⇒ 高生产率类型选择点A

也就是说，如果A点处在图9-3(b)的灰色区域中的话，那么就会有：

- 低生产率类型自动选择点B(低学历，低工资)，
- 高生产率类型自动选择点A(高学历，高工资)，
- 结果"看到学历就能够知道生产率"。

信息经济学将这种不同类型自动选择不同选项的现象称为自选择（self-selection）。图9-3(b)表示的是成功实现自选择的范围。

为了加深理解，我们看一个具体的故事。假设有两个选择，高中毕业B，大学毕业A。请看图9-4。

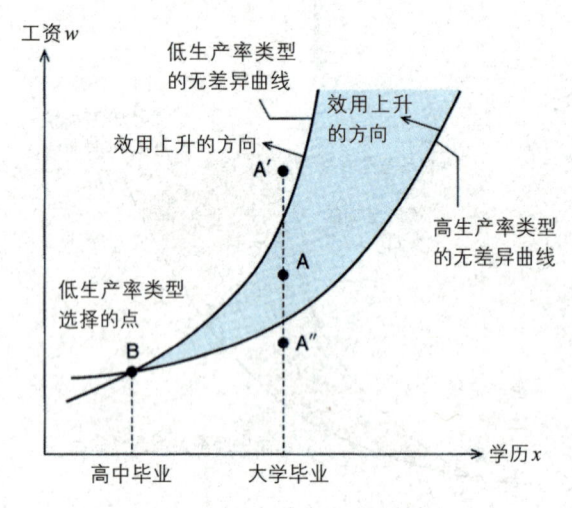

图9-4 大学毕业生的工资过高过低都不行

如果大学毕业的工资如图中A'点所示过高的话，大家都会选择上大学，所以"通过学历甄别类型"就不能成功实现。反过来，就算上到大学工资也不会上升太多的话（图中的A"），就没人愿意去上大学了，还是不够理想。为了让劳动者能够成功实现"根据能力选择不同的学历，看学历就能将只有本人才知道的能力传递给其他人"，大学毕业生的工资不能太高，也不能太低，要处在适当的水平（图9-4中淡蓝色部分的水平）。

如果把从这个模型中得到的启发进行一般化的话，如下所示。

> **信号传递原理**
>
> 如果采取的行动（信号）对自己来说获益，对与自己不同类型的人来说受损，就能够让其他人了解自己的类型（只有自己持有的私人信息）。

在上面的例子中，"上大学学习（因此获得高工资）"这个行动对高生产率类型的人来说是获益的，对于其他类型来说会因为成本太高而受损。因此，上大学这个行动，起到了传递"自己是高生产率类型"这个信号的作用。

信号传递原理发挥作用的例子有很多，能够在很广的范围内被观察到。表9-2总结了一些有代表性的例子。

表9-2 信号传递的实例

私人信息（类型）	信号
生产率	学历
企业健全性	股息红利
新产品质量	高价广告
事故的概率	保险的"免赔额"
体面的社会人士？	穿西装打领带
强大的雄性？	巨大的犄角

我们将信号传递发挥作用的基本机制再次整理如下。

> **信号传递发挥作用的机制**
>
> - 成为信号的行动，**需要花费成本**。
> - 只有本人知道的私人信息（**类型**）不同，**信号成本**（或者说发送信号后的结果，得到的好处的大小）**也不同**。
> - 因此，只有**低成本**（或者说好处大的）**类型会发送信号**，看到信号就能够知道类型。

下面我们按顺序看一下表9-2中的例子，对信号传递机制进行确认。

- **企业的偿付能力（solvency）**：企业的健全性（也叫偿付能力）是指，企业是否真正赚钱。虽然企业自己知道，但外部投资者大多无法清楚了解。即将破产的企业也能够通过伪造决算报表等方法进行隐瞒。此时，能够反映企业健康状况的信号就是股息红利。赚钱且现金周转较好的企业能够轻松分配股息，而对于资金周转不灵活的企业来说，分配股息的成本则非常之高。

- **广告**：接下来的例子对"广告到底是传递什么的"这个问题给出了意味深长的回答。经常会有电影明星喝罐装咖啡的广告，这到底是何意呢？虽然企业想要传达的是"对这个罐装咖啡的品质很有自信。请一定要尝试"，但是，如果要让别人了解咖啡的品质，给他们看"美食评论家"的意见或者"1000名评论员的评价"不就可以了吗？电影明星和咖啡的品质之间有什么关系呢？知晓答案的关键在于，雇用电影明星需要巨额代言费（这是众所周知的）。广告奏效之后，消费者在试喝咖啡的时候，如果咖啡品质好的话消费者会再次回购（或者，好评得到广泛传播），这样企业会得到巨大的收益。而如果咖啡不好喝，试喝过一次的人就不想买第二次，那么就算打出花费巨大的广告（并且，就算消费者相信并去试喝了咖啡）也只会造成企业的损失。通过做广告，企业传达给消费者的信息是："就算花大价钱请电影明星也在所不惜，说明我们对咖啡的品质有信心。"[1]

- **保险免赔额**：下面的例子是与保险有关的。正如第八章第二节的实例23所讲，通常情况下，保险不会对事故的损失进行全额赔付，而是需要购险者自己负担一部分，即"免赔额"。例如免责3000元的话，

---

[1] 与此相对，请评论家评论"这个咖啡真好喝"的花费可能没有这么大。因此，如果评论家的广告有效果的话，那些品质较差的咖啡制造商就会模仿，用评论家做广告作为表达品质的信号的方法就失效了。起用评论家来"直接传递品质信息"的广告很少见，起用电影明星的广告"虽然没有传递任何关于品质的信息，但是告诉大家确实花了大笔的广告费"，乍一看可能觉得有些奇怪，但是根据信号传递理论，后者更加确实地向消费者传达了商品品质的信息。

如果事故造成的损失额为5万元，则其中的3000元需要购险者自己承担（剩余4.7万元由保险公司来补偿）。观察保险手册可知，免赔金额并不是固定的一个数字，而是可以从多个方案中选择的（当然，免赔金额越大，保险费越便宜）。"是否会发生事故"，购险者本人在一定程度上知晓，但保险公司完全不知道。而且，对不容易发生事故的人来说（由于事故发生，自己负担免赔额的情况很少），就算免赔额稍微高一些，但保费便宜些的话也会获益，因此只有这类人会选择高免赔额。像这样，"选择哪种免赔金额"就会成为"事故发生容易度"的信号[1]。

表9-2进一步举出了两个经济领域之外的信号传递的事例。

- **领带和西装**：在现代社会中，很多职场人士都有穿西装打领带的习惯，脖子上挂着奇怪的"绳子"，炎炎夏日也穿着外套，汗流浃背，是为什么呢？本质上"穿着不舒适"才是这个习惯的关键，正因为有这样的成本，穿西装打领带才能够成为表达"我是体面的社会人"（这种只有本人才知道的私人信息）的信号。请再看一下之前所讲的"信号传递发挥作用的机制"。对体面的社会人士来说，信号奏效，使别人相信"果然这是个体面的人"所得到的好处非常大（相反，对我这种"不体面"的教授来说好处很小）。所以，通过特意穿西装打领带进行有成本的着装，能够成功传递给别人"能够做到这种程度的肯定是体面人"这个信息。

- **巨大的鹿角**：最后的例子来自生物学。鹿群中的有些公鹿长着巨大的犄角，其作用曾经是一个长期未解的谜（根据自然淘汰理论，只有有用的东西才会留存下来）。解开谜题的关键是，"这个犄角什么作用也没有，只是需要花费成本"。雄鹿中有生活能力和抗病能力都较强的类型，也有能力不那么强的类型，但是雌鹿无法直接观察到这些（信息的不对称性）。此时，如果是强壮类型的雄鹿，因为带着巨大的犄

---

[1] 保险的免赔额，不仅能够求解第八章第二节看到的"让投保者努力防止事故发生"的道德风险问题，也能够求解"了解投保者发生事故的概率"的逆向淘汰问题。

角生活的成本相对较低，所以持有巨大的犄角有可能传递"自己是强壮的雄鹿"的信号（因此，犄角越大的雄鹿越受雌鹿欢迎）。博弈论也能够应用到这类现代进化生物学的领域，生物学将信号传递的原理称为"不利条件原理"（handicap principle）。

第三节　劳动力市场的信号传递均衡

请回过头看一下第423页的图9-3（b）。在如图所示的位置上，当存在高学历、高工资的选择（A）和低学历、低工资的选择（B）时，高生产率类型会自发选择A，低生产率类型会自发选择B，最终"只要观察到学历就能了解到生产率（只有本人知道的私人信息）"。那么，A和B两点是如何确定的呢？

为了回答这个问题，我们解释一下M.斯彭斯建立的劳动力市场模型。斯彭斯率先对存在信息不对称的劳动力市场均衡状态进行了模型化，将信息不对称的分析引入了经济学。因为这一成就，斯彭斯与第一节介绍的G.阿克洛夫一起获得了诺贝尔经济学奖。下面我们一边看图9-5一边解释斯彭斯模型。

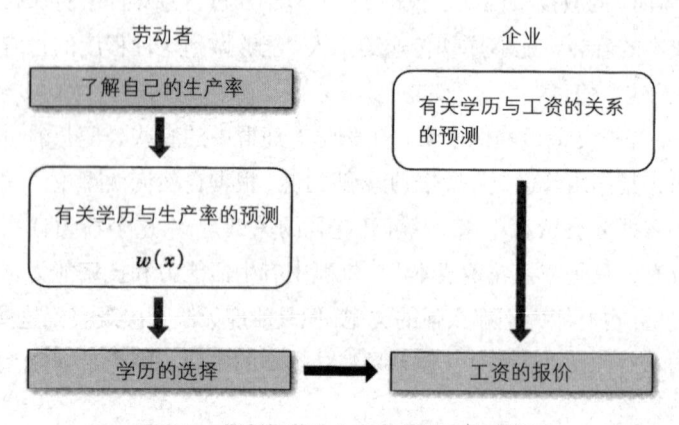

图9-5　斯彭斯劳动力市场的信号传递模型

这是一个二阶段模型：

（1）首先，劳动者在知道自己类型的基础上进行学历选择，
（2）接着，企业在观察到学历之后给出工资报价。

下面我们对这两个阶段分别作出更详细的解释。

首先，劳动者在年轻时，知道自己的类型（能力）。然后，年轻人（及包含他们父母的普通大众）会共同持有"这种程度的学历，将来的工资大概是这么多"的预期。这种预期可以用表示学历 x 和工资 w 的关系（的函数）来表示，写为：

$$w = w(x)$$

图9-6（a）的曲线就描绘了"大众预期的学历和工资的关系"的一个例子。如图所示，将来成为劳动者的年轻人会作出预期："高中毕业的话工资5000元，大学毕业的话能拿8000元"，并在此预期的基础上作出对自己来说收益最大的学历选择。

那么，如果能自由选择图9-6（a）中曲线上的点，年轻人会选择哪一点呢？图9-6（b）对高能力类型所选择的点作出了解释。该图描绘了多条高能力劳动者的无差异曲线。请注意，越靠近左上角的无差异曲线，给出的效用水平越高［不用学习（x低）工资也能增加（w高）的话，会很开心］。在表示学历和工资关系的曲线中，对高能力类型来说收益最大的是，该曲线与高能力类型的无差异曲线相切的A点。因此，高能力类型会选择点A所对应的学历（图中为大学毕业）。低能力类型所选择的点也一样（图中没有展示），是由低能力类型的无差异曲线和曲线 $w = w(x)$ 的切点决定的。

这里需要注意一个细节。图9-6（b）中高能力的年轻人，虽然是因为作出"大学毕业后月工资8000元"的预期而进入大学的，但是真正到了毕业找工作的时候，这个"8000元"的预期不一定准确。谜底揭开的时候，很可能只能拿到7000元。像这样当预期偏离时，"大众预期的学历和工资的关系"［图9-6中的曲线 $w = w(x)$］就会崩溃，新的预

430　微观经济学的力量

（a）

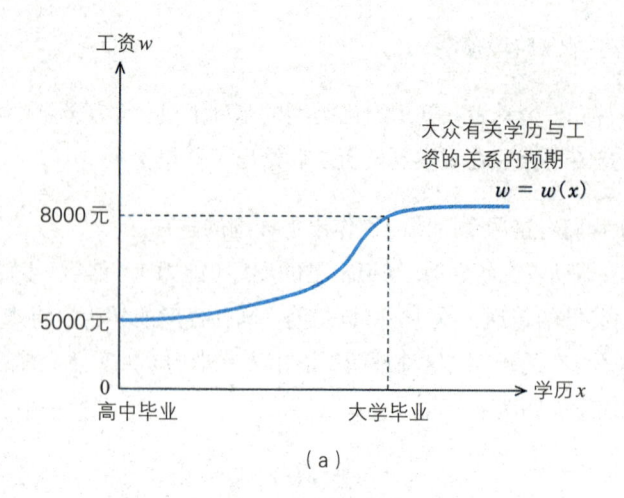

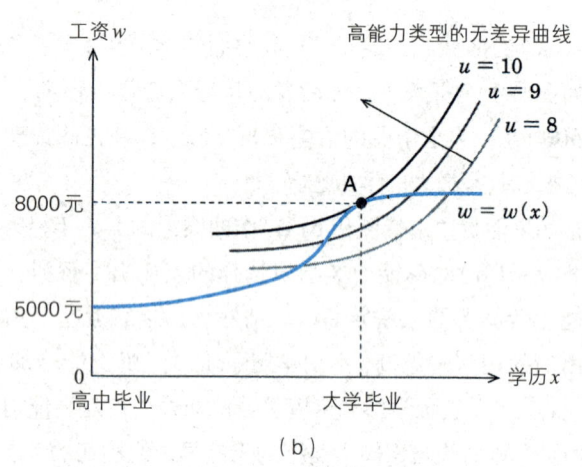

（b）

图 9-6　关于学历和工资的预期与学历的选择

期就会形成[曲线 $w=w(x)$ 的形状发生变化]。然后，在新的预期下，下一代各个类型的人进行学历的最优选择，结果，只要预期不符，同样的调整过程就会发生……循环往复。

　　这种调整的终点，就是"这种程度的学历，将来的工资有这么多"这种固定的预期在大众心中根深蒂固下来，成为稳定持久的状态。此时，大众的预期必须实现。下面我们详细看一下"均衡"状态。

注解9-1　为什么要看均衡状态：下面我们用均衡状态来分析一下，劳动者的能力作为只有本人知道的私人信息，在劳动力市场上是如何被传达的（通过以下内容解释其准确条件）。大家可能会怀疑这种"所有人的预期都实现，万事良好循环的状态"＝均衡是否总是成立，并且，为了观察"什么样的均衡是如何产生的"，对上述调整过程进行详细分析不是更加现实的吗？

话虽如此，但分析这样的调整过程是非常复杂的，并且，对于进行何种调整存在各种各样的想法，很难找到理论上缺陷少，又能够对现实调整过程进行良好表示的"完美版"。所以，我们才要看分析起来比较容易、能够对"处在稳定状态的现实"进行相对更好描述的均衡状态。

在现实中，存在下面两种状态：

- 人们的预期经常被打破，年轻人选择学历之后，得到的对应工资总是处在不稳定的持续变化的状态。
- 人们的预期大致实现，年轻人选择学历之后，得到的对应工资处于稳定状态。

那么，在现实中，不得不说还是接近第二种情况的比较多吧！接下来要解释的均衡，有助于粗略地描述和解释第二种状态。

我们解释一下工资是如何决定的。如果像图9-6那样，一部分劳动者持有"大学毕业"的学历进入劳动力市场之后，会发生什么呢？因为企业无法直接观察到劳动者真实的生产率（能力）（信息不对称），所以会形成"大学毕业生的生产率大约是这个程度"的预期。一般来说，企业（或者普通大众）会共同持有如"**这种学历的话，生产率大约是这个程度**"的预期。让我们思考一下，假如企业都持有"大学毕业的话，生产率大约为8000元"的预期的话，会发生什么呢？此处"生产率为8000元"的意思是"如果雇用该劳动者，企业的收益会增加8000元"。这种情况下企业会（在8000元范围内）尽可能提出更高的工资以抢夺劳动者。通过这种企业之间的竞争，我们可以得出：

<u>工资＝预期生产率</u>

即大学毕业的工资等于预期的生产率8000元[1]。

那么,斯彭斯模型的劳动力市场的均衡是什么状态呢? 请看图9-7。

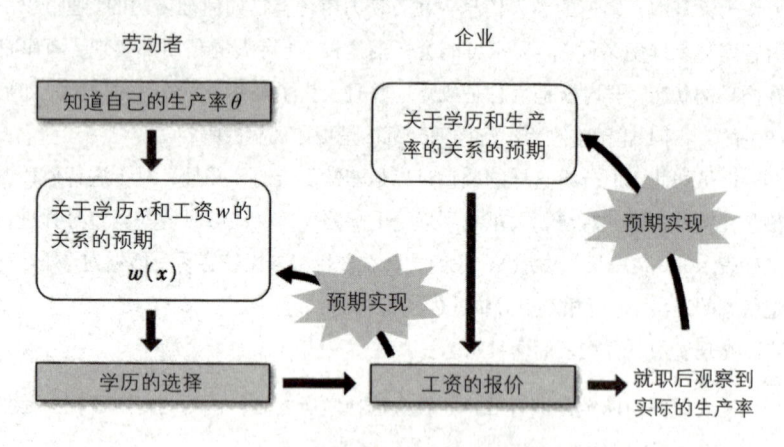

图9-7 劳动力市场的信号传递均衡

在如图所示的均衡状态下,发生了下面的事情。首先,劳动者年轻时知道自己的能力(生产率),接着根据社会上流传的"学历和工资关系"的预期选择对自己来说收益最大的学历。在这里要注意,因为根据自身能力的不同,拿到学历的成本也不同,所以不同能力的持有者有选择不同学历的可能性。现在,假设高能力者基于"大学毕业工资大概为8000元"的预期,选择了大学学历。在均衡状态下,大学毕业之后,企业确实如预期一样提供8000元的工资(劳动者有关工资的预期实现)。企业为大学毕业生提供8000元的工资,是因为企业持有的共同预期为"大学毕业的话生产率大约为8000元"。这些企业在雇用大学毕业生之后,观察到真实生产率。然后,揭开真相的话,确实看到

---

[1] 如果所有的企业都联合起来为大学毕业生提供6000元的工资的话,每个企业都能雇到大学毕业生,且每个人节约了8000 − 6000 = 2000元成本。但此时,只要有一个企业提出比6000元高一点点的工资,所有的大学毕业生都会来到这个企业,这个企业(几乎)可以独占所有其他企业得到的每人2000元的收益。这样,工资逐渐上升,调整的终点是所有的企业都为大学毕业生提供8000元的工资。这与伯特兰德模型中"价格等于边际成本,利润为零"的理由相同。

大学毕业生的生产率为预期的8000元（企业对生产率的预期实现），这就是均衡状态。现实社会可以看作"人们的预期大致会实现，年轻人所选择的学历，根据学历得到的工资都比较稳定的状态"。我们可以认为，这样的社会实现了图9-7的均衡状态（称为**信号传递均衡**，关于考察这种状态的意义，请回顾注解9-1）。

下面我们对信号传递均衡到底是什么样的作出详细解释。为了明确从分析中得到的洞察的本质，这里我们设置如下假设。

假设3：教育完全不会提高生产率（图9-8）。

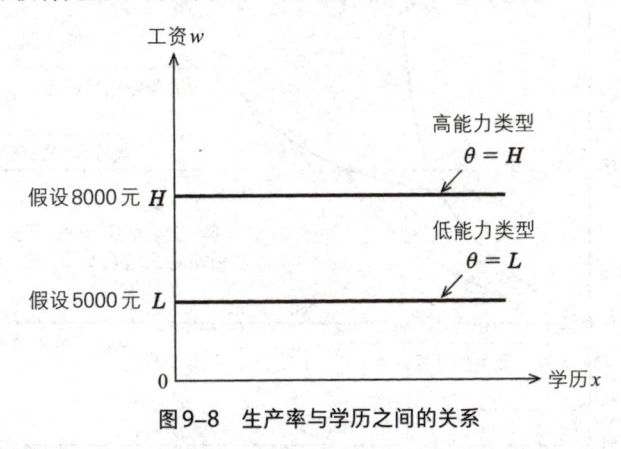

图9-8　生产率与学历之间的关系

根据这个假设，教育完全不会提高生产率，只会增加学生的痛苦（这里插一句：微观经济学的教育有用吗？设置这个假设之后，学历作为信号的功能就能够以最明显的方式得到体现了。关于此问题，之后的注解9-4会做出详细解释）。在做好上述准备的基础上，我们来求解信号传递均衡。

①信号传递均衡（之一）：分离均衡

在该模型中，存在下述均衡：

> 低生产率类型选择学历 x_L，得到工资 w_L。
> 高生产率类型选择学历 x_H，得到工资 w_H。

也就是说，由于生产率不同的类型自发选择不同的学历，因此本来只有自己知道的劳动者的生产率，可以通过学历（将其作为信号）向企业传递，达成均衡。像这样，不同类型选择不同行动（信号），将私人信息向外部传递的均衡，叫作分离均衡。

在分离均衡中每种类型选择的点 $(x_L, w_L), (x_H, w_H)$，是像图9-9那样得到决定的。

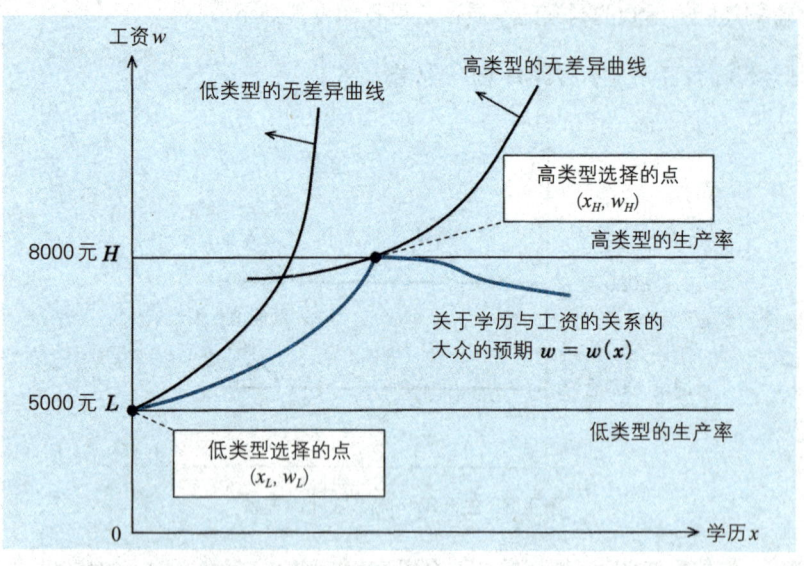

图9-9 在分离均衡中每种类型选择的点 (x_L, w_L)，(x_H, w_H) 是如何决定的

图中表示分离均衡的点（也就是分离均衡的条件）有以下两个。我们边看图9-9边进行确认。

分离均衡的条件

（Ⅰ）每种类型的无差异曲线，在不同的点 $[(x_L, w_L)$ 和 $(x_H, w_H)]$ 处与曲线 $w = w(x)$（表示学历与工资的关系的预期）相切。

（Ⅱ）高类型选择的点 (x_H, w_H) 处在表示"高类型的生产率"的曲线上，低类型选择的点 (x_L, w_L) 处在表示"低类型的生产率"的曲线上。

下面我们通过逐一检验均衡条件,来解释一下为什么这种状态会成为信号传递均衡。为了进行具体解释,我们考虑图9-9中高生产率类型选择的学历x_H为"大学毕业",低生产率类型选择的学历x_L为"高中毕业"的情况。

*均衡条件的检验:

[1]**劳动者的最优行动** 在"有关学历与工资的关系的预期"[曲线$w = w(x)$]下,每种类型的劳动者分别选择最优的点。即在"高中毕业的工资5000元,大学毕业的工资8000元"的预期下,因为高生产率类型选择大学毕业,低生产率类型选择高中毕业是最优的,所以每种类型都按照以上方式选择学历[像图9-6详细解释的那样,对每种类型来说的最优点,都是该类型的无差异曲线与曲线$w = w(x)$的切点]。

[2]**企业的最优行动** 最终,劳动力市场上会出现具有高中毕业和大学毕业两种学历的劳动者。在图9-9中,请注意,市场上存在的各种各样的企业为高中毕业生提供5000元($= w_L$),为大学毕业生提供8000元($= w_H$)的工资。在这种现象的背后(图9-9没有直接描绘出来),是企业共同持有"**高中毕业的话生产率是5000元**""**大学毕业的话生产率是8000元**"**的预期,每个企业在这个预期下尽最大的努力来竞争**(请回过头看一下第432页脚注)。

[3]**预期的实现** 在实现的点(x_L, w_L)和(x_H, w_H)处,**劳动者和企业的预期都得到实现**。首先,劳动者的"高中毕业生工资可能为5000元,大学毕业生工资为8000元"的预期得到实现。并且,企业的下述预期当然也得到了实现:

工资(=企业预期的生产率)=实际的生产率

即"高中毕业的话生产率为5000元""大学毕业的话生产率为8000元"的企业的预期也得到了验证。

上述条件与之前讲过的分离均衡条件(Ⅰ)(Ⅱ)的关系是,此处检验的条件[1]对应着条件(Ⅰ),[2][3]对应着条件(Ⅱ)(读者自己经过刚才我们对均衡进行了大概的解释，但是，与"由需求和供给的交点决定价格和数量"的市场均衡不同，信号传递模型的均衡是什么以及如何决定的，是不是更加难以理解呢？请阅读后面的几个注解。

注解9-2 **曲线$w = w(x)$从哪里来？** 看到表示信号传递均衡的图9-9，大家是不是会首先产生疑问，"有关学历与工资的关系的大众预期"的奇怪形状的曲线是怎么得来的？ 答案是，这是经过在注解9-1前面部分所解释的调整过程之后得到的结果。也就是说，社会上有一些例如"将来拿工资的话,高中毕业工资多少,大学毕业工资多少，研究生毕业工资多少"等大致的预期。人们根据这些预期进行行动之后，如果最终实际拿到的工资与预期非常不符的话，那么就会修订预期[曲线$w = w(x)$]。然后，**这种调整进行到人们的预期大体上与现实相符合时，就形成了图9-9中描绘的大众所持有的预期的曲线。**

稍加思考就会知道，处在均衡状态的**曲线**（有关学历与工资的关系的大众**均衡预期**），**并非只有一条，可能有很多条**。总之，满足之前论述的条件（Ⅰ）和（Ⅱ）的曲线，每条都代表着均衡状态。

请看图9-10。该图描绘了多种预期（a，b，c），与之前见过的图9-9的结果[(x_L, w_L)和(x_H, w_H)]是一样的。其中，每个都是分离均衡[检验一下是否满足分离均衡条件（Ⅰ）和（Ⅱ）]。之所以每种预期都有可能，是因为在这个假设的社会中，**只有高中毕业x_L和大学毕业x_H两个学历，持有其他学历的人的工资是如何决定的，并没有一个明确的社会标准**。例如，在持有如图9-10中的a预期的社会中，社会在达到只有高中毕业生和大学毕业生的均衡状态之前，可能会有部分人读研究生，碰巧作出这种选择的人一般都比较优秀，所以被支付的工资也比较高，因此可能会有"研究生毕业生的工资高"的预期。与此相对，在持有如图9-10中的b和c的预期的社会中，碰巧过去出现的几个研究生毕业生的工资低，或者"研究生都是怪人，对社会毫无用处"这样的偏见可能已在社会上根深蒂固。这种社会一旦达到均衡状态，没有人会再去读研究生，所以这种偏见永远都不会消失。

虽然图9-10展示了带来同样结果的各种预期，但是如果预期变化很大的话，作为均衡得到实现的结果（何种类型选择什么样的学历）本身也会发生变化。请看下一个注解。

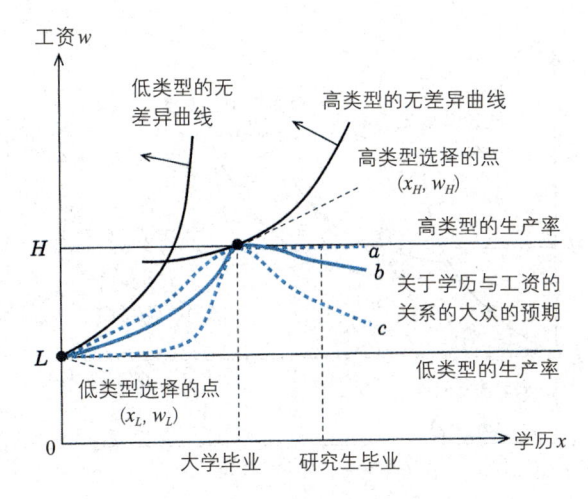

图9-10 带来同样结果的多种预期(a,b,c)

注解9-3 分离均衡带来的结果有很多：如果人们的预期不同，持有相同结构的社会也会出现人们选择不同行动的均衡。请看图9-11。

图中的A点，是在之前看过的图9-9中的分离均衡下高类型选择的点。现在，让我们假设社会中"学历和工资的关系的预期"变为虚线所表示的样子。这样的话，高生产率类型选择的点就会从A变化到A'。变化后的状态当然也是分离均衡。其原因是，该状态满足之前提出的分离均衡条件（Ⅰ）和（Ⅱ）[1]，而满足这两个条件（Ⅰ）和（Ⅱ）的任何状态都能成为分离均衡[2]。

在持有虚线预期的社会中，高能力的人为了向企业清楚地展示自己的能力，需要具备硕士等超高学历。其原因是，大家都持有"仅仅大学毕业的话，工资不会变得那么高"的预期，所以高能力的人都读研。以日本为例，文科生大多数在大学毕业就终止学业，而理科的学生一般会进入研究生课程。这可能是由于学科性质不同而导致的，也很有可能是由于在文科中，"一般能力高的人大学

---

[1] 为了更深刻地理解，请读者自己就新的均衡状态做一下关于图9-9所讲的"均衡条件的检验"。

[2] **非常细微的脚注**：如果劳动者的生产率有L（5000元）和H（8000元）两种类型是社会中众所周知的事实的话，则预期的工资$w(x)$应该处在这两个值之间。因此，在严谨的博弈论分析中，除了条件（Ⅰ）和（Ⅱ），还要附加一个条件$L \leq w(x) \leq H$。

438　微观经济学的力量

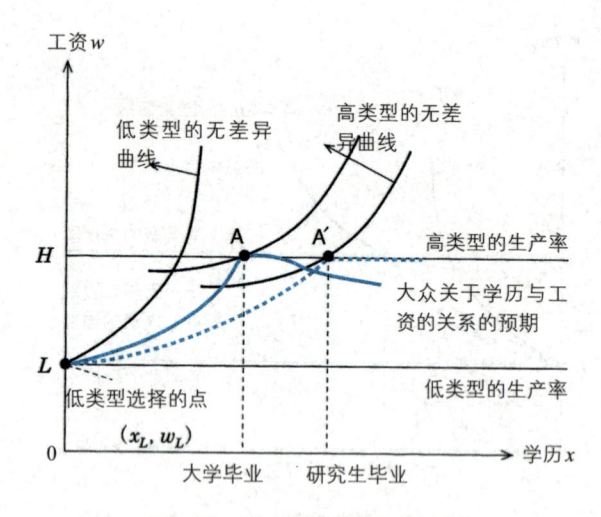

图9-11　分离均衡的结果有很多个

毕业就终止学业了，进入研究生阶段的都是怪人"（曲线在大学毕业之后向右下转弯）这样的自我实现的预期（均衡）稳定下来，而在理科中是"有能力的人读硕士是理所当然的"这样的另一种自我实现的预期（均衡）得到实现。

"信号传递模型"表达的是，持有私人信息的人通过采取一定的行动将自己的类型告知他人。对其进行分析可知，在模型中通常存在很多均衡。到底能够实现哪一个，取决于人们有何种预期，以及对预期进行何种调整和修订的历史。

> 信号传递模型中存在**多个均衡**，何种信号被选择可能会根据社会的不同而不同。

以上就是信息经济学所揭示的重要洞察。

注解9-4　**东京大学毕业生的年收入高是因为教育更优良吗？**东京大学的毕业生年收入与其他人相比更高。更普遍地讲，众所周知，教育水平与工资之间存在正相关关系（**看一下现实数据就可以知道，学历越高，工资越高**）。工资是由劳动者的生产率决定的，对这个现实社会的数据进行简单分析，很容易认为：

"教育能提高生产率。"

可是，本节介绍了基于信息经济学对劳动力市场的分析，它告诉我们的令人震惊的结论是，这种解释可能是完全错误的。请看我们分析的模型中教育和生产率的关系的图9-8（第433页）。

在我们的模型中，教育完全不会提高生产率。尽管如此，观察均衡下实现的结果可知，学历越高的人，其生产率越高。原因是，社会中本来就存在低生产率的人和高生产率的人，**教育**并不是对这些人的生产率作出改变，而是起到**甄别持有不同生产率的人**的作用。

大学毕业生的工资高，到底是因为上大学之前要经过长时间的考试学习，以及在大学中学习的各种知识（例如微观经济学）能够真正提高生产率，还是因为这种学习"毫无用处，但是会起到甄别能力不同的人的作用"，请大家自己思考！

②信号传递均衡（之二）：混同均衡

以上的分析明确了：学历可能成为信号，向企业传达本来只有本人才知道的劳动者的生产率。但是，在劳动力市场的信号传递模型中，"由于所有人都选择同样的学历，私人信息（生产率）不会被传递给企业"这样的均衡也存在。这种均衡叫作混同均衡。

图9-12表示的是，在混同均衡下，所有类型都选择的学历和工资(x^*, w^*)是如何决定的。

表示混同均衡的图9-12的要点（即混同均衡的条件）为以下两个。

> **混同均衡的条件**
>
> （i）每种类型的无差异曲线都在点(x^*, w^*)处与曲线$w = w(x)$（表示学历与工资的关系的预期）相切。
> （ii）所有人都选择的点(x^*, w^*)处在表示"社会平均生产率"的曲线上。

现在，我们检验一下图9-12中的均衡成立的原因。举例说明，考

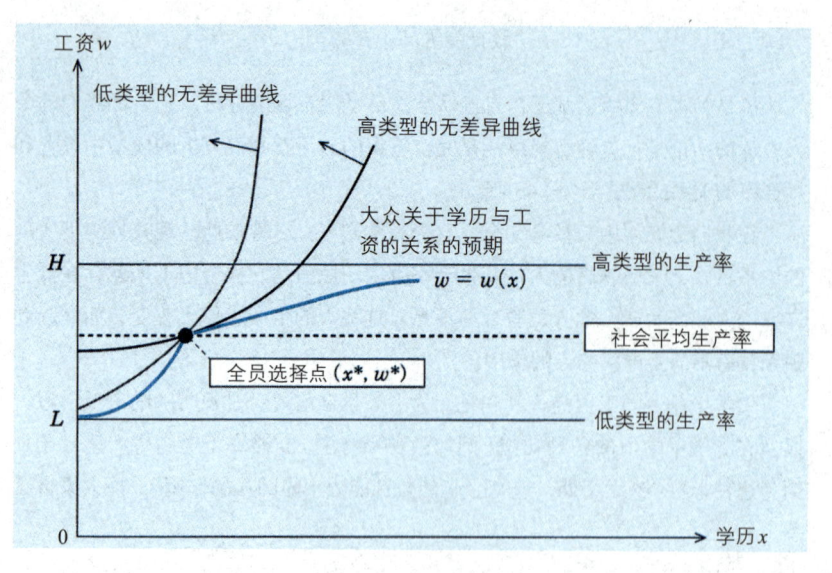

图 9-12 混同均衡

虑高类型的生产率为 8000 元,低类型的生产率为 5000 元,两种类型在社会中各占一半的情况。这样的话,"社会平均生产率"为 6500 元。在混同均衡下,这是所有人都拿到的工资。同时,为了进行更具体的论述,让我们假设混同均衡下所有人选择的学历(x^*)都为"大专毕业"。

*均衡条件的检验

[1]**劳动者的最优行动** 每种类型的劳动者都在"有关学历与工资的关系的预期"[曲线 $w = w(x)$]下,选择(所有人都选择 x^* = 大专)最优点[曲线 $w = w(x)$ 与无差异曲线的相切的点]。这里请注意,劳动者的预期是,"上大专的话工资为 w^* = 社会平均生产率 = 6500 元"。

[2]**企业的最优行动** 最终,出现在劳动力市场的只有大专毕业生。在图 9-12 中,市场上存在的各种各样的企业,都为这些劳动者提供 6500 元的工资。在这种现象的背后(图 9-12 没有直接描绘),是企业共同持有"大专毕业的话生产率为 6500 元"的预期,在该预期下每个企业尽最大的努力进行竞争。

[3]预期的实现 在点(x^*, w^*)处,**劳动者和企业的预期都实现了**。首先,劳动者的"上大专的话工资为6500元"的预期得到实现。并且,企业的"大专毕业的话生产率为6500元"的预期也得到实现。实际去观察雇用的劳动者的生产率的话,则一半为8000元,一半为5000元,平均恰好是预期的6500元。

正如分离均衡可以有很多个一样,**混同均衡也并非只有一个,而是有多个**。总之,所有满足条件(i)和(ii)的均衡都构成混同均衡(大家可以画出与图9-12不同的混同均衡的图,来加深理解)。

实例24 MBA 在美国,拿到工商管理硕士(MBA)学位的话,工资会得到很大提升。

进入MBA之后,作业和课程很多,2年间都要努力学习。那么,MBA的工资比本科毕业生高5万美元以上(图9-13),这是因为教育提高了生产率,还是如注解9-4所讲,"教育本身并不提高生产率,刻苦学习本来就是作为将高能力者甄别出来的机制在发挥作用"呢?

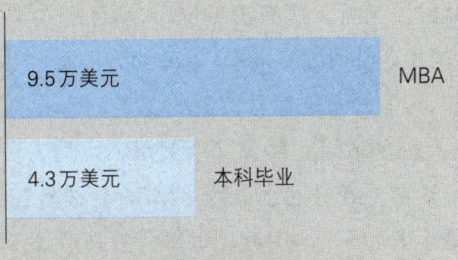

9.5万美元　　　　　　　　　MBA

4.3万美元　　　本科毕业

图9-13　2013年美国应届生工资(年薪)

只经过两年的教育就能够将生产率提高那么多,实在是难以置信,因此,MBA的高工资相当一部分如信号传递模型所表示的那样,是"MBA项目本身就是在筛选高能力者"的体现。很多国家也有MBA项目,但是"取得MBA学位,工资提高5万美元"的现象并不普遍存在。为了理解这个问题,请大家将本节所讲的模型进行一般化分析。

- 劳动者→进入大学的人。
- 高类型→其中管理能力特别高的人。
- 低类型→其他普通的大学入学者。

于是我们可以这样理解，在美国，"MBA学历表示为高能力类型的分离均衡"是成立的，而在很多国家，"所有类型都止步于大学毕业，取得MBA的人（几乎）不存在的混同均衡"是成立的。

社会一旦进入某一个均衡，就很难从中脱身。要让MBA项目在社会上扎根，需要有如下图这样的良好循环。

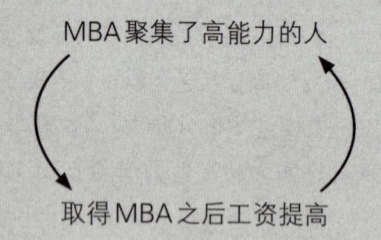

MBA聚集了高能力的人
↓↑
取得MBA之后工资提高

为了实现这个目标，只有提供MBA项目的大学的努力是不够的，**整个社会的预期必须改变**，这是本节的分析所给出的重要洞察。

如果MBA实现的不是信号传递的功能，而是项目本身就能提升5万美元生产率的效果，那么"取得MBA之后工资大幅上升"的现象，应该会更容易在社会上扎根。MBA要达到在社会中发挥作用的状态，需要花费一定的时间，这本身就是信号传递理论很好地解释MBA作用的佐证。

第十章　有关社会思想的讨论

走过漫漫长路，以上对经济学基本分析方法的解释终于完成了。掌握了经济学的基本分析方法（理论模型）之后，就能很好地理解通过市场进行资源配置的社会的基本结构。但是，本书所介绍的理论模型的功能并不仅限于此。记住微观经济学的理论模型，再去思考各种各样的社会问题时，大家会更进一步地对"如何看待社会""在社会上应该做些什么"等问题（被称为社会思想·意识形态问题）有更深层次的洞察。"学习经济学的基本思维方式之后，掌握对社会的新看法，你会有所改变"——本书最初承诺的事，将在本章得到总结。

第一节　社会问题存在争议的根本：共同体逻辑与市场逻辑

请先思考一下如何看待下面的观点。

- 现代社会的各种问题，都是由于企业追求利润而引起的。如果将企业的目标转化为**追求公共性**，社会将会变得更美好。
- 工作不是为了追求自身利益，而是**为了所有人的利益**，由此社会将会变得更美好。
- 消除贫富差距，**所有人平等地分享东西**就是美好的社会。

觉得怎么样？这些想法让你的内心产生强烈共鸣了吗？以上让我们从心底认同的观点，其基础是"**共同体逻辑**"。后面我们会详细解释共同体逻辑是什么，简单来说，这是一种将家人和朋友、邻居等"熟人"

联系起来的基本思想。实际上，在20世纪的"冷战"时期，相当多的国家都是试图按照这种理想来管理经济的，这就是计划经济。

"冷战"中，构成"资本主义阵营"的是利用市场来管理经济的资本主义国家，以美国为首，包括英国、法国等西欧国家。而构成"共产主义阵营"的是采用计划经济的社会主义国家，包括苏联，以及波兰、匈牙利等东欧国家。资本主义阵营被称为"西方"，共产主义阵营被称为"东方"，世界被分为这两大阵营。虽然没有产生大规模的武力冲突，但是在经济、政治、文化等各个方面都有激烈的对抗。这就是"冷战"一词的来源。现在的德国当时被分为"联邦德国"（资本主义阵营）和"民主德国"（社会主义阵营）两个国家，一堵划分东、西德国的巨大墙壁（柏林墙）在柏林城中心被建造起来，人们的往来受到严格限制。

基于计划经济的经济管理体系，初期成果显著，但是后来逐渐停滞不前，到20世纪末引发了不少事件。图10-1展示的是1989年11月9日柏林墙倒塌的照片，这是"冷战"终结的标志性事件之一。从照片中可以看到墙壁倒塌之后欢呼雀跃的民众。

图10-1 柏林墙的倒塌

照片提供：dpa/时事通信照片

作为经济管理的手段，市场逻辑明显占据了上风。

那么，曾经将世界一分为二的共同体逻辑和市场逻辑，到底是什么样的呢？实际上，用我们目前为止所学的经济学理论模型，就可以清楚地理解这个问题。下面我们来详细讲解一下，我们所学的数学模型会为社会思想带来什么样的洞察。

(1) 共同体逻辑是什么

人类诞生之后的很长一段时间，人们都是在小的共同体中一起生活的。在这样的共同体中，**熟人之间的互帮互助**是很重要的。在共同工作中，一个人不能偷懒，要和大家齐心协力一起劳动，得到的东西、生产的物品不是一个人独占，而是与大家分享，这是最基本的社会规范。在现代社会，例如家族之中，也会有这种方式的互帮互助。

不过，重新读一遍上文之后，我们会发现"不要一个人偷懒""不要一个人独占"有值得注意的地方。注意到这些事实，再去思考熟人之间互帮互助的本质是怎样的，你大概会得到如表10-1所示的内容。

表10-1 共同体内部的互帮互助，很多时候会陷入囚徒困境

选择模式	合作	利己的行动
合作	3，3	-1，4
利己的行动	4，-1	0，0

（0，0）追求自身利益的话，所有人都陷入困境

这是<u>囚徒困境</u>的收益表[1]。虽然对整体来说最理想的是两者合作的状态（3，3），但是此时如果自己一个人采取利己行动的话会获益（收益从3增加到4）。如果放任不管，恐怕参与者会**争相采取利己行动，结果导致整体上陷入收益很低的状态**［最后实现用蓝线圈起来的纳什均衡（0，0）］。

---

[1] 在表格上下两行之间进行选择的是参与者1，在左右两列之间进行选择的是参与者2，每一栏的数字代表的是两个参与者的收益。

表10-1只是一个经过简化的例子，共同体内部的互帮互助肯定更加复杂和多样。但是，博弈论研究的积累表明，表10-1的情况是很常见的。由于共同体内熟人之间互帮互助，共同体也是**少数人一边揣测彼此的行动一边行动的世界**，所以它当然也是适用于博弈论分析的对象。在这种情况下，如果每个人都**做出利己行动的话**，人们行动的稳定状态就**构成纳什均衡**。并且，我们知道，纳什均衡一般会带来**不利于整体的低效率**的结果。这是我们在"博弈论"部分详细学习过的内容（可以回顾第六章第二节）。

我们来分析一下原因。人们一旦只追求自身利益，就完全不会考虑自身的行动给他人带来损害还是帮助。因此，就容易做出令"自己收益颇丰，对手损失惨重"的行动，例如"只有自己偷懒"或者"无论收到什么都不还礼"等。而且，如果所有人都采取这种利己行动的话，就会导致"互扯后腿"，结果便是所有人都遭受损失。博弈论在被应用到经济学等社会科学之后发现的重要洞察就是，实际上在很多事例中都会发生上面的现象（利己带来的纳什均衡，对整体没有好处）。

人类共同体在漫长的过程中，提出了能够解决上述问题，并用巧妙的方法引导熟人之间的互帮互助的方法。那就是**道德法则**：

- 重视对他人的**关怀与公共精神**，
- 对追求**自身利益**的行为感到**反感、厌恶**，
- **相比基于利己精神的竞争**，更重视合作。

人类诞生以来，长时间在共同体内部生活的人，都掌握了这样的道德法则。以上就是"共同体逻辑"。

（2）市场逻辑是什么

然而，随着历史的发展，社会管理方式的崭新逻辑出现了。那就是"市场逻辑"。现代社会的特征，就是市场逻辑在相当广的范围内得到应用。

需要互帮互助的，不仅仅是小的共同体，**现代社会也一样**。但是，

与共同体内部熟人之间的互帮互助不同，现代社会繁荣的基础，是**数量庞大的陌生人之间的互帮互助**。例如，大家日常使用的东西，就是通过大量陌生人的互帮互助制作出来的。图10-2展示的是智能手机是由哪些人制造出来的。

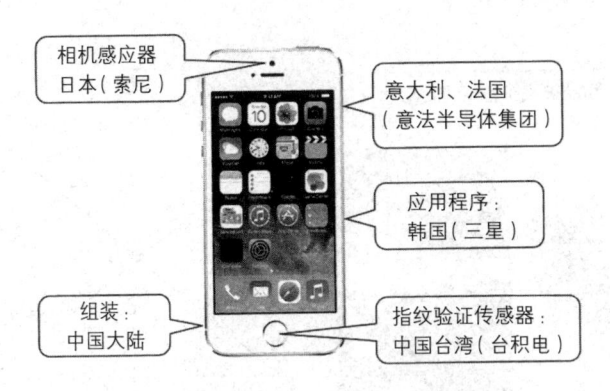

图10-2　智能手机（iPhone 5s）是谁制造出来的？

　　大家使用智能手机的时候，实际上**正在得到**世界上很多从未谋面之人的**帮助**。大家打算如何**回馈**这些人呢？　如果我们在便利店打工的话，大家是在帮助顾客。顾客中，可能有银行职员。该银行的交易对象是丰田，丰田车被出口到中国，中国公司员工乘坐丰田汽车来到公司制造智能手机……经济的运转，就是大家在互帮互助。虽然互帮互助的网络远非如此简单，是无比复杂的，但是大家的帮助确实能够通过某些途径到达智能手机的生产者。这种**互帮互助的网络作为一个整体**的样子，简直复杂到无法想象。

　　市场能让数量庞大的陌生人形成互帮互助的网络，靠的是：

- 分割成使用现金交换的小的交易单元（即**创建**进行多种商品交易的**各类市场**）。
- **妥善利用利己精神**。

　　正如第三章所讲，生产者和消费者不会直接思考诸如"帮助谁，如何去帮助""谁，在哪里，需要什么帮助"这类问题，而是一边**观察市场价格**，一边**追求自身利益**。于是，作为社会整体（无论是谁都无法掌握它巨大而复杂的全貌），数量庞大的陌生人之间**互帮互助**的网络就这样成功地建立起来了。我们已经通过经济学理论模型深入学习这个机制，简单总结如图10-3。

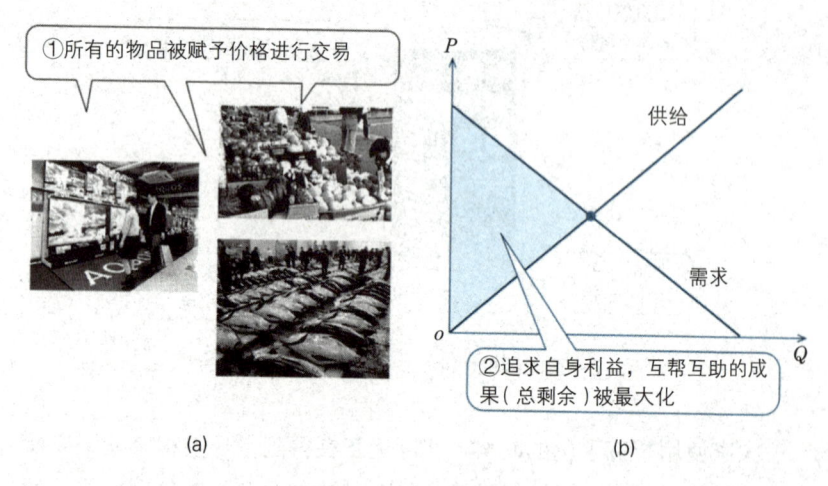

①所有的物品被赋予价格进行交易

②追求自身利益，互帮互助的成果（总剩余）被最大化

(a) (b)

图10-3 市场的运作

照片提供：EPA＝时事株式会社 筑地太田

为了更好地利用市场进行这种互帮互助，重要的是以下两点。

- 允许**追求利己精神**，重视不被规则和习俗束缚的**选择的自由**。
- 重视**公平竞争**。

这就是利用市场来管理社会的价值观。

以上是"**市场逻辑**"，与之相比，共同体逻辑将"对他人的关怀""对利己精神的反感、厌恶""合作胜过竞争"作为宗旨，二者形成鲜明对比。将目前为止的讨论重点总结的话就是：

> 无论是共同体逻辑还是市场逻辑，都想办法引导互帮互助，但是背后支撑它们的**价值观是完全对立的**。

现代社会中各种观点的对立和思想互相碰撞的背后，都是"限制利己精神"的共同体逻辑和提倡"自由追求利己精神"的市场逻辑的对立，这样想的话，事情就会被理清楚了。例如，在媒体和网络上热烈讨论的下列对立观点，就可以理解为共同体逻辑（左边）和市场逻辑（右边）的对立。

亚洲传统的社会规范	对	欧美国家的社会规范
对不平等社会的批判	对	放松管制
反全球化运动	对	新自由主义

（3）共同体逻辑的局限

这里，我们总结一下从20世纪的经验中学到的宝贵教训。试图**将共同体逻辑应用到家人、邻居等经常见面的小群体范围之外，并在经济整体的运行过程中都使用**的做法，产生了巨大的低效率。也就是说，在经济学领域内，**对他人的关怀、公共精神这种道德法则适用的范围，通常比我们想象的更狭窄**。

这里请再次回忆一下本章开始时提到的共同体思想。

- 把企业的目标由追求利润转化为**追求公共性**，社会将会变得更美好。
- 如果工作不是为了追求自身利益，而是为了所有人的利益，社会将会变得更美好。

其实，大家身边就存在遵循这个原理而运行的事物，而且很多很多，大家察觉到了吗？ 举例来说，政府部门就是如此。观察政府部门的功能，我认为可以切实感受到上文那样的理想与现实之间的落差。在政府部门工作的大都是比较出色的人（这一点后面会详细解释），遗憾的是，他们的服务态度经常不能令人满意。请看下页的漫画（图10-4）。

共同体逻辑在经济管理上遭到了低效率，从中我们能看到如下的特定模式。

共同体逻辑失败的模式

①假定对他人的关怀和公共精神的道德法则在广泛的范围内起作用，结果却事与愿违**产生了巨大的低效率**，

⬇

②作为对策，推行严肃法纪及道德法则的强化，可能陷入**无公民自由**的互相监督的情况。

请再看一下图10-5的最后一部分。看着那个态度傲慢的大叔，我们的直觉反应可能是"真是个仗势欺人的家伙""这家伙真坏"。我自己也是，每当对政府服务失望的时候，会不自觉地想"找办法对付这家伙"。但是，这样做其实于事无补。

无论是在政府部门中让我们感到不满的工作人员，还是在百货商店笑着说"欢迎光临"的人，本质上都是同样的人。确实，人们的服务精神多少都会有所差异，但是，其中特别具备服务精神的人恰好都进入了私营企业，不具备服务精神的恰好都在政府部门工作，也几乎是不可能的。更为接近本质的解释是，"错的不是那些为我们提供恶劣服务的人，而是让这些人产生那种态度的社会制度设计的缺陷"。

也就是说，同样的人，由于不同的制度设计，其态度会有很大差异。在公共服务部门中经常忽视服务的人，如果进入私营企业工作的话，也会笑着说"欢迎光临"。我们真正应该学到的是：

- **普通人普普通通地做事就可以很好运转的社会**，就是良好的社会。
- 为此需要妥善地进行制度设计。

图10-4 漫画《打工人》

（4）两种逻辑的作用

让我们总结一下以上的讨论。关于妥善地管理社会，也就是积极地调动人们之间互帮互助的做法，存在"共同体逻辑"和"市场逻辑"这些不同类型的观点。图10-5对此进行了总结。

20世纪的历史给我们最深刻的教训是，为了提高国民生活水平，需要数量庞大的人之间互帮互助，因而使用市场逻辑更为成功。确实，市场不是万能的，存在这样那样的缺陷，但是，我们也都知道，无论站在什么样的思想立场，为了达到理想的社会，或多或少都不得不与市场打交道。

而共同体逻辑在很多情况下也是不可或缺的。在实现家人和朋友互助、地方社会组织的运行，或者救济弱者、实现社会正义的运动等方面，共同体逻辑都能够发挥出强大的力量。

从这个角度来看现代经济思想状况的话，会浮现出两大问题。第一个问题是，只关注图10-5最上面的"价值观"部分，很多学者都喜欢在讨论社会问题时研究立场的对错。但如果从始至终都只在价值观层面讨论"公共精神重要吗""公平竞争和自由重要吗"，会导致互相"贴标签"，诸如"你是市场原教旨主义者""你是反对势力"等，而忽略了最重要的问题：怎样做才能真正提高国民幸福感？为了思考更有建设性的事情，充分理解图10-5箭头部分所指代的**价值观如何发挥作用**是非常重要的。举一个例子，邓小平提出实行社会主义市场经济的"改革开放"政策时，就提出了"不管黑猫白猫，抓到老鼠就是好猫"的表述。当代中国的显著经济增长就源于改革开放的路线。反过来看日本的思想状况，因为过于强调公共精神的重要性，所以断言市场逻辑的功能（将陌生人之间的互帮互助妥善地引导出来，即图10-5右侧的箭头）"全部都是胡说八道"的人依然比比皆是，这是一个很大的问题。与欧美各国相比，日本的现状是，这些缺乏"经济素养"的人在言论界和决策部门都有非常大的影响力。

日本思想状况的第二个问题与上述内容正相反，对家族、朋友、地方社会的管理，以及对弱者的救济、社会正义的实现来说不可或缺

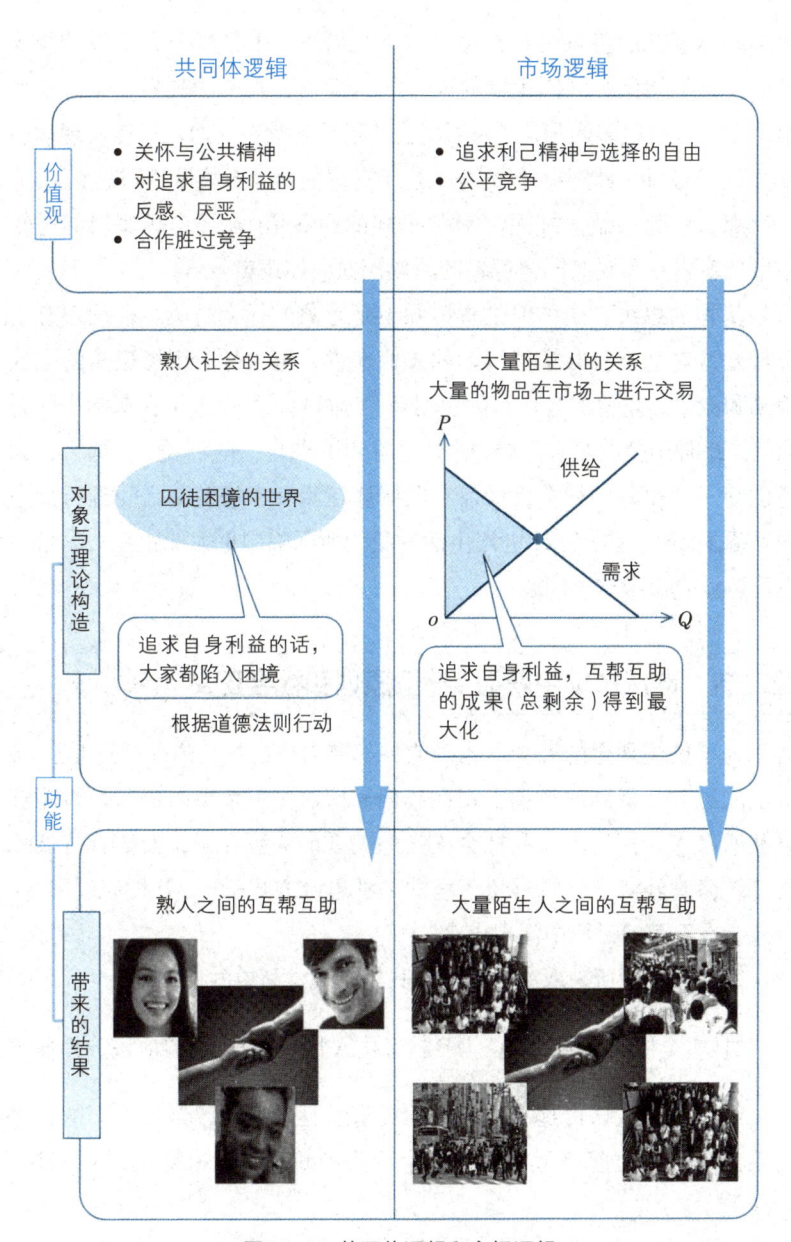

第十章　有关社会思想的讨论　　453

	共同体逻辑	市场逻辑
价值观	• 关怀与公共精神 • 对追求自身利益的反感、厌恶 • 合作胜过竞争	• 追求利己精神与选择的自由 • 公平竞争
对象与理论构造	熟人社会的关系 囚徒困境的世界 追求自身利益的话，大家都陷入困境 根据道德法则行动	大量陌生人的关系 大量的物品在市场上进行交易 （供给需求图：P 纵轴，Q 横轴，供给、需求曲线） 追求自身利益，互帮互助的成果（总剩余）得到最大化
带来的结果	熟人之间的互帮互助	大量陌生人之间的互帮互助

图 10–5　共同体逻辑和市场逻辑

照片提供：时事通讯社

的共同体逻辑的影响力正在丧失。曾几何时，主张尽全力救助社会弱者的，正是相信共同体逻辑的人。"二战"后，日本的政界、党派和大学生中，曾有很多人相信"如果用公共精神来管理一切，就能实现理想社会"，并为此而努力，但如今，这个理想的继承者数量急剧减少。

那么，怎么做才好呢？教科书式的回答是"需要市场逻辑的时候用市场逻辑，需要共同体逻辑的时候用共同体逻辑就可以了"。确实，这是基本的思维方式，但是事情并不是想象的那么简单。根据现有研究可知，对基于公共精神行动的人们来说，引入基于市场逻辑的金钱报酬和竞争，重要的合作行为会崩坏[1]。因为人们没办法在头脑中随时切换"此时用公共精神""此时要竞争和追求自己的利益"。那么，为了创建一个更好的社会，如何在共同体逻辑和市场逻辑之间进行折中呢？我认为，这是在21世纪生活的我们所面临的重大课题。大家自己也可以认真思考这个问题。

第二节　谁从市场中获益：补偿原理和社会正义

为了创建理想的社会，或多或少都要与市场打交道——这是从20世纪的经验中得到的教训。现在我们来探讨一下市场的福利是否能够惠及所有人。探讨市场和社会正义的关系的关键在于，如何看待被藏在传统微观经济学教科书角落里的一种思维方式——"补偿原理"，这一点会在下面的讨论中浮现出来。

微观经济学所采取的立场是，只做出非常简单的价值判断：

"社会全体成员如果都认为B状态比A状态好，那么就应该选择B。"

或许多数人认可这个基于帕累托有效性的判断，但当人们的利害关系出现冲突时应该怎么做，这个价值判断却只字未提（让国民自己判断）。

---

[1] J.C. Cardenas, J. Stranlund and C. Wills (2000) "Local Environmental Control and Institutional Crowing-Out." *World Development*, 28(10), pp. 1719-1733.

在现实社会中，人们之间有利害冲突是很常见的。学生们一旦步入社会，也必须马上在这种利害关系下进行各种判断。现在，**忘记前面的理想化结论，让我们从正面讨论价值判断问题。**

随着技术革新的兴起，新产品被发明出来，新店开张……市场的变化日新月异。并且，政府的经济政策和关税政策等发生变化，市场也一定会发生变化。当这些变化在市场上发生的时候，通常会有人受损、有人获益。例如：

- 在调低进口关税之后，进口蔬菜和水果的价格比以前更便宜，但是国内的农民因此受到打击。
- 虽然数码相机和智能手机的发明让拍照变得极为便利，但是街道上冲洗照片的照相馆大多都倒闭了。

对进口和新产品进行管制是"存在市场扭曲的状态"，没有实现资源的有效配置。此时，<u>福利经济学基本定理</u>告诉我们，撤销管制、创造完全竞争状态，获益的人对受损的人**支付补偿金，全体国民都会受益**。这在第三章详细解释过，是经济学揭示的最令人震惊的重要结论之一。但是，正如上述蔬菜水果的自由贸易和数码相机的例子告诉我们的，**现实中这种补偿通常不够全面，或者说完全没有，但市场仍在持续运行**。如何看待这种现实呢？——市场与社会正义的关系，恰好被集中于这一点上。

此时，关于应该做出何种价值判断，"福利经济学"研究领域进行了各种讨论。其中一种思路是这样的。

> 当市场上的变化（政策变更和技术革新等）发生的时候，如果获益的人向受损的人**支付补偿能够使得全体成员获益**的话，那么就算**补偿实际上没有实行**，也应该认可这些变化。

这就是"<u>补偿原理</u>"（为了避免误解为"无须补偿"，可以把这个说法看成"假想的"补偿原理）。市场如果被放任自流的话，会自动按照上述原理运行。

但是"如果进行补偿会让全体成员获益"的话，进行补偿不是很好吗？如果不进行补偿也没关系，不是一个让人难以理解的观点吗？正因为如此，这个想法曾经作为"**荒唐的原理**"被有良知的人嘲笑，但是，我们观察一下历史和现实就会发现，这个原理有时会带来意想不到的结果。

适用这个原理的案例如果只有一个的话，很难支撑其合理性。我当然不认为对受到损害的人置之不理是合理的。但是，从历史经验中可知，在社会中将其**作为原则来采用，并全面运用于很多事例之后，长远来看的确很多人会从中获益**。"补偿原理的全面应用从长远来看让很多人获益"的可能性是由英国经济学家J.希克斯最先提出来的，因此这个想法用他的名字命名为"**希克斯乐观**"。这个可能性如图10-6所示。

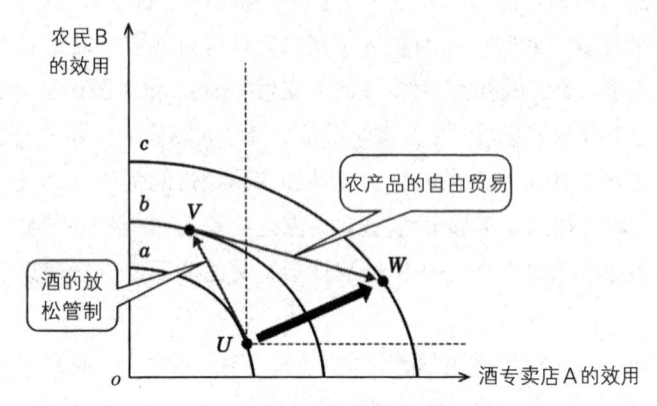

图10-6　补偿原理的全面应用可能让全体成员获益

图10-6中的曲线a，表示的是政府在实行各种管制政策时，社会能够实现的效用水平，实现的效用为U点。表示社会能够实现的最大效用水平的曲线a，被称为"效用前沿"。

现在，如果对酒的管制放松，由于社会能够实现更高的效用水平，所以效用前沿变化到曲线b。此时，实现的效用是V点，且由于酒的放松管制，导致酒专卖店A受损，农民B获益。如果假设，获益的B向受损的A支付补偿金的话，就会获得比曲线b上的点更靠右的点，与原来的状态U相比两个人都获益。但是，补偿原理说的是，这种补偿不实行也没关系。

接下来，如果实行农产品的自由贸易，这次是农民B受损，酒专卖店A获益。结果实现W点，与初始点U相比**A和B两方都获益**。也就是说，如果继续全面放松管制，虽然自己受损的情况也存在，但是也可能得到放松管制的福利，最终所有人都更加受益。

看这个图时普通人的真实感受可能是："理论上虽然如此，现实中能这样顺利地进行吗？"甚至，很多人会认为结果会变成如图10–7所示，"由于放松管制与经济增长，赢家越来越赚钱，输家越来越受损"。

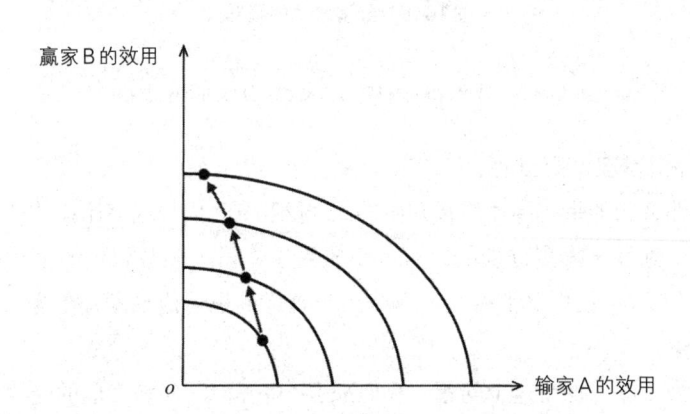

图10–7　放松管制和经济增长会不会加大贫富差距？

图10–6和图10–7哪个是正确的，这是个实证问题。因此，让我们用几组数据来看一下它们在现实中的表现如何。

首先，让我们再次看一下第一章出现过的图10–8。观察一下表示平均国民收入水平的图10–8可知，两国的经济差距很大。在韩国经济增长的过程中，由于技术革新和新企业的进入，有很多企业在竞争失败后倒闭或破产，也有很多企业在竞争中生存下来。并且，在这个过程中，获益的人并没有向受损的人一次一次地支付补偿。也就是说，在该图所表示的韩国经济高速增长的背后，存在着一种事实：市场是根

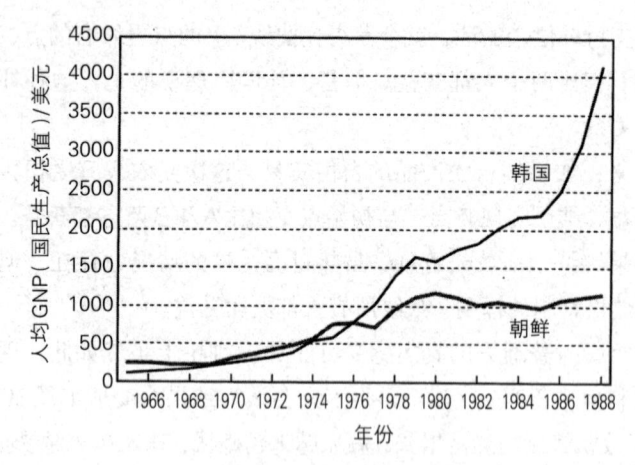

图10-8 经济整体的蛋糕大小

来源：金向东：《关于朝鲜的经济成长的争论的一个考察——从1965年到20世纪80年代末》，《立命馆国际地域研究》第24号，2006年3月，第131—141页。

据"补偿原理"来运行的。

那么，如果将高速增长开始的20世纪70年代与现在比较的话，是不是得到经济发展好处的只有一小撮赢家，而大多数国民的生计都比20世纪70年代更差了呢？直观来讲，这样的事情似乎没有在这个事例中发生。

为了深入探讨这个问题，我们来看一下表示"经济发展的受益者是谁"的另一组数据。图10-9表示的是"平均国民收入与富裕阶层占有财富比例"二者之间的关系的曲线，该曲线被称为"库兹涅茨曲线"。

根据这个图，库兹涅茨曲线大致是倒U形的。即经济增长发生之后平均国民收入增加（曲线向右移动），最开始收入差距变大（富裕阶层的收入份额增加），但进一步增长的话，富裕阶层的份额反而逐渐减少。如果随着经济发展"赢家越来越有钱"的话，这个曲线就不应呈如图所示的倒U形，而应变为向右上方倾斜。

反过来，让我们看一下经济发展和"输家"之间的关系。图10-10

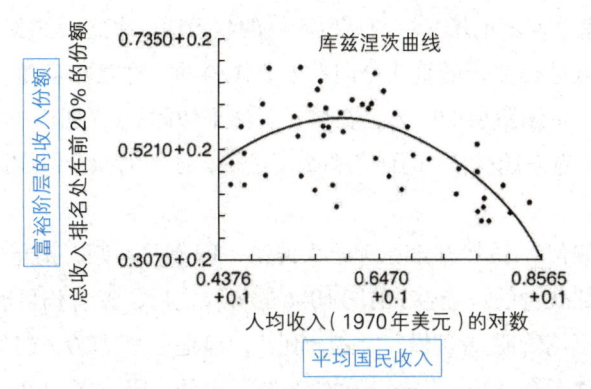

图10-9　经济增长的成果，多大程度是由"赢家"带来的？（库兹涅茨曲线）

来源：Williamson, Jeffrey G.著，安场保吉、水原正亨译《不平等、贫困与历史》（Minerva书房，2003年）

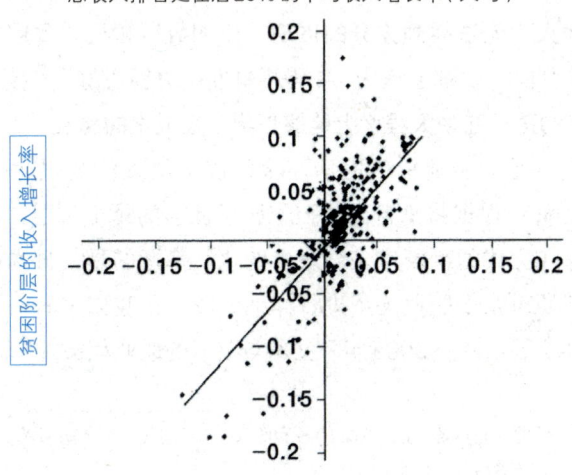

图10-10　"输家"在多大程度上享受到经济增长的成果？

来源：泽田康幸著《国际经济学》"基础课程经济学7"（新世社，2003年）Dollar, D. and A. Kraay (2002) "Growth is for the Poor," *Journal of Economic Growth*, 7, 195–225.

呈现的是整个经济的增长率与贫困阶层的收入增长率之间的关系[1]。对该图中的点进行拟合的直线是向右上方倾斜的，这意味着随着经济整体的增长，贫困阶层的收入也在增长。如果像图10-7那样"随着经济发展输家会越来越受损"的话，那么反过来，该图的拟合线应该向右下方倾斜。

感觉如何？虽然补偿原理给人的第一印象并不好，甚至看过"存在每个人都获益的可能性"的图10-6的解释之后，读者仍可能觉得这"只是偏向赢家的强者逻辑""诡辩而已"，但是在看过20世纪的真实数据之后，读者会发现，实际上这给为数不少的人带来了福利。特别需要指出，如图10-8所示，依据补偿原理运行的市场中，国民生活水平的表现确实更好一些。

下面我们利用更精细的数据来考察一下补偿原理让谁获益。"补偿原理如果得到全面应用，大多数国民会得到福利"的"希克斯乐观"，可能**在一代人中无法得到充分的体现**。比如数码相机导致照相馆经营者破产，他可能一生都会认为"数码相机发明之前更好"。接下来我们看一下**自己的孩子在多大程度上能够受到市场成果的惠及**。

如果自己是大企业白领的话，希望孩子从事什么职业呢？如果自己是农民呢？根据将来自己的孩子属于社会的哪个阶层，你对于理想社会的存在方式的判断应该会发生变化。幸运的是，日本社会学研究人员会定期对亲子职业关系进行详细调查，让我们来看一下相关成果[2]。表10-2展示的是2005年时父辈与孩子的职业相关性[3]。

---

[1] 研究"经济发展的福利惠及了谁"的图10-9和图10-10很有用。笔者同事泽田康幸教授制作了此图并允许笔者转载，在此表示感谢。

[2] 三轮哲，石田浩《战后日本的阶层构造和社会流动相关的基础分析》；三轮哲，小林大祐《2005年SSM调查系列 2005年日本SSM调查的基础分析——结构、趋势、方法》（2005年SSM调查研究会所，2008年）(译者注：SSM调查的全称是"社会阶层与社会移动全国调查"，日本每10年进行一次)。

[3] 这是将前注4论文的附表1中的数字（人数）按比例调整得到的。数据是将2005年SSM调查的男性现在的职业与15岁时父亲的职业进行交叉汇总得到的。调查时间为2005年11月，该表所基于的样本人数为1924人。

表10-2 亲子职业关系

父辈		孩子							
		专业人士	白领			蓝领			农民
			大企业	中小企业	个体户	大企业	中小企业	个体户	
专业人士		0.47	0.20	0.13	0.04	0.05	0.08	0.02	0.02
白领	大企业	0.18	0.33	0.18	0.03	0.08	0.11	0.07	0.01
	中小企业	0.14	0.21	0.23	0.08	0.05	0.24	0.03	0.03
	个体户	0.12	0.15	0.11	0.34	0.04	0.15	0.08	0.01
蓝领	大企业	0.12	0.20	0.11	0.07	0.19	0.25	0.03	0.05
	中小企业	0.08	0.14	0.12	0.04	0.16	0.38	0.06	0.02
	个体户	0.11	0.15	0.12	0.07	0.07	0.18	0.29	0.01
农民		0.05	0.13	0.09	0.06	0.06	0.31	0.09	0.21

观察表10-2最上面一行可知，父辈如果从事医生或律师等职业（专业人士）的话，孩子们也同样是专业人士的概率为47%，孩子成为大企业白领（公司职员）的概率为20%，等等。观察最下面一行可知，父辈为农民时孩子的职业分布很分散（孩子也是农民的比例还是比较高）。观察其他所有职业的情况可知，孩子与父辈从事相同职业的概率都比较高。也就是说，在考虑到自己孩子的时候，思考子承父业的利害关系是很自然的。

那么，到孙子一代的话情况如何？ 如果亲子的职业相关比例与表10-2相同的话，我们就能根据表10-2计算出孙子一代职业分布的概率[1]，如表10-3所示。

---

[1] 给数学爱好者的脚注：如果将表10.2写作矩阵 P 的话，第 n 代后孩子的职业分布就可以作为矩阵的积 P^n 来进行计算了。

表10-3 第二代之后(孙子)的职业分布

父辈		孩子						农民
		专业人士	白领			蓝领		
			大企业	中小企业	个体户	大企业	中小企业	个体户	
专业人士		0.30	0.22	0.15	0.06	0.07	0.15	0.04	0.03
白领	大企业	0.20	0.23	0.16	0.06	0.08	0.17	0.07	0.02
	中小企业	0.17	0.21	0.16	0.07	0.09	0.22	0.06	0.03
	个体户	0.17	0.19	0.14	0.15	0.07	0.18	0.08	0.02
蓝领	大企业	0.16	0.20	0.14	0.07	0.11	0.22	0.06	0.03
	中小企业	0.14	0.19	0.14	0.06	0.12	0.25	0.07	0.03
	个体户	0.16	0.19	0.14	0.07	0.09	0.20	0.12	0.02
农民		0.12	0.18	0.13	0.07	0.10	0.26	0.08	0.06

依然可以看出，专业人士的孙子和农民的孙子的职业分布不同，但是差异在变小。接下来我们看一下曾孙的情况（表10-4）。

表10-4 第三代之后(曾孙)的职业分布

父辈		孩子						农民
		专业人士	白领			蓝领		
			大企业	中小企业	个体户	大企业	中小企业	个体户	
专业人士		0.23	0.21	0.15	0.07	0.08	0.18	0.05	0.03
白领	大企业	0.20	0.21	0.15	0.07	0.09	0.19	0.06	0.03
	中小企业	0.19	0.21	0.15	0.07	0.09	0.21	0.06	0.03
	个体户	0.18	0.20	0.14	0.09	0.09	0.20	0.07	0.02
蓝领	大企业	0.18	0.20	0.14	0.07	0.10	0.21	0.06	0.03
	中小企业	0.17	0.20	0.14	0.07	0.10	0.22	0.07	0.03
	个体户	0.18	0.20	0.14	0.07	0.09	0.20	0.08	0.03
农民		0.16	0.20	0.14	0.07	0.10	0.23	0.07	0.03

到了这一代，就变得很相似了。从上到下依次观察每一行我们发现，无论自己的职业是什么，到第三代以后（曾孙）职业分布会变得基本相同。作为参考，如果试着计算一下更远世代的情况我们发现，在第五代之后，原有职业的影响会消失，每一行都变得几乎完全相同（表10–5）。

表10–5 第五代之后的职业分布

父辈		孩子						
		专业人士	白领			蓝领			农民
			大企业	中小企业	个体户	大企业	中小企业	个体户	
专业人士		0.20	0.21	0.15	0.07	0.09	0.20	0.06	0.03
白领	大企业	0.19	0.21	0.15	0.07	0.09	0.20	0.06	0.03
	中小企业	0.19	0.21	0.15	0.07	0.09	0.20	0.06	0.03
	个体户	0.19	0.21	0.15	0.07	0.09	0.20	0.06	0.03
蓝领	大企业	0.19	0.21	0.15	0.07	0.09	0.20	0.06	0.03
	中小企业	0.19	0.21	0.15	0.07	0.09	0.20	0.06	0.03
	个体户	0.19	0.21	0.15	0.07	0.09	0.20	0.07	0.03
农民		0.19	0.21	0.15	0.07	0.09	0.20	0.07	0.03

这种现象不只能在日本的这组数据中观察到。当表格中每一格的数据都不是0的时候，对第二代之后、第三代之后的职业分布进行计算的话，无论哪行都将以很快的速度变为相同[1]，这是众所周知的规律。

从以上论述可以得出，无论现在自己的职业是什么，数代之后孩子的职业分布都会变得几乎完全相同。也就是说，**无论现在自己的职业是什么，数代之后的孩子的职业分布都几乎等于社会整体的职业分布**。因此，**社会整体的蛋糕越做越大的市场的福利，能平等地惠及现在从事任何职业的人的子孙**。

在思考社会正义的时候，J. 罗尔斯在《正义论》中提出了"无知之

---

[1] **给数学爱好者的脚注**：在将表示职业流动概率的表10-2写作矩阵 P 之后，满足 $xP = x$ 的向量 x 叫作平稳分布（stationary distribution）。当 P 的每个元素都为正的时候，P^n 的每一行，随着 n 的增大，会快速（指数速度）收敛于平稳分布 x。

幕"的想法：

"假设不知道自己会出生在社会的哪个阶层，以此来进行好坏判断。"

详细来说，就是假设在出生前，自己处在无知的幕布后面，不知道自己会出生在哪个阶层，以此来进行好坏判断。上面的分析其实是在说，无知之幕与将来孩子们的事情，其逻辑几乎是一样的[1]。

基于补偿原理的市场的持续运行是指，在经济发展中获益的人不向受损的人提供补偿的情况下社会持续前进。并且，基于"考虑将来世代，市场的福利会平等惠及任何职业的人的子孙"这个分析结果思考的话，"将补偿原理平等地适用于大多数事项"的想法，可以说成是**为后世子孙谋福利**。

本书马上接近尾声了。当技术革新与创业环境、放松管制与自由贸易等变化发生的时候，**获益的人向受损的人提供补偿能让全体成员获益**。这与假设社会整体的蛋糕变大相同（蛋糕变大的话，对其进行适当的配置能让全体成员获益），换句话说，蛋糕变大就是经济发展、增长了。但是，**真实的情况是，市场一直在发展，尽管这样的补偿没有充分（或者完全没有）实行**。补偿原理能帮助我们理解这一点。虽然它曾经作为胡说八道原理被嘲笑过，但是从历史的经验中可知：

- 在认可这个原理的社会和不认可这个原理的社会中，国民生活水平差异很大。
- 依据补偿原理发展经济，不一定"只有一部分赢家逐渐获益，大多数国民作为输家逐渐受损"，发展的成果在一定程度上能够惠及大多数人（图10-9、图10-10、表10-4）。

---

[1] 此时，罗尔斯建议，考虑自己在**社会上处于最弱地位的时候**来判断。与此相对，上面所述是根据社会平均的人享受到多少福利来判断的方法。对两种思考方式进行抽象、一般的比较的话，虽然不知道哪个更有道理，但是有关市场的功能，请大家设身处地为穷人考虑，或者观察国民的平均收入，再以此为基础进行思辨吧！

"为了打造理想的社会，无论持有何种立场，都需要与市场打交道"，因而我认为，探讨现代经济问题中的**社会正义的关键**，都集中于"**不能把补偿原理付诸一笑，而是如何从正面理解判断它**"。

这是很大的课题，如果大家思考下面的具体例子，可以更清楚地理解它的重要性。

- 虽然智能手机和打印机的发明为人们的生活带来了极大便利，但是电话接线员和印刷厂因此受到很大打击。

为了拯救这些人，可以禁止智能手机和打印机吗？教科书式的回答可能是，"不要禁止，让获益的人向受损的人提供补偿就可以了"，但是在现实中，要找到谁、为谁、提供多少补偿并且实施补偿是相当困难的。补偿肯定是不足的。**那么，怎么做才好呢？**这就是我们所面临的思想课题。"正确答案"不存在。请大家自己认真思考。

在市场竞争中败下阵来的人得不到补偿，但市场仍在继续发展。世界经济的经验告诉我们，依据这个补偿原理而运行的市场，能让更多人享受到福利。而输家的保障也是必要的。什么样的保障才是有效的呢？市场竞争中"成王败寇"的道德感会在社会上扎根吗？我们必须思考的事情有很多。

以上所解释的内容是我自己根据所学的经济学知识得到的洞察。因此，这部分与本书其他部分不太一样，并不构成"教科书"的一部分，仅仅是我个人的见解。请大家以此处陈述的观点为起始跳板，用自己的头脑思考如何让社会变得更好。

最后，东京大学经济学部有个传统：向经济学初学者赠送阿尔弗雷德·马歇尔（Alfred Marshall）的名言。马歇尔是明确了市场基本功能的英国经济学家，下面的话来自他在就职剑桥大学教授时的演讲[1]。

---

[1] Marshall (1885) "The Present Position of Economics" 剑桥大学教授就职演讲。

> （就任教授之后）我将尽我所能做到下面这件事——做这件事是我的抱负，是我尽力的方向——尽量为剑桥大学多培养这类学生：他们具备冷静的头脑和温暖的心灵，愿意尽最大努力与周围的社会苦难抗争。

请大家也秉持"冷静的头脑"，拥有"温暖的心灵"，对社会问题进行思考。祝你们成功！

附录

附录 A 最低限度的必要数学知识讲解

为了让有高中二年级数学（微分）基础的读者能够全部理解书中的数学讨论，本书的正文部分都用了直观易懂的解释。但有些读者可能认为，"虽然在高中学过，但是为了阅读本书还是想复习一下所需要的知识"，"在高中没学过但关于本书用到的数学知识，希望能够预先得到指导"，为了满足这部分读者的需求，我们将在此进行一些介绍。细节和严谨的数学证明等内容交给专业的数学书籍[1]，本书只严格选择那些真正必要的内容，来进行直观（但是不失去精华）的、浅显易懂的讲解。这里所讲的，是**为了理解从中级到高级微观经济学所需要的最低限度的数学知识**。读者也许会惊讶："啊？ 只有这些？" 没错，就是只有这些。

---

[1] 关于数学，我们推荐读者学习**数学分析（微积分）**和**线性代数**的标准教科书。其中，本书水平的微观经济学所使用的主要是微积分。线性代数知识在更高级的水平以及用数据检验经济学的"计量经济学"中用到的比较多。因为掌握**数学的思维方式**对理解经济学是极其重要的，所以推荐读者阅读严谨的数学教科书。

但是，这种数学教科书中所讲的内容在经济学中不一定会全部用到。反过来，也有在经济学中经常使用，但是在标准的数学教科书中却没有详细讲解（或者完全没有讲解）的知识。对这些经济学所必需的数学知识作出集中讲解的著作包括：冈田章原书为『経済学·経営学のための数学』（東洋経済新報社、2001年、上級向き）[《经济学和管理学中的数学》（东洋经济新报社，2001年，高级向》]、尾山大輔·安田洋祐编著：原书为『改訂版 経済学で出る数学——高校数学からきちんと攻める』（日本評論社、2013年、入門向き）[《修订版 经济学中的数学——从高中数学开始进攻》（日本评论社，2013年，入门向》]，等。

A1 函数

对某个数 x，将某个数 $f(x)$ 和它对应起来的关系叫作（1变量）函数[1]。例如，$f(x) = x^2$ 就是其中一个例子。同样，将两个数 (x, y) 对应到某个数 $f(x, y)$ 的关系叫作2变量函数。3变量及以上的函数也可以采用同样的定义方法，这些叫作多变量函数。

例题26 将产量 x 与成本 $c(x)$ 对应起来的，是1变量函数。还有，假设存在两种商品，第1种商品的价格为 p_1，第2种商品的价格为 p_2，收入为 I 的话，第1种商品的需求量是由两种商品的价格和收入决定的。如果将需求量记作 $x_1(p_1, p_x, I)$ 的话，这是一个3变量函数。

A2 直线的斜率

1变量函数中最简单的形式就是一次函数 $y = kx$。一次函数可以用直线来表示。图A–1 描绘的是 $y = 2x$ 的图像。

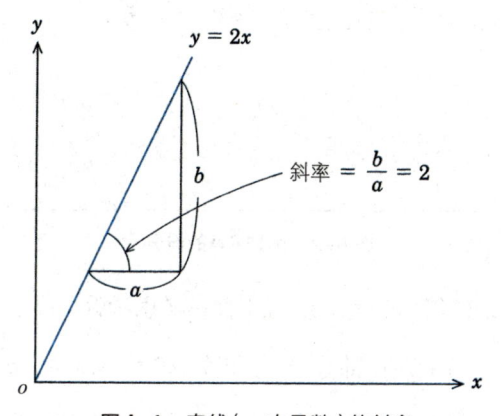

图A–1 直线（一次函数）的斜率

---

[1] 准确来讲，这是"将实数 x 与实数 $f(x)$ 对应起来的函数"。**实数**就是能够用像 1.025 这样的小数来表示的所有数（换句话说，实数是一维的连续数）。

让我们牢记，这样的直线的斜率是由图中 a 和 b 的比率 (b/a) 来表示的（在 A3 小节会用到）[1]。

A3 微分

在微观经济学中最重要且最经常用到的数学知识，就是高中二年级所学的微分。

> 我们将函数 $f(x)$ 的**图像的切线的斜率**，叫作该函数的微分，用 $f'(x)$ 或 $\dfrac{df}{dx}$ 来表示（图 A-2）。

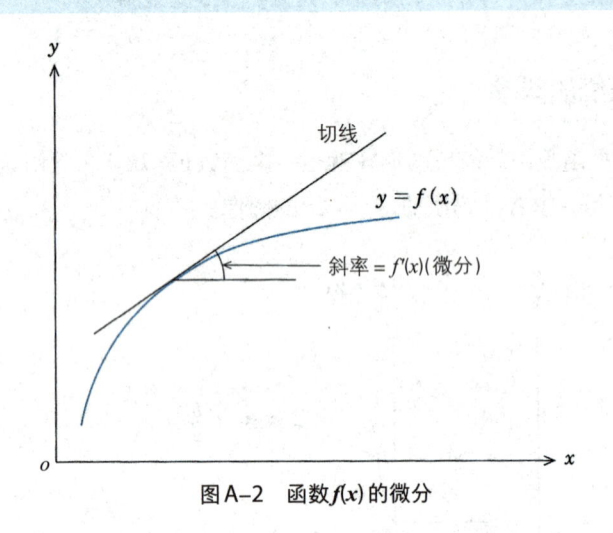

图 A-2 函数 $f(x)$ 的微分

要计算切线的斜率（微分），像下面一样思考就可以了。

请先看图 A-3 的左边部分（ i ）。正如 A2 小节所讲，a 和 b 的比率 $\dfrac{b}{a}$ 表示的是图中三角形斜边的斜率。从本图中可以看到，当 x 变大（变化量为 a）的时候，用来表示 $f(x)$ 的变化的 $\dfrac{b}{a}$（图中三角形斜边的斜率）远

---

[1] 此时，如果 x 的值增加 a 的话，（因为 $y=2x$）y 的值增加 $2a$（即 $b=2a$）。因此，图像的斜率是 $b/a=2$。注意一下，这里的斜率"2"，是 $y=2x$ 中 x 的系数。

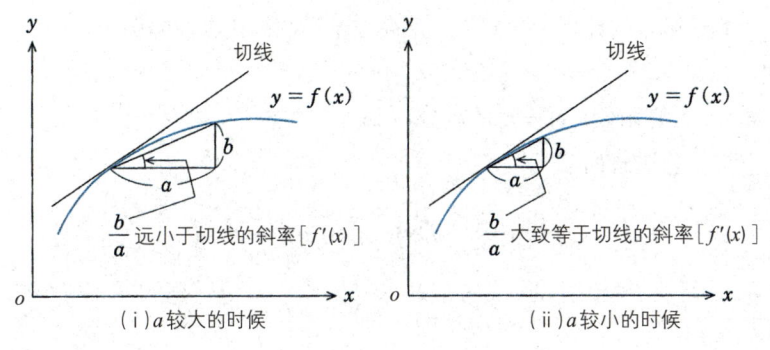

图A-3（i）a较大的时候：$\dfrac{b}{a}$ 远小于切线的斜率$[f'(x)]$

图A-3（ii）a较小的时候：$\dfrac{b}{a}$ 大致等于切线的斜率$[f'(x)]$

图A-3 微分的计算

小于切线的斜率。

但是，如果将 a 逐渐变小的话，我们发现，$\dfrac{b}{a}$（三角形斜边的斜率）会不断接近切线的斜率。这就是图A-3（ii）部分所表示的内容。据此，**微分计算的是，在 a 无限趋近于零时，图中的斜率 $\dfrac{b}{a}$ 的值。**

因为这里的 b 是 "x 的值增加 a 时 f 的增加量"，所以要注意：

$$b = f(x+a) - f(x)$$

因此，$\dfrac{b}{a}$ 就是：

$$\dfrac{f(x+a) - f(x)}{a}$$

当其中的 a 无限趋近于零,函数 f(x) 的微分就可以计算出来了[1]。从这个式子中，我们能够了解到微分的直观含义（极其重要，在微观经济学中作用非常大）及其计算方法。

> **微分的含义**：函数 f(x) 的微分表示的是，**如果 x 的值增加一点点的话，函数值 f(x) 会变化多少**[准确来讲，就是 f(x) 的值会增加 x 的变化量的多少倍]。

---

[1] 用数学符号表示的话就是 $f'(x) = \lim\limits_{a \to 0} \dfrac{f(x+a) - f(x)}{a}$。

关于微分的计算，我们举一个高中学过的有代表性的例子。

例题27 计算函数$f(x)=x^2$的微分$f'(x)$。

按上述讲解列下式：

$$\frac{f(x+a)-f(x)}{a}=\frac{(x+a)^2-x^2}{a}$$
$$=\frac{x^2+2ax+a^2-x^2}{a}$$
$$=2x+a$$

此时如果a无限趋近于零的话，上式就变为$2x$。即$f(x)=x^2$的微分为$f'(x)=2x$。

这种形式比较简单的函数，其微分一般也比较容易计算。**微分的方便之处在于，我们利用它就能够了解函数的变化趋势**。例如，$f'(x)>0$意味着函数在该点是增加的，如图A-4（a）。特别重要的是微分与函数的最大值、最小值之间的关系。从图A-4（b）中我们可以得出如下重要的关系（在微观经济学中用处非常大）。

> **微分和最大值**：在$f(x)$得到最大化的点处，有$f'(x)=0$。

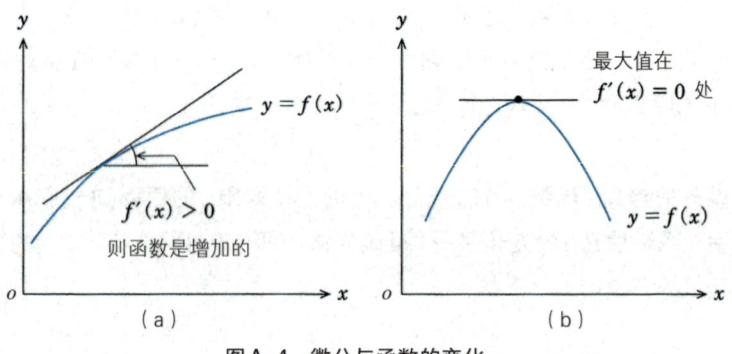

图A-4 微分与函数的变化

例如，令 x 是产量，$f(x)$ 是利润的话：

利润最大化的点就可以通过令 $f(x)$ 的微分等于零来计算。

A4　多变量函数的微分

注意：这里之后的内容是高中没学过的（高中所学知识的简单拓展）。

由于在经济学中会出现各种各样的商品的产量及其价格等**多个变量**，所以将微分的思维方式应用于存在多变量的情况就变得非常重要。接下来，参照1变量函数的微分，我们考虑多变量（2变量 x 与 y）函数 $f(x,y)$ 的微分。

> **偏微分**：f 关于 x 的偏微分是在将 $f(x,y)$ 看作 y 保持不变，只关于 x 的函数的情况下进行微分得到的，用下式来表示：
>
> $$\frac{\partial f}{\partial x}$$
>
> （这里的 ∂ 是 "圆d"，因此读作 "round d"）。

为了与1变量函数 $f(x)$ 的微分的写法 $\dfrac{df}{dx}$ 进行区分，特别是为了强调用多变量函数的其中一部分来进行微分，我们用 ∂ 符号来代替 d。f 关于 y 的偏微分 $\dfrac{\partial f}{\partial y}$ 也采用同样的方法进行定义。

读者一见到 "偏微分" 等名词及 $\dfrac{\partial f}{\partial x}$ 等符号，就不由得认为 "啊，这么难的问题，**不理解**"，不过，仔细观察之后我们发现，这些与**高中二年级所学的并没有多大的不同**。

> 学习微观经济学时候的障碍之一，就是这种心理上的抗拒感，即将只要认真听讲理解起来并不困难的内容，误解为 "因为有从来没见过的数学公式，所以完全搞不明白"。

所以我们希望能够在完全消除读者的这种误解之后再进行后面的内容。下面我们用例子来说明，偏微分的计算其实一点也不难。

例题 28 计算函数 $f(x,y) = x^2 y$ 关于 x 的偏微分。计算偏微分的时候，只需要把 y 看作常数再进行微分就可以了。根据第 A2 小节的计算结果，x^2 的微分为 $2x$，因此：

$$\frac{\partial f}{\partial x} = 2x\, \underset{\uparrow}{\boxed{y}}$$

将这部分看作常数

只要还记得高中二年级的微分，偏微分也能够简单地进行计算了。正所谓"偏微分不足为惧"。

如果还记得第 A3 小节所解释的"微分的含义"，偏微分的含义也就很容易理解了。

> **偏微分的含义**：函数 $f(x,y)$ 关于 x 的偏微分 $\dfrac{\partial f}{\partial x}$ 表示的是，如果（y 保持不变）x 的值增加一点点的话，函数值 $f(x,y)$ 会变化多少（准确来讲，就是 $f(x,y)$ 的值会增加 x 的变化量的多少倍）。

在阅读微观经济学教科书的时候，很少会有微分和偏微分的具体数值的计算，重要的是**理解微分和偏微分的含义**，以及记忆一些**在经济模型中经常使用的对函数进行微分的公式**。其中，最经常用到的就是下面的公式[1]。

$$f(x) = x^a \text{ 的微分为 } f'(x) = ax^{a-1}$$

例 A2 讨论的就是这个公式中 $a = 2$ 的情况。

---

[1] （悄悄地说一下）只要掌握这个公式和本书未使用的 $y = \log x$ 的微分公式 $1/x$ 的话，就能够理解大部分经济学的教科书了。

例题29 $f(x) = x^3$ 的微分为 $f'(x) = \dfrac{\mathrm{d}f}{\mathrm{d}x} = 3x^2$。

接下来，我们考虑给定函数 $f(x)$，而且 x 是另外一个变量 z 的函数的情况 $[x = x(z)]$。此时，$g(z) = f[x(z)]$ 叫作 $f(x)$ 与 $x(z)$ 的**复合函数**。在微观经济学中，像"增加产量的话价格会发生变化""价格发生变化的话利润也会发生变化"等，由于某个变量（产量）的变化通过其他变量（价格）的变化而使得分析对象（利润）发生变化的情况是比较常见的，因此下面的**复合函数的微分公式**用处很大。

> **复合函数的微分公式（1）**
>
> $g(z) = f[x(z)]$ 的微分为 $g'(z) = \dfrac{\mathrm{d}f}{\mathrm{d}x}\dfrac{\mathrm{d}x}{\mathrm{d}z}$

该公式成立的理由从直觉上看，如下所示：

①首先，将 z 增加一点点的话，x 的变化量为 $\dfrac{\mathrm{d}x}{\mathrm{d}z}$。

②接下来，**在 x 发生这种变化之后**，f 变化 $\dfrac{\mathrm{d}f}{\mathrm{d}x}$。

因此，上述公式（1）讲的是，$g(z) = f[x(z)]$ 整体是随着①和②的效应的复合（$\dfrac{\mathrm{d}f}{\mathrm{d}x}\dfrac{\mathrm{d}x}{\mathrm{d}z}$）的变化而变化的。

例题30 在 $f(x) = x^3$，且 x 是关于其他变量 z 的函数 $x(z)$ 的情况下，$f[x(z)]$ 最终只是关于 z 的函数。将其记作 $g(z)$。如果将上述函数关于 z 进行微分的话，根据上面的公式有：

$$g'(z) = \frac{\mathrm{d}f}{\mathrm{d}x}\frac{\mathrm{d}x}{\mathrm{d}z} = 3x^2\frac{\mathrm{d}x}{\mathrm{d}z}$$

提示：$f(x) = x^3$ 的微分是利用例 A.4 的计算结果 $\dfrac{\mathrm{d}f}{\mathrm{d}x} = 3x^2$ 来计算的。

接下来，我们考虑下述情况：

- 给定函数 $f(x,y)$,
- 且 x 和 y 都是关于第三个变量 z 的函数 $[\,x=x(z), y=y(z)\,]$。

此时，如果令 z 发生变化的话，f 的值会如何变化呢？这个问题的答案，正是复合函数 $g(z)=f[\,x(z),y(z)\,]$ 关于 z 的微分。它可以通过下面的方法计算。

> **复合函数的微分公式（2）**
>
> $g(z)=f[\,x(z),y(z)\,]$ 的微分为 $g'(z) = \dfrac{\partial f}{\partial x}\dfrac{dx}{dz} + \dfrac{\partial f}{\partial y}\dfrac{dy}{dz}$

第一眼看上去貌似很复杂，但实际上直观地理解这个公式成立的原因并不困难。如果将 z 增加一点点的话，这首先会通过让 x 发生变化产生如下影响：

$$g'(z) = \underbrace{\dfrac{\partial f}{\partial x}}_{②接着 x 发生变化之后，f 变化这么多} \underbrace{\dfrac{dx}{dz}}_{①z 发生变化之后，首先 x 变化这么多} + \dfrac{\partial f}{\partial y}\dfrac{dy}{dz}$$

即 $\dfrac{\partial f}{\partial x}\dfrac{dx}{dz}$ 表示的是 z 通过影响 x 对 f 产生的影响。同理，上式右边的项 $\dfrac{\partial f}{\partial y}\dfrac{dy}{dz}$ 表示的是 z 通过影响 y 对 f 产生的影响。由于令 z 发生变化会通过上述两个途径令 f 发生变化，因此整体上 f 的值就是按照上述公式而变化的。

例题31 给定 $f(x,y)=x^3 y$，在 x 和 y 都是关于另外一个变量 z 的函数 $x(z)$，$y(z)$ 的情况下，此时 $f[\,x(z),y(z)\,]$ 最终也是只关于 z 的函数。将其记作 $g(z)$。将这个函数对 z 进行微分，根据上面的公式可知：

$$g'(z) = \frac{\partial f}{\partial x}\frac{dx}{dz} + \frac{\partial f}{\partial y}\frac{dy}{dz} = \boxed{3x^2y}\frac{dx}{dz} + \boxed{x^3}\frac{dy}{dz}$$

↑ 将 $f = x^3y$ 关于 x 进行微分　　↑ 将 $f = x^3y$ 关于 y 进行微分

接下来，我们对另一个常用的公式进行讲解。

$$f[x(z), y(z)] = x(z)y(z)$$

此时，应用复合函数的微分公式之后，我们可以得到表示对函数乘积进行微分会如何的"**乘积公式**"。

> **函数的乘积的微分公式**
>
> $x(z)y(z)$ 对 z 的微分为 $x'y + xy'$

以防万一，特别强调一下，x' 和 y' 分别为 $x(z)$ 和 $y(z)$ 关于 z 的微分。另外，当 $y = y(z)$ 的时候，将 $f[z, y(z)]$ 关于 z 进行微分：

> $g(z) = f[z, y(z)]$ 的微分为 $g'(z) = \dfrac{\partial f}{\partial z} + \dfrac{\partial f}{\partial y}\dfrac{dy}{dz}$

这是在复合函数的微分公式（2）中，$x(z) = z$ 时的特例。虽然没有必要把这个公式和公式（2）分别记忆，但是因为在本书第一章介绍"斯勒茨基分解"时会用到这个公式，所以为方便读者，我们一并在此写出来了。

A5　巩固练习

"担心未做好数学准备"的人，可以试着填写下列练习中的方框。如果这些问题都能顺利解出来，那么就说明你已经做好了准备。

（1）$f(x) = x^a$ 的时候，$f'(x) = \boxed{}^{a}$

（2）$f(x,y)=x^4y^2$ 的时候，$\dfrac{\partial f}{\partial x}=$ [b]

（3）$f(x)g(x)$ 关于 x 进行微分为 [c]

（4）$f[g(x)]$ 关于 x 进行微分为 [d]

（5）$f[x(z),y(z)]$ 关于 z 进行微分为 [e]

答案见脚注❶。

---

❶ a: ax^{a-1} b: $4x^3y^2$ c: $f'g+fg'$ d: $f'g'$ e: $\dfrac{\partial f}{\partial x}\dfrac{dx}{dz}+\dfrac{\partial f}{\partial y}\dfrac{dy}{dz}$

附录B 有条件的最大化问题和拉格朗日未定乘数法

B1 内点解的情况

对某个函数,在给定的约束条件下进行最大化,叫作"有条件的最大化问题",在经济学中经常出现,因此我们对其求解方法进行讲解。讲解的目的是希望读者能够做到:

- **记住**求最优解的**步骤**。
- 掌握能够应用这个方法的**准确条件**。
- 对用这个方法为什么能够得到最优解有一个**直观的理解**。

准确的证明交给专业的数学书籍吧[1]。

让我们先从需要注意的细节开始。虽然很多经济问题都假设等式约束条件,但实际上,很多时候也可以把这些看作不等式约束。例如,效用最大化问题的预算约束 $p_1x_1 + \cdots + p_Nx_N = I$ 为等式约束,但是将其看作这样的不等式也可以:

$$p_1x_1 + \cdots + p_Nx_N \leq I (支出 \leq 收入)$$

并且,虽然在正文没有讲解,但是在很多经济问题中,要求每个变量都必须取大于零的值是比较常见的。

---

[1] 例如冈田章的《经济学和管理学中的数学》(『経済学・経営学のための数学』,東洋経済新報社、2001年)。关于后文中的命题B.1(充分性),其证明在R. Sundaram(1996)*A first course in optimization theory*(剑桥大学出版社)中有记载。

$$x_i \geq 0, \quad i = 1, \cdots, N$$

举例而言，假设 x_i 是第 i 种商品的消费量，那么它就必须取零或正值。为了进行清晰的讨论，考虑上述两点就可以了，因此我们考虑当 $x = (x_1, \cdots, x_N)$ 时，这种有条件的最大化问题记为：

条件最大化的问题

$$\max_x f(x)$$

$$\text{s.t. } g(x) \geq 0$$

$$x_i \geq 0, \quad i = 1, \cdots, N$$

即在约束条件 $g(x_1, \cdots, x_N) \geq 0$ 和 $x_i \geq 0, i = 1, \cdots, N$ 时最大化 $f(x_1, \cdots, x_N)$ 的问题。我们将最大化的对象 f 叫作**目标函数**，将该问题的解叫作**最优解**。

在微观经济学的模型分析中，一般会考虑目标函数和约束条件都呈现出比较整齐的形状的情况。例如，让我们回忆一下效用函数 $u(x)$。消费者理论是以效用函数的等高线（无差异曲线）的上方是凸集合的情况为中心来分析的。**等高线（无差异曲线）的上方的集合为凸集合**的函数，一般被称作**拟凹函数**（quasi-concave function）[1]。

下面我们要介绍的是目标函数 f 和约束式 g 两个都是拟凹函数时的理论。用图形来表示的话，如图 B-1 所示。这类有条件的最大化问题叫作**拟凹规划问题**（quasi-concave programming）。

例题32 最优消费的决定问题，就是像图 B-2 那样的拟凹规划问题。同理，在效用大于定值（$\bar{u}$）的条件下，最小化支出问题也属于"需要最大化的目标函数为 $f(x) = -p_1 x_1 - p_2 x_2$，约束条件为 $g(x) = u(x) - \bar{u} \geq 0$"这样的拟凹规划问题（请各位读者自己对此问题进行图示）。

---

[1] 也就是说，对某个函数 $h(x)$，以及任意常数 c，当"所有满足 $h(x) \geq c$ 的 x 的集合（记作 $\{x | h(x) \geq c\}$）是凸集合"成立的时候，函数 $h(x)$ 就是拟凹函数。

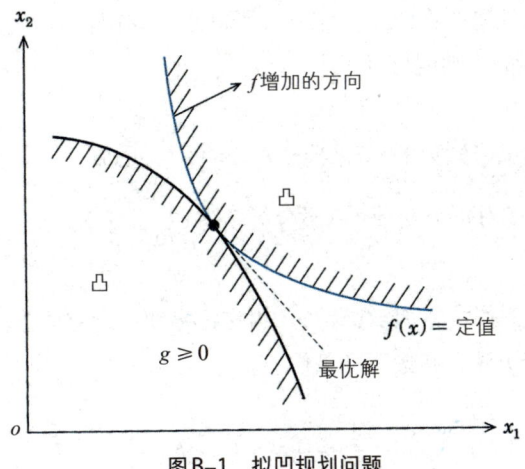

图 B–1　拟凹规划问题

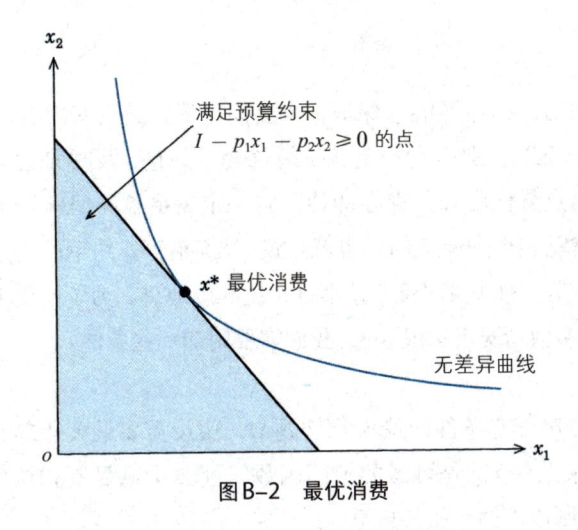

图 B–2　最优消费

并且，像之前所举的最优消费的例子那样，微观经济学研究的很多情况都是在最优点 x^* 处一般会满足：

（ⅰ）约束条件取等号 $[g(x^*) = 0]$，
（ⅱ）所有变量的值都是正的（$x_i^* > 0$，$i = 1, \cdots, N$）。

特别说明：满足条件（ⅱ）的 x^*，也就是所有的变量都取正值（不是零)的x^*，在这里叫作 内点。为了找到满足上述条件的最优解，遵循下面这样的简单的步骤就可以了。

① 首先，借助未知数$\lambda \geq 0$来构建$L = f(x) + \lambda g(x)$，

② 接着，令L对每个变量x_i的微分等于零($\frac{\partial L}{\partial x_i} = 0$)。

此时，L叫作 拉格朗日函数，λ叫作 拉格朗日未定乘数。为了更准确地讲解这个方法，考虑下列条件：

$$\frac{\partial L}{\partial x_i} = 0, i = 1, \cdots, N \quad \text{（B1）}$$

$$\lambda \geq 0 \quad \text{（B2）}$$

接下来给出的命题能够保证，只要满足等式约束的内点x^*满足条件（B1）和（B2），那么它一定就是最优解。并且，反过来说，满足等式约束的内点最优解如果存在的话，它一定满足条件（B1）和（B2），这一点也是能够得到保证的。也就是说，"满足等式约束的内点解的 充分必要条件 是（B1）和（B2）"，不过，更准确地讲，为了使得上述论述成立（在大多数情况下都成立），我们需要附加一些条件。

命题B.1：对于有条件的最大化问题M，假设需要最大化的目标函数f和约束条件g都是可微的拟凹函数，且x^*为满足等式约束的内点的话，则以下两个条件成立。

（充分性）至少对一个i有$\frac{\partial f}{\partial x_i}(x^*) \neq 0$的时候，如果$x^*$满足（B1）和（B2）的话，那么它就是最优解。

（必要性）至少对一个i有$\frac{\partial g}{\partial x_i}(x^*) \neq 0$的时候，如果$x^*$是最优解的话，那么它满足（B1）和（B2）。

对于这个命题中出现的附加条件（至少对一个 i……），后文将给出解释，在意的读者请先忽略小细节继续往下阅读。

通过上述做法求解有条件的最大化问题的一般方法叫作**拉格朗日未定乘数法**（准确地讲，拉格朗日未定乘数法研究的是等式约束，研究不等式约束条件情况下的最优解的是**库恩–塔克条件**。对库恩–塔克条件和最优解的准确关系进行阐述的定理有很多版本，本书介绍的是最适合消费者理论使用的拟凹规划问题[1]）。

接着，我们直观地解释一下**未定乘数法为什么能够得出有条件的最大化问题的解**。计算上面的条件（B1）可知，它就是：

$$\left(\frac{\partial f}{\partial x_1}, \cdots, \frac{\partial f}{\partial x_N}\right) = -\lambda \left(\frac{\partial g}{\partial x_1}, \cdots, \frac{\partial g}{\partial x_N}\right)$$

该等式的右边和左边分别是什么含义呢？

实际上，众所周知，左边表示的是，f"**增加最快的方向**（及其强度）"。f"增加最快的方向"准确来讲也就是"与f的等高线（无差异曲线）正交，且f增加的方向（图B-3）"。将其用∇f来表示：

$$\nabla f = \left(\frac{\partial f}{\partial x_1}, \cdots, \frac{\partial f}{\partial x_N}\right)$$

∇f也被称为f的**梯度**[符号∇读作"纳布拉"（Nabla）]。

下面我们用一个简单的例子来验证一下梯度确实表示函数"增加最快的方向"。

例题33 给定$f = x_1 + x_2$，其等高线是斜率为-1的直线，$\nabla f = (1,1)$确实与等高线正交，且是f增加最快的方向（图B-4）。

基于梯度的定义，拉格朗日未定乘数法得到的最优条件（B1）最终

---

[1] 参见 K. Arrow and A. Enthoven (1961) "Quasi-concave Programming," *Econometrica*, 29(4), pp. 779–800。在这篇论文中，约束条件只有一个，关于满足等式内点解的情况，作者整理了Arrow-Enthoven的条件并进行了论述。虽然命题B1的"必要性"部分与这篇论文的内容有若干差异，但是对其直接进行证明还是比较简单的。

图 B-3 函数的梯度

图 B-4 函数 $f = x_1 + x_2$ 的梯度

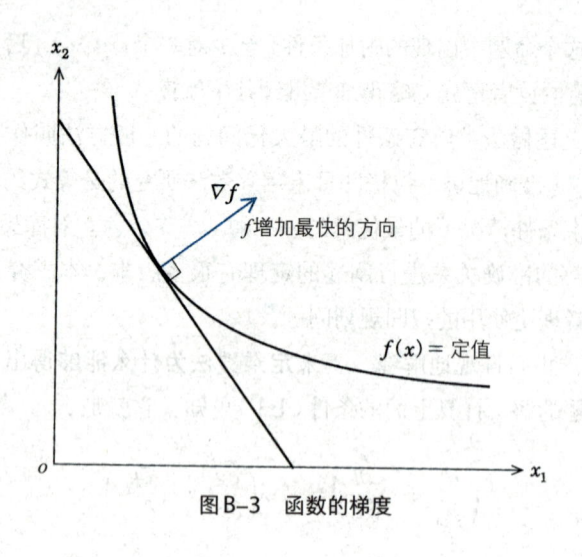

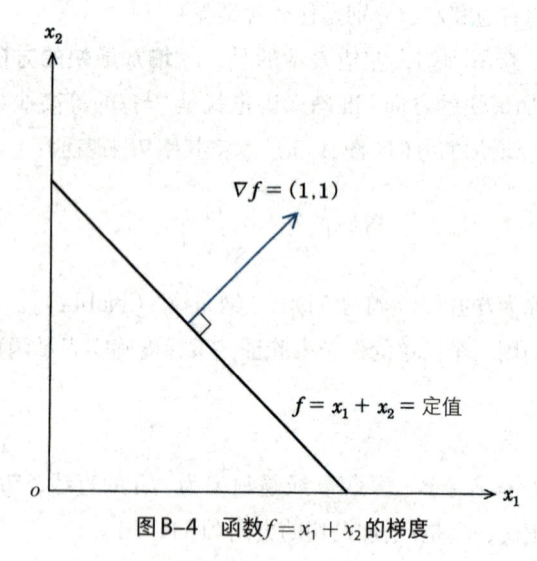

可以写作：

$$\nabla f = -\lambda \nabla g$$

它表示的是，目标函数 f 和约束式 g 的梯度正好处在完全相反的方向。为了直观理解"拉格朗日未定乘数法会得到有条件的最大化问题的解",我们用图 B-5 来表示一下。

构建 $L = f + \lambda g$

令 $\dfrac{\partial L}{\partial x_i} = 0$ ⟹ $\nabla f = -\lambda \nabla g$ ($\lambda \geqslant 0$)

($\lambda \geqslant 0$)

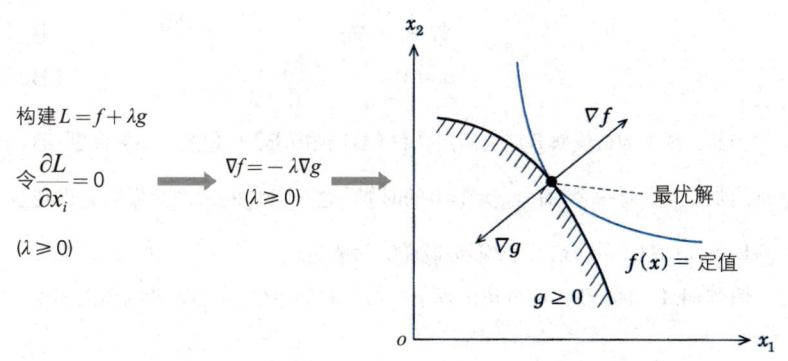

图 B-5　拉格朗日未定乘数法带来最优解的理由

注解 B-1　为什么要附加条件?　在上述命题中,读者应该已经注意到,充分性部分附加了"至少对一个 i 有 $\dfrac{\partial f}{\partial x_i}(x^*) \neq 0$ 的时候"的奇妙条件。让我们来解释一下为什么需要附加这个条件(极其细微的讨论,没兴趣的读者可以跳过)。

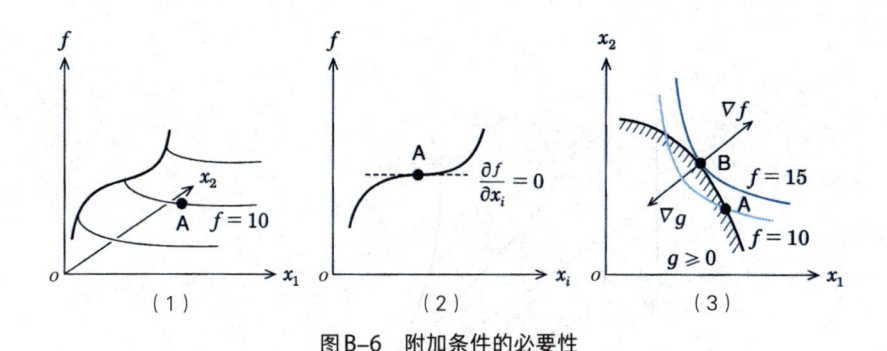

图 B-6　附加条件的必要性

现在,让我们考虑如图 B-6(1)所示的目标函数 f。该函数 f 是满足等高线的上方为凸集合的拟凹函数。但是,在 $f = 10$ 的等高线上,函数斜率为零。例如,观察通过 A 点的图像切面,我们发现,如图 B-6(2)所示,确实对每个变量的斜率 $\dfrac{\partial f}{\partial x_i}$ ($i = 1, 2$) 都是零。也就是说,A 点处的梯度 ∇f 为零。接下来请看图 B-6

（3）。虽然之前看过的A点并不是最优解，但是当 $\lambda=0$ 时，那两个条件也成立（由于 $\nabla f=0$）。

$$\nabla f = -\lambda \nabla g \quad (\text{B1})$$
$$\lambda \geq 0 \quad (\text{B2})$$

当然，真正的最优解B点也满足条件（B1）和（B2），但是，如果命题（B1）没有附加"至少对一个 i 有 $\frac{\partial f}{\partial x_i}(x^*) \neq 0$ 的时候"这个条件的话，就可能会出现虽然满足条件（B1）和（B2），却不是最优解的情况。

命题（B1）的必要性部分也出现了类似的附加条件，其必要性的原因同理。

B2　非内点解的情况

最优解不一定总是内点解 $x_i^* > 0, i = 1, \cdots, N$。在图B-7的情况下，在最优消费点 x^* 处第2种商品的消费量为零，它不属于内点解。

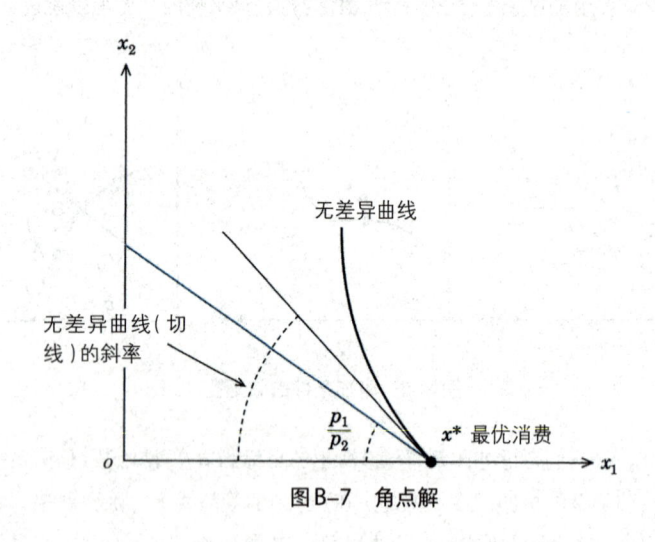

图B-7　角点解

最优解不属于内点解的时候，叫作角点解。正文所给出的内点解的最优消费条件如下：

无差异曲线的斜率＝价格比率

但在图中的角点解处，这个条件不成立，无差异曲线的斜率大于价格比率。也就是说，当最优为 $x_2^* = 0$ 的角点解的时候，最优条件变为：

$$\underbrace{\frac{\frac{\partial u}{\partial x_1}}{\frac{\partial u}{\partial x_2}}}_{\text{无差异曲线的斜率}} \geqslant \underbrace{\frac{p_1}{p_2}}_{\text{价格比率}} \quad （B3）$$

想要将这种角点解为最优解的情况也包含在内，我们可以将有条件的最大化问题的最优条件（命题B1）进行改写。只需要在最优解 $x_i^* = 0$ 时，将条件"$\frac{\partial L}{\partial x_i} = 0$"（B1）**替换**为下式即可：

$$\frac{\partial L}{\partial x_i} \leqslant 0$$

确实，在前面的例子中，按照下式进行整理：

$$\begin{cases} \frac{\partial L}{\partial x_1} = \frac{\partial u}{\partial x_1} - \lambda p_1 = 0 \\ \frac{\partial L}{\partial x_2} = \frac{\partial u}{\partial x_2} - \lambda p_2 \leqslant 0 \end{cases}$$

则可知，我们会得到角点解的最优条件（B3）。

B3 凹函数和拟凹函数

在第B1小节所阐述的问题中，我们假设需要最大化的目标函数 f 和约束条件 g 的等高线（与无差异曲线相对应）上方的集合都是凸集合。最优消费的决定问题就是其中一个例子。与此相对，在消费者理论之外的经济学模型中，需要最大化的目标函数 f 和约束条件 g 的图像，很多时候会满足函数图像向上凸起这种有点不同的条件。图B-8（a）描绘的就是"图像向上凸起"的函数。

凹函数
$u = x_1^{1/3} x_2^{1/3}$
（a）

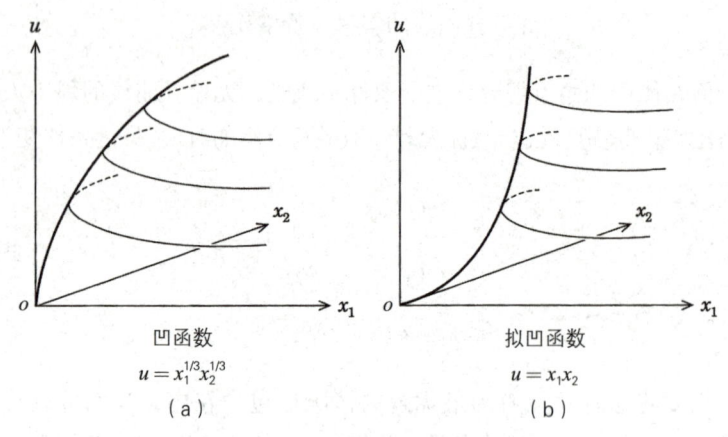

拟凹函数
$u = x_1 x_2$
（b）

图 B-8　凹函数和拟凹函数

"图像向上凸起"的意思是，图像的下方是凸集合，这样的函数[1]叫作**凹函数**（concave function）。由此图可知，由于凹函数的等高线（无差异曲线）的上方也是凸集合，因此**凹函数一定也是拟凹函数。但是，反过来不一定成立。**图 B-8（b）表示的就是虽然是拟凹函数却不是凹函数的例子。

如果需要最大化的目标函数 f 和约束条件 g 都满足是凹函数这样更严格的条件的话，那么未定乘数法能够应用的条件就会变得更加简单：

命题 B2：在有条件的最大化问题 M 中，如果需要最大化的目标函数 f 和约束条件 g 都是可微的凹函数，且 x^* 是满足等式约束的内点的话，那么以下结论成立。
（**充分性**）如果 x^* 满足（B1）和（B2）的话，那么它就是最优解。
（**必要性**）当满足 $g(x)>0$ 的 x 存在的时候，如果 x^* 是最优解的话，那么它满足（B1）和（B2）。

---

[1] 即 $[(x,y)|y \leqslant u(x)] = （u 的图像的下方）$ 为凸集合的函数 u 叫作凹函数。

注解B-2 **关于拟凹函数和凹函数的关系**：解释最优化问题的数学书籍一般列出的都是命题（B2），这被称为非线性规划法，或者凹规划法。因为在消费理论中，需要最大化的效用函数不一定是凹的（拟凹的），所以本书先阐述了对经济分析尤其有用的命题（B1）。

顺便说一下，效用函数是用来表示某个人喜好（偏好）的方法，只要为更喜欢的东西赋予更大的数字，任何数字都能成为表示该人喜好的效用函数（参见第一章第一节）。因此，用单调递增函数[1]$f(u)$对效用函数u进行变换得到函数：

$$v(x) = f[u(x)]$$

由于依然是为更喜欢的东西赋予更大的数字，它也能作为表示该人的喜好的效用函数。

在经济模型分析中经常用到的（拟凹的）效用函数，通过适当的递增函数进行变换之后为凹函数的情况是比较常见的。 例如，图B-8（b）的非凹的效用函数，通过递增函数$f(u) = u^{1/3}$进行变换之后，会变为如图B-8（a）所示的凹函数：

$$v(x_1, x_2) = x_1^{1/3} x_2^{1/3}$$

因为无论用u还是v得到的结果都是相同的（找到对该人来说最喜欢的东西），所以**使用两者中计算比较容易的那个即可。**

看过这个例子之后，有些读者可能认为，"由于拟凹函数通过适当的递增函数进行变换之后一般都能够变为凹函数，所以只掌握凹规划问题［命题（B2）］就可以了"，实际上，这种想法是错误的，**无论通过何种单调变换也无法变为凹函数的拟凹函数是存在的**[2]。这意味着，理论上我们有必要把凹规划和拟凹规划问题分开来考虑。

---

[1] 也就是，如果$u < u'$，那么$f(u) < f(u')$。

[2] 简单的例子在 *A Course in Microeconomic Theory*, Princeton University Press 的2.6.7中有记载。实际上，这种怪异的效用函数很少出现在经济分析中。

附录C　补偿变化与等价变化：基于需求曲线估计价格变化为消费者带来的损失与收益

C1　补偿变化

价格上升对消费者造成的损失，以及价格下降为消费者带来的收益，到底有多少呢？考虑经济问题时，这是个非常重要的因素，实际上这个数值可以从需求曲线中估计出来。对理解上述问题非常有帮助的是斯勒茨基分解。下面我们解释一下其中缘由[1]。

让我们再次回忆一下对斯勒茨基分解的图解进行解释时所使用的故事（第一章第九节第3小节）。地震导致发电站损毁、电力供应短缺，电力公司提高电价之后，居民投诉"电力短缺是由耐震设计不足导致的，希望能够对涨价带来的损失进行补偿"。此时，电力公司必须支付的赔偿金额为多少呢？

给出这个问题答案的是支出函数（第一章第八节）。支出函数 $I(p,u)$ 是指，在价格体系 p 下，达到效用水平 u 所必需的支出金额。现在，假设电力是第1种商品，且由于涨价，电价从 $p_1=a$ 上升到了 $p_1=b$。这样的话，涨价前的价格体系就为 $p=(a, p_2, \cdots, p_N)$，涨价后的价格体系

---

[1] 消费者从市场交易中获得的收益，初级教科书大多是用"消费者剩余"来命名和解释的。但是，为了让这个做法成立，消费者的效用函数需要满足"拟线性＝没有收入效应"这样特殊的形式（参见第三章第一节第3小节）。本附录是在并未做出上述特殊假设的条件下，对消费者收益的正确测度方法进行解释的。

附录C 补偿变化与等价变化：基于需求曲线估计价格变化为消费者带来的损失与收益

为 $p' = (b, p_2, \cdots, p_N)$。现在，假设涨价前消费者得到的效用水平为 u，涨价之后为了维持与涨价前相同的效用水平，额外需要的金额为：

$$I(p',u) - I(p,u) \tag{C1}$$

这就是电力公司必须支付的损失赔偿金额。不过，在综合比较 $I(p',u)$ 和 $I(p,u)$ 时候，由于变化的只有第1种商品（电力）的价格 p_1，因此（C1）的值可以通过下式进行计算[1]：

$$\int_a^b \frac{\partial I}{\partial p_1} \mathrm{d}p_1 \tag{C2}$$

上式中出现的 $\frac{\partial I}{\partial p_1}$（支出函数的斜率），我们知道它实际上等同于补偿需求函数 $\bar{x}_1(p,u)$（第一章第八节所学的谢泼德引理）。因此，最终电力公司支付的赔偿金可以记作：

$$I(p',u) - I(p,u) = \int_a^b \bar{x}_1(p,u)\mathrm{d}p_1$$

这种为了**维持价格变化前的效用水平**（u）的支出函数的变化量，叫作**补偿变化**。正如故事所讲的那样，在价格上升的情况下，补偿变化表示的就是，补偿价格上升的损失所必要的赔偿金额（这是它被称为"补偿"变化的原因）。将其用图形来表示的话，就是图C-1。

现在，为了计算图C-1中淡蓝色部分的区域，我们必须知道补偿需求函数 $\bar{x}_1(p,u)$（在价格体系 p 下用最俭省的方式达到效用 u 时的消费量），遗憾的是它是无法直接观察到的。能够直接观察到的是需求函数 $x_1(p,I)$。不过，幸运的是，补偿需求函数和需求函数之间存在一定的关

---

[1] 如果将 $I(p,u)$ 看作仅仅是关于 p_1 的函数，并将这个函数记作 $f(p_1)$ 的话，我们先要理解，（C1）为如下公式（高中所学的公式）：

$$f(b) - f(a) = \int_a^b f'(x) \mathrm{d}x$$

接下来，如果回忆起"将 $I(p,u)$ 看作仅仅是关于 p_1 的函数得到的函数 f 的微分 f' 等于偏微分 $\frac{\partial I}{\partial p_1}$"的话，最终（C1）就可以按照（C2）进行计算。

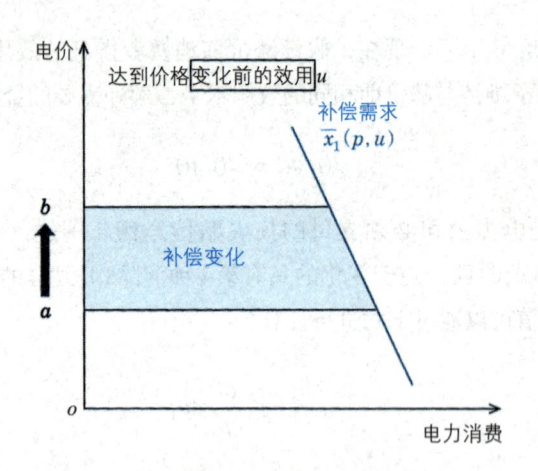

图 C-1　为了补偿涨价的损失的必要的金额（补偿变化）

系。表示这个关系的就是斯勒茨基分解。

图 C-2（a）再次展示了解释斯勒茨基分解时所使用的无差异曲线图，而电价上涨对消费量（需求）的影响，能够像这样分解为替代效应和收入效应（横轴的箭头，是将电力需求的变化分解为替代效应和收入效应后得到的）。该图（a）中的替代效应表示的是沿着无差异曲线移动的部分，回忆一下，根据定义这就是"补偿需求的变化"。图（b）是用

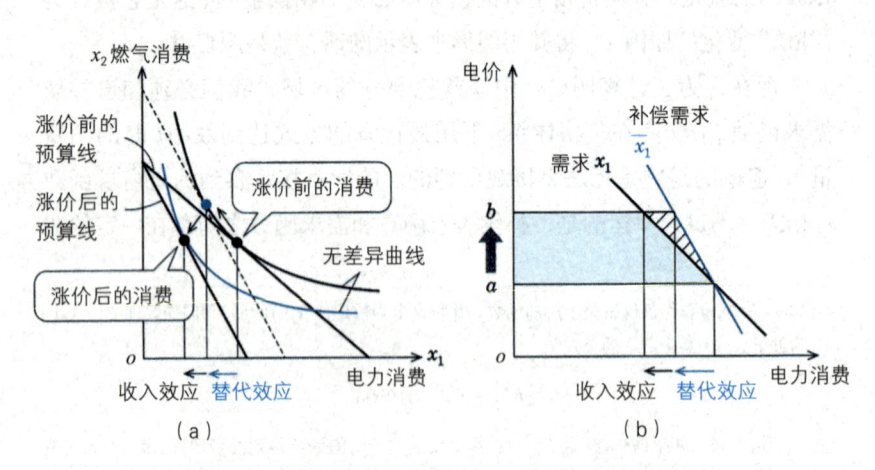

图 C-2　斯勒茨基分解阐明的需求和补偿需求的关系

附录 C 补偿变化与等价变化：基于需求曲线估计价格变化为消费者带来的损失与收益

纵轴代表电价、横轴代表电力消费的图像来表示上述两种效应的。

在这里，我们再复习一下斯勒茨基分解。电价上涨时的电力需求变化，可以被分解为替代效应（补偿需求的变化＝沿着无差异曲线的移动，表示的是燃气对电力的有效替代）和收入效应（由涨价所导致的收入缩减的效应）。如果电力是**高档商品**（收入提高之后消费会增加的商品）的话，因为收入缩减之后消费量也会减少，所以**收入效应为负**（图C-2描绘了这种情况）。

因此，在电力是高档商品的情况下，如果电价上涨的话，电力的补偿需求会减少替代效应的部分，而电力的需求会在此基础上进一步减少这些加上收入效应的部分。结合图C-2(b)对此进行验证的话我们发现，**对高档商品来说，需求曲线比补偿需求曲线（收入效应部分）的斜率更平缓**。

基于以上准备，接下来我们终于能够探讨下面的问题，即从市场上可观察到的数据来估计为了补偿价格上升导致的损失所必要的金额（补偿变化）。补偿变化是图C-2(b)淡蓝色部分加上画斜线部分的区域（补偿需求曲线的左侧）。如果不知道补偿需求（无法从市场上观察到）的话，这部分是无法计算出来的。但是，图C-2(b)的淡蓝色部分，可以根据能够在市场上观察到的需求函数计算出来。该需求曲线左侧的区域，就是所谓的"**消费者剩余**的变化"。这部分比为了补偿电价上升导致的损失所真正需要的金额（补偿需求）还要稍微小一些，见图C-2(b)的画斜线部分。由于补偿需求和需求的差为收入效应，因此收入效应小的话这个差也比较小。并且，根据图C-2(b)可知，如果价格变化比较小的话，这个差值（与补偿变化的大小相比）也会变小[1]。

---

[1] 像这样，消费者剩余的变化是**补偿变化的下限**，而**补偿变化的上限**也能够从可观测的数据中计算出来。这并不困难，就是（**价格上升前的电力消费量**）×（**电价的上涨金额**）。只要消费者能够得到这些金额，就能够让他们至少获得与涨价前同样的消费，因此也能够达到涨价前同样的效用水平（进一步，如果应对涨价时改变消费类型的话，就能达到更高的效用水平）。因此，作为"维持涨价前的效用水平所需要的金额"的补偿需求，最大也就是这个金额。

综上所述：

> 高档商品（如果收入提高则消费会增加的商品）的价格提高时，关于补偿涨价造成的损失所需要的金额，如下结论成立：
>
> - 补偿变化≥消费者剩余的变化。
> - 收入效应比较小或者价格变化比较小的时候，二者几乎相等。

关于消费者剩余的变化等同于补偿变化的特殊情况，在第三章第一节（3）的"消费者剩余"部分进行了详细讲解。

C2 等价变化

最后，我们解释一下和补偿变化很类似的概念"等价变化"。现在，考虑变化前的价格体系为p，变化后的价格体系为p'，**价格变化前和变化后的收入$\bar{I}$保持不变**的情形。将价格变化前后的效用分别用u和u'来表示。回忆一下定义，补偿变化就是为了达到**变化前的效用**u的支出函数的变化量：

$$补偿变化 = I(p',u) - I(p,u)$$

与此相对，为了达到**变化后的效用**u'的支出函数的变化量叫作**等价变化**。

$$等价变化 = I(p',u') - I(p,u')$$

注解 C-1 **等价变化的含义**：在电价上涨的例子中，等价变化表示的是什么呢？为了思考这个问题，我们先要注意如下事项。由于在涨价后的价格体系p'和收入$\bar{I}$的条件下能够达到的最大效用水平是u'，因此，在价格体系p'下达到该效用u'所需要的最低金额［这正是支出函数$I(p',u')$］应该为$\bar{I}$[1]。

---

[1] 啰唆一句，这并不是不言自明的，而是需要证明的。相关讨论请看第一章第九节第1小节。

附录 C 补偿变化与等价变化：基于需求曲线估计价格变化为消费者带来的损失与收益

基于上述结论进行思考，可以得到：

$$\text{等价变化} = \underset{\text{涨价后的收入}}{\overline{I}} - I(p,u')$$

不过，由于我们考虑的是在价格上涨前后收入保持不变的情形，因此有：

$$\underset{\text{涨价前的收入}}{\overline{I}} - \text{等价变化} = I(p,u')$$

上式意味着，在涨价前的价格体系 p 下，"如果收入减少等价变化的部分（上式左边）的话，那么效用会达到涨价后的水平 u'（上式右边的含义[1]）"。也就是说，**等价变化是指，今后即将实施的涨价的损失有多少，用现在的（涨价前）价格体系下的收入减少金额进行测量**。因为这个值与涨价的损失相等，所以被称为"等价"变化。

根据与补偿变化同样的计算方法，第 1 种商品的价格从 a 提高到 b 时的等价变化，也可以写作：

$$I(p',u') - I(p,u') = \int_a^b \overline{x}_1(p,u') \mathrm{d}p_1$$

与补偿变化的不同在于，这里使用的是与**价格变化后的效用** u' 相对应的补偿需求 $\overline{x}_1(p,u')$。因此，将其用图来表示的话，就是"与**涨价后的效用**相对应的补偿需求曲线"的左侧的区域（图 C–3）[2]。

---

[1] 这也属于**所谓"对偶性"的情况**，参见第一章第九节第 1 小节。

[2] 涨价后的需求应该是指，在涨价后的价格之下，达到涨价后的效用最俭省的方法[即补偿需求 $\overline{x}_1(p',u')$]。根据这个理由，在涨价后的价格 b 下，"与涨价后的效用相对应的补偿需求曲线"与需求曲线（二者相交于图 C–3 中的 A 点）一致（这也是所谓"对偶性"的性质，参见第一章第九节第 1 小节）。与图 C–2 一样，图 C–3 也是在假设电力消费是高档商品的情况下描绘出来的。根据斯勒茨基分解，为了达到涨价后的效用的补偿需求函数，其比需求曲线的斜率（剔除收入效应的部分）会更大。

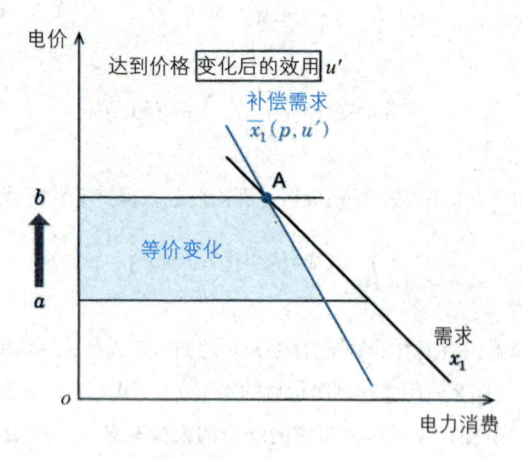

图 C-3 涨价的伤害和等价的收入减少（等价变化）

C3 总结

综上所述，高档商品（如果收入提高的话消费会增加的商品）的价格上涨之后的等价变化、消费者剩余的变化、补偿变化之间的关系如图 C-4 所示。

并且，在收入效应较小或者价格变化较小的时候，三者几乎相等。特别是，如果收入效应为零的话，三者完全相同。

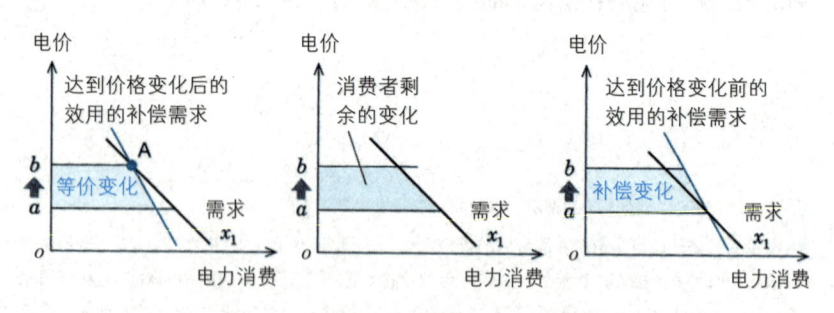

图 C-4 等价变化、消费者剩余、补偿变化

附录D 福利经济学第二基本定理的证明并不难[1]

福利经济学第二基本定理是指,"任何(帕累托)有效的资源配置,都能够通过完全竞争市场和由政府进行的一次性收入转移而达到"。这个定理明确了市场经济的优点和经济政策的基本指导方针,是经济学中最重要的结论之一。在本节,我们将详细讲解如何证明该定理。

提到证明,有人可能会质疑"为什么要特意学习这个定理的证明",下面我们就来看一下研究证明的好处。

- 研究证明之后,我们会了解"什么是资源有效配置的条件",以及"有效的资源配置(就算不是在市场上达到的也没关系)一定伴随着理论价格",并**深刻理解什么是"有效性"和"价格"的本质**。
- 第二基本定理成立的条件虽然看起来有点乱,但是,通过阅读证明的大概思路,大家就能够理解:

    "哪个是本质上的必要条件。"

以及:

    "第一眼看上去很严格的条件,实际上却可以大大地弱化。"

此外,对"定理在什么情况下能够得到应用(=定理的使用方法)"的理解也会更加深入。而且,对于遵循经济学来制定政策并进行对错讨论的人,这一点尤为重要。因此,**我们也希望那些想要理解经济学思维方式的工作者、官员、民间经济学家、媒体从业人员务必看一下**

---

[1] 感谢东京大学大学院经济学研究科的尾山大辅副教授通读草稿,并提出改进建议。

证明过程。由于第二基本定理意味着，在"市场上有很多买家和卖家且市场竞争比较激烈"的情况下，政府进行最低限度的干预就可以了（不干预市场，只通过收入再分配政策就能达到想要的结果），因此，那些反感市场机构的人时常会批判说，"这个定理依赖多个不现实的假设，是完全不可信赖的"。但是，仔细阅读证明的过程我们就会发现，该定理出乎意料地符合现实。

进一步地说，阅读该定理的证明的最后一个理由是：

• 除去细枝末节，证明的逻辑出乎意料地简单。

由于很多微观经济学的教科书都以"属于高级内容"为由把证明省略了，因此很多人都认为第二基本定理的证明"可能极度复杂"。而本节想告诉大家的是，事实并非如此。

D1 先做一些准备工作

证明是一些关键（比较简单的）事实的堆积。我们先对这些详细说明一下。

准备1："整个经济能够生产什么，生产多少"与集合的加法

为了研究有效的资源配置，我们需要知道：

"如果充分利用现有资源和生产技术的话，整个经济能够生产什么，生产多少？"

对上述问题进行实际调研的工作量很大，而我们想告诉大家的是，从理论模型的角度来看，借助"集合的加法"的思想，这个问题可以轻而易举地得到理解。

先回忆一下，每个企业的活动都可以通过所谓的**生产计划**来表示。当存在 N 种商品的时候，企业 j 的生产计划用下式来表示：

$$y^j = (y_1^j, y_2^j, \cdots, y_N^j)$$

在元素 y_n^j 中，正的代表产量，负的代表投入量。

例题34 假设有面包制造企业（$j=1$）、面粉制造企业（$j=2$）两个企业，商品只有面包（$n=1$）、面粉（$n=2$）、小麦（$n=3$）三种。

面包制造企业 $y^1 = (20, -1, 0)$（用1kg面粉制作20个面包）
面粉制造企业 $y^2 = (0, 1, -1.5)$（用1.5kg小麦制作1kg面粉）

在上面的例子中，如果两个企业进行合作的话，那么整个经济就能够用1.5kg小麦（经由面粉）制作20个面包，也就是说：

$$y^1 + y^2 = (20, 0, -1.5)$$

这个生产计划是可行的。回忆一下，在本书中，企业 j 能够实行的所有生产计划的集合被记作：

$$Y^j（企业 j 的\textbf{生产可能性集合}）$$

使用这个符号，在上面的例子中，"整个经济所有可行的生产计划"就是满足 $y^1 \in Y^1$ 和 $y^2 \in Y^2$ 的 $y^1 + y^2$。让我们将所有 $y^1 + y^2$ 的集合表示为"两个集合"Y^1 和 Y^2 的加法：

$$Y^1 + Y^2$$

由于这种"集合的加法"在后面会以稍微不同的形式被用到，因此在这里我们先叙述其定义。

在经济学中经常使用的数理工具箱	集合的加法 $A + B$

一般来说，在集合 A 的元素 a 和集合 B 的元素 b 能够相加的情况下，所有 $a+b$ 的**集合就用 $A+B$ 来表示**。用数学符号来表示的话，"**两个集合 A 和 B 的加法**"是指：

$$A + B = \{a + b | a \in A, b \in B\}[1]$$

---

[1] $\{a+b | a \in A, b \in B\}$ 是用来表示"满足 $a \in A$，$b \in B$ 条件的全部 $a+b$ 的集合"的符号。

利用上述符号表示方法，在经济中有 J 个企业的情况下，整个经济所有可能的生产计划的集合就可以用简洁的方式来表示了：

整个经济所有可行的生产计划的集合 $= Y^1 + \cdots + Y^J$

在这里，如果将生产开始前经济中本来就存在的各种商品的数量表示为：

初始禀赋 $w = (w_1, \cdots, w_N)$

那么，在每个企业 $j = 1, \cdots, J$ 实行了生产计划 y^j 之后，整个经济中存在的商品为：

$$y^1 + \cdots + y^J + w$$

所有这种 $y^1 + \cdots + y^J + w$ 的集合，就是本节开始时提出的"现有资源和生产技术如果得到充分利用的话，整个经济能够生产什么，生产多少"这个问题的答案。如果将初始禀赋 w 这个由一个元素构成的集合记作 $\{w\}$ 的话，上述集合就可以用下式来表示：

$$Y^1 + \cdots + Y^J + \{w\}$$

综上所述：

如果令 Y^j 为每个企业 j 的生产可能性集合，w 为初始禀赋的话，那么整个经济能够生产的整体的集合为：

$$Y = Y^1 + \cdots + Y^J + \{w\}$$

这个 Y 就叫作（整个经济的）生产可能性集合。

准备2:"**整体达到利润最大化**"时,"**单个企业也达到利润最大化**"

理由很简单,由于整体的利润是单个企业的利润之和,所以整体利润达到最大化的时候,当然各个企业也应该达到利润最大化。现在,回忆一下价格体系为 p,生产计划为 y^j 的企业 j 的利润被表示为 py^j[1],让我们借助符号将上述结论简洁地写出来。

> 假设在整个经济的生产计划 $y \in Y^1 + \cdots + Y^J$ 的元素 y 中,将利润最大化的那一个记为:
>
> $$\bar{y} = \bar{y}^1 + \cdots + \bar{y}^J \, (\text{对于每个企业}\, j, \bar{y}^j \in Y^j)$$
>
> 那么此时单个企业 j 的生产计划 $\bar{y}^j$,就是在 Y^j 中最大化该企业利润 $p\bar{y}^j$ 的生产计划。
>
> **"整体的利润最大化"意味着"单个企业的利润最大化"**

原因很简单,如果 $\bar{y}^j$ 不是企业 j 的利润最大化 py^j 的生产计划,那么整个经济的利润 $p\bar{y}$ 就能够进一步增加。

基于几乎同样的理由,关于集合的加法方面的最大化和最小化,一般来说下面的结论成立。

> 在 $A^1 + \cdots + A^K$ 的元素 a 中,假设:
>
> $$\bar{a} = \bar{a}^1 + \cdots + \bar{a}^K \, (\text{对每个}\, k \,\text{都有}\, \bar{a}^k \in A^k)$$
>
> 令 pa 达到最大(最小)化,那么对任意 k,$\bar{a}^k$ 令 pa^k 达到最大(最小)化,其中 $a^k \in A^k$。
>
> **"整体的最大和最小"意味着"每个部分的最大和最小"**

---

[1] 请再次注意符号约定,"py^j"表示的是,与价格体系 $p = (p_1, K, p_N)$ 和生产计划 $y^j = (y_1^j, K, y_N^j)$ 相对应的 $py^j = p_1 y_1^j + K + p_N y_N^j$。

准备3："凸集合分离定理"

福利经济学第二基本定理的证明的数学主干部分，是如下所示的简单的几何原理。请看图D-1。

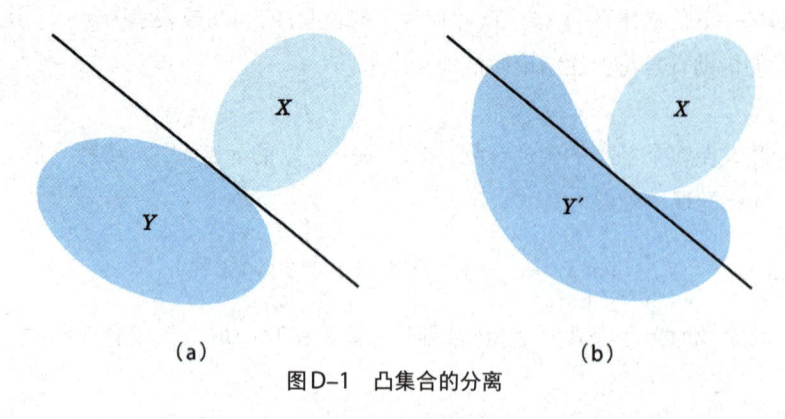

图D-1 凸集合的分离

如果D-1（a）所示的图形 X 和图形 Y 相切的话，那么我们就能够画出一条将二者分离的直线。之所以能够画出这样的直线，是因为 X 和 Y 都属于"没有凹陷"的集合＝"凸集合"。如果像图D-1（b）那样，有一方集合（这里是 Y'）非凸的话，那么将两个图形分离的直线就不一定能够画出来了。

鉴于其重要性，让我们再来回忆一下**"没有凹陷的集合"＝"凸集合"**的定义。凸集合是指，取集合中的任意两点 a，b，处在它们之间的点 [即 a 和 b 的加权平均 $ta+(1-t)b$，$0 \leq t \leq 1$] 也全部属于该集合。图D-2（a）与图D-2（b）分别表示凸集合和非凸集合。

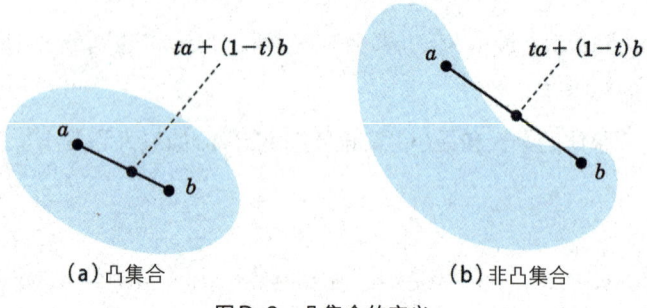

（a）凸集合　　　　　　　（b）非凸集合

图D-2 凸集合的定义

接下来我们详细地看一下将两个凸集合 X 和 Y "分离的直线"是什么。图 D-3 是对图 D-1（a）的再现。

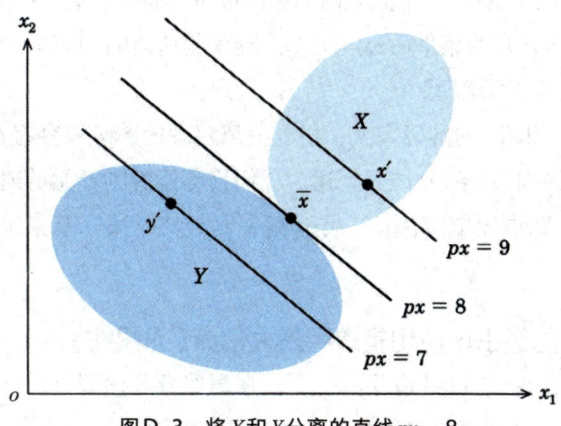

图 D-3　将 X 和 Y 分离的直线 $px = 8$

在这个例子中，将 X 和 Y 分离的直线为 $px = p_1x_1 + p_2x_2 = 8$。那么：

①在 X 和 Y 的切点 x 处 $p\bar{x} = 8$。
②任取 X 内的一点 x 都有 $px \geqslant 8$（例如，与图中 $x' \in X$ 相对应的是 $px' = 9$）。
③任取 Y 内的一点 y 都有 $px \leqslant 8$（例如，与图中 $y' \in Y$ 相对应的是 $py' = 7$）。

也就是说：

> 如果 $x \in X, y \in Y$ 的话，那么 $px \geqslant py$ 　　　　（*）

请结合图 D-3 来验证上述结论。

图 D-3 的例子讨论的是二维的情况，但是它也能够被一般化到 N 维的情况。我们都知道，当 N 维空间的凸集合 X 和 Y 相切的时候，存在某个非零系数向量 $p = (p_1, \cdots, p_N) \neq 0$，满足条件（*）。这里，由于 $px = p_1x_1 + \cdots + p_Nx_N = $ 常数（$p \neq 0$）的图形在 $N = 2$（二维的情况）的时候是像图D-3那样的直线，在$N=3$（三维的情况）的时候则是平面，因此，在N维的情况下，对相切情况的一般化称呼为"超平面"。也就是说，如果N维空间中的两个凸集合X和Y相切的话，那么一定存在将二者[满足（*）]分离开来的超平面$px=$常数。这就是所谓的"凸集合分离定理"或者"分离超平面定理"。

X和Y"相切"的准确定义，以及分离定理的准确内容将在D4小节"需要注意的细节"部分进行阐述。我们推荐读者刚开始的时候跳过这些细微的注意事项继续阅读，先理解福利经济学第二基本定理的证明概要。

准备4：支出最小化点也是效用最大化点（对偶性）

让我们边看图D-4边复习一下，在消费者理论部分已经学过的，**支出最小化点也是效用最大化点**的对偶性的结论。

- 在能够带来大于固定效用U的消费计划中，支出最小化的点[图D-4(a)]就是：
- 收入金额等于最小化了的支出时的效用最大化的点[图D-4(b)]。

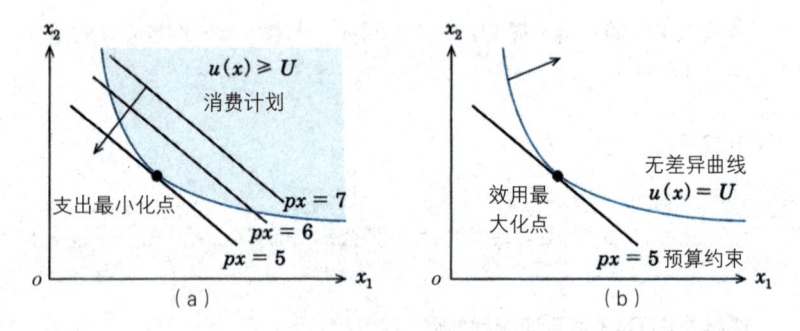

图D-4 对偶性：支出最小化点也是效用最大化点

上述对偶性的成立需要增加一个小条件，我们将在后文追加详情。

D2 证明的概要

在做好上述准备的基础上，让我们来证明福利经济学第二基本定理。本节解释的是证明的概要，技术细节等部分将在第 D3 小节进行讲解。

先任选一个帕累托有效的资源配置，将其记作：

$$(\underbrace{\bar{x}^1, \cdots, \bar{x}^I}_{\text{消费计划}}, \underbrace{\bar{y}^1, \cdots, \bar{y}^J}_{\text{生产计划}})$$

下面我们将证明，该分配能够通过市场均衡和收入的再分配而实现。

首先，关于"上述资源配置是可行的"这一条件，我们提出一些细微的注意事项。资源配置是可行的，意味着我们可以认为下述式子成立：

$$\underbrace{\bar{x}^1 + \cdots + \bar{x}^I}_{\text{消费量}} \leq \underbrace{\bar{y}^1 + \cdots + \bar{y}^J}_{\text{产出 - 投入}} + \underbrace{w}_{\text{初始禀赋}}$$

上述式子**没有**取等（=）的时候，说明有**某些**商品没有被消费完，存在剩余。此时，剩余商品该由谁进行处置呢？ 现在，经过深思熟虑之后，我们对资源配置的可行性进行定义。具体来说，就是认为生产者具有处置剩余商品的权利。

> **条件1**：生产者能够处置剩余的商品[1]。

因此，如果假设剩余商品由生产者进行处置，剩余商品的处置也能够被包含在生产计划中的话，则可行性的条件就能够像下面的式子一样取等。

$$\bar{x}^1 + \cdots + \bar{x}^I = \bar{y}^1 + \cdots + \bar{y}^J + w$$

请注意，由于有效的资源配置（根据定义）是可行的，所以前面的等式（消费和生产的平衡）成立。

---

[1] 该条件的准确表述如下："如果 y 属于整个经济的生产可能性集合 Y 的话，则满足 $y \geq y'$ 的所有 y' 也自然属于 Y。"这就是说，从可行的商品量 y 出发，任意数量的每种商品都能自由处置，因此也被称为**自由处置**（free disposal）。

基于上述准备，我们先思考一下，**如何描述给定的资源配置是"帕累托有效的"**。 粗略地讲，帕累托有效的资源配置就是，"不存在让所有人都变得更满意的其他可行分配"。为了让所有人变得更满意，需要大量的商品，假设在计算"为了让所有人都变得更满意，需要多少商品"时，我们通过某种方法掌握了必要的商品的集合X。这样，"不可能让所有人都变得更满意"的帕累托有效性就能够用下述条件来表示：

"为了让所有人都变得更满意的必要的商品集合X，与能够生产的商品集合Y不重合。"

大家可能会感觉：让所有人变得更满意所必需的商品集合X，这么容易得到吗？ 实际上，利用在"准备1"中学过的"集合的加法"，它也能够简单地计算出来。我们先对此进行解释。

|第一步| 构建让所有消费者都比现在更满意的必需的商品集合X

在帕累托有效的配置下，每个消费者i都得到$u^i(\bar{x}^i)$的效用。让消费者得到更高的效用水平所必需的商品集合，就是无差异曲线上方的集合$X^i = \{x^i \mid u^i(x^i) \geq u^i(\bar{x}^i)\}$ [图D-5（a）]。

从"现在的（帕累托有效的）配置"出发，借助在"准备1"中所学的集合的加法，让**"所有人的效用都相对于现状得到改进所必需的商品集合"**就可以由下式来表示：[1]

$$X = X^1 + \cdots + X^I$$

它表现出如图D-5（b）一样整齐的形状（是凸集合），原因后面再解释。

在这里，让我们回忆一下集合的加法，并确认X确实是让所有人的效用都相对于现状得到改进的必要的商品集合。集合X中的元素x，是$X^1, \cdots, X^I$中元素的和（$x = x^1 + \cdots + x^I, x^i \in X^i$）。因此，如果整个经济中

---

[1] 由于帕累托有效性的条件是指，"无法不降低任何人的效用，且提高至少一个人的效用（进行帕累托改进）"的状态，因此，关于令$X = $"为了进行帕累托改进所必需的商品的集合"是否自然的疑问就可能会出现。但是，使用像本书这样表述的X，最终能够让整个证明变得更简单。

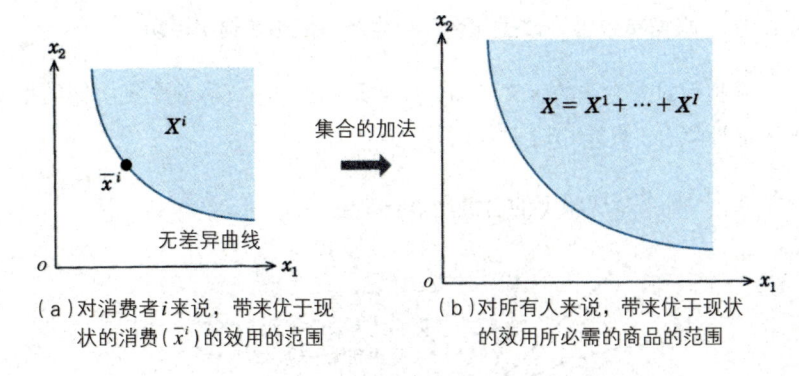

(a) 对消费者 i 来说，带来优于现
状的消费（$\bar{x}^i$）的效用的范围

(b) 对所有人来说，带来优于现状
的效用所必需的商品的范围

图 D–5　让所有人都变得更幸福的集合 X 的构造方法

存在 x 数量的商品，其中消费者 i 被分到 $x^i \in X^i$ 的话，那么根据 X^i 的定义，每个消费者能够得到优于现状的效用。为了向大家形象地传递 X 的这层含义（有这些商品的话，所有人都能比现状更满意），我们将 X 称为"改进集合"❶。

接下来，我们研究一下改进集合 X 所呈现出的形状。如果每个消费者的无差异曲线如图 D–5 那样呈凸向原点的形状，那么每个 X^i 都是凸集合，此时通过集合的加法得到的集合 *X 也是凸集合*。根据凸集合的定义（请回过头看第 D1 小节），这个结论很容易验证，请读者思考一下为什么（答案参见脚注❷）。

---

❶ 根据其发明者的名字，X 的边界线叫作"**西托夫斯基社会无差异曲线**"，X 叫作"西托夫斯基上等值集"。

❷ **凸集合 X^1, K, X^I 的和 X 也是凸集合的证明**：为了证明 X 是凸集合，我们需要证明给定 $a, b \in X$ 时，对任意 $0 \leq t \leq 1$，都有：

$$ta + (1-t)b \in X$$

因为根据 X 的定义有 $a = a^1 + K + d^I, b = b^1 + K + b^I (a^i, b^i \in X)$，所以：

$$ta + (1-t)b = \sum_{i=1}^{I} [ta^i + (1-t)b^i]$$

而且，根据 X^i 的凸性，右边各项也被包含在 X^i 里面。因此，$ta + (1-t)b$ 就是"包含在 X^i 中的元素之和"，因此也被包含在 $X = (X^1, K, X^I)$ 中（因此 X 是凸集合）。

第二步 根据有效性，改进集合 X 和生产可能性集合 Y 相切

根据改进集合 X 的含义可知，如图 D-6 所示，X 和整个经济体的生产可能性集合 Y 只能相切于：

$$\text{现状下的总消费点} = \bar{x} = \bar{x}^1 + \cdots + \bar{x}^I$$

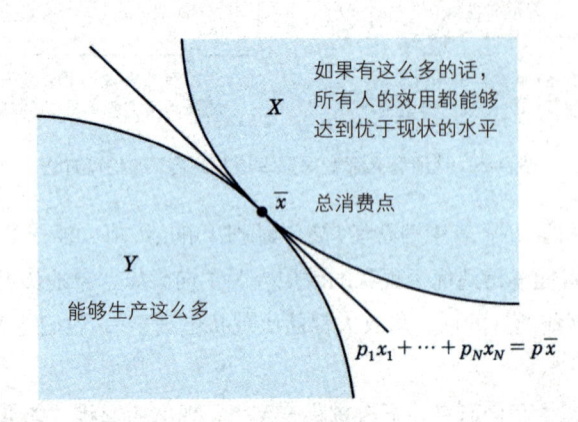

图 D-6 中标注：
- X：如果有这么多的话，所有人的效用都能够达到优于现状的水平
- $\bar{x}$ 总消费点
- Y：能够生产这么多
- $p_1 x_1 + \cdots + p_N x_N = p\bar{x}$

图 D-6　帕累托有效性意味着改进集合 X 和生产可能性集合 Y 相切

这是因为，如果这两个集合有重叠的话，那么所有的消费者都应该能够比现状更幸福，这与原始配置的帕累托有效性相矛盾（对这部分内容作出更准确的解释是有必要的。准确的解释将在第 D4 小节"需要注意的细节"中给出）。

图 D-6 对"什么是资源配置的有效性"条件进行了高度一般和紧凑的总结，因此请大家牢记。

第三步 存在将改进集合 X 和生产可能性集合 Y 分离开来的理论价格

正如在第一步所讲，如果每个消费者的无差异曲线上方都是凸集合的话，那么它们的和：

$$\text{改进集合 } X \text{ 也是凸集合。}$$

如在生产理论部分所讲，每个企业的生产可能性集合 Y^j 都是凸集

合，在此情况下：

> 整个经济的生产可能性集合 Y 也是凸集合[1]。

这样的话，根据在"准备3"中所讲的**"凸集合分离定理"**可知，存在将 X 和 Y 分离的系数向量 $p = (p_1, \cdots, p_N) \neq 0$（图D-7）。

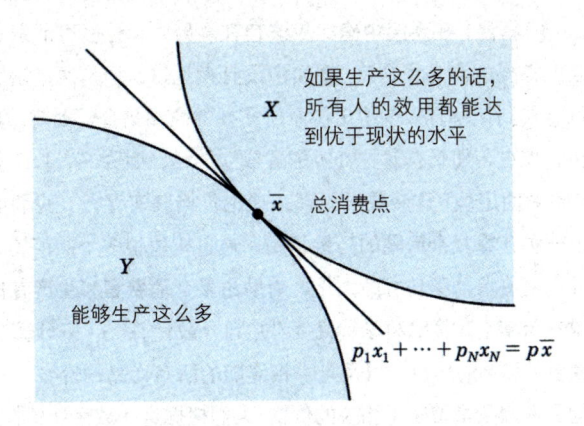

图D-7 存在将 X 和 Y 分离的理论价格 $p = (p_1, \cdots, p_N)$

这里的 p，恰好是**与帕累托有效的资源配置相伴随的理论价格**。注意一下，作为这里讨论的出发点，有效的资源配置是"任意选定的"。

$$(\bar{x}^1, \cdots, \bar{x}^I, \bar{y}^1, \cdots, \bar{y}^J)$$
消费计划　　生产计划

注意，它可以不是由市场带来的，而是可以在计划经济中用超级计算机计算得到的。图D-7所展示的正是，**"就算不是通过市场得到的资源配置，只要它是（帕累托）有效的，就一定存在与之相伴随的理论价格[2]"**。

---

[1] 给定 $Y = Y^1 + K + Y^j + \{w\}$，因为由一个点构成的集合 $\{w\}$ 是（因为满足凸集合的定义）凸集合，而 Y 是凸集合之和，所以 Y 也是凸集合。

[2] 希望大家理解，"理论价格"是指，"假设某资源分配在市场中得到实现，应该为每种商品制定何种价格"。

注解 D-1 让我们发挥想象力稍微思考一下，以上关于"这就是真正的价格"的解释是在多大程度上贴近现实的。由于以上的解释高度抽象，因此大家可能会认为这是"脱离现实、无法令人信服的无稽之谈"，但事实真的是这样吗？虽然没有人见过表示整个经济体"生产这么多"的集合 Y，但是因为现实中确实存在能够生产和不能够生产的东西，所以通过详细调研我们就会发现用来表示"能够生产什么"的**集合 Y 在现实中确实应该存在**。另外，让所有消费者的满意度比现在更高所需要的商品集合 X，现实中没有人见过，但是通过认真调研的话我们应该也能找到让所有人变得更满意所需要的商品集合。因此，**集合 X 也的确应该存在**。现在，如果有效的资源配置成立的话，因为二者肯定相切，所以根据"分离超平面定理"这一数学原理，理论价格确实存在。我们能够看到，**市场经济是一种计算复杂问题的巧妙机制**，通过构建很多小的市场，让消费者和企业各自自由追求自身利益最大化，借助**由多个消费者和生产者良好分工、同时并行推进计算（计算机科学称之为"并列分散计算"），来计算求解谁都没有见过的集合 X 和 Y 的切点，以及与之相伴随的所有商品的价格**。

每个物品和服务都被赋予相应的价格，人们根据这些数字计算收益和损失，从而进行交易，细想之下，这种"市场机制"是非常奇妙的。因此，这种方便的市场机制经过很长时间还会留存下来也就不足为奇了。价格到底是什么呢？市场机制又是什么呢？ 自亚当·斯密以来，人们针对"价格是什么"这个问题作出了"价格反映了商品的生产成本"（成本价值论，劳动价值论）、"价格表示该商品的有用程度"（效用价值论）等多种解释，经过漫长的经济学历史，我们终于得到了如图 D-7 所示高度的一般解释。请大家一边看图一边再次认真思考**"价格是什么"**这个问题。这样我们就知道，福利经济学第二基本定理的证明本身就阐明了价格和市场的功能，是微观经济学的"神髓"。

第四步 在理论价格下，给定的消费计划和生产计划是最优的

请回头看一下图 D-7。在价格体系 $p = (p_1, \cdots, p_N)$ 下，图中的总消费点 $\bar{x}$ 是在 X 中将整个经济的支出额最小化的点[图 D-8（a）]。并且，

$\bar{x}$ 还是在 Y 中将整个经济的利润[1] py 最大化的点，如图 D-8(b)。

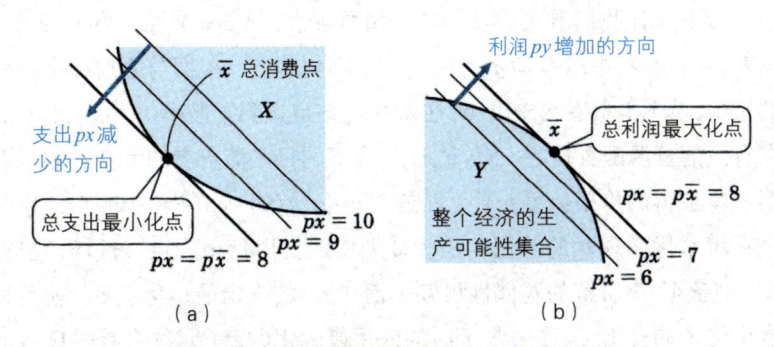

图 D-8 总支出的最小化和总利润的最大化

下面我们将解释图 D-8 的含义。由于讨论比较长，所以让我们先回忆一下自己的"出发点是什么"。

$$(\underbrace{\bar{x}^1, \cdots, \bar{x}^I}_{\text{消费计划}}, \underbrace{\bar{y}^1, \cdots, \bar{y}^J}_{\text{生产计划}})$$

我们正在证明的是，有效的资源配置一般来说有很多个，无论取其中的哪一个，该分配都可以通过市场均衡和政府的收入再分配的组合而实现。请注意，由于总消费 $\bar{x} = \bar{x}^1 + \cdots + \bar{x}^I$ 与每个企业生产的产品和经济中本来就有的商品 w 的和相等，因此有：

$$\bar{x} = \bar{y}^1 + \cdots + \bar{y}^J + w$$

以此为基础，让我们思考一下图 D-8 的含义。

让我们先从图 D-8(b) 看起。如图所示，在点 $\bar{x} = \bar{y}^1 + \cdots + \bar{y}^J + w$ 处，整体的利润在 $Y = Y^1 + \cdots + Y^J + \{w\}$ 中实现了最大化，根据"准备 2"，每个企业的利润 $p\bar{y}^j$ 也在 Y^j 中实现了最大化。也就是说，在**有效的资源配置** $(\bar{x}^1, \cdots, \bar{x}^I, \bar{y}^1, \cdots, \bar{y}^J)$ **中每个企业的生产计划，在第三步求得的**

---

[1] 由于集合 Y 的元素 y，借助每个企业的生产计划 y^j 和初始禀赋 w，可以写作 $y = y^1 + \cdots + y^J + w$，因此 $py = py^1 + \cdots + py^J + pw$ 准确来讲就是整个经济的利润（所有企业的利润之和）加上常数 pw（初始禀赋价值）得到的。

价格体系 p 下，都是利润最大化的生产计划。

接下来让我们看图 D-8（a）。如图所示，点 $\bar{x} = \bar{x}^1 + \cdots + \bar{x}^I$ 是在 $X = X^1 + \cdots + X^I$ 中所有消费者的支出最小化的点，根据与之前几乎同样的理由，单个消费者的支出 $p\bar{x}^i$ 在 X^i 中应该也达到了最小化。也就是说，在有效的资源配置 $(\bar{x}^1, \cdots, \bar{x}^I, \bar{y}^1, \cdots, \bar{y}^J)$ 下的每个消费者的消费计划，在第三步求得的价格体系 p 下，都是 $X^i = \{x^i | u^i(x^i) \geq u^i(\bar{x}^i)\}$ 中的点，也就是在带来优于现状的效用的消费计划中的支出最小化点。这样，根据在"准备 4"中讲解的对偶性可知，消费者 i 的支出最小化点 $\bar{x}^i$，就是将**最小化了的支出 $p\bar{x}^i$ 作为收入时**的效用最大化的点（回过头看图 D-4 就能清楚了）。

因此，如果每个人的收入都能够达到 $p\bar{x}^i$ 的话，那么，在有效的资源配置下每个人的消费点 $\bar{x}^i$，就能够通过市场作为"预算约束下的效用最大化点"而得到实现。下面让我们思考一下，要让每个人的收入达到 $p\bar{x}^i$，怎么做比较好呢？ 现在，根据表示消费和生产的平衡的公式 $\bar{x}^1 + \cdots + \bar{x}^I = \bar{y}^1 + \cdots + \bar{y}^J + w$，因为：

$$p\bar{x}^1 + \cdots + p\bar{x}^I = p\bar{y}^1 + \cdots + p\bar{y}^J + pw$$

所以，如果政府通过收入再分配政策将每个企业的利润 $p\bar{y}^1 + \cdots + p\bar{y}^J$ 和初始禀赋的价值 pw 进行适当分配的话，确实能够保证每个人 i 的收入都达到 $p\bar{x}^i$ [1]。

综上所述，如果能够实行这种再分配政策的话，任何有效的资源配置：

$$(\bar{x}^1, \cdots, \bar{x}^I, \underbrace{\bar{y}^1, \cdots, \bar{y}^J}_{\text{生产计划}})$$
$$\underbrace{\phantom{(\bar{x}^1, \cdots, \bar{x}^I,}}_{\text{消费计划}}$$

---

[1] 以防万一，让我们具体解释一下什么是一次性收入转移政策。假设在与给定的资源配置相伴随的价格体系 p 下，消费者 i 的支出额（$p\bar{x}i$）为 5 万元，而收入（初始禀赋的价值 pw^i 和各个企业 j 的利润分配额 $\theta_{ij}p\bar{y}^j$ 之和）只有 4 万元。此时，政府将从其他消费者那里征收的总计 1 万元转移给 i，i 的总收入可以达到 5 万元。这种与生产活动和消费活动的体量无关的固定金额的转移方式，就是"一次性收入转移"。

都可以作为在第三步求得的价格体系 p 下的效用最大化点以及利润最大化点（也就是作为完全竞争市场的均衡）得到实现。以上就是福利经济学第二基本定理的证明概要。

D3　一目了然的证明过程

由于证明过程比较长，因此让我们用图来一目了然地表示证明的概略。如果除去细节的话，福利经济学第二基本定理的证明逻辑如下所示，非常浅显易懂。

- 首先，任意选取一个帕累托有效的资源配置：

$$(\underbrace{\bar{x}^1,\cdots,\bar{x}^I}_{消费计划},\underbrace{\bar{y}^1,\cdots,\bar{y}^J}_{生产计划})$$

- 利用集合的加法：

$$Y = Y^1 + \cdots + Y^J + \underbrace{\{w\}}_{初始禀赋}$$
$$\underbrace{}_{每个企业的生产可能性集合}$$

构建表示"整个经济能够生产多少商品"的集合 Y（整个经济的生产可能性集合）。

- 通过将单个人无差异曲线上方的集合 $X^i = \{x^i | u^i(x^i) \geq u^i(\bar{x}^i)\}$ 相加：

$$X = X^1 + \cdots + X^I$$

就可以构建对每个消费者来说，带来优于给定的有效配置的效用所需要的商品集合 X。

- 因为给定的资源配置是有效的，所以 X 和 Y 相切，此时将二者分离的价格体系 $p = (p_1,\cdots,p_N)$ 存在（"凸集合分离定理"，这是证明的核心部分）。由此可知，如图 D-9 所示，给定的资源配置的生产点和消费点，分别是在该价格体系下的利润最大化点和效用最大化点。

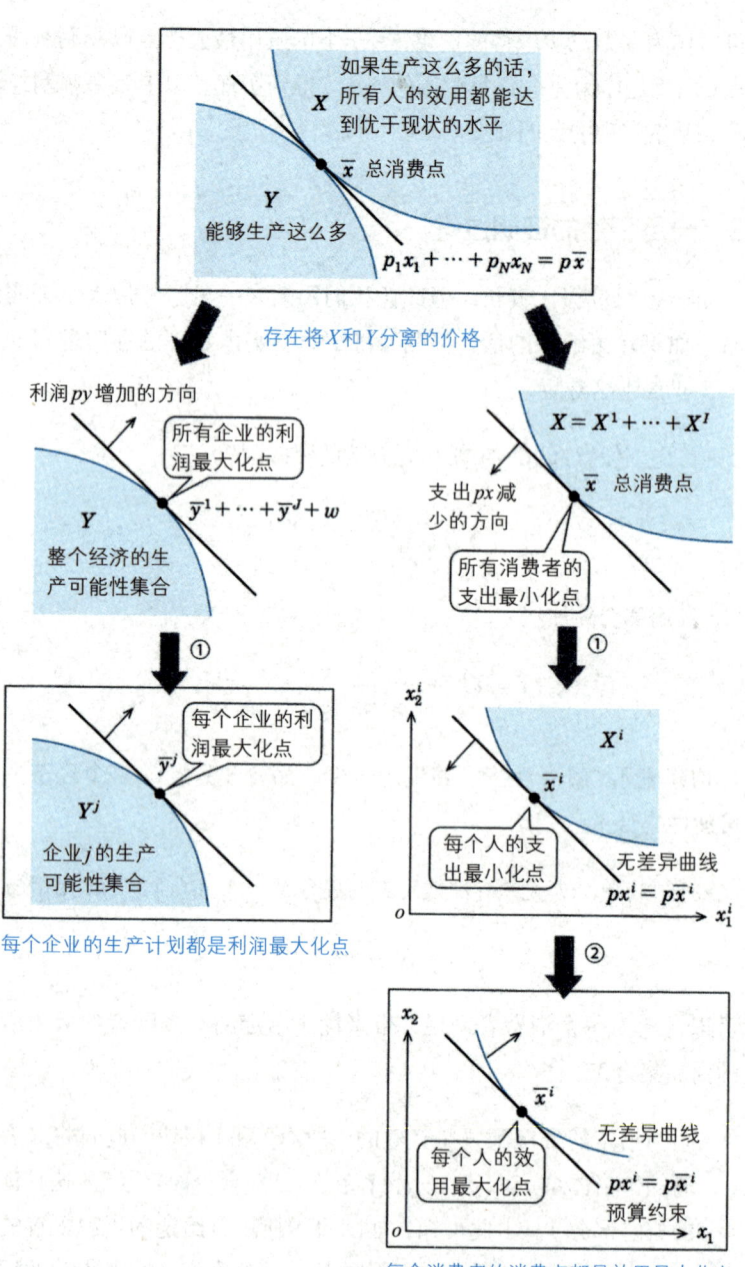

图D-9 一目了然的第二基本定理的证明

图 D-9 的箭头①表示"整体的最大最小意味着部分的最大最小"这个集合的加法的基本性质（参见第 D1 小节"准备 2"）。箭头②表示"对偶性"，即"支出最小化点也是效用最大化点"。

- 最后，如果每个人的收入都能够达到 $p\bar{x}^i$ 的话，给定的有效的配置就能够作为在价格体系 p 下的市场均衡得到实现（每个消费者在给定的收入下进行效用最大化，企业进行利润最大化）。这里，根据表示消费和生产的平衡式 $\bar{x}^1 + \cdots + \bar{x}^I = \bar{y}^1 + \cdots + \bar{y}^J + w$ 可以得到：

$$p\bar{x}^1 + \cdots + p\bar{x}^I = p\bar{y}^1 + \cdots + p\bar{y}^J + pw$$

所以如果政府通过收入再分配政策对上式右边（每个企业的利润 $p\bar{y}^1 + \cdots + p\bar{y}^J$ 和初始禀赋的价值 pw）进行适当的分配，确实能够保证每个人的收入都达到 $p\bar{x}^i$。**（证明完毕）**

D4 需要注意的细节

现在我们对前述讨论所跳过的细节进行解释，从而让证明完美无缺。

① 改进集合 X 和生产可能性集合 Y 相切的解释

现在我们来准确地解释一下第 D2 小节的第 2 步，"如果有效的资源配置得以实行的话，那么让所有人都更满意的集合 X 和生产可能性集合 Y 应该相切"。

请先回过头看图 D-9 最上面的一幅。图中"处在左下方"的集合 Y 和"处在右上方"的集合 X 相切。而且，观察此图可以得知，将二者分离开来的每种商品的价格都不可能为负[1]。接下来我们对上述结论进行

---

[1] 2 种商品（$N=2$）的时候，请看图 D-9 最上面的图。如果 $p_1<0$, $p_2>0$ 的话，则直线 $p_1x_1 + p_2x_2 = p\bar{x}$ 会向右上方倾斜。而将右上方的 X 和左下方的 Y 分离开来的直线 $p_1x_1 + p_2x_2 = p\bar{x}$ 如图所示是向右下方倾斜的，因此每种商品的价格都不能为负。

准确解释。

请先看"处在右上方"的集合 X 与"处在左下方"的集合 Y 不相切而是相交的图 D-10。

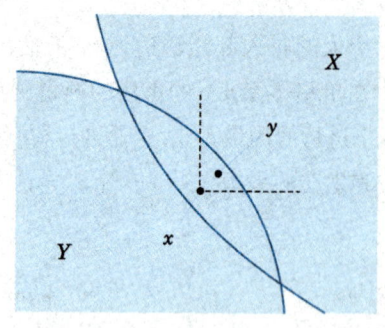

图 D-10 改进集合与生产可能性集合相交(不相切)的情况

右上方的 X 和左下方的 Y 相切是指图中的这种情况不会出现。在图 D-10 中，点 $x=(x_1,\cdots,x_N)$ 属于改进集合 X，与这个点相比，每种商品的数量都更多的另一个点 y（如果对所有的 n 都有 $y_n>x_n$，那么我们定义 "$y>x$"）属于生产可能性集合 Y。所谓这种情况不会发生，就是"处于右上方"的集合 X 与"处于左下方"的集合 Y 相切的准确含义。综上所述❶：

$$\text{如果 } x\in X \text{ 且 } y>x \text{ 的话，} y\notin Y \qquad (*)$$

基于有效的资源配置构建出改进集合 X 之后，下面我们证明前述条件(*)一定能够得到满足。为此，只要下列条件成立就可以了。

> **条件2**：在任何可行的资源配置下，都存在一个人，使得（其中一种商品的）消费增加的话，他的效用会增加❷。

---

❶ 接下来要阐述的条件(*)，对于 X 和 Y 完全无交点的情况也成立，因此准确地说，是在 X 和 Y 有交点的时候，(*)是保证右上的 X 和左下的 Y 相切的条件。注意一下，X 和 Y 的交点为总消费点($\bar{x}$)。

❷ 这个条件不成立是指，所有人无论增加哪种商品的消费，效用都不会增加的状态，这是完全不可能出现的。也就是说，我们可以认为条件(*)通常一定成立。

现在，我们来证明，处在右上方的改进集合 X 和处在左下方的生产可能性集合 Y 确实相切，即条件(＊)成立。假设这个条件不成立，存在 $y \in Y$ 使得 $x \in X$ 且 $y > x$。这样的话：

（1）根据 X 的定义，如果将属于它的 x 点在消费者之间进行恰当分配的话，所有人的效用都能够达到优于有效的资源配置的水平。

（2）从这个点出发，根据条件2，增加某个消费者的某种商品的分配数量之后，该消费者的效用会增加（这样的消费者和商品存在）。为了公式表述方便，我们将这种商品称为商品1，考虑只有这种商品的数量增加一点点（$x_1 < y_1$）的另一个点：

$$y' = (y_1, x_2, \cdots, x_N)$$

由于我们讨论的前提是 $y = (y_1, y_2, \cdots, y_N)$ 属于集合 Y，因此根据条件1（生产者能够自由处置剩余的商品），生产比 y 更少的商品数量的点 y' 也是可行的。这样的话，由于 y' 能够被生产出来，最终"所有人的效用都能够达到优于帕累托有效的配置的水平，且至少一个消费者的效用能够增加"，这与有效性的定义相矛盾。上述矛盾的根源在于我们假设保证右上方的 X 和左下方的 Y 相切的条件(＊)不成立，所以条件(＊)一定成立。

②凸集合分离（超平面）定理的准确表述

凸集合分离定理有多个版本，本书使用下面的版本[1]。请大家注意，由于这个定理使用了**处在右上方的 X 和处在左下方的 Y 相切**的条件(＊)，因此将二者**分离开来的价格一定为正或者为零**（为非负）的结论也能够得到保证。

---

[1] 把下面的定理与本书内容结合起来进行简单易懂的改写后是这样的：

"假设 Z 为 N 维空间上的凸集合，且 Z 不包括所有元素都为正的点，那么对任意 $z \in Z$，都存在 $p = (p_1, \cdots, p_N) \neq 0, p_n \geq 0, n = 1, \cdots, N$ 使得 $0 \geq pz$。"

这个定理加上 $Z = Y - X$ 就等价于本书给出的版本。

> **凸集合分离定理**：假设X和Y是N维空间上的凸集合，且条件(*)成立，那么对任意$x \in X, y \in Y$，都存在$p = (p_1, \cdots, p_N) \neq 0, p_n \geq 0, n = 1, \cdots, N$，使得下式成立：
>
> $$px \geq py$$

③**支出额为零时，对偶性可能不成立**

在第一章及附录第D1小节的"准备4"中所阐述的"支出最小化的点也是效用最大化的点"的**对偶性，在支出额为零的时候可能不成立**。现在，假设支出最小化的点$\bar{x}^i$为图D-11所示的那样。

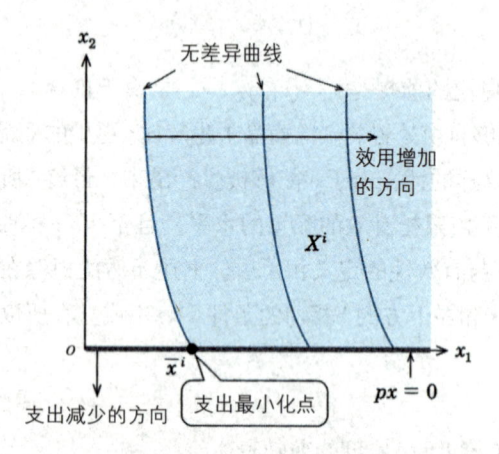

图D-11 当支出额为零时，对偶性不成立的例子

图中的淡蓝色部分，是带来优于现状的消费点($\bar{x}^i$)的效用水平的区域X^i。在图中的价格体系p下，第1种商品的价格为零，第2种商品的价格为正。由图得知，现在的消费点$\bar{x}^i$，确实是在该价格体系下，在淡蓝色区域中，令支出额px最小化的点。

希望大家注意的是，最小化了的支出额为零。在与这个最小化了的支出额相等的收入(=0)下的预算线，是图D-11中的水平黑线$px = 0$，但是**支出最小化的点**$\bar{x}^i$，在该预算线下并**不是效用最大化的点**。这是因为如果将预算线向右移动的话，效用会不断增加。也就是说，在这个例子中，"支出最小化点就是效用最大化点"的对偶性没有得到满足。

为了展示福利经济学第二基本定理的证明的最后一部分（第4步），必须剔除这种病态的例子❶。为此，下列条件成立就可以了：

- 最小化了的支出额不为零。
- 效用函数 $u^i(x^i)$ 为连续函数❷。

> **引理D.1（对偶性成立的条件）**：在价格体系 $p \geq 0, p \neq 0$ 下：
>
> $$\min_{x^i} px^i$$
>
> $$\text{s.t. } u^i(x^i) \geq u^i(\bar{x}^i)$$
>
> 当成本最小化问题的解为 x^i 的时候，如果条件（i）最小化了的支出额不为零（$p\bar{x}^i \neq 0$）和条件（ii）**效用函数 $u^i(x^i)$ 为连续函数**都成立的话，那么 $\bar{x}^i$ 也是效用最大化问题的解：
>
> $$\max_{x^i} u^i(x^i)$$
>
> $$\text{s.t. } px^i \leq p\bar{x}^i$$

由于上述引理的证明比较简单，且属于细节的内容，所以我们将其放在最后的附论中进行阐述。在这里我们给出对偶性成立要用到的条件：

> **条件3**：每个消费者的效用函数都是连续函数。

---

❶ 如果从下列角度进行思考，图D-11属于不符合福利经济学第二基本定理的例子。考虑没有企业，只有消费者 i，初始禀赋为 $\omega = \bar{x}^i$ 的经济，其中改进集合为 $X = X^i$，生产可能性集合为 $Y = \{\bar{x}^i\}$。将 X 和 Y 分离开来的直线只有图D-11中的 $px = 0$，在该价格体系 p 下 $\bar{x}^i$ 不是效用最大化点。

❷ 不太擅长数学的读者，如果将"效用函数**为连续函数**"理解为改变消费量的话效用会连续发生变化（没有突然的跳跃），那么附录中的证明就不难理解了。

D5　定理的准确表述

考虑到以上需要注意的细节之后，下面我们对福利经济学第二基本定理本身及其成立的必要条件进行准确表述。为了让定理更具可读性，本书定义下列术语。

定义：与资源配置 $(\bar{x}^1,\cdots,\bar{x}^I,\bar{y}^1,\cdots,\bar{y}^J)$ 所对应的理论价格体系 p 是指满足下列两个条件的东西。

（利润最大化）每个企业 j 的生产计划 $\bar{y}^j$，是在价格 p 下的利润最大化点。

（支出最小化）每个消费者的消费计划 $\bar{x}^i$，是在带来优于现状的效用的消费计划中支出最小化的点。

利用上述定义，下面的结论成立。

福利经济学第二基本定理

条件0（凸性）：每个消费者的无差异曲线的上方都是凸集合。并且，每个企业的生产可能性集合也是凸集合。

条件1：企业能够处置剩余的商品。

条件2：对于任何可行的资源配置，都存在一个人，"增加（其中一种商品的）消费的话效用会增加"。

　　如果上述条件成立的话，对于任何帕累托有效的资源配置 $(\bar{x}^1,\cdots,\bar{x}^I,\bar{y}^1,\cdots,\bar{y}^J)$，满足利润最大化和支出最小化的价格体系 $p\geq 0$[1]，$p\neq 0$ 都一定存在。而且：

条件3：每个消费者的效用函数都是连续函数。

条件4：在 p 下每个消费者的支出额都不为零（$p\bar{x}^i>0$）。

　　如果条件3和条件4成立的话，则帕累托有效的资源配置 $(\bar{x}^1,\cdots,\bar{x}^I,\bar{y}^1,\cdots,\bar{y}^J)$，可以通过政府实行一次性收入再分配政策，作为价格 p 下的完全竞争市场均衡得到实现。

---

[1] 关于向量不等式，参见第231页。

最后的条件4只有在"存在恰好消费价格为零的商品，支出额为零的人"这样奇怪的情况下才不成立，而这种情况通常是不会发生的。但是，以防万一，我们来陈述一下让条件4成立（理论和实际上）的一个条件[1]。

> **引理D2** 如果下述条件成立的话，那么在理论价格体系下每个消费者的支出额都不为零（条件4成立）。
> **条件4a**：存在所有商品的数量同时为正的可行的生产计划。
> **条件4b**：对于所有的消费者来说，都存在一种满足下列条件的商品：
> • 增加该商品的消费则效用会增加。
> • 增加劳动投入的话，存在让该商品的产量增加的企业。
> **条件4c**：不存在闲暇为零（24小时工作）的消费者。

因为证明不是那么重要，所以我们将其放在最后的附论中进行阐述。

D6 当存在很多消费者和生产者时，福利经济学第二定理基本成立

通过上面的论述，我们已经理解，为了让"任何有效的分配都能通过完全竞争和政府的一次收入转移来实现"的第二基本定理的结论成立，**最重要的假设是，整个经济的生产可能性集合 Y 和改进集合 X 都是凸的**。正如前面所解释的那样，如果每个企业的生产可能性集合都是凸的，且每个消费者的无差异曲线都凸向原点的话，那么上述假设会成立，但是，这些在微观经济学教科书中出现的条件在现实中不成立也是十分正常的。对这些条件持有怀疑态度的人来说，产生"**第二基本定理毕竟是理论上的空谈，如果在现实中不成立的话就……**"这种（自

---

[1] 让条件4成立的每个人的效用和每个企业的生产技术的条件，更现实且容易理解的解释是什么呢？上述问题很难回答，本书考虑了条件4a和4b。作为更一般的条件，消费者间的"资源关联性"比较广为人知。

然的）疑问也无可厚非。

事实上，我们可以认为，"假设经济中存在很多消费者和生产者，尽管个别企业的生产可能性集合和个别消费者的无差异曲线不是凸的，整个经济的生产可能性集合 Y 和改进集合 X 也大致是凸的（因此第二基本定理成立）"，下面我们来解释一下为什么。请看图 D-12。

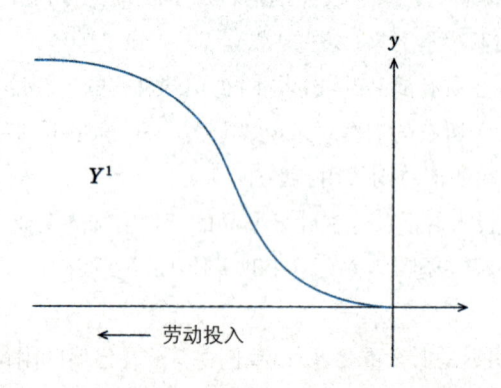

图 D-12　拥有非凸的生产可能性集合的企业

对企业 1 来说，在劳动投入比较少的时候，随着劳动投入的增加，生产效率越来越高（劳动的边际生产率=边界的斜率增加），生产可能性集合是非凸的。现实中存在多个这样的企业并不奇怪。

整个经济中如果只有这一个企业的话，那么整个经济的生产可能性集合 Y 的形状就与图 D-12 所示的形状相同（非凸的），因此第二基本定理就可能不成立。例如，在只存在一个这种企业和一个消费者的经济中，如果有效的配置为图 D-13 中的 $\bar{x}$ 的话，因为不存在将 X 和 Y 分离开来的价格，所以第二基本定理不成立。

下面我们思考一下，如果这样的生产可能性集合非凸的企业有很多，且消费者的数量也很多的话会变成什么样子。现在，考虑有 K 个持有如图 D-13 那样的生产可能性集合的企业和 K 个人的情况，我们来研究一下所有企业的生产可能性集合 $Y^1 + \cdots + Y^K$ $(Y^1 = \cdots = Y^K)$ 的形状。由于该集合会随着企业数量（=消费者数量）的增加不断变大，因此我

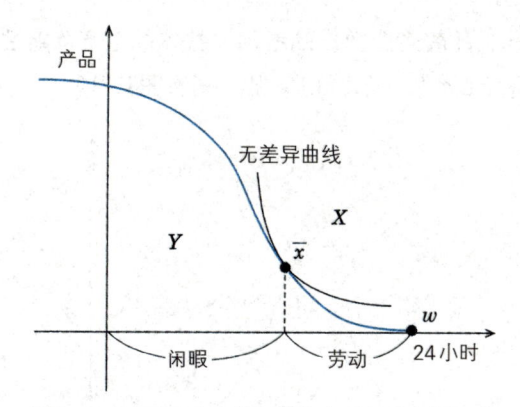

图 D-13　由于 Y 非凸第二基本定理不成立的经济

们调整一下比例再来画图。因为每个消费者面临何种生产可能性集合才是重要的，所以，我们画出**所有企业的生产可能性集合缩小为每个消费者时**的 $\frac{1}{K}(Y^1 + \cdots + Y^K)$ 的图形（图 D-14）[1]。

(a) 2 个企业

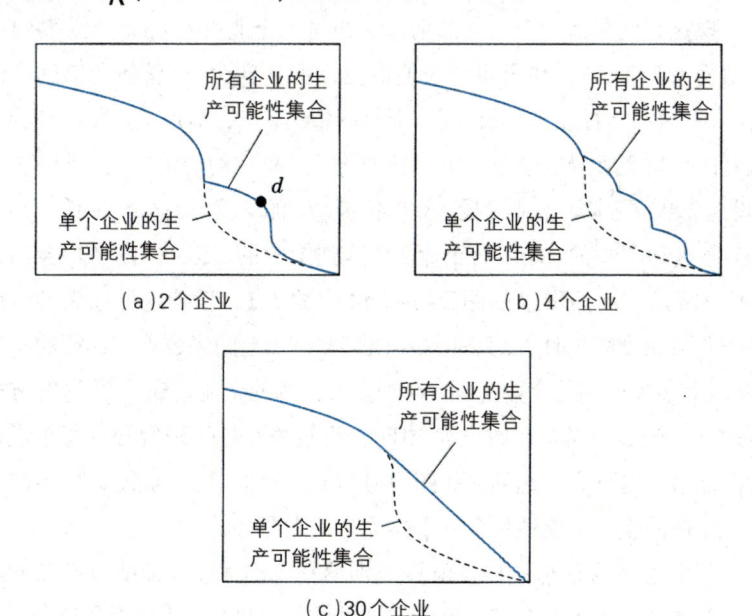

(b) 4 个企业

(c) 30 个企业

图 D-14　企业数量变多时所有企业的生产可能性集合变凸

[1] 原图为东京大学研究生院经济学研究科博士生塚田宪史所作，在此对他表示感谢。

由图可知，**随着企业数量的增加，整体的生产可能性集合逐渐接近凸集合**。为什么会发生这种现象呢？请看图 D-15。

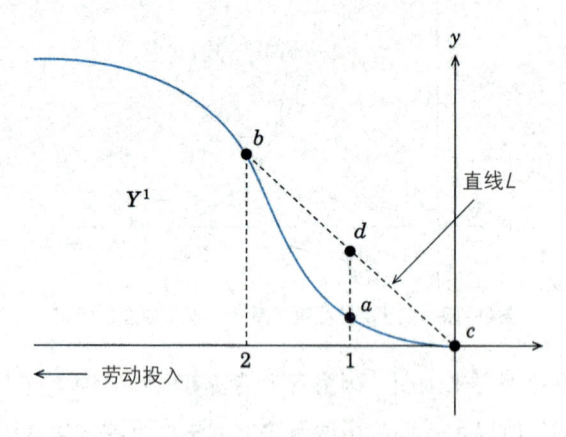

图 D-15　整体的生产可能性集合为凸的原因

现在我们考虑两个企业的情况。当每个企业投入 1 的劳动（整体的劳动投入为 2）时，如果每个企业的劳动投入同为 1，整体能够达到的点与一个企业时候的情形相同，都是图中的 a 点，个别企业能做到的事与整体平均无差异。但是，如果将整体上 2 单位的劳动投入按照"企业 1 投入 2 单位劳动，企业 2 投入 0 单位劳动"的方式进行分配的话，则企业 1 会达到图中的 b 点，而企业 2 会达到图中的 c 点，整体平均会达到图中的 d 点。前面看过的图 D-14（a）中的 d 点，就是这样达到的。如果企业数量变多的话，那么图 D-15 的直线 L 上的多数点，都能够按照"整体上多大比例的企业达到 b 点，多大比例的企业达到 c 点"这种方式而达到。例如，当企业数量为 30 时，将直线 L 进行 30 等分的每个点，就都能通过这种方式达到。如图 D-14（c）所示，当企业数量为 30 的时候，整体的生产可能性集合几乎是完全接近凸形的。

对消费者来说也一样。就算个别消费者的无差异曲线没有凸向原点，如果消费者人数众多，也能保证整体的改进集合 X 接近凸集合。由此可知，当经济中存在足够多的消费者和生产者时，我们可以认为整个经济的生产可能性集合 Y 和改进集合 X 大体上是凸集合，此时，可以认为福利经济学第二基本定理成立的基础存在[1]。

> **注解D-2** 祝贺大家！感觉如何？读完整个附录，大家是否感到对市场价格的秘密有了更深的理解，并且对经济的机制有了更好的理解呢？从头至尾一直认真阅读本书的读者，应该已经完全掌握了经济学的基础知识，学会用经济学的视角看世界，并掌握了对各种经济问题和经济政策的对错进行自我思考的能力。而且，大家应该已经做好了学习更进阶的经济学分支的准备。可以说大家已经"在经济学方面出师了"。

附论 引理的证明

①引理D1的证明

假设结论不成立，存在满足预算约束且带来比 $\bar{x}^i$ 更高的效用的消费计划 x'。由于 x' 满足预算约束，所以：

$$\underset{\text{支出}}{px'} \leq \underset{\text{收入}}{p\bar{x}^i} \tag{1}$$

并且要注意，x' 是按照满足下式的方式被选择的：

$$u^i(\bar{x}^i) < u^i(x') \tag{2}$$

如果（1）取不等式（<）的话，带来优于现状（$\bar{x}^i$）的效用的 $\bar{x}^i$ 不是最便宜点，还存在更便宜的点 x'，推出矛盾[带来优于现状（$\bar{x}^i$）的效用的最便宜的点为 $\bar{x}^i$，这是引理的前提条件]。因此，(1)式取等。并且，根据条件(i)，$0<p\bar{x}^i$，因此结合刚才的结论可知：

---

[1] 此处所解释的内容，是研究消费者和企业数量众多的"大规模经济"（large economy）理论的入门知识。有兴趣的读者可以阅读 W. Hildenbrand (1974) *Core and equilibria of a Large Economy*, Princeton University Press。集合的和与凸性的关系被称为"夏普莱-富克曼（Shapley-Folkman）引理"，感兴趣的读者可以在网上查阅。

$$0 < px'$$

现在，令 t 为只比 1 小一点点的数，考虑新的消费计划 tx'，我们可以得到 $p(tx') < p\bar{x}^i$。这是因为根据 $0 < px'$，有 $0 < (1-t)px' = px' - p(tx')$。根据上式和（1）有：

$$p(tx') < p\bar{x}^i$$

即 tx' 的支出额比 $\bar{x}^i$ 更低。并且，根据效用函数的连续性，如果 t 十分接近 1 的话，则 $u^i(tx')$ 与 $u^i(x')$ 几乎相等。根据上述结论与（2）式可得：

$$u^i(\bar{x}^i) < u^i(tx')$$

即消费计划 tx' 带来的是优于现状（$\bar{x}^i$）的效用。这与 $\bar{x}^i$ 为在带来优于现状效用的消费计划中支出最小的那一个相违背。

造成上述矛盾的根源在于下列假设，即"存在满足预算约束的、带来比 $\bar{x}^i$ 更高效用的消费计划 x'"。为了消除矛盾，$\bar{x}^i$ 一定是在满足预算约束的消费计划中效用最大化的那一个。　　　　　（证明完毕）

②引理 D2 的证明

在实行条件 4a 中给出的生产计划 $\hat{y}^1, \cdots, \hat{y}^J$ 之后，经济中存在商品数量为 $w + \hat{y}^1 + \cdots + \hat{y}^J$，并且每种商品的数量都是正的。因为理论价格体系 $p \geq 0, p \neq 0$，所以：

$$p(w + \hat{y}^1 + \cdots + \hat{y}^J) > 0 \qquad (3)$$

由于在福利经济学第二基本定理中给出的有效配置下，每个企业的生产计划 $\bar{y}^j$ 都是在理论价格体系下利润最大化的点，因此 $p\bar{y}^j \geq p\hat{y}^j$。根据上式与（3）式有：

$$p(w + \bar{y}^1 + \cdots + \bar{y}^J) > 0 \qquad (4)$$

这里，考虑消费和生产平衡的式子 $\bar{x}^1 + \cdots + \bar{x}^I = \bar{y}^1 + \cdots + \bar{y}^J + w$，

根据这个式子与(4)有：

$$p(\bar{x}^1 + \cdots + \bar{x}^I) > 0$$

即在消费者中至少存在一个支出额为正的人。因此，根据引理D1，对偶性成立，该消费者的消费计划$\bar{x}^i$是在价格体系p下的效用最大化的点。这时，对于该消费者来说，如果令在条件4b中的某种商品的价格为零，则多得到一点点该商品，效用就会增加，这与$\bar{x}^i$是效用最大化的点相违背。因此，该商品的价格为正。此时，如果工资为零的话，则生产该商品的企业只增加一点点劳动的话，在价格体系p下的利润就会增加。这与每个企业的生产计划都是在价格p下的利润最大化点相矛盾。

因此，工资为正。像第三章第三节第2小节所解释的那样，如果令第1种商品是"闲暇"的话，那么每个消费者对第1种商品的支出额就是"工资×闲暇的消费量"，根据条件4c，这项为正。所以，每个消费者的支出额（因为对闲暇的支出额是正的）都是正的。　　　　（证明完毕）

索引

（按照原书索引顺序排列）

一次齐次…148，149
混同均衡…439，440，441
一次性定额税…177，178，229
全局均衡模型…198，205
激励条件…407
通货膨胀…212
代理成本…414
代理（agency）理论…405
电梯左立右行…330
路径…365，371
埃奇沃斯盒状图…220，223
MBA…441
恩格尔系数…193
恩格尔法则…193
欧拉定理…149
凹函数…125，128，487
凹规划法…489
外部经济…259
外部性…258，288，334
外部成本的内部化…261
负外部性…259
价格转嫁…006，295
价格竞争…341，391
价格控制力…253，289
价格体系…024
价格弹性…076，078
价格扭曲…253，255
低档商品…050，072

寡头垄断…289，336，371
价值尺度商品（numeriare）…212
可变成本…098
卡特尔…317，396
关税…189，252
间接税…175，176
完全竞争…007，092
完全替代品…018，055
完全分配定理…149
完全互补品…018，055
完备性…012，017
机会成本…164
风险偏好…346，350
风险规避…346，350，398
风险中性…346，350，398
技术外部性…259
（技术的）边际替代率…119，242
　　——递减法则…120
技术选择…319
基数效用论…016
期望效用模型…344，346，350，398
期望值…344，345
吉芬商品…051，052
规范（normative）…001，006
规模收益…116，148
逆向淘汰（adverse selection）…397，416
行业标准…320
供给函数…103，187

索引

供给曲线…098, 186
供给法则…146
竞争限制…253
共同体逻辑…443, 445, 449
金钱外部性…259
古诺-纳什均衡…338
古诺模型…336, 374
库恩-塔克条件…483
库兹涅茨曲线…459
重复博弈…391, 392
全球化…235
计划经济…444
经济政策的一般指导方针…254
整个经济的生产可能性集合…284, 505, 514
契约曲线…224
计量经济学…163
博弈…306
——树…362, 364, 370
——论…306, 335, 390, 446
结合生产…143
边际效用…035, 042
——均等法则…046
边际收益…291
边际生产率…089, 151
——递减法则…090, 151
边际产品价值…098, 134, 149
边际损失…260
边际替代率…021, 042, 044, 081
——递减法则…021, 022
边际地增加1单位…039
边际成本…100, 103, 112
边际评价…276

边际成本价格管制…300
边际转换率（marginal rate of transformation, MRT）…246, 285
显示偏好理论…016, 030
减耕…188
核心（Core）…238
公益企业…298
广义可变成本…107
公共物品…274, 286
复合函数的微分公式…475
福利经济学…174, 456
——第一基本定理…229, 231, 237
——第二基本定理…229, 238, 241, 497
梯度…483
效用价值论…159, 510
效用函数…013, 081, 347
效用前沿…457
有效性的条件…225, 238
有效的风险分担（risk sharing）…398
理性行动…013, 015, 306
科斯（R. Coase）…086
——定理…270, 334
合作博弈…320
固定成本…098, 105, 298
柯布-道格拉斯生产函数…156
承诺…380, 385
混合战略…352
——均衡…352, 354
最低价格保证…389
最优政策的时间不一致性（time inconsistency）…384
最优生产计划…144, 200, 210

最优反应…312，337
　　——函数…339
萨缪尔森条件…288
参与条件…406
行业的长期供给曲线…166
行业的长期均衡…166
沉没成本…099
圣彼得堡悖论…345
谢泼德引理…064，491
芝加哥学派…270
无谓损失（deadweight loss）…176，249
动态博弈的战略…362
识别（identification）问题…163
信号传递…419，425
　　——均衡…428，433
信号传递原理…425，428
资源配置（resource allocation）…001，207，230
　　——的扭曲…253
自我履约协议（self-enforcing agreement）…334
自选择（self-selection）…424
自我替代效应…060，061
实证的（positive）…001，003
支出函数…062，065，490
市场供给…157，158
市场均衡…158，179，226，259
市场均衡的存在性定理…214
市场需求…157
市场失灵…258，270
市场逻辑…447，449
自然垄断…298
实际工资…094

私人边际成本…260
私人物品…275
私人信息…269，283，397，416
西托夫斯基（Scitovsky）社会无差异曲线…507
占优战略…315
移位参数…160
资本…116
　　——租赁价格…123
社会主义…444
社会边际成本…260，262
奢侈品…080
石头剪刀布…353
收益不变…117，148，149，153
收益递减…117，148
收益递增…117，148
从价税…176，189
自由物品…214
自由主义经济思想…256
自由处置（free disposal）…505
囚徒困境…313
自由贸易…180
　　——的收益…193
从量税…175，189
受益者负担…283
斯塔克尔伯格解…376，380
斯塔克尔伯格模型…374
需求函数…048，187，491
需求法则…051
拟凹函数（quasi-concave function）…480，486
拟凹规划问题…480
（纯）交换经济…220，223

索引

纯战略…354
拟线性效用函数…170，173
高档商品…049，494，496
有条件的行动计划…362，366
消费计划…017，025
消费者剩余…168，191，270，294，493
消费的非竞争性…275
消费的非排他性…275
信息有效性…255
信息集…365
信息不对称…283，344，397，414
初始禀赋…200
序数效用论…016
收入效应…065，071，172，492
收入弹性…080
收入的边际效用…046
不可置信威胁…363，371
传递性…012
数量竞争…336，374
阶段博弈…392
斯勒茨基分解…068，074，492
生产可能性集合…088，116，144
生产函数…088，126，152
生产计划…143，198，498
生产者剩余…105，112，191，300
生产可能性边界…285
正常商品…049，072
正常利润…164，302
正外部性…259
产品差异化…341
次优(second best)…414
乘积的微分公式…477
零次齐次函数…211

双人零和博弈…355
偏好…011，014
偏好的凸性…023
全要素生产率(TFP)…156
战略…307，362，366
——情形…307
停止营业价格…111
对偶性…066，504，519
（总）成本函数…098
总剩余…175，179，191，264，272，294
损益分歧价格…106，110
大规模经济(large economy)…525
替代效应…065，071，492
替代品…061
单一交叉条件…421
短期…091，116
——边际成本(SMC)…141
——生产函数…091，125，127
——平均成本(SAC)…139
约会博弈…329，333，364，372
角点解…131，486
中位选民定理…324
超额供给…159，207，214
超额需求…159，207，214
超额需求函数…207，208
长期…091，116
——边际成本(LMC)…142
——关系…391，393，397
——和短期供给曲线…142
——生产函数…116，128
——平均成本(LAC)…139，165
严格凹函数…349，399
严格凸函数…350

TPP…180
既定事实(stylized fact)…332
面值变换…210
德布鲁–斯卡夫极限定理…238
扩展型…362，364，371
等价变化…494
同时行动…310，322，362
等成本线…124
等利润线…093，377
等产量线(isoquant)…119，121
道路交通博弈…325
垄断…289，336，341
——价格…292
——的弊端…294
凸函数…125
凸集合…023，125，240，349，480
凸集合分离定理…502，518
触发战略…394
交易成本…086
内点解…131，479
纳什均衡…311，328，330，333，357，362，371，390，446
——的存在性…357
网络外部性…320
冯·诺依曼–摩根斯坦效用函数…351
哈耶克(F. Hayek)…255
排污权交易市场…270
威胁…362，371
帕累托改进…032，178，222，237
帕累托有效的…222，228，253，505
——风险分担…410
反应曲线…339，378
比较静态分析…161

庇古税…261，266
庇古补贴…263
引起低效率原因…251
希克斯乐观…460
成本价值论…159，510
成本递减…299
最优(first best)…414
不完全竞争…289，336
双头垄断…336
不动点定理…215
负外部性…259，266
局部均衡分析…157，180，276
子博弈(subgame)…363，368，370，371，374
——精炼均衡(subgame perfect equilibrium)…363，371，374
价格接受者的假定…092
委托代理理论…405
蓝光…320
参与者…310
决策点…365，371
分权决策…255
分配(distribution)…001
分离均衡…433，438，442
分离超平面定理…504
平均可变成本…107，108
平均成本…100，106，116，298
——价格管制…301
点球…354
伯特兰德模型…341，374
柏林墙倒塌…444
包络线…137，139
互补品…061

保险…398
补偿原理…255，456
补偿需求（函数）…055，056，069，491
补偿变化…491
梅尔森-萨特思韦特（Myerson-Satterthwaite）定理…274
看不见的手…255，334
无差异…011
——曲线…017
无知之幕…464
免赔…412
道德风险…397，402，404
激励一致性…255
欧元危机…385
要素需求定律…147
闲暇（leisure）…202
预算约束式…024，082，201
预算线…025
拉格朗日…482
拉格朗日未定乘数法…048，083，482

风险溢价…415
位置博弈…322，324
收益…306，310，351
收益表…313
宽恕（leniency）制度…317
林达尔均衡…278
勒夏特列原理…143
冷战…444
柠檬市场…418
老年人医疗费补助制度…027
劳动供给曲线…205
劳动供给量…202
劳动的边际生产率…089，090
劳动的边际负效用…204
劳动的平均生产率…088
劳动分配率…156
罗尔斯（J. Rawls）…463
伦敦交通拥堵税…266
贴现因子…395
瓦尔拉斯法则…209，218